KB234795

인권

인간이기
때문에
누려야 할
권리

인권

인간이기 때문에 누려야 할 권리

RETHINKING HUMAN RIGHTS
FOR THE NEW MILLENNIUM

A. BELDEN FIELDS

A. 벨덴 필즈 지음 | 박동천 옮김

모티브북

인권, 인간이기 때문에 누려야 할 권리

발 행 일   2013년 01월 20일   초판 인쇄
           2013년 01월 25일   초판 발행

지 은 이   벨덴 필즈
옮 긴 이   박동천
펴 낸 이   양미자
펴 낸 곳   도서출판 모티브북
등   록   제313-2004-00084호
주   소   서울 마포구 연남로 30, 106동 507호
전   화   02) 3141-6921
팩   스   02) 3141-5822
이 메 일   motivebook@naver.com

값 25,000원

ISBN 978-89-91195-53-0 93340

한국의 독자를 위한 저자의 자기소개

나는 1937년에 시카고에서 태어났다. 형제는 없었지만 손위 사촌과 같이 자랐다. 이 때문에 일찍부터 인권 침해에 눈을 뜨게 되었다. 나치가 내 어머니의 독일계 유태인 친척들을 모두 살해하기 전에 이모가 베를린에서 겨우 빼돌릴 수 있었던 네 사람 중 한 명이 내 사촌이었다.

나는 시카고에서 초등학교와 중학교를 다녔다. 항상 미국 정치와 국제 문제에 흥미를 느꼈는데, 아마도 내 가족의 배경 때문이었을 것이다. 내 사촌은 주간지 <새로운 공화정>(*New Republic*)을 읽었는데, 지금은 이 주간지가 보수파 간행물이지만 당시에는 좌파 쪽에 더 가까웠다. 나는 미국 사회주의노동당[1]이 발행하던 신문도 구독

---

[1] Socialist Labor Party of America : 제1인터내셔널이 와해되자 거기서 나온 미국인 세력 일부가 1876년에 결성한 정당. 미국의 사회주의 정당으로는 최초이다. 2008년에 전국 사무소를 폐쇄하고 현재는 전혀 활동이 없지만, 문서상의 정당으로는 살아있는 상태이다. 기관지 『인민』(*The People*)을 2008년까지 매주 발행했다.] — 옮긴이 주는 각주 전체를 [ ] 안에 넣었다. [ ] 안에 들어가지 않은 주는 원주를 뜻한다.

하고 있었는데, 거기 담긴 생각들에 흠뻑 젖었다. 그렇지만 고등학교 졸업반이 되기 전까지는 내 미래의 경력이 정치와 조금이라도 관련이 있으리라고 생각한 적이 없었다. 동물, 특히 파충류를 열심히 수집했고, 진실로 동물학자가 되고 싶었다. 단지 국제관계와 유럽사에 관해 대단한 선생님을 만나 고등학생으로서 마지막 일 년 반 동안 영향을 받았을 뿐이다. 헨리에타 H. 밀러라는 분인데, 당시에 굉장한 인기를 누렸던 간행물인 〈라이프〉(*Life Magazine*)지에 의해 나중에 올해의 교사로 뽑히기도 했다. 교내에서 명망이 높았던 언론학회의 지도교사이기도 했는데, 나도 거기에 이끌려 들어갔다. 역사 또는 정치학 전공을 적어도 고려는 해보라고 했던 선생님의 권유에 나는 굴복했다.

밀러 선생님의 모교인 시카고 대학교에 무척 가고 싶었다. 선생님의 지도 아래 역사와 국제관계 분야에서 그 학교 교수들이 쓴 책들을 읽었기 때문이기도 하다. 마침내 아주 비싼 그 엘리트 사립 대학교에서 입학 허가는 받았지만, 경제적 이유로 가지 못했다. 대신에 공립이라서 등록금이 훨씬 저렴한 일리노이 대학교에 진학했다. 정치학을 전공하면서 역사, 철학, 경제학 연합과정을 부전공으로 했다. 여기서 전국의 경쟁자들을 상대로 우드로 윌슨 장학금을 따냈다. 이 장학금을 받는 사람은 미국의 어떤 대학원에도 입학이 보장된다. 일리노이 대학교 정치학과 교수들의 권유에 따라 나는 예일 대학교를 선택했다. 거기서 석사와 박사 학위를 취득했다.

하지만 예일 대학교에 들어가기 전, 쿡 카운티 (시카고 시를 포함하는 행정구역) 소속 사회복지사로서 시카고의 카브리니 공공 주거단지에서 약 7개월 동안 일했다. 이는 가난한 사람들을 위한 대단위 공공 주거단지였다. 라티노도 몇 명 있었지만, 거의 전부 아프리카계 미국인이었다. 거기서 나는 경제적/사회적 불평등과 인종주의라는 인권의 중요한 가르침을 새로 배웠다. 또 나는 아이들은 굶주리고 냉장고는 텅 빈 가정에 가 보았다. 아파트에 남성이 머무르는 흔적 이 없는지 살펴보라는 지시를 받았는데, 가장이 여성으로 되어 있는 가정에 남성이 사는 것이 발각나면 공공 지원이 종결될 수 있었다. 내가 담당한 고객 중에 총을 가진 자로부터 협박에 시달리는 사람이 있어서, 시카고 경찰에 보호를 요청했지만 부질없이 끝나고 말았다. 요컨대, 노예제가 종식된 지 오랜 시간이 지났지만 미국의 많은 시 민들이 처참한 삶을 살고 있다는 사실을 나는 배웠다.

예일 대학교에서 나는 처음 비교정치와 국제관계에 집중했다. 그 러나 예일 대학교의 국제관계 분야가 치중하던 계량 연구의 방향에 환멸을 느껴서, 정치이론 쪽으로 관심 분야를 바꿨다. 비교정치에 대 한 관심은 그대로 유지했다. 박사학위 논문의 주제는 원래 "프랑스 정치에서 지식인들"로 잡고, 비교정치와 정치이론이라는 두 갈래의 관심을 융합해 보려고 했었다. 1963년에 예일 대학교를 통해서 국 민방위 장학금2)을 받게 되었고, 프랑스 파리에 있는 국립 정치학 연구재단3)에서 초청장을 받았다. 자유청강생으로 내 논문에 필요한 연구를 하면서 어떤 교수로부터도 지도를 받을 수 있고 어떤 세미나

[2] 국민방위 장학금(National Defense Fellowship) : 1957년 소련이 인공위성 스푸트니크를 쏘아 올리자, 이에 자극을 받은 미국 의회는 1958년에 국민방위 교육법(National Defense Education Act)을 통과시켰다. 소련에게 뒤지지 않 도록 교육에 지원한다는 취지였다. 이 법에 따라 지급된 장학금이다.]
[3] Fondation Nationale des Sciences Politiques(FNSP)를 가리킨다. 이 대학 의 전신은 정치학 자유대학(École Libre des Sciences Politiques, 1872년 테느, 르낭, 기조, 알베르 소렐 등 지식인들이 설립)이고, 현재의 공식 명칭은 파리 정치학 연구소(Institut d'Études Politiques de Paris)이다. 통상 시앙스 포(Sciences Po.)라 부른다.]

에도 참여할 수 있는 신분이었다. 연구가 무르익는 한편, 대학촌 (Cité Universitaire, 외국인이든 프랑스인이든 학생들은 주로 여기서 거주한다)에서 내 생활은 더욱 무르익었다. 당시 사귄 여러 친구들과 지금까지도 우정이 지속되고 있다.

1965년에 예일 대학교로 돌아가서 지도교수인 프레드릭 왓킨스에게 원래 주제를 연구하기는 했지만 진짜로는 내가 거기서 연구한 프랑스 지식인들 가운데 한 부류, 즉 학생들에 관한 책을 쓰고 싶다고 털어놓았다. 내가 프랑스에 발을 디딘 것은 알제리 전쟁이 끝난 이듬해였고, 드골 정권이 학생들과 갈등을 겪고 있을 때였다. 전국학생연합(UNEF)이 전쟁에 반대하는 입장을 취한 것이 가장 큰 이유였다. 드골파는 UNEF에 대적하기 위해 자기편의 학생연합을 창설하기까지 했다. 나는 길거리에서 경찰과 학생들이 늘 싸우는 상시적 갈등을 목격했다. 이때는 캘리포니아 대학교 버클리 캠퍼스에서 발언의 자유를 위해 학생들이 봉기하기 전이다. 따라서 그때까지 나는 그런 일을 미국에서 본 적이 없었다. 왓킨스 교수는 정치이론가로서 이런 주제에는 문외한이었지만, 내게 관심 있는 주제를 추구해 들어가라고 격려해 주었다. 『프랑스의 학생 정치 : 프랑스의 전국학생연합 연구』(*Student Politics in France : A Study of the Union Nationale des Étudiants de France*)가 내 학위논문이 되었는데, 심사위원회를 통과하기 전에 사회학자 시모어 마틴 립셋이 베이직 북스 출판사에서 학생 정치에 관한 시리즈의 편집을 맡고 있다가 내 논문을 책으로 내자고 제안해왔다. 나는 논문심사를 통과할 때까지, 그리고 1968년 프랑스 학생 봉기와 UNEF에 관한 추기를 덧붙일 때까지 기다려야 한다는 조건으로 립셋의 제안에 동의했다. 최종 원고는 1970년에 책으로 나왔다. 그 후로 지금 여러분이 읽으려고 하는 이 책을 빼고, 두 권의 책을 저술했다. 『트로츠키주의와 마오주의 : 프랑스와 미국의 이론과 실천』(*Trotskyism and Maoism : Theory and Practice in France and the United States*) 그리고 『교육과 민주주의 이론』(*Education and Democratic Theory*, 저명한 교육철학자 월터 파인버그와 공저)이다.

1965년에 프랑스에서 돌아온 이후, 나의 학부 모교인 일리노이 대학교에서 강의하기 시작했다. 2000년에 은퇴할 때까지 나는 정치이론 분야의 다양한 과목들을 강의했다. 아울러 런던의 하원과 프랑스 국민의회에서 학생 인턴 프로그램을 개발하는 데 일조했고, 그 프로그램의 학술 감독관으로 일했다. 나는 강의에 대한 책임을 대단히 진지하게 받아들였고, 정치학과, 문리과대학, 일리노이 대학 전체 등으로부터 우수 강의로 표창을 받은 사실에 긍지를 느낀다. 내가 은퇴할 때, 정치학과에서 대학원생 조교 가운데 우수한 강의를 한 사람에게 주는 상을 내 이름으로 신설함으로써 내게 영예를 주었다.

정치적 행동주의의 영역에서는, 프랑스에서의 경험이 1965년에 미국으로 돌아오자마자 행동가가 되는 데 기여했다. 예일 대학교에 아직 머무르던 시절에 미국이 도미니카 공화국을 침공해서 정부를 무너뜨리자, 나는 이에 반대하는 연판장을 정치학과에 돌렸다.[4) 베트남에 점점 깊숙이 개입하는 미국을 비판하는 활동도 시작했다. 그 시절 이후로 나는 줄곧 중앙아메리카와 이라크에 대한 미국의 군사 개입 및 칠레의 아옌데 정부 전복에 관한 미국의 개입 등은 정당화

[4) 로버트 A. 달 교수(1915년 생)에게 연판장을 가지고 갔더니, 성명서에서 (반드시 틀렸다고만은 할 수 없는) 문법적 오류 하나를 지적하면서, "이걸 고치기 전에는 서명해 줄 수 없다"고 말했다고 한다. 저자가 역자에게 직접 회고한 내용이다. 물론 고쳐서 서명을 받았다.]

할 수 없다고 반대했다. 미국이 개입한 행태, 그리고 그 나라들의 인민에게 미국이 간접적으로 또는 직접적으로 강요한 정권들의 행태를 나는 대규모의 인권 침해라고 간주했다. 그렇지만 나는 전면적인 평화주의자는 아니다. 보스니아의 수도 사라예보에서 1990년대에 민간인이 세르비아 군대로부터 유린당하고 있을 때, 나는 이와 같은 인종청소의 행태를 종식시키기 위해서는 무력의 사용이 불가피하다고 좌파에 속한 내 친구들과 함께 주장했다. 나는 나토군이 개입했을 때 지지했다.

지난 15년 동안은 노동자 인민과 가난한 사람들의 이익을 보호하고, 인종주의에 맞서 싸우며, 내가 살고 있는 공동체인 일리노이 주 어바나 시의 독립 미디어 센터(UCIMC)와 더불어 일하는 데 집중되었다. 독립 미디어 센터에서는 월간 신문 〈퍼블릭 아이〉[5](Public i, http://publici.ucimc.org/pdfs에서 읽을 수 있다)를 발행하는데, 나는 창간 발기인 중 한 명으로 이사와 편집장을 맡고 있다. 평화와 정의를 위한 샴페인/어바나 시민들(C/U Citizens for Peace and Justice)이라는 이름으로 흑인들이 주도하고 공감하는 백인들이 함께하는 단체가 있는데, 이 단체와도 함께 일하면서 지역 내의 경찰과 법원의 인종주의와 싸우고 있다. 실제로 이 책 제7장의 내용은 이 단체의 활동에 약간의 동력을 부여했다.

덧붙여, 나는 일리노이 대학교 교수 노조 발기인 중 한 명이며, 전국적인 노동연합조직인 AFL-CIO에 가맹한 지역 조합의 대의원이자 간부를 역임했다. 지금은 다른 전국연합인 〈정의로운 직장〉(Job with Justice)의 지역 조합과 함께 일하고 있다. 이 조직은 노동자

---

[5] 소문자 i로 쓴다. 발음이 같은 눈(eye)이라는 뜻도 되고 나(I)라는 뜻도 된다.]

인민과 실업자의 이익을 위해 싸우는 데 헌신하고 있다. 이 조직을 위한 지적 자양분 일부는 〈사회주의 포럼〉(Socialist Forum)이라는 다른 지역 조직으로부터 흘러들어오는데, 여기에도 발기인으로 참가하고 있다. 청년기에 형성된 지향성, 다시 말해 민주주의에 강하게 몰입한 사회주의자로서의 지향성을 나는 계속 충실하게 신뢰한다. 그리하여 이 책에서 주장하고 있듯이, 경제적/사회적 인권이 정치적/시민적 인권과 함께 중요하다고 나는 생각한다. 불행히도 미국에서는 이 점이 아직 충분하게 인정을 받지 못하고 있다.

지나간 천 년의 마지막 세기 냉전 동안에도 그랬듯이, "인권"이라는 단어를 늘 입에 다는 정치인, 미디어, 활동가들은 지금도 인간의 권리를 증진하기 위해 노력하고 있다고 주장한다. 인권이라는 단어는 우리 시대의 규범 어휘 가운데 민주주의나 자유시장에 필적할 만큼 상위에 있다. 그리고 인권은 궁극적인 규범의 준거점인 것처럼 사용될 때가 많다.

몇 년 전에 민족주의와 윤리를 주제로 한 학술회의에 참석한 적이 있다. 참석자들은 민족주의의 부정적인 측면을 적확하게 포착하지 못해 많은 곤란을 느끼면서, 민족주의의 긍정적이고 자기결정적인 측면을 파악할 수 있기를 바라는 분위기였다. 그때 인권이 존중되는 한 민족주의는 용납할 수 있다고 제안한 사람이 있었다. 곤경의 해결책이 나왔다고 모두가 동의하는 것 같았다 — 마치 민족주의의 의미는 오리무중인 반면에 인권의 의미는 수정처럼 맑기라도 하다는 양.

모호하고 복잡한 문제에 대한 궁극적인 해답으로서 인권을 너무나도 쉽게 말하는 사람들은 인권이라는 것이 자체로 간단하고 자명하다고 보기 때문이다. 그러나 인권이라는 것이 간단하고 자명한가? 우리가 "인권"이라고 일컫는 것이 뭔지 하나의 올바른 해석이 있는가? 해석이 여러 갈래라고 할 때 2 더하기 2는 5가 아니라 4이듯이 옳은 해석과 그른 해석이 있는 것일까? 게다가 인권의 개념이 우리의 역사에서 비교적 새로운 편이라는 사실은 어떻게 봐야 할까? 시몬 베유6)는 말한다 : "고대 그리스 인들은 권리라는 사고방식이 없었다. 그들에게는 그런 것을 표현할 단어가 없었다. 정의라는 이름만으로 족했다."7)

그리스 고전의 전통을 베유보다 더 많이 공부한 현대의 학자 마사 누스바움도 말하기를, 인권 개념의 탄생으로 이어지는 역사에서 그리스 스토아주의자들이 중요한 부분이기는 하지만, "그리스 사회에도 로마 사회에도 기본적 인권이라는 관념이 계발되지는 않았다"고 한다. 예컨대 그들도 인간의 평등은 중시했지만, 그 때문에 노예제를 비판하지는 않은 것이다.8)

정치의 문제에 관해 그토록 깊은 성찰을 보여줬던 그리스 인들이 왜 인권의 개념은 없었을까? 로마인들은 로마 시민에게는 단지 그들이 인간이라는 이유만으로 권리의 개념을 결부시키면서 왜 모든 사람들에게는 그렇게 하지 않았을까? 그리고 베유가 언급하는 정의라

---

[6] 시몬 베유(Simone Weil, 1909~1943) : 프랑스 철학자. 데스텡 정부와 미테랑 정부에서 보건장관을 지낸 여성정치인 시몬 베유(Simone Veil, 1927년 생)와 혼동하지 말 것.]
7) Simone Weil, "Human Personality", in *Selected Essays 1934~1943*, trans. Richard Rees (London : Oxford University Press, 1962), 20.
8) Martha Nussbaum, *Cultivating Humanity* (Cambridge, MA : Harvard University Press, 1997), 140~141.

고 하는 사고방식은 어떤 것인가? 그리스 인들이 정의라는 이름으로 의미했던 내용의 일부와 우리가 권리, 인권이라는 이름으로 의미하는 바가 같을 가능성이 있을까?

이런 질문들은 대답하기 무척 까다롭다. 특히 인권이라는 것이 보편적인 개념으로, 다시 말해 인간의 본성 자체에 고유한 것으로, 제시되기 때문에 더욱 그렇다. 우리에게는 권리를 가진 피조물이라는 고유한 속성이 있고 그리스 사람들에게는 없었을 정도로 우리와 그리스 인들은 "본성적으로" 다른 것일까? 아니면 그리스 사람들이 자기들은 유럽의 야만인들 또는 아시아의 "비합리적"9) 족속들과 다르다고 생각했던 것만큼 우리와 그리스 인들이 다른 것일까? 혹은 인권이 거기에도 있었는데, 단지 그리스 인들이 인식하지 못했을 뿐일까 아니면 애당초 그것이 없었기 때문에 인식할 수가 없었던 것일까?

그리스와 로마 사람들이 인권에 관해 말하지 않았다고 한다면, 이런 종류의 "권리 담론"은 언제 시작했을까? 어디서 시작했을까? 누가 시작했을까? 왜 시작했을까, 또는 그런 담론을 입에 담은 사람들에게 무슨 도움이 되었을까? 권리 담론에 참여한 사람들에 의해서 사용되기도 하고 참여하지 않은 사람들에 의해서 사용되기도 하는 여타 규범적인 개념들과 권리 담론은 어떻게 얽히기 시작해서 지금은 어떤 연관이 있는가? 이런 방면으로 사고를 진행하려면 시간과

---

[9] 영어 단어는 nonrational로서, 불합리적(irrational)이라는 뜻을 피하기 위해 사용한 것이다. 아시아를 불합리라고 하면 이치에 어긋난다는 뜻이 되기 때문에, 서양의 이치로 아시아를 재단하게 되는 결과를 낳게 된다. 저자의 의도는 아시아 문명은 서양의 합리성 개념과 상관없으므로, 부합하는지 여부를 가릴 수 없다는 뜻이다.]

공간에 공히 민감해져야 한다. 예컨대 권리 담론을 시작하기 전부터 사람들이 사용했던 ("정의"와 같은) 다른 개념들에서 인권과 비슷한 내용을 찾아내도 좋은 것일까? 아니면 인권의 개념은 과거 사람들의 뇌리에 전혀 없던 무언가를 표상하는 것일까? 마찬가지로 어떤 주어진 시점에서 한 문화에서는 인권 담론을 볼 수 있고 다른 문화에서는 볼 수 없을 때, 그래도 두 문화 사이에 비슷한 개념들은 있다고 봐야 할까? 이런 질문들에 어떻게 답해야 할까? 그런 답들로부터 우리는 인권 개념의 보편성 또는 상대성에 관해 무엇을 알게 될까?

참으로 복잡한 질문들이고 논제들이다. 그러나 추상적인 사항은 아니다. 개념 형성과 실천 사이에는 관계가 있다. 이 책에서 주장하려는 논지 가운데 하나는 20세기의 인권 현황은 아쉬운 대목이 많다는 점이다. 그리고 이 결함은 냉전을 구성했던 정치적 배열 그리고 이데올로기적 배열과 교차한다. 사실은 소위 "제3세계"에서만이 아니라, "철의 장막" 안과 바깥에서 공히 인권이라는 수사법은 인권을 침해하는 실태를 정당화하기 위한 시도로 사용된 경우가 너무 많았다고 할 것이다. 이 책은 이러한 실천적 왜곡들을 염두에 두고 인권의 개념을 다시 생각해 보려는 시도이다. 그리하여 지적으로 건강한 인권의 개념, 동시에 인간에 대한 지배 그리고 그로 인한 고통을 종식시킬 수 있을 만큼 정당성의 근거로 봉사할 수 있는 인권의 개념을 자아낼 길은 없는지 살펴보고자 한다.

이 책의 첫 부분에서는 구체적인 물질적 투쟁, 이론가들의 어휘들, 그리고 역사의 무대에서 활약한 배역들의 언설들이 서로 어떻게 상호작용했는지를 검토한다. 18세기 말 인권에 관한 위대한 문서들에서 그런 상호작용이 어떻게 나타나는지를 볼 것이다.

제1장은 17세기 디거스[10]의 영수 제라드 윈스탠리의 요구에서부

터 시작한다. 그는 생활필수품에 대해 모든 사람이 권리를 가진다고 주장했다. 이어서 서양의 전통에서 위대한 이론가 네 명, 홉스, 로크, 루소, 그리고 칸트의 작품을 검토한다. 그들의 저술이 인권에 관한 우리의 근대적 사유에 기여한 측면을 살필 것이다. 다음으로는 18세기 말에 혁명적 행위자들이 인권에 관해서 작성했던 획기적인 진술들을 고찰한다. 미국 독립선언서, 미국 헌법과 수정헌법 처음 10조항(권리장전), 그리고 프랑스의 인간과 시민의 권리에 관한 선언문 등이다. 이 문서들은 이론적이든 선언적이든 보편적으로 수용되지는 않았다. 제1장은 18세기와 19세기에 인권이라는 발상을 거부한 사례들을 살펴봄으로써 마무리한다. 버크, 벤담, 마르크스의 사례를 살펴보고, 아울러 이성에 근거한 인권이라는 사고방식을 흄의 사상이 어떻게 암묵적으로 파괴하고 있는지를 고찰한다.

제2장에서는 20세기로 이동한다. 여기서는 20세기의 현상 가운데 인권이라는 이념과 실천에 대해 유난히 비우호적이었던 것들을 논의한다. 전체주의의 발흥, 전례가 없는 규모의 인종청소, 그리고 세계대전 등이다. 이어서 제2차 세계대전 이후 민족국가들의 대표 사이에 합의된 국제 문서의 형태로 응집된 인권에 대한 대응을 살펴본다. 이러한 문서들의 내용에 관해 1960년대 중반에 출현한 이견들을 검토할 것이다. 다음으로는 20세기 후반에 제안된 인권 개념을 사람들이 받아들일 때 작용했던 다양한 근거들을 비판적으로 고찰할 것이다. 신앙과 믿음이 근거인 경우도 있고, 이론적이지만 비합리적인 근거도 있고, 합리주의적인 근거도 있었다.

---

[10] 디거스(Diggers) : 17세기 영국 혁명기에 나타난 급진개혁파. 제라드 윈스탠리(Gerrard Winstanley, 1609~1676)는 그 지도자였다. 토지의 평등 분배와 농업공동체의 건설을 주창했다.]

제3장에서 나는 인권에 관해 제2장에서 논의한 바와는 다르게 생각할 방법을 제안한다. 이는 하나의 가치 또는 개념을 가지고 인권의 토대로 삼으면 안 된다고 보는 방법이다. 나는 이를 "전체론적"11) 방법이라고 부른다. 이 주장은 11개의 명제로 표현되며, 각 명제에 관해 상술할 것이다. 여기서 핵심이 되는 개념들을 발전론적 순서에 따라 열거하면, 인간의 잠재력, 상호결정 또는 자기결정, 물질적 및 문화적 맥락과의 일치, 지배, 투쟁, 그리고 사회적 인정이다. 제3장의 말미에서는 그 앞에서 이뤄진 개념적 명제들과 주장들에 입각해서 볼 때 인권을 침해할 수 있는 다양한 주체들 그리고 다양한 피해자들의 표와 함께 간략한 논의가 제시된다.

제4장은 제3장의 말미에서 얼개 수준으로 제기된 인권 보유자와 인권 침해자의 문제를 더욱 깊게 탐구한다. 특히 서양에서 권리의 보유자는 개인에 국한되는 것처럼 종종 논의되지만 이것은 잘못된 것이라는 주장이 펼쳐질 것이다. 어떤 종류의 집단이나 공동체가 인권을 타당하게 요구할 수 있는지를 살펴본다. 아울러 국가 이외의 존재들도 인권을 침해할 수 있음을 주장할 것이다. "상향식" 접근법으로 먼저 효과와 피해자들을 살피고, 그 다음에 누구 또는 무엇이

[11) 전체론(holism)이란 사회, 집단, 공동체 등이 개인들의 집합이지만 개인들의 단순한 합에 불과한 것은 아니고, 전체라고 하는 속성이 있다고 보는 생각이다. 이는 전체라는 것은 자체의 속성을 따로 가지지는 않고, 모든 집합은 단지 원소들의 합과 같다고 보는 개체론(individualism)과 대척된다. 전체론은 세상을 바라보는 방법론적 시각과 관련되는 하나의 입장이고, 전체주의 (totalitarianism)는 현실에서 정치권력을 행사하는 하나의 방식이기 때문에, 둘을 혼동하면 안 된다. 단, 개체론자들은 대체로 자유주의적 성향을 가지고 전체주의와 친해지기 어려운 반면에 전체론자 중에는 전체주의로까지 연결되는 경우도 있다. 그렇지만 이 책의 저자 필즈처럼 방법론적 전체론를 취하면서도 전체주의에는 완강하게 반대하는 사람도 많다.]

침해자인지를 결정하는 순서로 나아가야 한다는 취지가 개진될 것이다.

제5장은 사회적 인정이라는 개념에 초점을 맞추는데, 경제와 노동의 영역에서 그 개념이 어떻게 적용되어야 하는지에 주목할 것이며, 아울러 경제와 노동이 궁극적으로 정치와 분리될 수 없다고 주장할 것이다. 첫 번째 부류의 인정은 분배적인 성격을 가진다. 즉 인간의 존엄성에 상응하는 생활수준에 대한 권리를 인정한다는 의미를 함축한다. 두 번째 부류의 인정은 참여적인 성격을 가진다. 즉 노동자를 비롯해서 배제당하거나 착취당하고 있는 사람들이 경제적 사회적 권리를 주장할 때, 동시에 그 권리가 어떻게 시행되어야 할지에 관해서도 발언권이 인정된다는 의미를 함축한다. 여기서부터 상호결정 및 자기결정이라고 하는 개념이 중요해진다. 그러나 이는 마지막 부류의 인정에서 더욱 중요하다. 마지막 부류의 인정은 참여적일 뿐만 아니라 노동자들이 작업과정을 실제로 소유하며 통제하는 상태를 말한다. 이러한 형태의 인정이야말로 "노동은 상품이 아니다"라고 천명한 국제노동기구(ILO)의 선언과 가장 일관적이라고 나는 주장한다. 그리고 이러한 부류의 인정이 발현될 수 있는 통로로서 어떤 제도적인 형태가 있을지 내가 생각하는 바들을 개진할 것이다.

제6장은 근대국가와 인권을 살펴본다. 국가 이외에도 인권을 침해하는 주체가 있을 수 있지만, 지난 세기 동안에 벌어진 인권 침해의 주요 사례들은 국가권력의 행사 때문이거나 아니면 자국 영토 안이든 바깥이든 인권 침해를 예방하기 위해 국가권력의 행사를 거부한 때문이었던 것이 사실이다. 근대국가는 인권에 관련해서 모순적인 입장에 처한다고 나는 주장한다. 인권과 근대국가는 함께 태어났다. 특히 미국과 프랑스 공화국의 탄생이 그랬다. 그 후 많은 국가들이

유엔의 각종 선언문들과 국제 협약에 가입하는 방식으로 인권에 서약하고, 자기네 헌법에 인권 조항을 새겨 넣었다. 그러나 인권 침해의 주범은 국가들이고, 여기에는 자유주의 입헌국가들마저 포함된다. 이 장에서는 근대국가의 이와 같은 양면적이며 모순적인 본질을 더욱 분명히 이해하기 위해 근대국가들이 가담하는 여러 가지 과정들을 살펴본다. 사람들에 대한 분류와 구별, 헌법의 확립, 그리고 무엇보다 폭력과 강제가 그런 과정들이다.

제7장은 국가가 자행하는 폭력적이고 강제적인 행위들을 보다 경험적으로 탐사해 들어간다. 시민의 신체에 대한 폭력을 근대국가는 관찰과 정상화로 대체했다고 했던 미셸 푸코가 옳았냐는 질문을 던질 것이다. 인권을 향한 투쟁에서 세계를 이끈다고 자처하며 다른 국가들의 수행 실적을 체계적으로 판단할 책임을 자임하고 있는 미국의 사례를 주로 검토해 보면, 특정 범주의 사람들을 불균형적으로 겨냥해서 신체에 대한 지독한 인권 학대가 있음을 확인할 수 있다. 그리하여 개인의 인권과 동시에 공동체 또는 집단의 인권이 침해된 것이다. 공산주의와의 전쟁, 범죄와의 전쟁, 마약과의 전쟁, 그리고 최근에 나온 테러리즘과의 전쟁 등, 미국에서 "전쟁"이라는 수사는 그러한 권리 침해를 정당화하기 위해 정치 엘리트들이 즐겨 사용해 왔다.

결론에서는 지금까지 진행된 주장들을 요약한다. 특히 세 가지 점의 중요성을 되새긴다. 1) 자유, 평등, 박애는 각각 인권의 골조를 지탱해 주는 핵심적이며 불가분의 규범으로서 동등한 지위를 가진다고 인식해야 한다. 2) 이러한 가치들을 어떻게 실천적으로 시행할 것인지에 관해 문화적 경계선을 넘나드는 자아비판적 대화와 행동이 필요하다. 3) 인권의 전체론적 개념과 부합하는 형태의 제도 발전을 인도하는 안내자로서 정치적/경제적 민주주의를 추구한다. 시작부터 상서롭지 못했던 새 천년에서 인간의 실존이 지난 천 년보다 실질적으로 더욱 인권을 존중하는 것이 되려면 이 세 가지 모두가 요청될 것이다.

결론 다음에는 두 개의 부록이 뒤따른다. 첫 번째 부록은 일리노이 주 디케이터 시에서 노동의 조건을 급격하게 변경하려고 했던 초국적기업에 대항해서 노동자들이 자신들의 인권을 위해 투쟁한 이야기를 전한다. 노동자들이 졌고, 공동체는 분열되었으며, 초국적기업의 권력이 증명되는 와중에 일부 노동자들의 삶은 황폐해졌다.

두 번째 부록은 일리노이 주 어바나–샴페인의 독립미디어센터에서 월간으로 발행하는 신문 〈더 퍼블릭 아이〉(*The Public i*)에 기고했던 기사로서, 2001년 9월 11일 사건이 지니는 함의를 나의 전체론적 인권이라는 관점에서 검토한 글이다. 이 글은 테러 공격이 있은 지 약 10일 후, 미국이 아프가니스탄에 보복을 개시하기 훨씬 전에 쓰였다.

제1장

인권 관념의 탄생 그리고 폄훼꾼들의 탄생

제1절 개관

인권이 무엇인지를 여기서 선험적으로 정의하게 되면 이 장 및 이 책 전체의 목적이 망가지고 말 것이다. 그러나 그 개념을 우리가 분석하고 싶지 않더라도 또는 분석할 수가 없더라도, 이 주제의 특성상 우리 대부분으로 하여금 어쩔 수 없이 분석을 시도하게끔 만드는 무언가가 있다. 인권이란 모든 정치적 개념들 가운데서 인간의 고통에 관한, 그리고 어떤 사람들이 다른 사람들을 우월한 권력으로 지배하는 것에 관한, 우리의 우려에 대해 가장 큰 울림을 갖는 개념인 것으로 보인다. 미셸린 이샤이[12]가 인권에 관한 문건의 역사를 추적한 서사에서 보여줬듯이, 그러한 우려는 적어도 구약성경의 시대까지 (특히 「출애굽기」 22장 20~27절, "너는 이방 나그네를 압제

---

[12] 미셸린 이샤이(Micheline Ishay) : 덴버 대학교 국제대학원 교수로서 국제인권 프로그램의 소장이다. 『세계 인권 사상사』(*History of Human Rights*, 조효제 역, 길)를 저술했다.]

하지 말며 그들을 학대하지 말라 너희도 애굽에서 나그네이었음이니라"와 「레위기」 19장 13~19절, "이웃에게 곤경이 닥칠 때 외면하지 말라") 그리고 대승불교에서 동정심 많은 보살의 이야기까지 ("모든 고통의 짐을 내가 지노라 …… 중생을 제도하리라") 거슬러 올라간다.[13]

라쾨르와 루빈은 이와 대조적으로 훨씬 후일의 세속적 (영국 교회의 권리 요구도 포함되었지만) 문서인 1215년의 마그나 카르타에서부터 역사적 서사를 시작한다.[14] 이 문서는 여러 가지 점에서 흥미롭다. 첫째는 그 장소다. 이것은 서양의 문서이고, 더 구체적으로는 잉글랜드의 문서이다. 둘째, 이것은 근대 민족국가 체제가 유럽에서 정착되기 훨씬 전, 영국이라는 국가 자체가 아직 발달되기도 전에 쓰였다. 셋째, 이것은 왕, 교회, 그리고 영주들(귀족들)이라고 하는 세 부류의 권력집단들 사이에서 투쟁이 벌어지던 시기에 작성되었다. 넷째, 드물게 예외적인 문구가 있기는 하지만, 인간으로서 개인에 관심을 기울이지는 않았다. 이 문서는 권력을 분산시키려는 시도였다. 왕은 바로 왕이라는 이유 때문에 일정한 권력을 상실했고, 봉건귀족, 교회, 또는 자유인들은 개별적 이익을 가진 특정 집단의 구성원이라는 이유 때문에 권력 또는 일정한 정도의 자유를 얻었다. 이처럼 자기들에게 커다란 고통을 초래한다고 여겨진 왕의 부당한 지배를 벗어던져 버리려 시도하기는 했지만, 그보다 전부터 있었던 종교적 경전에 나타난 것과 같은 보편주의적인 처방은 여기에 없다.

---

13) Micheline R. Ishay, ed. *The Human Rights Reader* (New York : Routledge, 1997), 2~6.
14) Walter Laqueur and Barry Rubin, eds. *The Human Rights Reader* (New York : Meridian, 1989).

집중된 권력 또는 절대 권력이 바람직하지 않다는 점으로부터 일반적인 교훈을 도출할 수 없다는 말은 아니다. 바로 그 때문에 마그나 카르타는 지극히 중요한 문서이다. ─절대 권력은 인권과 양립할 수 없다. 그런데 이 문서가 주장하는 권리는 교회 또는 특정한 사회적 지위를 갖는 사람들에게 국한될 뿐이다. 그리고 이런 상태는 유럽의 중세 내내 지속되었다. 권리가 문제된다고 하더라도, 그때 권리라는 것은 거의 언제나 제도적인 틀 안에 자리 잡은 역할과 권력에 따르는 권리일 뿐이었다. 이 때문에 그러한 권리들을 주장하면서 행사한 사람들은 자신의 권리를 "자연적"이라고 정당화하는 데 거리낌이 없었다. 심지어 자기들이 지배하는 대상들에게 일종의 계약적인 "자유"가 허용되어 있다는 주장마저 서슴지 않았던 것이다. 노예, 농노, 그리고 혼인의 경우에 이런 일들이 어떠했는지는 캐롤 페이트먼이 명료하게 분석해낸바 있다.15)

제2절 인권 투쟁 그리고 유럽의 계약이론

인간에게는 인간으로서 요구할 권리가 있다는 생각이 17세기에 노골적으로 표출되면서 중세의 틀은 깨졌다. 1640년대의 영국은 서로 다른 종교와 서로 다른 헌법을 주장한 세력들 사이의 전쟁으로 우리에게 잘 알려져 있다. 하지만 당시 영국은 식료품 가격, 지대, 세금이 높고 실업과 경작지 부족이 심해서 고통이 널리 퍼져 있는

---

15) Carole Pateman, *The Sexual Contract* (Stanford University Press, 1988).

상태이기도 했다. 봉건제가 무너짐에 따라 지주들의 재산권은 절대
화되었다. 농노에 대한 영주의 중세적 의무가 과거지사로 치부되면
서, 재산소유자들에게는 빈곤한 처지의 사람들과 재산을 공유할 의
무가 있다고 했던 아리스토텔레스의 훈계나 생존의 필요 때문에 남
의 것을 취한 사람들은 (그 때문에 남이 굶어죽을 정도가 아닌 한)
도둑질의 죄를 범한 것이 아니라고 했던 토머스 아퀴나스의 경고도
마찬가지로 옛날 말로 치부되었다. 17세기의 "주인 없는 인간들"은
자신들의 위상도 필요도 더 이상 인정해주지 않는 아주 각박한 세상
에 내동댕이쳐졌다.16) 권리를 주장한다는 것은 동시에 고통과 고뇌
의 표현이었고, 우리가 서로를 향해 일정한 종류의 사회적 인정(認
定)을 베풀어야 할 의무를 되새기는 것이었다. 봉건주의에 지독한
불평등이 담겨 있기는 했지만, 거기에도 한도는 있었고 심지어 하층
농노라도 영주에게 요구할 수 있는 그들 특유의 권리가 있다고 인정
되었다. 봉건적인 인정의 형식이 부서져 버린 다음, 인간은 점점 더
개인적인 단자로 인식되었다. 주인과 연결된 의무와 인정의 사슬에
서 풀려났다는 의미에서 인간은 자유로웠다. 그러나 농노의 노동 위
에서 구축된 재산과 부를 과거의 주인이 계속해서 쥐고 있는 한, 자
유로워진 농노들은 남북전쟁 후에 해방된 미국 노예들만큼이나 위태
로운 처지에 놓였다.

　디거스의 대변인이었던 제라드 윈스탠리는 1640년대에 단순히 생
존을 위해 부자 소유의 땅에 거처를 잡고 작물을 경작해야만 했다.

---

16) "주인 없는 인간들"(masterless men)이라는 표현은 홉스, 『리바이어던』,
　　제2부, 제21장에 나온다. 홉스 시대의 혁명기 영국에 관해 고전적인 작품들을
　　저술했던 크리스토퍼 힐(Christopher Hill)은, *The World Turned Upside
　　Down* (London: Penguin Books, 1972)의 제3장 제목을 그것으로 달았다.

그는 "우리의 창조에 관한 올바른 법"에 호소하면서 소유자들의 절대적 재산권 주장을 공박했다. 윈스탠리는 이렇게 썼다.

> 땅을 파고, 씨를 뿌린 후, 첫 번째 수확이 있을 때까지 기다리는 동안, 너무 가난해서 먹을 것이 부족한 우리, 쟁기도 없고 수레도 없고 씨앗도 없고 공유지를 경작할 재료도 없는 우리는, 땅의 재화를 가지고 가방과 장롱과 창고에 가득 쟁여 잠가 놓고서도, 공공의 재화로는 아무것도 내놓지 않고, 오히려 창조의 법에 따라 빵에 대해 당신들과 동등한 권리를 가지는 동료 피조물들이 빵이 없어 굶어죽는 모습을 지켜보고자 하는 당신들, 그리고 모두에게 우리의 처지를 선포한다.17)

윈스탠리와 여타 디거스의 마음속에서는 "우리의 창조에 관한 올바른 법"에 의거해서 영국의 빈민들에게 땅을 사용할 *권리*가 있었다. 그들에게는 살기 위해 땅이 필요했고, 귀족들이 태생적 우월론이든 자유계약론이든 뭘 들먹이면서 권리를 주장하더라도, 결국 그들의 소유권이라는 것은 다른 사람들을 지배하고 강탈했던 폭력 행위, 즉 노르만 정복18)에 뿌리를 두었을 뿐이기 때문이다. 이 도전에서 세 가지가 중요하다. 첫째, 자기들이 인간이라는 근거에만 온전히 근거해서 사람들이 권리를 주장하고 있다. 둘째, 우리는 신의 피조물이라는 둥, 따라서 우리의 생존의 필요를 인정하지 않는다는 것은 신에 대한 범죄라는 둥, 종교적 권위에 호소하고 있다. 셋째, 이 주장은 구체적이고 물질적인 투쟁의 와중에서 이뤄지고 있다. 디거스는 행동하는 동시에 권리를 주장한 것이다. 사실, 종교적인 주장들에 세

---

17) Gerrard Winstanley, "A Declaration from the Poor Oppressed People of England," in George A. Sabine, ed., *The Works of Gerrard Winstanley* (Ithaca, NY: Cornell Universtiy Press, 1941), 272.
[18] 1066년 노르망디의 윌리엄이 잉글랜드의 왕에 오른 일을 가리킨다. 이로써 노르만 왕조가 시작되었고, 이 왕조는 오늘날의 윈저 왕조까지 이어진다.]

속적인 주장들이 도전해 왔고, 권리에 대한 철학적 담론들은 (설령 철학자들 자신은 이 점을 충분히 의식하지 못했을 수 있지만) 구체적인 물질성 및 그것을 둘러싼 투쟁으로부터 유리된 적이 없었다.

홉스 : 인권에 관한 서양 철학 담론의 시작

디거스의 입장을 표출하여 옹호했지만, 윈스탠리는 철학자가 아니었다. 인간에게 인간으로서 권리가 있다고 주장한 최초의 철학자는 윈스탠리와 동시대를 살았던 토머스 홉스이다. 홉스 역시 인권에 관한 생각을 물리적 생존에 엮었지만, 자신의 생각에 순전히 세속적인 방면으로 합리적인 근거를 제시했다. 비록 자신의 합리적 논증에 보탬이 되는 만큼 전략적으로 성경을 근거로 인용할 때도 있지만, 그는 인간이 신의 피조물이라는 주장보다는 인간 자체의 본성에 더 관심이 많았다.

인권에 관해서 홉스를 인용한다는 것은 아이러니이다. 마그나 카르타는 왕에게서 권력을 분산시켜 오늘날의 용어로 시민사회를 구성하는 여러 요소에게 나눠준다는 목적을 가지고 있었다. 그리고 근대의 우리는 인권을 민주주의와 결부시키든지 아니면 적어도 정치권력에 대한 엄격한 제약과 결부시킨다. 반면에 홉스는 정치권력을 집중시켜 절대화하는 것이 목적이었다. 입법부에 집중된 형태의 권력이라도 인정할 수 있다는 듯한 모습을 보이기는 하지만, 그가 선호했던 형태는 왕의 손아귀에 집중된 권력이었다. 그래야 여러 명으로 구성된 모임에서처럼 파당의 문제가 발생하지 않을 것으로 느꼈기 때문이다. 홉스에게는 권력이 절대적이어야 한다는 것에 관건이 있었다.

마그나 카르타 이래로 권력이 너무나 분산되었다고 느끼고(1), 권리청원에 반대했으며(2), 반왕당파 군대 내 일각에서 있었던 민주주의 옹호론을[19] 적대적인 시선으로 바라봤던(3) 철학자가, 사람들이 **_인간으로서_** 가져야 할 보편적 권리라는 개념을 철학적으로 정당화한 최초의 인물이라니, 도대체 어찌된 일일까?

17세기 중엽은 정치적, 경제적, 종교적, 그리고 지적으로 격렬한 투쟁의 시기였다. 승패에 따라 수많은 제도와 집단의 이익과 손해가 크게 왔다갔다했다. 군주는 의회 세력과 싸우지 않을 수 없었다. 의회 세력 중 크롬웰 휘하에 있었던 보다 보수적인 일파는 반왕당파 일각에서 일어나던 정치적 도전 및 경제적/계급적 도전에 맞서야 했다.[20] 부르주아지는 군주의 권력에 도전하는 동시에 정치적 경제적 급진주의로부터 자신을 지키고 있었다. 국교파는 군주에 대한 영향력을 두고 가톨릭과 싸웠지만, 퀘이커라든지 여타 종교적 급진파를 퇴치하는 데에는 한편이 되었다. 수학과 과학의 세계에 (갈릴레오, 케플러, 하비, 데카르트 등) 엄청난 발전이 있어서 홉스로 하여금 스콜라주의 사상을 배격하고 더욱 "현실적인" 과학적 정치이론을 받아들이도록 영향을 미쳤다. 과학적 현실주의의 편에서 아리스토텔레스주의/스콜라주의 사상을 홉스처럼 거부한다는 것은 왕당파와 의회파를 막론한 정치 엘리트에게만이 아니라 조직화된 종교에게도 위협이었다. 이와 같은 이중의 위협에 종합적으로 대응해서, 하원의 한 위원회에서는 홉스의 위험한 사상이 무신론에 뿌리를 두지 않았는지

---

[19] 크롬웰의 군대 안에서 출현한 수평파(Levellers)를 가리킨다. 참정권의 평등 등, 법의 평등을 주장하고 사유재산권은 인정했다.]
20) 이 시기 잉글랜드에서 벌어진 이와 같은 투쟁을 내가 알기로 가장 흥미롭게 논의한 저술은 Christopher Hill, *The World Turned Upside Down* 이다.

조사했다. 교황청이 갈릴레오를 전향하도록 강제했듯이, 제도화된 종교와 제도화된 정치 사이에서 일치한 이익은 홉스로 하여금 정치적인 문제에 관해 침묵하도록 강제했다. 제도화된 정치에는 왕권신수설을 옹호하는 왕당파와 함께 의회 정부의 주창자들이 포함된다.

나중 시대에 인권 이론을 개발하고 옹호한 사람들은 권위, 특히 국가의 권위에 대항해서 그러게 된다. 그러나 홉스는 타인들로부터 오는 위험은 중앙의 강력한 권위 때문이 아니라 그런 권위가 없기 때문이라는 생각이었다. 인간은 제도와 믿음 체계 사이에서 벌어지는 온갖 갈등에 노출된다고 그는 봤다. 이 제도들이 제대로 작동하지 않는 것이 그에게는 선명했던 것이다. 영국의 내전이야말로 궁극적인 증거였다. 그의 가장 유명한 문구대로, 삶이란 "불쾌하고 잔혹하며 단명하다."21) 그는 이른바 자연상태라고 하는 이론적 상태를 서술하려고 이 문구를 썼지만, 기실 자신이 살던 시대의 구체적 환경을 가리키고 있었던 것이다. ,

홉스는 이렇게 해서 서양의 철학과 사회과학에서 최초의 평화이론가가 된다. 그의 일차적 목적은 이 지옥 같은 상태에서 벗어나 개인들의 안전이 보장되는 상태, 또는 적어도 극대화되는 상태로 가는데 있었다. 고통과 쾌락을 느끼는 감각적 존재라고 하는 개인의 본성 자체로부터, 우리가 생명이라고 부르는 감각 경험을 종결시켜 버리겠다는 위협이 개인에게 최악의 고통이고, 그것을 유지하는 것이 최대의 쾌락이라는 교훈을 홉스는 도출한다. 그리고 문화라든지 산업과 같은 여타 인간적 가치들은 바로 안전이라고 하는 주춧돌과 같은 가치에 의존한다.

----

21) Thomas Hobbes, *Leviathan*, Part I, Chapter 13.

　이로부터 홉스는 모든 곳의 모든 사람이 단순히 자신의 고유한 본성에 의거해서 가지는 단 하나의 기본적인 권리는 바로 생명에 대한 권리라는 결론을 내린다. 홉스는 이로써 모든 인간은 평화와 안전의 권리를 가진다는 입장의 선구자가 되었다. 하지만 여기에는 모순이 있다. 우리에게는 이 권리가 있는 한편, 우리 안에는 (두려움, 경쟁심, 그리고 명예욕) 공격 충동도 있다. 홉스는 자연적으로 사회적이며 정치적인 인간이라는 아리스토텔레스의 개념을 거부하고, 인간은 언제든 서로 공격할 태세를 갖추고 있다고 봤다. 우리네 욕구가 비슷하고, 우리가 "좋은 것"이라고 일컬으며 쓸 수 있는 것들이 우리의 환경에서 희소하기 때문에 문제는 배가된다. 이렇게 우리 존재의 내면, 즉 우리의 존재론적 정수와 우리 실존의 외면이 함께 우리를 공격성으로 이끈다.

　이러한 진퇴유곡에서 빠져나갈 유일한 길은 엄청나게 강력한 정치적 주권의 중심을 창설해서 유지하는 것뿐이다. 홉스는 은유를 싫어했지만, 이것에는 레비아탄이라는 이름을 붙였다. 우리 각자는 개인으로서 서로에게 자연적으로 대립하기 때문에, 한데 모여서 이 주권적 중심에 복종하기로 동의해야 한다. 그 중심에 복속할 때에만 우리는 안전할 수 있다. 우리가 서로를 상대로 맺는 이 계약에는 조건이 하나 붙는데, 만약 주권적 권력이 실제에서 우리를 보호하지 않는다면, 그에 대한 우리의 의무는 끝나고 우리는 다시 자연상태로 돌아간다.

　이것은 중요한 변전이다. 정치와 시민권에 관한 전통적인 사유의 형식을 홉스는 거꾸로 세웠다. 의무가 권리보다 선행한다는 (예컨대, 로마인들은 의무를 다하는 로마 시민이기 때문에 권리를 누렸다) 전통적 견해를 받아들이지 않고, 홉스는 그 대신에 개인의 불가양적 권리를 인정하는 데서 의무가 파생하도록 만들었다. 레오 슈트라우스가 정확하게 지적했듯이, 이로써 정치체제의 정당성이 권리를 존중하느냐 여부에 따라 좌우되는 근대 자유주의가 주창될 수 있는 길이 열렸다.22) 뒤에 가서 살펴보겠지만, 자유주의에서는 권리란 전통적으로 오직 개인들의 권리일 뿐이다. 반면에 인권이라고 할 때에는, 그 권리가 순전히 개인의 것이기만 한지에 관해 논란이 있다. 홉스 자신은 오로지 개인의 권리에 관해서만 말했다. 만약 주권자가 그대의 생명을 위협할 뿐 내 생명은 위협하지 않는다면, 이유가 무엇이든 정당화가 가능하든 않든, 나와는 상관없는 일이라고 그는 주장했다. 개인을 이처럼 발본적으로 단자화하고 서로 소외시키는 태도는 근대 자유주의 그리고 거기에 수반된 고전경제학 및 신고전경제학의 사고에 영향을 미쳤다.

이 때문에 혹자는 20세기 인권에 최대 숙적이 되는 전체주의의 이론적인 선구가 홉스라고 결론을 내리기도 한다. 내가 생각하기에 이는 심각한 오독의 결과이다. 현명한 주권자라면 경제적 자유를 폭넓게 허용하리라고 홉스는 예상했다. 실지로, 화폐와 상업에 관한 그의 언표들을 보면 정치적 자유를 제한하는 대신에 광범한 경제적 자유가 허용되는 일종의 교환이 읽힌다. 경쟁이 이뤄지는 경제의 영역에서는 태생적인 공격 충동이 서로 견제하는 가운데 조절되도록 내버려 둘 의향이 홉스에게는 있었다. 국영 경제 또는 집합 경제를 조언하는 대신에, 독점은 경쟁의 정반대이므로 발생하지 않도록 만전을 기하라고 주권자에게 조언하는 것이다. 화폐는 흐르게 두고 재화

---

22) Leo Strauss, *Natural Right and History* (University of Chicago Press, 1953).

는 거래되도록 두라. 다른 말로 하면, 독점이 발생하기 전까지 내버려두라(laissez-faire)는 얘기다. 상대적으로 자유롭고 경쟁적인 경제활동이 이처럼 하나의 안전판이 되어 정치의 장 바깥에서는 서로 충돌하는 이익들을 둘러싸고 경쟁과 대립이 허락되어도 좋다. 하지만 시민사회 안에 존재하는 여타 자유들처럼 경제적 자유 역시 생명권과 같은 절대적 자연권을 구성하지는 않는다. 이런 자유들이 정치적 불안정을 초래한다고 판단되면 간섭할 권리를 주권자가 항상 보유한다는 의미에서, 이런 자유들은 책략의 결과일 뿐이다. 생물학적 생명 이외의 가치들도 있음을 홉스가 인정한다는 의미에서 이런 자유들은 바람직하다. 경제적이든, 문화적이든, 영적이든, 이런 여타 가치들은 생명 자체의 효과적인 보존에 의존하기 때문에 논리적으로 부차적이거나 우연적이다. 그러므로 인간 신체의 생명 자체에 대해 인권이 있는 데 비해 문화적이거나 영적이거나 경제적인 가치에 대해서는 인권이 있다고 말할 수 없다.

로크 : 국가 권력을 축소하는 대가로 인권을 획기적으로 확장하다

존 로크는 서양 계약이론에서 홉스를 뒤따른 인물로서, 1689년의 무혈혁명으로 말미암아 군주정과 가톨릭 교회의 정치적 주장들이 심하게 약화된 지 일 년 후에 『정부에 관한 두 번째 논고』를 썼다. 로크의 작품은 그 혁명 자체, 그리고 그 혁명이 대변했던 정치적 (즉, 의회의) 이익과 경제적 (즉, 지주와 상인 계급의) 이익과 종교적 (즉, 프로테스탄트의) 이익에 대한 사후적 정당화였다. 로크는 홉스로부터 두 가지 결정적인 사항을 물려받았다 : (1) 권리는 개인들에게, 그들이 개인이라는 점 때문에, 귀속된다. (2) 국가에 대한 개인의 의무는 그 개인의 권리를 국가가 존중하고 보호하는지 여부에 따라 달라진다.

동시에 로크의 권리이론은 홉스의 이론과 두 가지 점에서 근본적으로 다르다. 첫째, 로크는 권리의 영역을 확장했다. 그는 생명권을 유지하면서 자유권과 재산권을 추가했다. 둘째, 홉스가 절대주의적인 중앙집권적 정부를 주장하면서 군주에 의한 중앙집권을 최선이라고 본 대신에, 로크는 권력이 제한된 헌정주의적인 정부를 내세우면서 의회의 최고권을 주장했다.

로크의 권리이론에서는 이외에 두 가지 모호한 점이 있다. 첫째는 정치적 권리의 범위이고, 둘째는 개인주의의 범위 및 그 경제적 함의이다. 홉스의 경우, 정치적 권리의 범위는 명확하다. 목숨이 위협을 받지 않는 한 주권자에게 대항해서 주장할 만한 정치적 권리 같은 것은 없다. 만약 목숨이 위협을 받는 경우라면, 자연상태로 돌아가는 셈이기 때문에 권리에 관해 이야기한다는 것 자체가 부질없는 일이다. 내게 권리가 있다는 말은 다른 사람들에게는 그것을 인정할 의무가 있다는 뜻이기 때문이다. 자연상태라면 모든 게 단순히 힘겨루기일 뿐이다. 이에 비해 로크는 의회의 최고권을 옹호했으므로, 투표권자 또는 후보로서 입법부의 선거에 참여할 권리가 기본권이겠거니 추정할 사람도 있을 것이다. 더구나 로크의 시대에 그런 생각을 한 사람이 아무도 없었다고는 볼 수 없다. 그보다 반세기 전, 크롬웰의 군대 안에 있었던 수평파들이 이미 제기했던 문제였다.

로크는 아리스토텔레스를 좇아서 육체노동이나 영세 상업에 종사하는 자들은 정치생활에 참여할 권리에는 부적합하다고 느낀 듯이 보인다. 그런 권리는 경제를 관리하는 일이나 지적인 성찰에 종사하는 사람들에게 맡겨져야 한다는 얘기다. 널리 알려지지 않은 저서, 『합당한 기독교』에서 그는 "일용노동자들", "소매상인", "목장의 하녀들", 그리고 "실 잣는 여자들" 따위의 부류는 분별력이 없다고 적고 있다. 그들은 알 수는 없고 단지 믿을 수만 있기 때문에 다른 사람들에 의해 이끌려야 한다는 것이다.23) 이런 사람들이라도 정치적 믿음을 표현할 수 있는 권리에는 로크가 너그러웠을 수 있지만, 그들을 다스릴 사람을 선발하는 데 참여할 권리까지 지지했을지는 매우 의심스럽다. (실제로 영국에서 그들이 그런 권리를 가진 것은 19세기에 여러 번 이뤄진 선거법 개혁에 의해서였다) 하물며 후보로 나설 권리에 관해서는 더욱더 의심스럽다.

이는 로크가 재산권에 부여한 우선순위와도 관련된다. 『두 번째 논고』의 한 대목에서 그는, 자기가 재산(property)이라는 단어를 사용할 때 그 뜻은 토지나 재화나 자금에 대한 권리만이 아니라 생명과 자유의 권리까지를 포함하는 것으로 이해해 달라고 실제로 밝히고 있다(사실 그는 재산이라는 단어를 일관되지 못한 방식으로 사용한다).24) 재산권을 정당화하는 원천은 두 가지, 노동과 상속인 것으로 추정된다. 참정권의 범위가 상당한 재산을 가진 사람들만으로 제한되면 (토지, 재화, 자금에 대한 권리라는 의미의) 재산권의 방벽을 깨뜨리기 위해 입법부가 무슨 일을 하려고 할지를 상상하기 어렵게된다. 재산권을 지키는 일이 의원들에게 즉각적인 물리적 이익에 해당하기 때문이다. 이렇게 보면, 『두 번째 논고』의 말미에서 로크가

---

23) John Locke, *The Reasonableness of Christianity*, Section XXXIII.
24) John Locke, *Second Treatise of Civil Government*, Chapter XV. [영어 단어 property는 형용사 proper의 명사형 중 하나로서, 속성, 특징, 개성 등의 뜻과 함께 토지 및 재화에 대한 소유권이라는 뜻도 가진다.]

"군주 또는 입법부가 맡은바 임무에 어긋나게 행동하고 있는지 여부를 판단해야 할지"를 묻고 나서 "인민이 재판관"이라고 대답할 때, 그가 말하는 인민은 "합리적인" 유산자들만을 배타적으로 가리키고 있다는 데에 의문의 여지는 별로 없다. 정당성 여부를 판단하는 이 기본권은 인권이 아니라, 인구 가운데 특별한 일부만이 가지는 권리가 되고 마는 것이다. 그러나 재산의 개념을 각자의 신체로 연장하게 되면, 로크 역시 사람이라면 누구나 재산을 가진다는 주장을 펼칠 수가 있다. 이렇게 해서 그는 능동적인 정치적 행위자가 될 권리를 인구의 다수에게서 박탈하면서도 그들의 "재산권"이 유지된다는 주장을 펼칠 수가 있었다. 홉스는 "재산권" 대신 물리적 생존의 권리라고 불렀다는 차이만 있을 뿐, 결과적으로 로크와 홉스는 같은 편이었던 셈이다.

이렇게 하더라도 로크에게는 여전히 희소성이라는 문제가 남는다. 왜냐하면 사람은 만약 자신의 신체 바깥에 있는 물리적 기본 필수품이 없다면 죽기, 다시 말해서 자신의 신체 안에 내재하는 재산을 상실하기 때문이다. 이 점은 잉글랜드 바깥의 사람들에 대해서 특별히 흥미로운 함의를 가진다. 모든 사람이 접근할 수 있는 공통의 토지가 사유화되어 소유자들의 손아귀에 들어가 봉쇄된 후에, 토지가 없는 사람들 가운데 가장 개척적인 자들은 다른 지역, 희소성이 없는 곳으로 재산권을 찾아 나설 것이라고 로크는 주장했다. 그는 이렇게 썼다 : "신 그리고 신의 이성은 그 사람으로 하여금 땅을 개간해서, 다시 말해 삶에 이익이 되도록 땅을 향상시켜서 자신만의 어떤 것, 자신의 노동을 그 위에 세우라고 명령했다. 신의 이러한 명령에 순종한 자는 땅의 일정한 일부를 개간하고 갈아서 씨를 뿌렸다. 그럼으로써 자신의 고유한 재산에 해당하는 어떤 것을 토지에 병합하여,

다른 사람은 누구도 그것에 대한 권리를 가지지 못하고, 그에게 피해를 끼치지 않고는 빼앗아 갈 수가 없게 되었다.”25)

잉글랜드에서 땅을 소유하지 못한 사람들에게 로크는 바깥으로 나가 다른 곳에서 토지에 대한 권리를 주장함으로써 신체에 들어있는 재산의 자연적 권리를 확보하라고 권장한다. 로크는 노동가치설에다가 오늘날의 용어로 “낙수”의 경제학26)이라 불리는 것을 덧붙인 다음에, 잉글랜드의 토지 소유에서 배제된 사람들이 다른 곳의 원주민들이 점유하고 있는 땅을 차지해도 된다고 정당화했다. 그는 아메리카를 바라보면서 “야생 삼림이든 놀고 있는 황무지이든, 자연 그대로 방치되어 정리되지도 개간되지도 농사에 사용되지도 않고 있는 천 에이커의 토지에서 궁핍에 찌든 가련한 원주민들이 삶을 위해 얻는 편리는, 비옥도가 비슷한 토지가 데번셔에 위치해서 잘 경작될 때 십 에이커에서 나오는 편리에 맞먹는다.”27) 따라서 잉글랜드 또는 유럽의 진취적인 사람들에게는 희소성이 문제가 되지 않는다. 신체(생명)상의 재산이라는 의미든 토지와 재화상의 재산이라는 의미든, 재산권은 땅을 개간하라는 신의 명령에 따라서 땅에서 제공되는 기회를 찾아 움켜쥐는 자들에게 열려 있다. 로크 이전부터 이미 아메리카에서 벌어지고 있던 일들, 19세기에 제국주의라고 일컬어지게 되는 그 일들이, 로크에게는 자연권에 관한 이론에서 희소성의 문제를 극복하기 위해 결정적인 역할을 수행했다.

---

25) Ibid., Chapter V.
[26) 부자들의 부가 증가하다 보면 흘러넘쳐서 아래로도 물이 떨어지게 되는 현상을 가리켜 낙수효과(落水效果, trickle-down effect)라고 한다. 아래를 적신다는 뜻으로 적하(滴下)효과라고 번역하기도 한다.]
27) John Locke, *Second Treatise*, Chapter V.

두 번째 논제는 인권을 파악하기 위해 중요하지만 로크에서는 흐릿한 채로 남아 있는 그의 개인주의의 정도이다. 로크가 홉스만큼 개인주의적이었는가? 땅을 착취함으로써 부를 창출한다고 하는 이 노력에서 남녀 불문하고 모든 사람이 자신을 돌보는 것인가? 착취 대상이 될 땅이 저 밖에 충분히 많고, 가장 근면한 자에 의한 착취가 가장 많은 부를 공급해서 궁극적으로 모든 사람에게 혜택이 되도록 넘쳐 흐른다는 말이 맞다면, 순전히 개인주의적인 권리 말고 다른 권리는 필요가 없게 될 것이다. 그렇다고 한다면 로크는 프리드리히 폰 하이에크나 밀턴 프리드먼 같은 경제이론가, 즉 레세-페르, 앙리쉬세-부,[28] 사유재산/자유시장 경제체제가 자원을 가장 효율적으로 분배하며, 어떤 (그런 체제를 정당화하는 절대적 재산권 이외의 다른) 권리의 개념 또는 분배 정의의 개념을 가지고 그 체제에 간섭했다가는 빈곤과 비참이 증가하고 말리라고 주장하는 경제이론가들의 선구자가 아니겠는가?

C. B. 맥퍼슨은 로크를 그와 같은 개인주의자로 그렸다.[29] 잭 도널리는 근자에 인권에 관해 나온 것 가운데 가장 중요한 책에서, 로크는 맥퍼슨이 그리는 만큼 개인주의자는 아니라고 주장한다.[30] 현대에 정치적 권리뿐만 아니라 (개인의 무제한적 재산 축적과는 양립할 수 없는) 사회적/경제적 인권까지를 함께 옹호하는 리버럴[31]들

---

[28] 앙리쉬세-부(enrichessez-vous) : 너 자신을 부유하게 만들라, 즉 "부자 되세요"라는 뜻의 프랑스어.]

29) 맥퍼슨의 주장은, C. B. Macpherson, *The Political Theory of Possessive Individualism* (Oxford University Press, 1962)과 John Locke. *Second Treatise of Civil Government* (Hackett, 1980)에 붙인 서문에 나온다.

30) 도널리의 주장은, Jack Donnelly, *Universal Human Rights in Theory and Practice* (Cornell University Press, 1989), 제5장에 나온다.

이 로크까지 거슬러 올라가 버팀목을 구할 수 있다는 것이다.

도넬리는 로크가 개인의 재산권에 세 가지 중요한 제약을 뒀다고 주장한다. 첫째, 재화가 상해서 버려지도록 놔두는 것은 도덕적으로 허용되지 않는다. 둘째 제약을 도넬리는 "사용 한계"(자기가 실제로 사용할 만큼만 취할 수 있는 권리)라고 부르는데, 이는 사실 버리지 말라는 명령과 정확히 똑같지는 않을지 몰라도 아주 흡사하다. 셋째, 다른 사람들이 향유할 수 있을 만큼 충분히 사유화되지 않은 상태로 남겨 둬야 한다. 도넬리는 이 세 가지 제약을 "자연법적 한계들"이라고 지칭한다. 그리고 도넬리는 "왜냐하면 자연의 근본 법칙에 따라 인간은 가능한 한 최대로 존속되어야 하므로 ……"와 같은 문구에 함축되어 있는 로크의 일반적 명령과 그 세 가지 제약을 합해서, 로크의 개인주의에는 심각한 한계들이 있다고 주장한다. 다른 대목에서와 같이 로크는 여기서도 일관적이지 않다. 한편으로는 개인의 사유재산을 옹호하는 주장을 펼치면서, 심지어 생명권을 그 범주 안에 넣기까지 한다. 그러면서도 동시에 그는 일정한 한계를 부과하면서, 우리의 동료 인간 모두의 존속에 관심을 기울여야 한다는 도덕적 처방을 내놓고 있다.

이론적 문헌들에는 언제나 모호한 대목 및 심지어 모순들이 들어 있다. 도넬리식 로크 독해를 완전히 거부할 필요는 없이, 이와 같은 "자연법적 한계들"이 로크의 개인주의를 심각하게 제약한다는 주장

---

[31] 리버럴(liberal): 정치적 지향을 가리키는 형용사 또는 명사로 쓰일 때 영어 단어 리버럴은 상대적으로 "진보적인" 태도 또는 인물을 가리킨다. 리버럴은 분명히 자유주의(liberalism)와 관계가 있기는 하지만, 한국에서 자유주의는 종종 하이에크나 프리드먼 류의 보수적인 태도 또는 이념과 동일시되어버리는 경향이 있기 때문에, 여기서는 리버럴이라고 번역한다.]

을 약화시키는 고려가 적어도 두 가지는 있다. 첫째는 이미 앞에서 논급되었다. 한 나라에서 헐벗는 처지라면 다른 곳에 갈 수 있다는 말로써 로크가 희소성의 문제를 해결했다고 한다면, 남아 있는 것을 차지할 기회를 잡는 일은 개인들에게 달려 있고 세상에는 차지할 것이 충분히 남아 있다는 주장도 그는 동시에 펼쳤다. 즉, 자기네 나름의 (대개 개인적 권리 같은 것은 포함하지 않았던) 문화에서 인정되는 방식으로 자기네 나름의 생존을 위해서 그 토지를 사용할 수 있는 원주민들의 권리에는 유럽의 개인들이 괘념할 필요가 없다고 주장한 것이다. 둘째, 인간이 가능한 한 최대로 존속해야 한다는 처방은 실로 우리가 다른 사람들에 대해 의무를 지고 있다는 인정이다. 그렇지만 그 의무의 본질이 무엇인지에 관해서는 아무 말도 해주지 않는다. 권리라는 것은 언제나 (그 권리를 존중해야 할) 의무를 수반하지만, 의무가 언제나 권리를 수반하지는 않는다. 사유재산의 권리라는 것은 내가 재산의 소유자로서 그 재산에 대해 아무런 권리도 가지지 않는 다른 사람들에 대해 분명히 주장할 수 있는 권리를 뜻한다. 만일 누가 나의 재산권을 침해한다면 이와 같은 나의 주장은 법에 의해 그리고 실효적인 국가의 작용에 의해서 지지를 받으리라고 추정된다. 반면에 인간을 가능한 한 최대로 유지하라는 명령은, 가령 자선 기부에 자발적으로 동참하는 정도로도 충족될 수 있는 단순한 하나의 도덕적 명령으로 읽힐 수 있다. 그런 정도라면, 생존을 위해 도움이 필요한 처지에 있는 사람들이 그런 도움을 받을 권리가 있다고는 말할 수가 없게 되는 것이다. 그들은 자선을 제공할 수도 있는 누군가의 선의에 철저하게 의존해야 한다.

생존을 위한 모든 사람의 필요를 인정하고 그런 방향으로 행동해야 할 의무를 말하는 듯하면서도, 로크는 재산권과 국가의 기능을 연계시키듯이 그 의무와 국가의 기능을 연계시키지는 않았다. 로크의 『두 번째 논고』가 개인의 사유재산권을 넘어서 경제적/사회적 권리들을 정당화할 수 있는 논거를 리버럴에게 제공해준다는 도넬리의 주장이 지나치다고 생각하는 까닭은 이 때문이다. 덧붙이자면, 인권에 근거해서 국가의 적극적인 작용을 요구하는 경제적/사회적 주장들이 타당할 수 있다는 도넬리의 입장에 나는 동의한다. 다만, 그런 주장들을 이론적으로나 이념적으로 정당화할 수 있는 전거로서 로크의 『두 번째 논고』가 가장 풍성한 것인지에 관해 나는 도넬리만큼은 수긍할 수가 없다.

루소 : 권리와 공동체 – 그리고 칸트의 대안적 비전

세 번째 위대한 사회계약이론가인 장-자크 루소는 그런 정당화 논거를 찾을 수 있는 훨씬 좋은 원천이다. 홉스는 권리를 개인들의 신체적 안전에 연계시켰고, 로크는 권리를 신체적 안전과 개인의 재산권에 연계시킨 반면에, 루소는 권리를 자유와 평등에 연계시켰기 때문이다. 자유와 평등이라는 두 가지의 발상은 프랑스 혁명에서 최우선으로 부각되지만 홉스와 로크에서는 나타나지 않았거나 나타났더라도 별로 두드러지지는 않았다. 무혈혁명32)이 이미 일어난 후에 『정부에 관한 논고』를 써서 혁명을 사후적으로 정당화했던 로크와 달리, 루소는 프랑스 혁명이 일어나기 전에 작품들을 저술했다. 루소의 작품은 로크에 비해 계급 서열에 훨씬 깊숙이 파고들어 가는 적

____

[32] 무혈혁명(Bloodless Revolution) : 필즈는 "명예혁명(Glorious Revolution)"
    이라는 명예로운 명칭을 의도적으로 피하고, 그 대신 사실에 입각한 "무혈혁명"
    이라는 명칭을 쓰고 있다.]

실성을 가진다. 루소의 성찰은 혁명과정 동안 부르주아 계급과 농공 계급 사이에 나타났던 동학(動學)을 통해 반영되었음을 볼 수 있다. 혁명파 연설가들은 자신들의 입장과 행동을 정당화하는 와중에 "일반의지"라는 문구를 상습적으로 사용했다.

재산과 권리 사이의 관계에 대한 루소의 분석을 로크의 분석에 비교해 보면 특히 흥미롭다. 자연에 재산이 있다고 함으로써 재산에 대한 개인의 권리 주장을 강화하고, 국가가 그 권리를 침해할 경우 범죄의 무거움을 강조한 로크의 입장에 반해서, 루소는 자연에는 재산이 없다고 주장했다. 자연에는 다만 소유가 있을 뿐인데, 소유라는 것은 그저 물리적 사실일 따름이다. 가장 강한 자 또는 가장 빠른 자는 그런 재질에 힘입어 뭔가를 소유할 수 있을 것이다. 하지만 이런 재질은 도덕과 상관이 없고, 누가 무엇을 소유하든지 거기에 무슨 "권리"가 있는지에 관해서는 아무 말도 해주지 않는다. 하지만 우리가 "재산"이라고 할 때에는, 그 사람이 뭔가를 *정당하게* 소유하고 있다, 다시 말해 그가 소유물에 대해 권리를 가지고, 나머지 우리는 그 권리를 존중할 의무를 지며, 만일 우리가 그 권리를 침범한다면 국가와 법의 강제력이 우리를 상대로 출동하리라는 뜻이다. 실제로 루소는, 우리가 사회계약에 참여하는 이유 중의 하나로, 단순한 소유보다는 재산을 가지기 위해서 그리하여 우리가 서로 각자 정당하게 소유하는 것을 국가와 시민들이 인정하고 보호하는 상태를 위해서 그렇게 한다고 생각했다.

루소가 이와 같은 입장을 취했기 때문에 프랑스의 마르크스주의 철학자 루이 알튀세는 루소와 로크 사이에 별 차이가 없다고 봤다. 알튀세가 보기에 루소는 기본적으로 부르주아 재산권을 보호하는 부르주아 철학자였다.[33] 그러나 이는 루소에 대한 이해로서 충분하지 않다. 첫째, 단순한 소유에 비해 재산이란 사회적 구성물이기 때문에 무제한일 수가 없다. 재산이란 하나의 재화인데, 공동체의 공동복지에 맞도록 일반의지를 통해 구축되어야 할 재화인 것이다.[34] 루소는 재산에 대한 개인의 권리와 여타 개인들 및 공동체 자체의 권리 사이를 다음과 같이 매개하고자 했다.

> 이 문제의 독특한 특성은 …… 공동체가 그들을 약탈하는 것이 아니라 단지 그들에게 정당한 소유를 보장하고, 찬탈을 진정한 권리로, 향유를 소유권으로 바꿔 준다는 데 있다. 이렇듯 소유자들은 공공선의 보관자로 간주되고, 자신의 권리를 국가의 모든 구성원들로부터 존중받으며 외국의 침략에 대항해 국가의 모든 무력으로써 보호를 받게 되는데, 따라서 공중에게 이익이 되고 자신들에게는 더 큰 이익이 되는 양도를 통해 그들은, 말하자면 자기들이 양도한 모든 것을 획득한 셈이 되는 것이다.[35]

루소는 이렇게 공동체와 개인 사이를 매개하려고 했다. 한편에서 그는 단호하게 "모든 사람은 자신의 생존을 위해 필요한 모든 것에 대해 자연적으로 권리를 가진다"고 보았다.[36] 다른 방면에서 그는

---

33) Louis Althusser, *Politics and History : Montesquieu, Rousseau, Hegel and Marx*, trans. Ben Brewster (London: NLB, 1972) Part II, 113~160.

34) 일반의지라고 하는 루소의 개념은 자체로 무척 복잡하다. 그가 과연 무엇을 뜻했는지는 많은 논란의 주제이다. 여기서 그 논쟁을 파고 들어갈 수는 없다. 내가 이해하는 바를 짧게 요약하자면, 일반의지라는 것은 하나의 전체로서 공동체에게 무엇이 최선의 이익인지를 대화의 과정을 거친 후에 합리적으로 파악한 결과이다. 이는 전체 공동체가 이익을 가지며, 그 이익은 구성원들의 단기적인 개인적 이익들을 단순히 합산해서는 결정될 수가 없다는 점에서 전체론적 개념이다. 의원들의 파당적 이익 또는 개인적 이익을 대변할 수밖에 없는 입법부에 의해서도 일반의지는 결정될 수 없다. 일반의지는 공동체의 구성원들 자신에 의해 직접 표현되어야 한다.

35) Jean-Jacques Rousseau, *The Social Contract*, Book I, Ch. IX, trans. G. D. H. Cole, *The Social Contract and Discourses* (New York: E. P. Dutton, 1950), 21.

정치적 권리뿐만 아니라 재산에 대한 권리 역시 시민적 권리로서, 일반적 이익을 고려한 결과 공동체에 의해서 설정되고 보호되어야 한다고 역설했다. 로크의 작품에서는 재산 보유자들만이 입법부에서 이익을 대변하고 재산소유계급의 이익과 권리가 곧 일반적 이익인 것처럼 보이는데, 루소의 작품에서는 이와 달리 모든 남성 시민은 재산 보유자이며 법률을 만드는 데 직접 참여할 것으로 보인다. 그 럴 수 있으려면 물론 재산이 굉장히 분산되어야 할 것이다. 하지만 절대적 평등은 아니다. 루소는 절대적 평등은 현실성이 없다고 생각 했다.

이처럼, 루소에게는 정치와 경제 양면에서 대폭적인 평등이 없다 면 자유라는 것이 있을 수 없는 일이었다. 홉스는 물리적 안전의 권 리를 위해 자유를 포기하고, 안전은 모든 권력을 행사하는 주권자에 의해서 보장되어야 한다고 봤다. 로크는 자유가 사유재산권과 긴밀 하게 연계되고, 사유재산권은 유산계급의 대표들이 입법부를 구성해 서 국가가 그 권리를 침범하지 않도록 만전을 기할 때 보장된다고 생각했다. 루소는 일정량의 토지와 부를 소유한 개인들이 서로를 상 대로 계약을 맺는데, 이 계약을 통해서 소유라고 하는 물리적 행위 가 재산소유권으로 전환되지만 모든 사람이 적어도 생존을 위해 필 요한 만큼은 가지며 어느 누구도 경제력을 통해서 정치적 통제권을 찬탈할 수 있을 정도로 부자가 될 수는 없도록 만전을 기할 책임이 여전히 공동체에게 있다고 봤다. 이러한 사유는 개인주의적이라기보 다는 공동체주의적이다. 자연권이 시민권과 교환되고 있는 것이다. 재산은 궁극적으로 전체에 속하는데, 다만 그 관리는 개인들에게 맡

---

36) Ibid., 20.

겨진다. 개인들은 일반적 이익을 손상하는 방식으로는 재산을 사용하지 않을 것이다. 모든 사람은 하나의 전체인 공동체의 복지에 기여하기로 공적으로 서약하며 (우애), 모든 남성은 정치적 의사결정과정에 직접 참여하는 권리와 의무를 수행한다. 그리하여 자유는 자기 스스로 참여해서 지어낸 법률만을 준수하는 것으로 정의된다.

루소의 사상은 인권과 관련해서 적어도 두 가지 문제를 제기한다. 첫째, 자연권이 시민권과 교환될 때 인권은 어떻게 되는지가 불분명하다. 시민권이라는 것은 특정한 공동체에 국한되는 반면에 인권이란 공동체를 초월한다. 홉스가 말한 생명에 대한 권리는 모든 곳에서 모든 사람에 관한 얘기이다. 로크 역시 장소를 불문하고 재산을 가진 사람이라면 모두 그 재산에 대해 불가침의 권리가 있다고 말했다. 루소의 경우, 일반의지라는 것은 [공동체에 속한] 모든 남성 시민에 의해 결정되고, 그 특정 사회에서 무엇이 권리로 인정되는지를 결정한다. 그러므로 이런 또는 저런 정치적 집체에 속한 시민이라는 이유가 아니라 단순히 인간이라는 이유에서 일정한 권리를 가진다는 의미의 인권은 배제되고 있는 듯이 보인다. 루소는 그리스 사람들과는 반대로 여러 가지 특정한 권리들을 설정했다. 그러나 그리스 사람들처럼 그 역시 폴리스를 초월하지는 않았다. 하지만 "인간의" 권리라는 개념이 의미를 가지려면, 그 개념은 폴리스를 초월해야 한다.

애당초 일반의지를 결정할 때 모든 성인 남자가 참여할 권리를 가진다는 점은 루소에게서 발견되는 하나의 초월적 원칙이다. 루소가 보기에는, 이 권리가 없다면 정당한 정부도 있을 수 없다. 루소가 여기서 남성만을 말한다는 점은 루소의 참여 원칙이 이치보다는 편견에 근거하고 있으며, 그의 보편주의에 한계가 있음을 보여주는 것이라고 한 메리 월스턴크래프트의 지적은 정확하다.[37] 하지만 만약 그가 성별에 따라 차별하지만 않았더라면, 보편적 인권의 원칙과 상당히 비슷한 것을 볼 수 있었을 것이다. 루소는 그렇게 다스려지지 않는 한 어떤 체제의 정당성도 부인했기 때문이다. 반면에 인권과 관련된 두 번째 문제는 루소가 어떤 시점, 어떤 공동체에서든 하나의 올바른 입장이 있을 테고, 따라서 그것을 받아들이지 않는 자들은 객관적으로 틀린 것이며, 스스로 틀렸음을 인정해야 한다는 명제에 빠져있었기 때문에 발생한다. 이런 자들은 이치에 맞는 다수의 의지가 그 현안과 관련된 진실을 실제로 찾아낸 것을 인정하도록 요구를 받는다. 이렇게 되면 이견을 가진 사람은 불편한 정도를 지나, 어쩌면 위험한 것까지도 될 수가 있다. 그와 같은 불일치와 불협화가 발생할 여지를 최소화하기 위해 루소는 인구가 동질적일 필요를 강조하는데, 이는 다시 인권과 관련해서 새로운 문제를 초래할 뿐이다. 생각 또는 여타 인간적 특성들을 강제적으로 획일화한 결과로 평등과 우애가 유지된다면, 인권은 샛길로 빠지기 때문이다. 사람들은 그 경우를 프랑스 혁명기 공포정치 동안에 기요틴에서 처형된 수많은 죽음을 일반의지, 즉 라 볼롱테 제네랄(la Volonté Générale)이라는 단어가 수사적으로 정당화한 사례에서 실제로 목격했다.38)

독일의 도덕철학자이자 형이상학자인 이마누엘 칸트는 루소의 사

---

37) Mary Wollstonecraft, *A Vindication of the Rights of Woman* (New York : Norton, 1975), 45.

38) 프랑스 혁명기의 공포정치뿐만 아니라 후일의 전체주의적 경험에 대해서까지 제이콥 탤먼은 루소에게 책임을 묻지만, 내 입장은 그 정도까지 가지는 않는다. 나는 단지 인권이라는 개념에 대해 루소의 사상이 안고 있는 문제점들을 지적할 따름이다. 루소의 사상은 매우 복잡하기 때문에, 좋은 방향이든 나쁜 방향이든, 대단히 여러 방면에서 이용될 수 있다. 공포정치에 가담했던 자들은 그것을 나쁘게 이용한 것이다. Jacob Talmon, *The Origins of Totalitarian Democracy* (New York: Praeger, 1960)를 보라.

상과 흥미로운 관계가 있다. 합리적으로 결정되는 일반의지라는 루소의 개념에 그는 지대한 영향을 받았고, 권리라는 것은 사회에서 집단이성을 체현하는 법으로부터 파생된다는 루소의 입장을 공유했다. 그러면서도 칸트는 루소의 집체주의에 담겨 있는 위험을 경감하려 했다. 그는 합리적인 인간 각자가 자체로 목적이라고 보면서, 각자의 자율적 의지와 자유를 역설했다. 각 개인이 (자신을 포함하여) 모든 사람을 목적으로 다뤄야 하고 결코 수단으로 취급하지 말아야 한다는 의무는 이로부터 도출되는 필연적 귀결이다. 개인의 이와 같은 본래적 가치를 칸트는 "존엄성"이라고 불렀다.39) 칸트는 또한 "사람의 권리에 완전한 정의를 행하는 유일한 체제"로서40) 직접민주주의보다는 공화적인 헌정체제를 옹호했다(그는 이 체제를 입법권과 집행권의 분리로 정의했다). 루소에 대한 칸트의 암묵적인 비판은 적확하지만 인간을 이성의 현현으로 보면서, 그러므로 자유와 자율과 존엄성의 현현이라고 본 그의 인간관에는, 홉스(비슷한 욕망과 희소성과 안전을 향한 집단적 모색에서 비롯되는 갈등)와 로크(재산을 둘러싼 여러 관계), 그리고 루소(현존하는 불평등에 대한 비판 그리고 일반의지를 결정할 때 즉각적인 대화적 관계가 필요하다는 제안)가 확립하고자 시도했던 구체적인 관계의 연결고리가 빠져 있다. 칸트가 형이상학자라는 점을 생각하면 놀라운 일은 아니지만, 그는 이처럼 앞선 세 사람의 정치이론가들보다 더 추상적이다. 그렇다고

---

39) Immanuel Kant, *Metaphysical Foundations of Morals*, in Carl J. Friedrich, ed., *The Philosophy of Kant* (New York: Modern Library, 1949), 183.
40) Immanuel Kant, *Perpetual Peace*, quoted in William Ebenstein and Alan O. Ebenstein, eds., *Great Political Thinkers*, Fifth Edition (Fort Worth, TX: Holt, Rinehart, and Winston, 1991), 544.

해서 이후 인권에 관한 리버럴의 사유에서 그의 영향력이 축소된 것
은 아니다.

이제 세 명의 주요 계약이론가들과 인권의 개념 사이의 관계에 관
한 지금까지의 논의를 요약해 본다. (1) 그들은 특정한 시대를 배경
으로 저술한 서양의 이론가들이다. (2) 그들의 사상은 추상적인 사
유를 통해서가 아니라 그들이 저술하던 시대에 진행된 구체적인 투
쟁에서 자극을 받은 결과였다. (3) 그들의 문헌 저술은, 사변적인 행
위일 뿐만 아니라 정치적인 행위이기도 했다 — 그들의 저술 행위는
권력과 이익을 둘러싼 투쟁의 일부였다. (4) 이들 서양의 이론가들
은 각자 서로 다른 가치들을 강조했는데, 그 가치들은 그 후 인권의
바탕이 되는 가치로 계속 주목을 받게 된다(생명권, 신체적 안전의
권리, 재산권, 재산의 분배에 관한 관심, 정부 영역의 한계에 대한
권리, 그리고 정치 참여의 권리).

역사를 거슬러 올라가 이들 이론가들 중 누군가를 우리가 지금 인
권에 관해 어떻게 생각해야 할지 지침을 제공해 줄 권위의 원천으로
삼는다는 것은 지성적으로 실수일 뿐만 아니라, 서양의 전통 바깥에
위치하는 사람들에 대한 실례이다. 오히려 우리는 그 이론가들을 살
펴보면서, 인권이라는 것이 다양한 각도에서 보면 각각 어떻게 비치
는지를 예시하는 사례로 이해하고, 이 주제에 각기 나름의 각도에서
접근했을 때 어떤 문제들이 발생하는지를 이해할 수 있어야 한다.
그리고 그 이론가들이 사회적, 정치적, 경제적 진공관 안에서 글을
쓰지 않았던 것과 마찬가지로, 우리 역시 역사 및 우리 자신의 현대
상황에 대한 각자의 이해에서 나오는 일정한 지향과 이익을 그들의
저술을 독해하면서 섞을 수밖에 없을 것이다. 예를 들면, 민족국가
체제의 발전, 공적/사적 관료제의 성장, 경제 권력의 집중과 동시에

전개되고 있는 세계화, 소수자 및 여성들의 권리 투쟁, 그리고 인권 담론에 추가되고 있는 비서양의 목소리들 — 초기 이론가들이 철학적 논의를 시작한 이래 발생한 이런 극적인 변화들은 인권에 관해서 새로운 문제들을 제기할 뿐만 아니라, 어쩌면 새로운 인권을 발굴하고 있는지도 모른다. 그러므로 이런 변화들도 고려 대상으로 삼아야 한다.

제3절 18세기 말의 유럽과 미국의 인권 문서

인권은 단순히 일련의 철학적 글들에서 비롯된 유산만은 아니다. 무엇이 인권을 구성하는지에 관해서 정치적 행동가들이 작성했고, 보통 획기적인 선언으로 기려지고 있는 일련의 문서들도 있다. 초창기의 문서들은 절대군주정에 대항했다. 1225년의 마그나 카르타[41]와 1689년의 영국 권리장전이 그러하다. 그러나 방금 시사했듯이, 마그나 카르타의 핵심적 취지는 국왕이 행사해 오던 권력 가운데 일부를 차지하려는 왕국 내 귀족들의 시도였다. 이에 비해 1689년의 문서는 좀 더 보편주의적인 선언을 포함하고 있다. 잔혹하거나 통례를 벗어나는 형벌의 금지라든지 (당시에는 국왕을 상대로 한) 청원권 등이 그것으로서, 이런 내용들은 후일 작성되는 다른 문서들에서도 채택되어 들어간다.

그래도 인권에 관한 "위대한 문서"라고 하면 18세기 말에 미국과

---

[41] 마그나 카르타라는 이름으로 불리는 문서는 영국사에서 여러 개가 있는데, 그 중에 최초이자 가장 유명한 것이 존 왕을 상대로 1215년에 제출된 것이다. 이 문서는 1225년에 의회를 통과해서 법률이 되었다.]

프랑스에서 작성된 문서들을 들어야 한다. 미국 「독립선언문」 (1776), 「미국 헌법」 (1789)과 흔히 미국 「권리장전」 이라 불리는 수정헌법 제1조부터 제10조까지의 조문들(1791), 그리고 프랑스 혁명기에 나온 「인간과 시민의 권리선언」 (1789) 등이 그것이다.[42]

미국 「독립선언문」 은 "모든 인간은 평등하게 창조되었다. 모든 인간은 창조주로부터 몇 가지 불가양의 권리를 부여받는다. 생명, 자유, 그리고 행복을 추구할 권리는 이 중에 속한다. 이러한 권리를 확보하기 위해서 사람들 사이에 정부가 설립되고, 정부의 정의로운 권력은 다스림 받는 사람들의 동의에서 도출된다. 이러한 목적을 정부가 무너뜨릴 때에는, 언제든 어떤 형태의 정부이든, 인민은 그러한 정부를 바꾸거나 폐지할 권리를 가진다"고 선언한 최초의 문서이다. 「독립선언문」 은 식민지 나름의 선거 방식에 따라 발전해 온 입법부를 무시한 영국의 군주정을 공격했다. 「독립선언문」 은 무척이나 로크식의 문서였다. 로크 역시 자연상태에서 우리는 모두 "평등하고 독립적"이라고 주장했다. 다만, 이러한 입장이 로크의 사상이나 「미국 헌법」 에서는 정치적 평등의 이념으로 번역되어 스며들어 가지 못했다.

「미국 헌법」 은 재산에 따라 투표권을 제한하고, 정치 과정에서 여성을 배제했으며, 노예제를 허용했다. 심지어 연방의회에서 각 주가 차지할 의석을 정할 때 노예 몇 명을 한 명의 인간으로 쳐줄지 비율을 명시하기까지 했다. 그러나 「권리장전」 은 그 나라의 시민들에게만 국한되지 않는 일련의 권리들을 최초로 고안했다는 점에서

---

[42] 프랑스 혁명기에 나온 「인간과 시민의 권리선언」 을 앞으로는 「프랑스 인권선언문」 이라고 줄여 부른다.]

특기할 만하다. 노예를 제외하면, 모든 사람이 「헌법」에 의해서 신체의 자유, 배심원단에 의한 재판, 그리고 표현과 결사와 신앙의 자유를 가지는 것으로 간주되었다. 미국 정부는 미국의 영토 안에서만 이러한 권리들을 확립할 수가 있었지만, 이와 같은 기본권들을 미국 시민만이 향유하는 것은 아니라는 점이 의미심장했다. 이와 같이 「미국 헌법」의 정신은 「독립선언문」에서 "모든 사람"43)이라는 문구를 사용한 어법과 일관된다(여성들 역시 신체의 자유라든지, 동료들에 의한 재판은 아니었지만 배심원단에 의한 재판의 권리처럼 법률적 권리를 일정 정도 보장받는 정치적 신민의 지위를 누리는 등, 참정권만을 제외하면 대부분의 권리를 부여 받았다). 현재 우리가 서 있는 역사적 시점에서 보면 퇴영적으로 비치겠지만, 특정한 나라의 모든 신민에게만 국한하지 않고 "모든 사람"들에게 기본권을 적용했다는 것은 인권을 향한 투쟁에서 커다란 진일보였다.

「미국 헌법」과 같은 해에 나온 프랑스의 「인간과 시민의 권리 선언」은 제목에서부터44) 이것이 프랑스의 시민만을 위한 것이 아니라 모든 사람을 위한 것임을 의미 있게 명시하고 있다. 이처럼 프랑스와 미국의 문서들은, 종전에 있었던 영국의 문서들과 달리 계약 이론을 고도로 일반적인 수준까지 응용하여 자기네 나라 시민의 권리를 보장하는 동시에 세계 전체를 향해 말을 하고 있었다. 「프랑

[43) 영어에서 이 문구는 "all men", 즉 일차적으로는 "모든 남자"를 가리킨다. 하지만 이 문구는 의도적으로 여성을 배제하기 위함이라기보다는, 일상적인 언어에서부터 여성을 차별해 온 관습에 대한 무의식을 반영한 셈이라고 봐야 할 것이다. 따라서 한국어로는 "모든 사람"이라고 번역한다.]
[44) 이 선언문 역시 성차별에 대한 감수성은 전혀 없는 상태에서 인간을 대표하는 단어로 "남자"를 사용하고 있다("des droits de l'homme"). 「미국 독립 선언문」의 문구를 "모든 사람"으로 번역한 것과 같은 이유로 이 역시 "남자" 보다는 "인간"으로 번역한다.]

스 인권선언문」은 첫 문단부터 세계 전체를 향해 선포한다. "프랑
스 인민의 대표자들은 국민의회로 모여, 공중이 비참해지고 정부가
부패하게 되는 원인은 오직 무지, 망각, 그리고 인권에 대한 멸시 때
문이라고 진단하면서, 엄숙한 선언문을 통해서 인간의 자연적이고
불가양이며 신성한 권리를 제창하기로 결의하였다. 그럼으로써 이
선언문을 사회의 모든 구성원들이 항상 눈앞에 두고 자신들의 권리
와 의무를 영구히 기억하기를 기대한다."45)

이 문서는 기본적으로 「미국 헌법」과 같은 권리들을 확립하고
있지만, 두 가지 예외가 있다. 첫째, 여기에는 일반의지가 언급되고,
모든 사람은 일반의지 안에서 동의할 권리가 있다고 함으로써 더욱
루소적이다. "법은 일반의지의 표현이다. 모든 시민은 법의 형성에
개인적으로 또는 대표를 통해서 동의할 권리를 가진다. 법은 보호할
때에나 처벌할 때에나 모든 사람에게 똑같아야 한다. 모든 시민은
법 앞에서 평등하기 때문에 각자의 역량에 따라 그리고 덕성과 재능
말고는 어떤 차별도 받지 않고 모든 공직, 지위, 직업에 평등하게 등
용될 수 있다."46) 이와 같이 이 문서는 이보다 로크적인 「미국 헌
법」에 비해 더 민주적이다. 그렇지만 이 선언문도 실제로는 여성의
참정권을 열어젖히지는 않았다. 이처럼 이 문서 역시 월스턴크래프
트에게 비판 받아야만 했던 루소의 맹점을 그대로 드러냈다. 실제로
프랑스의 여성들은 제2차 세계대전이 끝난 뒤에야 투표권을 가지게
된다.

두 번째 차이점으로, 미국 혁명과는 달리 프랑스 혁명에서는 계급

---

45) French Declaration of the Rights of Man and Citizen, reprinted in
   Laqueur and Rubin, *The Human Rights Reader*, 118.
46) Ibid., 119.

적 통제에 변화가 있었다는 사실을 반영하여, 세금이 "각자의 재력에 비례해서 모든 시민에게 평등하게 정산되어야 한다"고 고집한다.47) 이렇듯 프랑스의 선언문은, 한편으로는 재산이 "신성한 불가양의 권리로서, 합법적으로 확정된 공공적 필요에 따라 명백하게 요청되지 않는 한, 그리고 정의로운 보상이 사전에 이뤄지지 않은 한, 누구도 재산을 박탈당하지 않는다"고 선언하면서도,48) 동시에 경제적 권리라는 질문, 또는 혹자는 사회정의라 일컬을 문제를 제기한다.

이와 같은 두 가지 차이는 있지만 프랑스와 미국의 선언문은 여러 가지 면에서 상통한다. 두 문서 모두 기본적 자유의 목록과 안전을 누릴 권리, 그리고 공정한 절차에 따르는 재판을 받을 권리를 천명한다. 각기 자기네 나라 시민들을 위해 이런 권리들을 천명하는 와중에, 이 권리들은 세상의 모든 사람들이 단순히 인간이라는 점 때문에 향유해야 할 기본권임을 아울러 천명한다. 이 문서들을 작성한 사람들은 이 문서들이 등대의 불빛 역할을 하도록, 다른 사람들이 이 문서들의 보편적 타당성을 인정하고 따르도록 의도했던 것이다. 이성의 시대에는 그렇게 되리라는 기대가 가당해 보였다. 그렇지만 웬걸, 이 초대장이 보편적으로 수용되는 일은 결코 없었다.

---

47) Ibid.
48) Ibid.

제4절 보편적 권리 또는 인권에 대한 18세기와 19세기의 거부

계약이론은 인권에 합리적인 근거가 있다는 입장을 취하는데, 이에 대해서 18세기와 19세기에 제기된 중요한 이론적 반론으로 적어도 세 가지를 들 수 있다. 첫 번째로 다룰 반론을 나는 반(反)합리주의적인 반론이라 부르기로 한다. 이는 에드먼드 버크의 저술과 연설에서 가장 뚜렷하게 나타나지만, 데이비드 흄의 작품에도 그러한 함의들이 담겨 있다. 두 번째 반론은 카를 마르크스의 역사적/과학적 유물론에서 찾아볼 수 있다. 세 번째 반론은 제레미 벤담의 공리주의이다.

반(反)합리주의적 반응

인권에 대해 버크와 흄이 제기한 반합리주의적 거부로 넘어가는 일종의 교량 역할은 루소에 의해서도 마련된다. 한편으로는 홉스와 로크처럼 보편적 자연권을 상정하면서도, 동시에 루소가 시민권을 위해 그러한 자연권을 맞바꿔야 한다고 역설했기 때문이다. 일반의지를 결정하는 데 능동적으로 참여하는 성인 남자의 권리가 바탕에 있다고 할 때, 시민권의 내용은 바로 그 일반의지에 달려있게 된다. 일반의지가 서로 다른 사회들에서 똑같은 내용으로 결정될 것이라고 믿을 이유는 전혀 없다. 루소는 자연상태를 도덕과 상관없는 모습으로, 그리고 거기서 인간의 행동은 같은 종에 속하는 다른 개체에 대한 본능적 관심, 즉 공감(pitié)과 각기 자신의 복지를 위한 본능적 관심에49) 의해 인도된다고 보았다. 이에 비해 시민사회에서는 인간

54

의 행동과 담론, 그리고 일반의지가 무엇인지를 결정하는 과제 등이 이치에 의해서 인도되어야 한다. 이기심 때문에 뒤집히지 않은 이치라면 정치체 전체를 위해 무엇이 최선인지를 사람들에게 말해줄 터이기 때문이다. 시민권은 그 다음에 이렇게 정해진 일반의지 안에서 합리적으로 자리를 잡을 것이다.

루소의 저술은 버크와 흄에게 대단히 흥미로웠다. 이 세 사람은 잠시 동안이지만 상시적으로 접촉한 시기도 있다. 유럽 대륙에 머무는 것이 루소에게 너무나 두려운 일이 되자 흄은 그를 위해 런던에 거처를 마련해 주었다. 그곳에서 세 사람 사이에는 빈번한 논의가 이뤄졌다.

버크는 정치에 관해 유기적 견해를 가지고 있었다. 정치제도라는 것은 어떤 합리적 설계나 계획이나 고안에 따라서 성장해 온 것이 아니다. 정치제도는 주어진 사회 안에서 생동하는 전통과 관습에서 연원한다. 시간의 검증을 견뎌낸 제도는 바로 그 사실로써 스스로 타당성을 입증한다. 이런 제도들은 영구적인 계약의 일부가 되고, 실제로 진행하는 사회적 실천 그 자체의 외부에 위치하는 어떤 기준에 따라서 사회적 실천 또는 제도의 도덕적 타당성을 평가할 필요가 전혀 없다. 사회적 실천이란 스스로 정당화하는 것이다. 버크에 있어서는 가치와 사실의 구분을 식별하기 어렵다. 그런 구분 대신에 전통에 대한 무비판적 태도가 눈에 띤다. 선행하는 전통의 대부분을 답습하는 가운데 점증적으로 이뤄지지 않는 변화는 모두 위험하다. 그런 변화는 전제(專制)로 가든지 아니면 혼란을 낳는다.

[49) 이것을 루소는 자애(自愛, amour de soi)라고 불렀다. 공감과 자애는 루소에게 있어서 인간의 동기를 구성하는 두 개의 기본 축이다.]

버크가 보기에 "인간의 권리"라는 것은 하나의 추상이었다. 그리고 이 점만으로 그것을 잘못된 생각이라고 판정하기에 충분했다. 정치라는 것은 추상적인 관점을 통해서 인식될 수 없는 것이기 때문이다. 정치라는 것은 정치체 내부의 각종 동력에 의해서 이끌리는 구체적이고 민감한 진화의 과정이라고 인지되어야 한다. 이런 시각에서 바라보면 자연권 같은 것은 루소에게 전혀 필요하지 않게 된다. 시민권을 얘기하는 것으로 충분하기 때문이다. 우리의 정치체 안에서 진화해 오고, 시간의 검증을 견뎌낸 시민권의 항목들이 우리가 인간으로서 주장할 수 있는 전부이다. 이는 또한 시민권의 항목들, 그리고 누가 그 권리들을 보유하는지가 정치체제에 따라 다를 것이라는 뜻이다.

버크는 "정부는 자연권 때문에 만들어진 것이 아니다. 자연권이란 정부와는 완전히 독립해서 존재할 수 있는 것으로서, 훨씬 더 명료하게 그리고 추상적 완벽성에서 훨씬 더 높은 수준으로 존재한다. 하지만 자연권의 완벽성이야말로 자연권의 실천적 결함이다 …… 자유와 제약은 시간과 사정에 따라 변화하고 무한한 변이를 허용하는 것이기 때문에, 어떤 추상적인 규칙의 형태로 요약될 수 없다. 자유와 제약을 그런 추상적 원칙에 근거해서 논의하는 것만큼 어리석은 짓은 없다"고 썼다.[50]

잉글랜드 사람이 누리는 권리는 단지 잉글랜드 사람의 권리일 뿐이다. 다른 정치공동체의 인민은 그와 같거나 비슷한 권리를 가질 수도 있고 가지지 않을 수도 있다. 이 문제는 관습과 사려에 달려

---

50) Edmund Burke, *Reflections on the Revolution in France* (Indianapolis: Library of Liberal Arts, 1955), 68.

있다. 현대의 포스트모더니스트들 사이에서 유행하는 용어로 말하자면, 한 사회 안에서 인정되는 권리는 사회적 구성물이지만, 의식적이거나 합리적인 구성물은 아니다. 권리에 관한 추상적이고 철학적인 관념을 근거로 해서 사회를 바꾸려는 시도는 사회적 연대의 끈 자체를 파괴하고 모든 사람이 자유를 상실하는 결과를 낳을 것이다. 그렇게 되면 다시 전제 아니면 혼란밖에 남지 않을 것이며, 버크는 프랑스 혁명에서 실제로 전제와 혼란이 동시에 발생했다고 생각했다. 이와 대조적으로 아메리카 식민지 주민들의 구체적인 요구는, 비록 그 요구를 정당화하기 위해 동원된 자연권의 어법까지 승인하지 않은 것은 확실하지만, 우호적으로 받아들였다. 식민지 주민들은 그 사회의 기본적 규범과 사회 구조를 바꾸려고 시도하지는 않는 것으로 보았기 때문이다.

루소처럼 버크는 공동체주의자의 일원이라고 이해할 수 있다. 하지만 루소와는 달리, 평등주의적 공동체주의자는 아니다. 인민이 자신들의 삶에 영향을 미치는 정책의 결정에 참여한다든지, 사회가 보유한 자원에 대한 평등한 접근권을 가져야 자유로울 수 있다는 등의 사항이 버크에게는 전혀 필수적이지 않다. 그런 사항들은 확인되지 않은 철학적 추정일 뿐이다. 정치적/문화적 전통은 "돼지 같은 다중"보다는 "신사들"의 손아귀에 놓일 때 훨씬 나아진다.51) 시려 그리고, 그의 어법에 따르면, "정의로운 편견", 다시 말해 좋은 결과를 낳는 데 도움이 되어왔던 것으로 보이는 요소들이 이성이나 추상보다 사회를 위해서는 오히려 훨씬 나은 안내자이다.

보편적 권리에 대한 버크의 공격은 또한 토머스 페인과 메리 월스

---

51) Ibid., 89.

턴크래프트로부터 바로 반격을 받았다. 월스턴크래프트는 사실상 모든 권리에서 여성을 배제했다는 이유에서 루소도 공격했다. 그렇지만 버크의 영향은 오늘날에도 매우 크다. 현대 보수주의의 일각에는 엘리트주의적이며 자유지상주의에 반대한 그의 공동체주의로부터 영향을 받은 사람들이 있다. 지역적 지식의 타당성을 강조하고, 지역적 지식이 어떤 종류의 외부적/합리적 평가에도 종속될 필요가 없음을 역설하는 일부 포스트모더니스트들도 평등주의를 유지하려는 욕구를 제외하면 버크와 일정한 유사성을 지닌다. 마지막으로 권리라는 것이 특정 사회에 대해 상대적이라는 버크의 주장은, 서양의 철학자들에서 유래하여 보편적인 것인 양 전파된 생각을 근거로 자기네 사회를 판단해서는 안 된다고 보는 비서양 민족의 지도자들에게 어느 정도 편의를 제공할 수 있다. 미국 국무성이 해마다 발간하는 인권보고서에 인권 침해 사례로 보도된 비서양의 지도자가 다음과 같이 버크의 언어로 해명하고 응수하는 굉장한 아이러니를 쉽게 그려볼 수 있다.

> 인상을 찌푸리며 혁신을 거부한 것 때문에 …… 우리는 아직도 선조들의 궤적을 답습하고 있다 …… *우리*가 발견한 것은 아무것도 없음을 우리는 알고 있다. 그리고 도덕에 애당초 새로이 발견할 것이 없고, 정치의 위대한 원리나 자유의 관념에서도 새로 발견할 것은 많지 않다고 우리는 생각한다. 알아야 할 만한 것들은 이미 우리가 태어나기 훨씬 전부터 알려졌기 때문이다. …… 그렇지만 우리의 타고난 내부가 완전히 텅 빈 것은 아니다. 우리는 여전히 천부의 감성들을 우리 안에서 느끼고, 아끼고, 기른다. 박물관에 전시하기 위해 새의 내장을 끄집어내고 겨와 헝겊과 구겨진 종잇조각으로 채워 박제로 만들듯이, 사람들의 권리에 관해 우리의 속이 그렇게 채워진 것은 아니다. 현학이나 기만으로 더럽혀지지 않은 우리의 느낌 전부를 우리는 아직 원래대로 온전하게 보존하고 있다.[52]

실제로 버크주의 역사가인 다니엘 부어스틴은 『미국 정치의 천재성』에서 미국의 정치규범이나 정치제도를 가지고 다른 나라의 인민에게 제공할 것은 실로 아무것도 없다고 버크 류의 논거에 입각한 주장을 펼친다.[53]

데이비드 흄은 자연권 또는 보편적 권리라는 발상에 대해 버크만큼 논쟁을 벌이지도 않았고, 애당초 정치보다는 도덕에 관해 훨씬 더 많이 썼지만, 그의 도덕이론은 자연권이 합리적인 근거를 갖춘 개념이라고 이해하는 사고방식을 뿌리에서부터 타격하는 함의를 지닌다. 사람들이 사회계약을 할 때 이치와 교환된다고 한 바로 그 공감의 느낌을 절대로 포기하지 말았어야 했다고 흄은 루소를 비판한다.

흄은 홉스와 중요한 점에서 흡사하다. 홉스처럼 흄도 쾌락과 고통에 관해 우리가 가지는 느낌이야말로 도덕의 뿌리라고 생각했다. 홉스는 자연상태에서 우리가 좋거나 나쁘다고 일컫는 것은 곧 우리가 즐겁게 느끼거나 고통스럽게 느끼는 것과 같다는 명제를 축으로 정치이론을 세운다. 인간이 감내할 수 있는 가장 고통스러운 경험은 임박한 죽음의 위협이기 때문에, 홉스가 보기에 우리는 그런 위협에 직면할 가능성을 최소화할 수만 있다면 다른 모든 권리주장을 기꺼이 포기해야 한다. 그와 같은 안전, 그리고 그 덕택에 가능해지는 경제적/문화적 혜택은 우리의 쾌락을 최대화할 것이 틀림없다. 이 이론은 그와 같은 안전을 얻기 위해서 무엇을 해야 할지, 다시 말해 다른 모든 권리들을 포기하고 절대주의적 정부를 건설해야 함을, 우

---

52) Ibid., 97~98.
53) Daniel J. Boorstin, *The Genius of American Politics* (University of Chicago Press, 1953).

리가 알아야 한다는 점에서 합리주의적이다. 그러나 이 이론의 근거
는 공리주의적이다. 쾌락과 고통, 그리고 행복과 불행이라는 **_느낌_**에
근거를 두기 때문이다.

흄이 보기에, 루소의 문제는 도덕은 추론되는 것이 아니라 느껴지
는 것이라는 점을 이해하지 못한 데 있었다. 흄은 이렇게 말한다.

> 도덕적 선 또는 악이 식별될 수 있도록 남기는 자국은 다름 아닌 **_개별적
> 인_** 고통 또는 쾌락이다 …… 하나의 행위, 또는 감성, 또는 성품이 유덕
> 하다거나 사악한 까닭은 왜일까? 그것을 봄으로써 특별한 종류의 쾌락
> 또는 언짢음이 일어나기 때문이다 …… 우리의 칭찬 또는 경애는 바로
> 그 **_느낌_**으로 구성된다. 우리는 그 이상 나아가지 않는다. 만족감의 원인
> 을 파고들어 가지도 않는다. 어떤 성품을 보고 기분이 좋기 때문에 그것
> 이 유덕하다는 결론을 추리하는 것도 아니다. 그때 그처럼 특별한 방식으
> 로 기분이 좋다고 느끼는 가운데 우리는 결과적으로 그 성품이 유덕하다
> 고 느끼는 것이다. …… 나는 옳음과 그름을 분별하는 영원한 합리적 척
> 도를 확립하고자 하는 체계에 대해 지금까지 반론을 펼쳤다.[54]

흄의 반론이 겨냥하는 과녁에 물론 로크나 루소에서 나타나는 것
과 같이 합리적인 근거를 갖춘 인권도 포함되었을 것이다. 실제로
흄은 애당초 자연상태라든지 계약이라는 발상은 물론이고, 자연상태
에서 어떤 권리가 있다는 발상에도 역시 반대했을 것이다. 그는 버
크의 유기체주의를 공유하는데, 버크보다도 강한 철학적 추론을 근
거로 삼는다.

흄은 또한 일종의 유아론(唯我論, solipsism) 또는 이기주의에 관

---

54) David Hume, "Treatise of Human Nature" (Book III, Part I, Section
   II), Henry D. Aiken ed., _Hume : Moral and Political Philosophy_ (New
   York : Hafner, 1948), 44.

심을 보이는데, 이는 홉스와 연결되는 것으로 독해할 수가 있다. 이런 것들을 극복할 수 있게 해주는 자질은 공감이다. 인간을 사회적 존재로 만드는 자질은 이치가 아니라 공감이라는 것이다. 어떤 것이 옳다고 사회가 결정할 때, 가령 루소의 일반의지라고 하는 구조 안에서 어떤 특정한 결정을 내려야 하는 경우에, 이런 결정은 "일반적으로, 우리의 개별적 이익에 구애 받지 않고" 이뤄져야 한다.[55] 그리고 이는 결국 사회적 승인의 윤리학으로 이어진다. 루소처럼 모두가 한데 모여 일반의지에 관해 합리적으로 숙고한다고 말하는 대신에, 흄은 주어진 사회에 무엇이 가장 큰 쾌락을 가져다주는지에 관해서 우리가 사회적 합의를 지향하는 그림을 그린다. 버크의 경우에 그랬듯이, 여기서도 사실과 가치가 섞이는 문제가 발생한다. 일정한 사회적 규범과 실천이 사회에 즐거움을 제공하기 *때문에* 존재한다는 말, 그리고 이러한 규범과 실천을 평가할 외부적 기준 같은 것은 없다는 말은 언제든지 할 수 있는 말이다. 더구나 흄은 정치사상가라기보다는 도덕이론가였기 때문에 우리가 말하는 고통 또는 쾌락이 과연 **누구의** 고통 또는 쾌락인지를 묻지 않는다. 버크 식의 유기체적 추정은 자체가 하나의 추상이다(즉, 전체 사회가 무언가를 "좋아하"거나 "싫어하"지는 않는다). 일반성이 그렇게 쉽사리 달성되지 않는다는 사실을 이런 추정이 덮어서 가려버리는 것으로 보인다. 일반의지와 같은 개념과 씨름은 했지만 성공하지는 못했던 루소의 경험을 보면서 배운 교훈이었는지도 모를 일이다.

버크에게 그랬듯이, 도덕은 관습적이지 자연적이지 않다. 도덕이 자연적이라고 말할 수 있는 의미를 흄은 오로지 두 가지만 허용할

---

55) Ibid., 45.

것이다. 하나는 도덕은 기적이 아니라는 점에서 자연적이다. 다른 하나는 도덕은 모든 곳에 편만하다는 점에서 자연적이라고 할 수 있을 것이다. 이 두 번째 의미로는 자연의 근본적인 법칙이 셋 있다고 그는 주장한다 : 소유의 안정성, 동의에 의한 소유의 이전, 그리고 약속의 이행이다.[56] 흄의 생각에, 어떤 사회에서든지 이와 같은 자연의 법칙들이 현현할 것이다. 사실 이 법칙들은 (토지, 재화, 돈의 합법적 소유라는 뜻으로 이해되는) 로크의 재산권을 함축한다. 재산권이라는 제도가 사회 전체에 쾌락을 증진한다고 모든 사회가 *느끼리라*는 추정이다. 이와 같은 어법에는 *합리적인* 근거를 갖춘 자연권이 들어설 자리가 없다. 그러나 만일 모든 사회에서 사람들이 자연권 또는 보편적 권리를 고수하는 편이 좋다고 느낀다면, 만일 인권에 대한 지지가 모든 사회를 관통해서 편만하다면, 그 권리들을 자연권으로 확립하기에 충분할 것이다. 흄의 시대에는 그렇지 못했던 것이 분명하다. 오늘날에도 그렇다고 봐야 할지 그렇지 못하다고 봐야 할지는 불분명하다. 어쨌든 이는 이론적인 문제라기보다는 경험적인 문제에 해당한다.

합리적 공리주의의 반응

공리주의의 노선, 도덕과 정치에서 선에 관한 궁극적 표준으로 쾌락 또는 행복에 의존하는 노선은 홉스에서 출발하여 흄을 거쳐 제레미 벤담으로 이어진다. 정치를 사변적 기획에서 분리해 "현실적"이고 과학적인 기획으로 바꾸고자 했던 홉스의 욕구를 벤담도 공유한

____

56) Ibid., 90 ("Treatise of Human Nature", Book III, Part II, Section VI).

다. 쾌락과 고통은 감각을 가진 존재로서 인간의 본성과 곤계된다.
쾌락과 고통에 대한 반응은 지성적/합리적 구성물 또는 종교적 계시
에 비해 훨씬 더 즉각적이고, 훨씬 더 강력한 파장을 일으키며, 훨씬
더 확정적이다. 그러므로 정치이론을 축조하는 데 후자보다 전자가
훨씬 튼튼한 토대를 제공한다.

쾌락과 고통의 느낌에 근거하는 도덕을 위해 흄이 기초를 놓았다
면, 벤담은 정치와 법의 이론을 위해 기초를 놓으려고 시도했다. 벤
담 역시 이기주의와 유아론을 극복할 수 있게 하는 사회적 자질로
공감의 메커니즘을 활용했다. 하지만 흄은 도덕과 사회에 관한 일반
이론 수준의 명제에서 그친 반면에, 벤담은 최대행복의 원칙을 작동
시켜서 입법자들로 하여금 최적의 사회정책을 결정하도록 안내하는
역할에 관심이 있었다. 사실, 자식들은 아마 아버지를 몰라볼지 모르
지만, 최적 모델을 탐구하는 현대 정책 연구의 아버지는 벤담이다.
그는 쾌락과 고통이 가지는 (이를 테면, 격렬성, 지속성, 편향성 등
과 같은) 다양한 차원들을 고려하려고 했다. 이 모든 차원들은 계량
화할 수 있다. 정치와 정치적 선을 주관적으로 이해하는 사고방식에
결여되어 있는 정밀함이라는 요소를 입법자 및 정책결정자들에게 마
련해 주려는 의도였다.

벤담은 민주주의라는 대의명분을 고취하려고 했다는 점에서 홉스
나 흄과 다르다. 그러나 루소와 달리 그는 직접민주주의가 아니라
대의민주주의의 명분을 고취했다. 루소는 영국인들이 7년 만에 한
번씩만, 다시 말해 의회가 열리지 않는 선거 기간 동안에만 자유로
울 뿐이라고 선포했는네, 벤담은 의회 구성원을 뽑는 데 (버크의
"돼지 같은 다중"을 포함해서) 모든 계급이 참여하도록 선거제도 개
혁을 성사시키기 위해 분주했다. 벤담의 과학적 정치가 작동하려면

인민이 의원 선거에 투표하면서 의원들에게 자신들의 쾌락과 고통을 표현할 수 있는 조건이 필요했다. 루소에게 일반의지라는 것은 합리적인 대화를 통해서 확정되는 것으로서 사회 안에 존재하는 개별적인 의지들을 단순히 합산한 결과를 능가하는 것이었지만, 벤담의 척도는 각 개인의 개별적인 쾌락과 고통을 합산하면 사회 전체를 측정하는 저울이 어디를 가리키느냐는 것이었다. 나아가 질적 차원은 빼고 오직 양적 차원들만이 허용된다. 플라톤 그리고 공리주의 "운동"의 지도자로서 벤담을 계승했던 존 스튜어트 밀은 감각적/물리적 쾌락보다 지성적/심미적 쾌락이 더 낫다고 했지만, 벤담은 그런 식으로 말할 수는 없다고 봤다. 그것은 순전히 주관적 판단으로, 지식인이나 예술가가 자신의 이익을 주장하는 셈일 가능성이 높기 때문이었다.

이처럼 벤담은 정치와 사법에서 주관성을 추방하고 과학적 체계를 건설하려고 노력했다. 이러한 사고방식에 자연권이나 인권이라는 발상을 위한 자리는 없었다. 법을 제정할 때 쾌락/고통의 원칙을 사용한다면 자연권의 개념은 필요 없게 된다. 자연권의 개념으로 이룩할 수 있는 어떤 결과든지 이 체계 안에 포함되어 있는 요소들을 통해서 이룩할 수가 있다. 자연권 또는 인권에는 고통과 쾌락의 기준처럼 정밀하거나 객관적인 기준이 들어 있지 않다. 자연권이나 인권을 주장하다보면 자의적인 요소가 첨가될 수밖에 없고 따라서 정당화할 수 없는 특정한 이익에 봉사하게 될 것이다. 일반이익을 결정하기 위한 기준이나 방법에 관해서는 서로 다르지만 시민권, 즉 법에 의해서 승인되는 권리만이 우리가 의미를 가지고 말할 수 있는 유일한 권리라는 점에서 벤담은 루소와 합류한다. 이를 벤담은 간결하게 표현한다.

법률적 권리 말고, 법에 의해 창조된 권리를 능가하거나 선행하는 자연권
이라든지 인권 같은 것은 없다. 그런 권리가 있다는 주장은 논리적으로
어불성설이고 도덕적으로 해롭다. 법이 없는 권리란 원인이 없는 결과와
같다. 이런 허구를 말하기 위해, 어떤 권리가 창조된 것처럼 꾸며내기 위
해, 어떤 법을 꾸며낼 수는 있다. 그러나 허구가 진실이 되지는 않는다.
진짜 법이 무효라고 주장하기 위해 자연법이나 자연권을 꾸며낼 수 있다.
진짜 법이 이런 허상적인 법에 어긋난다고 주장할 수 있다. 이런 견해는
바로 이런 허구에 의존하고 있는 것이다. 하지만 이 모든 공허한 소리들
의 효력은 공허할 따름이다.[57]

이렇듯 공리주의는 자유주의 안에서 자연권을 거부하는 하나의
학파로 자리를 잡았다.

역사적 유물론의 반응

마르크스와 벤담 사이에는 세 가지 중요한 유사점이 있다. 첫째,
두 사람 다 정치세계를 더욱 잘 이해할 수 있도록 엄밀한 과학을 제
공하기 위해 노력했다. 둘째, 두 사람 모두 자신이 이해한 바로부터
정치적 행동을 위한 교훈을 이끌어냈다. 벤담의 처방적 교훈은 정치
적 정책결정자들을 겨냥했다. 입법과 사법이 더욱 개명되도록 하기
위함이었다. 그는 정치의 변화를 예컨대 투표권의 순차적 확대처럼
진화론적으로 인식했다. 마르크스의 교훈은 프롤레타리아라고 하는
특정 계급을 겨냥한다. 그는 변화를 혁명적으로 인식했다. 세 번째,
두 사람 모두 자연권이라든지 인권 같은 사고방식을 거부했다.

---

57) Jeremy Bentham, "Pannomial Fragments," Mary Peter Mack ed., *A
   Bentham Reader* (New York : Pegasus, 1969), 257.

마르크스는 『고타 강령 비판』, 『신성 가족』, 『프랑스의 내전』 등등, 여러 저술에서 이 문제를 언급한다. 그렇지만 인권의 개념에 대해서 그의 가장 본격적인 비판은 『유태인 문제에 관해』에 나온다. 1843년에 저술된 이 작품은 유태인의 사회적/정치적 상황에 관해서 청년 헤겔학파의 동지였던 브루노 바우어가 내놓은 두 편의 연구를 비판한 것이다.

이 논고는 마르크스 자신이 유태인 혈통이었음에도 불구하고 여기서 반(反)유태주의를 드러내고 있다고 읽는 사람이 있을 정도로 미묘한 작품이다.58) 유태교를 포기하지 않는 한, 유태인은 정치적으로 스스로를 해방하지 못할 것이며 "인간의 보편적 권리"를 내세울 수 없다는 것이 바우어의 주장이었다. 유태인은 자기들을 남과 다른 것으로 설정한다고 하는, 유태인에 관한 오래 묵은 성격 규정을 바우어는 답습한 것이었다. 이는 물론 유태인의 선민사상, 개종을 거부하는 태도, 그리고 유태인 사이에 집단 내부적 결속이 강하고 문화적 특징들을 공유한다는 사실 등을 가리키는 얘기였다. 마르크스는 바우어의 발언을 인용한다.

인간의 권리라는 발상은 기독교 세계에서, 그것도 지난 세기에야 비로소 발견되었다. 이는 본유개념이 아니라, 정반대로 현재 시대에 이르기까지 인간을 교육시켜 온 역사적 전통에 대항하는 투쟁의 와중에서 획득된 개념이다. 그러므로 인간의 권리는 자연의 선물도 아니고 과거 역사에서 물려받은 유산도 아니다. 세대에서 세대로 역사를 통해 지금까지 대물림되어 온 특권 그리고 출생이라는 우연에 맞서 싸운 보수인 것이다. 이것은 문화의 결과이다. 그것을 스스로 벌어서 누릴 자격을 갖춘 사람들만이 그

---

58) 이런 해석의 예로는 André Glucksmann, *Les Maitres Penseurs* (Paris : Grasset, 1977), 107~109를 보라.

것을 가질 수 있다.[59]

　바우어가 보기에, 유태인들은 특수주의와 신앙으로 말미암아 이러한 역사에서 스스로 격리되었기 때문에, 인권을 벌어들이지 못했다. 이와 같은 여건에서 기독교도들이 자기네 문화적/종교적 전통에서 유래하는 인권을 단순히 유태인들에게 수여한다고 될 일이 아니었다.

　유태인이 보편적 권리를 내세울 수 있느냐는 질문에 관해 바우어와 정면에서 맞서기보다, 마르크스는 그 권리들이 과연 무엇인지를 파고 들어간다. 그리하여 「프랑스 인권선언문」, 1793년과 1795년의 프랑스 헌법, 미국의 헌법, 그리고 펜실베이니아와 뉴햄프셔의 헌법 등, 18세기 말에 작성된 권리에 관한 주요 문서들에 어떤 권리들이 규정되어 있는지를 분석한다.

　이런 문서들이 인간의 권리와 시민의 권리를 구분하고 있다는 사실이 특별히 마르크스의 눈길을 끌었다. 시민권과 인권을 구분하면서 예컨대 투표권을 인권에 포함시키지만, 이렇게 거론되는 인권이라는 것이 실은 시민사회 구성원의 권리라고 마르크스는 주장한다. 다시 말해 국가와 사회의 구분이 분석적으로 이뤄진 것은 헤겔에 의해서가 최초이지만, 이 문서들은 무의식적으로 그것을 구분하고 있다는 것이다. 이 문서들이 실제로는 개별 사회들과 속속들이 연관되는 사항들을 보편화하고 있는 것은 사실이다. 시민의 권리와 대조되는 "인간의 권리"라는 것들은 실제로 개인주의적으로 자기이익을 추구하는 모나드(monad), 즉 단자의 권리에 해당한다. 이 때문에 마르

---

59) Karl Marx, "On the Jewish Question," Robert C. Tucker, ed., *The Marx-Engels Reader*, 2nd edition (New York : Norton, 1978), 40.

크스는 "실천적 적용이라는 차원에서 보면 자유권이란 곧 사유재산 권"이라고 썼다.60) 그리고 사유재산권이라는 것은 "각자 운 좋게 차지한 것을 향유하면서 자기 뜻대로, 다른 사람들을 배려하지 않고 사회와도 상관없이, 처분할 권리와 같다. 이것은 자기이익의 권리이 다. 이러한 개인적 자유와 그 적용이 시민사회의 기초를 형성한다. 이로 말미암아 모든 사람은 다른 사람을 자신의 권리가 **실현된** 결과 라고 보지 않고 자신의 권리를 **제한한** 결과로 보게 된다. '각자 일하 고 노동한 결실, 각자의 재화와 수입을 자기 뜻대로 향유하고 처분 할' 권리를 무엇보다 우선하는 것으로 선포하는 셈이다."61)

"자유"라는 것은 지금까지 논의한 바와 같다. 덧붙여 "평등"이라 는 것도 단지 각자의 재화와 수입을 처분하는 자유와 동등한 권리라 고 마르크스는 주장한다. 그리하여 이것 또한 자기이익에 매몰된 각 개인의 개별성에만 관련되는 단자적인 개념일 뿐이라는 것이다.

평등은 이렇게 해서 프랑스 혁명에서 천명된 우애와 단절되고, 홉 스적인 갈등과 경쟁의 관계가 된다. 마르크스는 1795년의 헌법을 전거로 삼고서 하는 말이다. 그 헌법에서 평등은 모든 사람에게 동 등한 법과 관련되었다. 그렇지만 사람들 각자가 자신의 통제 아래 있는, 다시 말해 자신의 "자유"에 속하는 재산이라는 것과 관련해서 처한 상황들은 서로 몹시 다를 수밖에 없는 노릇이었다.

"안전"은 1793년의 헌법에서 "구성원 각자에게 인신, 권리, 재산 을 유지할 수 있도록 사회가 마련해주는 보호"라고 정의된다. 이를 마르크스는 "시민사회의 최고 개념, 즉 경찰이라는 개념"이라고 간

<hr>

60) Ibid., 42.
61) Ibid.

주한다.62) 앙시앙 레짐의 법이 그랬듯이, 법이란 특별한 계급 집단의 재산을 보호했었다. 프랑스와 미국에 새로이 등장한 정권 아래서 법이 이것 말고 다른 일을 수행하고 있으리라고 믿을 까닭이 마르크스에게는 별로 없었다. 계급의 구성은 다를지 모르지만, 이념적으로 보편적인 권리를 보호하도록 되어 있는 법이 실제에서는 사회 안에 속한 사람들의 개별주의적 권리를 보호할 수밖에 없는 노릇이다. 프랑스 혁명 이래 자연적/보편적 권리라고 하는 보편주의를 정당화한다는 미명 아래 실제로 보호되는 것은 특정 부르주아적인 인간의 권리이다. 구체제는 군주정과 봉건제 아래의 정치적 성격들을 보존한 반면에, 즉 "시민사회의 목줄과 같은 기능과 조건들이 정치의 영역에 맡겨졌던" 반면에, "정치혁명은 …… 시민사회의 정치적 성격을 지워버렸다. 정치혁명으로 말미암아 시민사회는 보다 기본적인 구성소들로 분해되었다. 한편으로는 개인들, 그리고 다른 한편으로는 이들 개인의 생활경험과 시민적 처지를 조성하는 물리적/문화적 요소들이 그것이다."63)

특수주의적이고 이기적인 인간은 이제 시민사회에서 정치적 국가의 근간이 된다. 시민사회로 하여금 순전한 이기주의를 극복하도록 허락할 정치적 성격이 국가에 의해 부여되던 시대가 끝난 것이다. "인간의 권리", 다시 말해 "부르주아 인간"의 권리는 그런 인간의 특수주의적 이기심에 뿌리를 내리고 있기 때문에 결코 보편적일 수가 없다. 이제는 이처럼 탈정치화된 인간이 자연적인 인간인 것처럼 비친다. 유태인이 자기네 특수주의에서 탈피하지 못하기 때문에 인

---

62) Ibid., 43
63) Ibid., 44~45.

권을 누릴 수 없다고 본 바우어의 이야기도 이런 수준에 머물고 있다.

『유태인 문제에 관해』는 마르크스의 초기 저술 중 하나다. 이때까지 그는 아직 청년 헤겔학파의 일원으로서 헤겔주의적 범주들을 통해 글을 썼다. 그러나 저술을 진행해 가면서 역사적 유물론을 개발한다. 이후로는 권리에 관해서는 길게 논의하지 않는다. 권리라는 것이 사회의 상부구조라고 하는 더 큰 범주에 속하기 때문이다. 여기에는 권리만이 아니라 법, 종교, 그리고 국가 자체가 포함된다. 토대, 즉 사회적/정치적 생활을 결정하는 국면은 인간과 자연 사이의 관계, 다시 말해 인간이 스스로 필요에 닿도록 자연을 빚어내는 (기술적 생산력) 과정과 이러한 과정들에 의해서 생성되는 사회적 관계이다. 이와 같은 사회적 관계에 의해 창조된 계급이 존재하는 한, "권리"는 결코 보편적일 수 없다. 권리란 단지 이 과정을 지배하는 계급을 보호할 뿐이다. 이런 조건 아래서 권리는 단지 겉으로 보기에만 해방적이다. 실상을 말하자면, 권리는 이데올로기에 의해 신비화된 허상으로서 지배 체제에서 핵심적인 역할을 담당한다. 만약 계급이 없다면, 진정한 평등의 체제가 자리를 잡고, 사람들의 기본적 필요가 충족되며, 사람들은 각자 고유한 보람을 느끼는 여러 갈래의 방향으로 자신의 삶을 자유롭게 이끌고 나갈 것이다. 이처럼 벤담의 체제에서 권리의 개념이 필요 없었듯이, 마르크스에게도 권리의 개념은 필요가 없다. 벤담과 똑같이 마르크스는 보편적 권리 또는 인권이라는 개념이 어떠한 합리적인 의미도 가질 수 없을 뿐만 아니라 대다수 인간이 선하고 보람있는 삶을 이룩하는 데 방해가 된다고 보았다.

바로 이와 같은 개념을 브루노 바우어가 유태인을 배제하기 위해 사용했다는 것은 아이러니가 아닐 수 없다.

제5절 맺음말

인권이라는 관념, 다시 말해 모든 인간은 단순히 인간이라는 점 때문에 일정한 권리를 누린다는 관념은 17~18세기 서양에서 최초로 다듬어졌다. 삶을 위한 필수품들을 쟁취하려는 투쟁의 와중에서 디거스가 이 관념을 제창했다. 홉스는 모든 인간은 실제로 생명에 대한 자연적이고 불가양의 권리를 향유한다고 주장함으로써 인권이라는 관념에 최초로 철학적인 형태를 부여했다. 그러나 디거스는 정치적 민주화를 추진했던 수평파와 닮은 면이 있었던 반면에, 홉스는 인간의 진짜 본성을 감안할 때 생명권은 정치적 절대주의여야 가장 잘 확보되리라고 주장했다.

로크는 권리라는 발상을 확장해서, 재산권을 우선시하고 심지어 생명권을 재산권의 일부분으로 귀속시켰다. 무혈혁명을 옹호하면서 로크는 또한 입법부에 의한 지배를 우선시했다. 그러나 그보다 반세기 전에 크롬웰의 군대에서 수평파들이 이미 요구했던바, 계급 사이를 관통하는 정치과정을 열어젖힐 조짐은 로크에게서 전혀 나타나지 않는다. 이처럼 로크가 말하는 권리는 홉스의 절대 정부에 대조되는 헌정주의적 정부와 결부될 따름이고, 수평파들이 요구했던 더욱 민주적인 형태와는 연결되지 않는다.

자연권 또는 인권은 루소에서 비로소 민주주의를 그처럼 강조하는 사고방식과 결부된다. 그러나 루소의 사상에서 이 권리들은 시민권과 교환된다. 일반의지라고 하는 루소의 절대주의적이고 획일적인 발상과 아울러 이 교환으로 말미암아 인권과 상통하지 못하는 공동체주의가 태어날 위험이 잉태되었다. 동시대 철학계에서 활약했던 두 사람, 버크와 흄은 루소의 이와 같은 양면성에 주목하여 합리적인 근거를 갖춘 자연권 또는 인권이라는 발상 자체를 반대하는 이론적인 틀을 축조했다. 이 두 사람은 후일 서양의 보수적 사상과 잘 부합한다. 이들 이외에 도덕과 정치와 사법에 관한 사유를 자유주의적인 방향으로 체계화한 제레미 벤담도 인권이라는 개념에 과녁을 맞췄다. 마지막으로, 마르크스는 "인간의 권리"라는 이름 아래 통용되는 것들이 사실은 시민사회에서 남들에 맞서서 자신의 소유를 지키려고 하는 특정 계급의 아주 개별주의적이고 이기적인 주장에 해당한다는 점을 밝히고자 했다. 이와 같은 권리 담론이 계급 지배를 정당화하기 위한 이데올로기적인 도구라는 사실을 자신이 폭로했다고 마르크스는 느꼈다.

이렇듯 19세기 중엽에 이르면 인권을 합리적 근거 위에 확립하려는 시도들은 보수주의, 자유주의(공리주의), 그리고 마르크스주의로부터 공격을 받게 된다. 그러나 인권을 선포하는 움직임이 여기서 끝난 것도 아니고, 인권에 대한 공격이 여기서 끝난 것도 아니다.

제2장

인권에 관한 20세기의 성찰

제1절 우호적이지 않은 환경

19세기 중엽에서 20세기 중엽까지 백 년은 지배의 만연 그리고 인간에 대해 의도적으로 자행된 고통으로 특징지을 수 있다. 이 사이에 미국에서 노예제가 폐지된 것은 맞지만, 아프리카계 미국인들은 지독한 차별에 더해 린치 패거리 그리고 사법공무원들에 의해 죽임을 당하기까지 했다. 서양의 산업화된 나라 대다수에서 사회 계급과 성별에 따른 참정권 제한이 풀린 것도 사실이다. 그러나 미국에서는 할아버지 조문[64]들과 문자해득 요건을 규정한 주법들 때문에, 또는 노골적인 물리적인 위협 때문에 아프리카계 미국인들은 대부분

---

[64] 할아버지 조문(grandfather clause) : 남북전쟁 이후 남부의 주들은 문자를 해득할 수 있는 사람 또는 일정한 수준 이상의 재산을 소유한 사람에게만 투표권을 허용하는 제약을 신설하면서, 단 할아버지 때부터 투표권을 행사하던 사람에게는 이 제약이 적용되지 않는다는 단서를 달았다.]

참정권에서 배제되었다. 이 시기는 제국주의와 식민주의로 점철되었다. 아울러 노동하는 인민에 대한 극단적인 착취 또한 이 시기의 특징이다. 노동조합들이 결성되었지만, 많은 나라에서 조직력을 확보하려는 투쟁은 물리적/이념적 억압에 직면해야 했다. 메이데이가 러시아에서 일어난 사건을 기념하는 것이 아니라 1886년 일리노이 주 시카고에서 일어난 사건을 기념한다는 사실을 아는 사람은 북아메리카에서 그다지 많지 않다.65) 이것이 하루 8시간 노동을 위한 투쟁과 관계되었고, 시위대를 해산시키려던 경찰에게 폭탄이 투척되어 경찰관들이 사망했다는 이유로 현장에 있지도 않았던 사람들이 교수형에 처해졌다는 사실을 아는 사람도 별로 없다. 노동조합들이 결성된 것은 맞지만, 유럽에서는 조합원들에 대해 탄압이 가해졌다. 미국에서 가해진 억압은 특히 유혈이 낭자했다. 미국에서 국민방위군이 만들어진 것은 노동계의 투쟁을 억압한 데서 비롯된 일이다.66)

혹시라도 인권의 역사가 단선적으로 진보일변도였다는 인상을 받

[65) 메이데이(May Day) : 1884년 10월에 미국의 <노동조합연맹>은 1886년 5월 1일을 못 박아 8시간 노동제가 시작되는 날로 선포했다. 1886년 5월 1일이 가까워지면서 전국적인 파업과 시위가 시작되었는데, 5월 4일에 시카고 헤이마켓에서 시위대를 해산시키려던 경찰에게 폭탄이 투척되고, 이에 대응하여 경찰이 발포함으로써, 7명의 경관과 최소한 4명의 민간인이 사망했다. 이 책임을 물어 8명의 무정부주의자가 기소되었는데, 그 중 누구도 폭탄을 투척했다는 증거가 없는 상태였지만, 7명은 사형 그리고 한 명은 15년 형을 선고 받았다. 사형수 중 두 명은 종신형으로 감형되고, 한 명은 집행을 앞두고 자살했으며, 네 명에게는 1887년에 교수형이 집행되었다. 1889년에 시작된 제2인터내셔널에서 5월 1일을 국제노동자의 날로 기념하기 시작했다. 폭탄투척범의 신원에 관해서는 여러 가지 추측이 무성한 상태이다. 미국 정부는 다른 사건에서 연유한 9월의 첫 번째 월요일을 노동절로 기념하고 있다.]

66) 미국에서 있었던 탄압의 역사에 관한 뛰어난 저술로는 Robert Justin Goldstein, *Political Repression in Modern America : 1870 to the Present* (Cambridge, MA : Schenkman, 1978 ; reprint Urbana : University of Illinois Press, 2000)을 보라.

기라고 할까 봐, 20세기의 처음 50년은 19세기의 나중 50년에 비해
서 고통과 지배라는 면에서 안타까운 일들을 더욱 많이 남겼다. 제
국주의와 식민주의가 계속되었을 뿐만 아니라, 전체주의와 인종청소
가 일어났고, 그리고 무기의 종류라든지 민간인/군인의 분별 따위에
개의치 않았던 세계대전들을 우리는 목격해야만 했다.

절대군주정과 독재정치는 인류의 역사가 있는 한 존재해 왔다. 새
로운 것은 오히려 고대 그리스의 작은 폴리스가 아니라 민족국가에
서 민주주의가 행해진다는 사실이다. 그런데 전체주의는 "인민"과
민족과 프롤레타리아의 이름으로 행할 따름이라고 주장했다. 전체주
의자들은 홉스의 레비아탄을 훨씬 능가했다. 레비아탄은 정치에서는
절대적인 복종을 짜내지만 여타 영역에서는 정치적 강제에서 상대적
으로 자유로운 활동의 여지를 남긴다. 홉스는 인민을 정치적으로 *달
래고* 싶어 했다. 반면에 전체주의자들은 아주 역동적인 지지자의 역
할을 수행하도록 인민을 ***동원하려고*** 한다. 전체주의자들은 국가와
정당의 침투와 지배에서 자유로운 시민사회의 영역을 남겨두지 않는
다. 가족에서부터 경제와 교육의 제도까지를 망라하는 모든 활동에
서 정치적 지시에 대한 충성심이 적극적이어야 한다. 전체주의를 위
해서는 근대의 기술이 관건이 된다. 근대적 기술에 의해서 훨씬 효
과적인 감시와 억압과 이데올로기 선전이 가능해졌고, 아울러 반대
자와 희생양을 효과적으로 제거할 수 있게 되었다. 나치당의 대규모
군중대회에 모든 독일인이 참석할 수는 없는 노릇이다. 하지만 나치
선전전문가 요제프 괴벨스의 최면적인 목소리가 라디오를 통해서 독
일의 모든 가정에 파고들 수는 있었다. 가족, 시민조직과 경제조직,
정당, 그리고 정부 등등, 모든 것들이 전체주의 정권 아래서는 하나
의 최고 목적을 가진다. 나치에게는 독일 국가에 맞서서 독일의 시

민들이 주장할 수 있는 타당한 권리 따위는 없었다. 그런 주장을 펼치는 행위만으로 수용소로 끌려가거나 고문 또는 사형에 처해질 수 있었다. 소련에서 그런 주장을 펼쳤다면, 살아서는 다시 나올 수 없는 정신병원에 감금되거나 강제노동소로 잡혀갈 수 있었다.67)

 "권리 담론"을 나치 국가는 결코 말한 적이 없지만 소련에서는 말했다는 점이 흥미롭다. 소련의 역대 헌법들은 경제적·사회적 권리와 더불어 정치적·시민적 권리도 언급했다. 하지만 스탈린 통치의 정점에서 작성된 1936년의 「헌법」, 그리고 1977년의 (1988년에 개정된) 탈-스탈린주의 「헌법」을 면밀하게 독해하면, 그러한 권리들은 당과 국가의 최고권을 무비판적으로 수용한다는 조건에서만 허용될 수 있음을 시사하고 있다. 1977/88년의 「헌법」은 서두에서 "인민에 의한 통제체제를 강화"한다고 밝힌 다음에, "소비에트 사회를 이끄는 지도세력이고 소비에트 사회·정치체제와 모든 국가 조직과 공공 조직의 핵"이 공산당이라고 선포한다.68) 소련에서는 공산당의 역할을 확장해서 당과 국가가 구분할 수 없을 지경에 이르렀다. 무비판적이기를 거부한 사람, 그리고 권리를 주장하고 그와 같은 당의 역할에 이의를 제기한 사람들은 반역자 및 반혁명분자로 취급당했다.

 여기서 "무비판적"이라는 개념이 관건이다. 왜냐하면 법률에 불복

---

67) 이런 수용소들의 잔혹한 참상에 관해서는 Aleksandr I. Solzhenitsyn, *The Gulag Archipelago*, trans. Thomas P. Whitney (New York : Harper and Row, 1973)을 보라. [한국어 번역으로는 김학수 역, 『수용소 군도』(열린책들, 1988)가 있다.]
68) Constitution of the Union of Soviet Socialist Republics (1977. 10. 7. 채택, 1988. 12. 1. 개정), Vadim Medish, *The Soviet Union*, 4th edition (Englewood Cliffs, N. J. : Prentice Hall, 1990), 368.

종하는 사람에게 무조건적으로 정치적 권리를 부여하는 체제는 없기 때문이다. 예컨대 미국에서는, 중범으로 유죄판결을 받은 사람은 법률을 위반한 사실이 확인되었기 때문에 투표권을 —주에 따라서는 영구적으로— 상실한다.69) 그러나 소련에서는 당의 후보 말고 다른 사람에게 투표할 수 있게 해달라는 요구, 또는 그렇게 제도를 바꾸기 위한 조직을 만들려는 시도는 자체로 법률 위반이자 국가와 사회에 대한 의무 위반으로 간주되었다. 왜냐하면 헌법은 국가와 사회에 대한 통제권을 당에게 줬기 때문이다.

나치즘은 히틀러의 사고와 차별화될 수 없지만, 전체주의 소련에서 실제로 벌어진 경험적 상황을 마르크스의 사고와 혼동해서는 안 된다. 마르크스의 저술에서 그런 전체주의 국가를 불러들인 대목은 어느 곳에도 없다. 실상 『프랑스의 내전』에서 마르크스는 정확히 정반대를 제안한다. 여기서 그는 1871년에 프랑스의 코뮌에서 목격했던 탈중앙화되고 협동조합적인 형태의 정치에 열광하는 모습을 보인다. 이 대목은 엥겔스가 만약 "프롤레타리아의 독재"라는 문구로써 마르크스가 뜻한 바가 무엇인지를 알고 싶다면 찾아보라고 지목한 바로 그 대목이다.70) 더구나 러시아 혁명 이후 권위주의가 나타

---

69) 확정판결을 받은 중범죄인이 투표권을 상실해야 맞을지 여부, 그리고 상실한다고 할 때 형기 동안에만 상실해야 할지 종신토록 상실해야 할지를 질문할 수 있다. 중범죄인에게 권리를 박탈하는 것은 인권 침해가 될 수도 있고 인권 침해가 아닐 수도 있다. 내가 생각할 때 인권이 침해된 경우란 어떤 인종, 종교, 국적 등에 속한 사람들에게 형사 체제가 전체 인구에서 그들이 차지하는 비율과 크게 어긋나게 타격을 가하는 경우이다. 미국의 경우 백인과 아프리카계 미국인 사이에 엄청난 불균형이 있고 이는 계속 커져가고 있다. 아프리카계 성년 미국인 가운데 14%가 기록상 중범으로 확정판결을 받았다는 이유로 참정권이 없다. CNN News, 1997. 1. 30.
70) Friedrich Engels, 1891 Introduction to Marx's *Civil War in France*, reprinted in Robert C. Tucker, ed., *The Marx-Engels Reader* (New

나기 시작할 때부터 비판한 로자 룩셈부르크나 카를 카우츠키를 비롯한 사람들, 그리고 스탈린주의 시기에 만개한 전체주의를 비판한 레온 트로츠키를 비롯한 사람들은 모두 마르크스주의자였다. 실제로 내가 확인한 문건 가운데 "전체주의"라는 단어가 최초로 사용된 용례는 1936년에 저술된 트로츠키의 『배반당한 혁명』이다.[71] 따라서 18세기 말에 작성된 문서들에 표현된 "인간의 권리"라는 발상을 마르크스가 비판했다는 사실이 마르크스 본인 또는 그 후의 모든 마르크스주의자들이 전체주의를 지지했다는 뜻이 될 수는 없다.

20세기에는 전체주의뿐만 아니라 대규모의 인종청소도 일어났다. 사실 인종청소는 역사적으로 많은 선례가 있었다. 인종청소는 어떤 인민 집단을 물리적으로 제거하는 동시에 그 문화까지 파괴하는 짓을 가리킨다.[72] 그렇다고 할 때, 노예제도 인종청소였으며 북아메리카와 남아메리카 원주민에 대한 취급도 인종청소였다. 18세기 「프랑스 인권선언문」과 미국의 여러 인권 문건이 나오기 전에 인류의 역사에는 인종청소에 해당하는 여러 가지 행위들이 있었다. 그 뒤에라도 세상이 더욱 "문명화"되고 인간이 향상되었다면 다행이었을 것

York : Norton, 1978), 618~629.

71) Leon Trotsky, *The Revolution Betrayed* (New York: Pathfinder Press, 1972). [한국어 번역본으로는 김성훈 역, 『배반당한 혁명』(갈무리, 1995)이 있다. 옥스퍼드 영어사전(*Oxford English Dictionary* Online Version, March 2012)이 추적한 바에 따르면, Luigi Sturzo의 책을 Barbara Barclay Carter가 번역한 *Italy and Fascismo* (London : Farber and Gwyer, 1926)에서 totalitarianism이라는 단어가 출현한다.]

72) "인종청소"(genocide)라는 단어는 라파엘 렘킨(Raphael Lemkin)이 카네기 국제평화재단의 후원을 받아 펴낸 책, 『점령기 유럽의 추축국 통치』(*Axis Rule in Occupied Europe*, 1944)에서 처음 빚어낸 것인데, 그 후로 이처럼 의미가 확장되어 사용되고 있다. 유엔이 인정한 정의는 Convention on the Prevention and Punishment of the Crime of Genocide (1951)를 보라.

이다. 실제 역사는 그렇지 않았다. 아주 정반대로, 제1차 세계대전 중에 투르크 군대가 아르메니아인들을 살육했을 때 외부 세계는 별반 신경도 쓰지 않았다.

나치가 유태인들을 박멸하도록 외부 세계가 허용할지 모르겠다고 참모 중 한 사람이 묻자, 히틀러는 "누가 아르메니아인들을 기억이라도 하더냐?"고 대답했다고 한다. 그리고 유태인, 집시, 동성애자, 정치적 반대자들을 도살한 나치의 바로 그 행위야말로, 희생자의 수라는 면에서나 거기에 정교한 기술과 조직이 사용되었다는 면에서나, 역사에서 대표적인 인종청소의 사건이었다. 그 경험은 우리의 일반적인 정치심리에 대단한 파장을 남겼다. 포개져 쌓여있는 시신들, 수용소 생존자들의 야윈 모습들, 가스실과 화장로(火葬爐) 등을 찍은 영화와 사진들 그리고 뉘른베르크 재판과 1948년의 이스라엘 국가 공인과 같은 일들이 우리 시대 정치의 틀에 무척이나 깊게 각인된다. 게다가 그 사건은 날마다 새로운 양상으로 재현된다. 수정주의 역사가들은 그런 일이 발생한 적이 없다고 부인하거나 사건의 크기를 최소화한다. 서유럽 전역과 미국에서는 나치 스킨헤드족이 발호한다. 프랑스인들은 유태인을 추방해서 죽음으로 내몰았던 자기네 정부와 경찰의 적극적 공모 행위를 직시하지 않을 도리가 없다. 스위스 은행들은 나치가 유태인 희생자들로부터 훔친 돈을 맡아 보관해줬다. 매들린 올브라이트는 미국 국무장관으로 재직하던 시절에, 자기가 가톨릭으로 양육되었지만 사실은 유태인계 후예였고, 가족 대부분은 체코슬로바키아에서 나치의 손에 죽임을 당했다는 증거를 접하고서 정서적으로 무너질 수밖에 없었다.

이런 사례들은 너무 많다. 수백만 명의 인민을 파괴한 이 사건만큼 국제 공동체로 하여금 인권에 대해 공식적인 입장을 천명하도록 만들고 우리의 심리구조를 주조한 사건은 달리 없다.

그렇다고 해서 인종청소가 끝났다는 말은 아니다. 인종청소가 널리 알려지고 외부 세계가, 비록 한 발 늦게나마(보스니아와 르완다를 보라), 반응을 보이는 경우도 때로는 있다. 외부 세계가 상대적으로 아는 게 거의 없는 경우, 또는 아는 게 거의 없는 척하는 경우도 있다. 동티모르의 사례, 1975년부터 1999년 사이에 인도네시아 군부에 의해서 인구의 삼분의 일이 죽임을 당했고, 고문과 여성의 강제 불임수술이 자행되었고, 토착 언어가 (한 인민집단의 문화와 정체성을 파괴하기 위한 인종청소적인 조치로서) 금지되었던 사례가 오랫동안 그랬다. 어떤 경우에는 하나 또는 둘 이상의 서양의 민주주의 나라가 심지어 적극적으로 공모하기도 한다. 과테말라의 민주 정부를 전복시키고, 거의 20만 명에 달하는 과테말라인, 주로 고지대 인디언들의 생명을 희생시키고 군사 정부를 세우는 과정에서 미국의 역할이 그와 같았다.

살해당한 사람의 수, 하나의 문화와 그 문화를 구성하는 모든 개인들을 청소해버리려는 시도, 그리고 그러한 작전을 수행한 기술과 물류 체계의 효율성이라는 관점에서 홀로코스트는 실로 특별한 사건이었다. 그러나 그것을 너무 유별난 것으로 바라보면 위험이 따른다고 한 더글러스 포포로의 지적은 아주 정확하다.73) 그것을 너무나 유별나게 보면 같은 종류의 일들, 즉 "홀로코스트와 같은" 사건들이 바로 지금, 여기서 일어나는 것을 못 보게 된다는 것이다. 아마 6백만 명을 죽이는 일은 아닐지 모른다. 그러나 그래도 여전히 인종청

---

73) Douglas Porporo, *How Holocausts Happen* (Philadelphia : Temple University Press, 1990), 3~13.

소이며, 그 수가 적다고 해서 당하는 사람들의 고통이 덜 지독한 것이 아니다.

세계대전의 경험 역시 우리의 정치적 우주와 정치적 심리를 바꿔 놓았다. 사용된 무기들은 특별히 역겹고 생명과 환경을 파괴하는 것들이었다. 제1차 세계대전에서는 독가스가 사용되어 수많은 군인들에게 끔찍한 죽음과 질병을 안겼고, 잠수함이 사용되어 공해상에 테러를 확산시켰다. 이 전쟁 동안 아르메니아인들을 상대로 자행된 인종청소는 이미 앞에서 언급한 바 있다. 제2차 세계대전에서 테러의 기술은 더욱 높아졌다. 로켓탄이 영국의 도시들을 강타하고, 이에 대한 보복으로 드레스덴이 폭탄 세례를 받았다. 일본인들은 중국과 한국의 인민을 상대로 미증유의 참혹한 짓을 저질렀다. 여기에는 민간인 학살(즉, 난징), 군인들의 성적 쾌락을 위한 여성의 도구화, 그리고 살아 있는 사람에게 마취도 하지 않은 채 행한 의학 실험 (이는 나치도 수용소에서 저질렀던 일이다) 등이 포함된다. 그리고 미국은 일본의 대도시 두 곳에 원자폭탄을 투하했다. 미국에서는 일본계 미국인들이 오로지 그들의 선조가 일본인이었다는 이유만으로 재산을 상실하고 서해안의 수용소로 끌려갔다. 이 엄청나게 파괴적이었던 전쟁 기간 동안 유럽과 아시아와 북아프리카의 대부분은 홉스식의 자연상태가 되어, 산다는 것이 "끔찍하고 짧고 잔혹해"졌다. 인권에 대한 공격을 중단시키기 위해 전쟁에 나가 싸워야 할 때도 있지만 (나치의 제3제국을 군사적으로 패퇴시켰어야 했다는 데 대해 나는 도덕적으로 일말의 의심도 없다), 전쟁은 그 자체로 언제나 인권 침해를 수반한다.

제2절 인권의 공식적인 재조명

이와 같이 세계대전, 전체주의, 인종청소가 함께 일어났다는 것은 인권이라는 발상 모두에 대한 전례 없는 타격이었다. 제2차 세계대전이 끝나고 나치즘이 패배한 다음, 이에 관해 뭔가 공식적인 언명이 필요했고 또 실천이 뒤따라야 한다는 점도 분명했다.

세 가지 일이 이뤄졌다. 첫째, 나치 지도자 일부는 전승국에서 선발된 판사들로 구성된 뉘른베르크의 임시 재판정에서 재판을 받았다. 그 혐의는 "반인륜범죄"였다. 이에 관해서는 국제 성문법도 없었고 합의된 문서도 없었기 때문에, 분별력이 있는 사람이라면 누구나 알고 있어야 할 더 높은 도덕적 불문율을 위반한 것으로 간주되었다. 그러한 불문율이란 결과적으로 유태-기독교의 전통에 뿌리를 둔 자연법의 개념이었다. 어떤 일들은, 설사 실정법에 허용된다고 적혀 있더라도 또는 어떤 상위자로부터 그렇게 하라고 명령이 내려졌더라도, 도덕적으로 허용될 수 없다는 사실을 모든 사람이, 정신적 결함을 안고 태어난 사람을 제외하고, 파악할 수 있는 충분한 이성을 가지도록 되어 있다는 생각이다.

둘째, 더욱 협동적이고 더욱 평화적인 국제 관계를 위해 유엔이 창설되었다. 유엔의 구조 중 하나로 포함된 헤이그의 국제 사법재판소는 인종청소의 사례들을 다룰 수 있도록 권한이 부여되었다. 셋째, 유엔은 인권에 관한 공식적인 선언문들을 발표했다. 이는 18세기 후반 프랑스와 미국에서 나온 선언문 이래 그러한 문서로서는 처음이었다. 유엔의 선언문은 세계 기구의 이름으로 천명되었고, 따라서 각국 정부는 이에 대해 찬성하거나 반대한다는 의사를 표명해야만 했다는 점이 달랐다.[74] 이렇듯 이 문서들은 국제적으로 합의된 의견을 대변한다는 의미를 가졌다. 나치의 인종청소를 경험한 이상, 자연법/자연권이라고 하는 일반적인 교훈을 모든 사람이 이해하리라고 기대하는 것으로는 불충분했던 것이다. 인권은 문서의 형태로 작성되어 명시되고 선포되어야 했다.

카렐 바사크의 기념비적인 논문 「제3세대의 인권을 위해」가 출판된 이래, 특히 국제법의 분야에서는 역사적인 문건들에서 표명되는 인권을 "세 세대"로 나눠 지칭하는 관행이 통용된다.75) 제1세대의 인권은 정치적-시민적 권리로 구성된다. 이 부류의 권리는 18세기의 문서에서도 표명되었다. 제2세대의 인권은 경제적-사회적-문화적 권리이다. 경제적-사회적 권리는 사유재산권을 넘어서, 공평한 임금을 받는 직업을 가질 권리, 인간다운 삶을 누릴 권리, 사회보장의 권리, 유급휴가의 권리, 그리고 세계의 식량공급을 필요에 따라 골고루 분배받을 권리 등을 포함한다. 18세기의 문서들 가운데서는 오로지 「프랑스 인권선언문」만이 세금은 모든 시민으로부터 각자의 형편에 비례해서 징수되어야 한다고 선포함으로써, 경제적-사회적 권리를 건드리고 있다. 이 권리를 포괄적으로 규정한 사례로는 1966년 「경제적, 사회적, 문화적 권리에 관한 국제 규약」에 필적할 수 있는 문서가 없다. 여기에 포함된 경제적-사회적 권리들은 포괄적이지만, 문화적 권리로는 교육받을 권리와 "모든 사람이 문화생

---

74) 1948년의 선언은 유엔 총회에서 투표에 의해서 채택된 결의안의 형태를 띠었다. 1966년의 규약을 비롯해서 국제 규범을 정하는 의미를 가진 여타 많은 협약들은 법적으로 구속력을 가진 문서로 간주되기 위해 개별 정부들의 조인과 비준이 요구되었다.

75) Karel Vasak, "Pour une Troisième Géneration des Droits de l'Homme," Christophe Swinarski, ed., *Studies and Essays on International Humanitarian Law and Red Cross Principles* (Geneva and the Hague: Nartinus Nijhoff, 1984), 837~845.

활에 참여할 권리"만이 특정되어 있다.76)

제3세대의 권리는 상대적으로 최근에 개념화된 것으로서, 바사크는 "연대의 권리"라고 일컫는다. 그는 발전, 평화, 환경, 소통, 그리고 인류 전체가 공유하는 (예컨대 해양과 같은) 공통 유산 등을 누릴 권리를 연대권의 목록에 넣고 있다. 유엔에서도 이 범주에 속하는 선언문이 두 차례 나왔다. 「만민의 평화권 선언」(Declaration on the Right of Peoples to Peace, 1984)과 「발전권 선언」(Declaration on the Right to Development, 1986)이다. 바사크가 보기에 이 권리의 본질적 특징은 이와 같다 : "이러한 권리들은 사회적 세계의 모든 행위자들, 즉 개인과 국가와 공공 기구와 사적 기구, 그리고 국제 공동체가 힘을 합칠 때에만 구현될 수 있다. 민족적 그리고 국제적 수준에서 연대 행위에 대한 최소한의 합의, 우리에게 그러한 연대의 책임이 있다는 인식에 관한 최소한의 합의가 그 구현을 위한 전제조건이다."77)

인권 침해의 현재적 실상을 감안할 때 특별히 중요하다고 생각되는 한 가지 권리를 지목해서 금지하는 문서도 있다. 이런 문서들은 권리 침해의 특정한 차원들을 세세히 지적한다. 「인종청소 범죄의

---

76) United Nations International Covenant on Economic, Social, and Cultural Rights (1966), Article 15, I, a.

77) Karel Vasak, "Pour une Troisième Géneration des Droits de l'Homme," Christophe Swinarski, ed., *Studies and Essays on International Humanitarian Law and Red Cross Principles* (Geneva and the Hague : Nartinus Nijhoff, 1984), 839. 잭 도넬리는 제3세대 인권을 논의하면서 "집단적 인권"(Collective Human Rights)이라는 제목을 달았는데, 바사크가 인용한 대목을 보면 도넬리 역시 개인에게서 이와 같은 권리들을 배제하는 것은 아님이 분명하다. Jack Donnelly, *Universal Human Rights in Theory and Practice* (Ithaca, N. Y. : Cornell University Press, 1989), 143.

방지와 처벌에 관한 협약」(1951), 「모든 형태의 인종차별 철폐에 관한 협약」(1969), 「아파르트헤이드 범죄의 억제와 처벌에 관한 협약」(1973), 「여성에 대한 모든 형태의 차별을 철폐하기 위한 협약」(1979), 「종교 또는 믿음에 근거한 모든 형태의 불관인과 차별을 철폐하기 위한 선언」(1981), 「고문을 비롯하여 잔혹하고 비인간적이며 존엄을 파괴하는 취급 또는 형벌에 반대하는 협약」(1984) 등이 있다.

이 가운데서 세 개의 문서가 가장 일반적이고 가장 핵심적이라고 간주된다. 「유엔 세계인권선언」(1948)은 인권을 구체적으로 열거한 최초의 선언문이다(이 조항들이 1945년의 유엔헌장에서 짤막하게 언급되기는 했다). 여기에는 정치적, 경제적, 사회적, 문화적 권리들이 언급된다. 이 저변에 깔린 핵심적인 개념은 인간의 "존엄성"이라는 개념이다. 나머지 두 개의 문서는 앞에서 말했던 1966년에 나온 두 개의 인권 규약이다. 하나는 경제적-사회적-문화적 권리를 다루고, 다른 하나는 시민적-정치적 권리를 다룬다. 이 세 개의 문서는 종종 "국제인권장전"이라고 일컬어지기도 한다. 이들 이외에 국제노동기구(ILO)에서도 인권에 관해 중요한 의미를 가지는 문서들을 "규약"이라는 이름으로 발행해 오고 있다. 국제노동기구의 규약은 대부분 노동과 관련되는 아주 특정한 권리들을 다루고, 해운 분야의 작업에 관한 사항들이 많다. 그러나 그 중의 하나로, 「토착민 인구 규약」(1957년 채택, 1989년 개정)이라는 제목의 제107번 규약은 토착 인민들의 권리를 가장 철저하게 고려하고 있는 문서이다.

모든 국가들로 하여금 조인하고 비준하라고 하는 문건들과는 별도로, 지역적인 문서들도 많다. 유럽과 아메리카와 아프리카 각 지역의 인권인식을 천명하는 문서들이 그렇다. 유럽과 남북아메리카에는 해당 지역에서 발생한 인권 침해 사례들을 처리하기 위해 설치된 재판소들이 있다. 아프리카에서는 아프리카의 법률가들로 구성된 특별 재판소가 르완다의 학살에 가담한 혐의로 기소된 자들을 재판하는 임무를 부여받았다.

이렇게 보면, "인권"에 관해서 세계가 합의한 듯이 보일 수 있다. 사실상 세계의 모든 정부가 하나 이상의 인권 협정에 조인하고 비준했다. 그리고 이런 협정들 가운데 아동권리협약처럼 거의 모든 (191개국) 나라가 비준한 경우도 있다. 그렇지만 인권에 어떤 권리가 포함되어야 하는지를 둘러싸고는 여전히 의견 차이가 있다. 예컨대 영국의 정치철학자 모리스 크랜스턴과 같은 사람은 1960년대 인권 목록은 짧을수록 좋았다고 주장하기도 한다. 목록이 길어질수록 시시하다는 인상을 줄 수 있고, 진지한 고려를 받지 못했을 터이기 때문이라는 것이다.[78] 크랜스턴은 또한 인권 목록은 정치적-시민적 권리에 국한되기를 원했다. 경제적-사회적 권리는 법률로 번역하기가 쉽지 않고, 인류 가운데 일부분에게만 적용될 때가 많기 때문에 인권이라는 일컬음을 받을 정도로 보편적이지 않다는 것이다. 노동자들이 주기적으로 유급휴가를 누릴 권리가 있다는 주장을 그는 특별히 조롱하고 경멸한다. (이는 아래에서 언급하듯 1966년의 「경제적, 사회적, 문화적 권리에 관한 국제 규약」 제7조 d항에 성문화되

---

78) Maurice Cranston, "Human Rights, Real and Supposed," Morton E. Winston, ed., *The Philosophy of Human Rights* (Belmont, CA : Wadsworth, 1989), 126. 스티븐 룩스도 인권 목록이 "적절히 짧고 적절히 추상적"이어야 한다는 데에 크랜스턴과 함께하지만, 그래도 룩스는 경제적-사회적 권리가 들어가기를 바란다. Steven Lukes, "Five Fables about Human Rights," Stephen Shute and Susan Hurley, eds., *On Human Rights : The Oxford Amnesty Lectures* (New York : Basic Books, 1993), 38.

어 들어갔다.) 그런 권리는 오직 "고용된 계급"에게만 적용될 뿐으로, 산업화가 되지 못한 더욱 가난한 나라에서는 적용할 수가 없다는 이유에서다.[79]

실제로 경제적 안전을 보장하는 "제2의 권리장전"을 위해서 프랭클린 루스벨트 대통령이 1944년의 국정연설에서 앞장을 서고, 트루먼 행정부 시기 유엔 인권위원회에서 미국을 대표한 엘리노어 루스벨트가 경제적-사회적 권리를 강력하게 지지했지만, 1950년대에는 냉전이 본격적으로 시작됨에 따라 미국 내 정치의 풍향이 바뀌었다. 1948년의 「유엔 세계인권선언」에 명시된 사회적-경제적 권리를 서방의 일부 국가들이 불편하게 생각했고, 그리고 공산권과 서방 사이에 불협화음이 있었기 때문에, 법률적으로 더욱 구속력이 큰 규약을 위해 노력하던 사람들은 이미 1951년부터 정치적/사회적 문서와 경제적/사회적/문화적 문서를 분리해서 두 개의 규약을 상정하는 편이 최선이라고 맘을 정하게 된다. 따라서 1966년에 크랜스턴이 한 말은 미국을 포함한 서방의 많은 정치지도자들의 견해를 대변한 셈이 된다.[80] 그 해에 두 개로 분리된 규약의 초안이 마련되어 회원국들이 서명할 차례가 되었을 때, 미국은 「경제적, 사회적, 문화적 권리에 관한 규약」에 서명하지 않고 버텼다. 11년이 지난 1977년에야 카터 대통령이 서명했지만, 그 뒤로는 비준권을 가진 미국 상원에 계류되고 있는 상태다. 더구나 "레이건 혁명" 그리고 신자유주의의 도래 이후, 인권을 정치적-시민적 권리에 한정하자는 정서가 미국에서 전례 없이 강화되었다. 유럽의 각종 인권 협정을 대하는

---

79) Ibid.
80) Bert Lockwood et al., "Rights of the Poor," *William and Mary Bill of Rights Journal*, II, 1 Spring 1993, 16.

영국 보수당 정부의 태도에서도 경제적-사회적 권리에 대해 동일한 적개심이 나타난다. 이 점에 관해서는 제3장에서 다시 논할 것이다.

소련과 동유럽 나라들은 이미 자기네 헌법 및 실천에서 경제적-사회적 권리를 많이 인정했다. 그들의 경우 정치적-시민적 권리에서보다 경제적-사회적 권리에 관한 기록이 훨씬 찬란하다. 그리고 제3세계의 신생독립국들은 유엔 인권 규약에 담겨 있는 국제 분배에 관한 함축에 특별한 관심을 가졌다. 여러 해 동안의 식민 지배를 겪고 난 후라서 그만큼은 돌려받아야 한다고 느꼈던 것이다.

이처럼 인권이라고 불리는 어떤 것이 있다는 데에는 광범한 의견 일치가 있는 것 같지만, 그 어떤 것이 무슨 내용으로 구성되는지에 관해서는 의견이 일치하지 않는다. 인권 목록에 무엇이 들어가야 할지, 또는 거기에 정치적-시민적 권리만이 아니라 경제적-사회적 권리도 들어가야 하는지 여부에 관해서만 의견이 갈리는 것도 아니다. 그러한 인권을 누가 보유하느냐에 관해서도 의견이 서로 다르다. 다시 말해, 개인들만이 아니라 집단들도 인권을 누리겠다고 주장할 수 있는가? 이 문제도 나중에 다시 다룰 것이다.

그런데 인권이라고 불리는 어떤 것이 있다는 데에는 인민들 사이에서나 공식적으로나 광범위한 의견의 일치가 있지만, 거기에 어떤 근거 또는 특히 합리적 근거 따위는 있을 수 없다는 견해도 여전히 유지되고 있다. 이 구분은 중요하다. 실제로 다니엘 부어스틴 같은 버크류의 보수주의자들은 민주주의처럼 권리라는 것도 문화와 전통에 따라 달라질 수밖에 없기 때문에 그처럼 보편화된 개념은 무의미하다고 주장한다. 이런 개념들은 수출용 상품이 아니라는 얘기다. 다른 갈래의 보수주의자들은 민족적 주권을 중요시하면서, 인권이란 민족의 주권과 일관되지 않다고 주장한다. 이들 외에 인권이란 공허한 추상일 뿐 아니라 자본주의 지배를 호도하는 이데올로기적 상부 구조의 핵심 부분을 여전히 구성한다고 주장하는 마르크스주의자들도 있다. 이들에게는 미국이 정치적-시민적 권리라는 원리를 수용하면서도 경제적-사회적 권리는 거부하고, 그러나 개인과 기업의 사유 재산권은 중시하는 것이 전혀 놀라운 일이 아니다. 다음으로는, 전통적인 마르크스주의자들과 흡사한 반론을 제기하지만 그들보다는 더 깊은 문화적/법률적 분석을 곁들이는 포스트모더니스트 해체주의 학파와 비판적 법률 이론가들이 (로베르토 웅거는 여기서 제외된다)[81] 있다.

인권은 수용하지만 인권을 위한 합리주의적 논증은 제시하지 않는 데 더해서 그런 논증 자체를 거부하는 사람들도 있다. 인권을 위해 합리적 논증은 실제로 거부하면서 다른 종류의 논증을 제창하는 사람들은 보통 "반(反)정초주의자"라고 일컬어진다. 비합리주의적인 근거로 인권을 제창할 수 있는 여지는 여러 갈래의 시각에 의해서 실제로 열릴 수 있다.

제3절 인권을 수용하는 비합리주의적 근거

"비합리주의"라는 표현을 사용할 때 내가 뜻하는 바를 분명히 하

---

81) 웅거는 권리의 중요성을 인정하면서 권리의 개념적 지형도를 제시한다. 이는 시장의 권리, 면책의 권리, 교란의 권리, 그리고 연대의 권리로 이뤄진다. Roberto Unger, *False Necessity* (Cambridge University Press, 1987), 508~537을 보라. [웅거(1947년생)는 브라질의 철학자이자 정치가이다. 하버드 대학교 법대에서 가르쳤고(버락 오바마도 그의 강의를 들었다), 룰라 대통령 아래서 전략문제 장관을 지냈다.]

고 싶다. 비합리주의적 근거란 "불합리하다", 즉 이치 앞에 서면 증발해 버린다, 그러므로 일축하는 것이 당연하다는 뜻을 함축하지 않는다. 내가 뜻하는 바는 단지, 진실에 관한 어떤 절대주의적 관념들 그리고 어떤 고정되고 식별할 수 있는 인간의 본성 등을 기반으로 삼고 고안된 세속적 논증에 의해서 포착되는 이성에 근거하지 않은 입장을 가리킬 뿐이다. 나아가 합리주의자가 비합리주의자에게 자동적으로 이기게 되는 어떤 플라톤주의적 위계질서를 세우려는 것도 아니다. 내가 보기에는 비합리주의적인 접근에도 여러 가지 가능한 근거가 있는 것 같고, 그러한 근거들은 내가 구분하고자 하는 의미와 같이 "합리주의적"이지는 않지만 여전히 뚜렷이 "분별 있는" 것으로 내게는 비친다. 이들 비합리주의적 근거를 비이론적인 (신앙과 믿음) 부류와 이론적인 (비정초주의적) 부류라고 하는 두 개의 범주로 나눠서 논의하기로 한다.[82]

비이론적 근거들 : 신앙과 믿음

그러한 근거들 가운데 하나는 종교적 신앙이다. 사실 인권에 대해 가장 오래된 옹호론의 한 갈래는 종교에서 나왔다. 윈스탠리와 로크가 신의 피조물로 인간을 언급했음을 독자들은 기억할 것이다. 윈스탠리의 경우, 삶을 위한 필수품을 향유할 권리가 있다고 호소했고, 이렇게 주장하는 사람들이 신의 피조물이므로 필요한 만큼보다 많이 소유한 이들과 마찬가지로 생존할 자격을 가진다는 이유에서 다른

---

[82] 본문에서 사용되는 영어 단어들은 각각, 합리주의적(rationalist), 비합리주의적(nonrationalist), 분별 있는(reasonable), 비정초주의적(nonfoundationalist)이다.]

사람들도 그러한 권리를 존중하는 것이 마땅하다고 보았다. 로크의 경우, 앞에서 지적했듯이 신의 피조물들과 관련해서 보존할 수 있는 것이라면 모두 보존하려고 노력할 의무가 있다고 하면서도, 이러한 의무가 자연권에서 나온 필연적인 귀결이라는 윈스탠리의 입장에는 동의하지 않는다. 희소성이라는 것이 실재하지 않으며, 따라서 누가 아무리 많이 가지고 다른 사람들이 아무리 적게 가졌더라도 남의 재산을 내놓으라고 주장할 근거는 없다는 방향으로 로크는 이 주제의 예봉을 바꾼다.

언어로나 실천으로나 오늘날 인권을 가장 강력하게 옹호하는 입장은 조직된 종교공동체의 일각에서 나오고 있다. 인권이 신학의 수준에서 종교적 사고방식으로 융합된 좋은 사례로는 해방신학을 들 수 있다. 특히 라틴아메리카라는 맥락에서 원주민계와 유럽계를 막론한 사제들에 의해 발전한 신학이 그렇다. 여기에는 배분적 정의가 인권의 핵심요소를 이룬다. 해방신학에서는 다름 아닌 그리스도로 거슬러 올라가 "가난한 사람들을 먼저 배려하는 방식"에 따라 인권을 파악하고, 사회적 권리와 정치적 권리가 동시에 의제로 다뤄진다. 다중의 가련한 빈곤이라는 문제와 동시에 소수의 부를 지탱해 주면서 현상유지를 바꾸려는 어떤 시도도 억압하는 문민적/군사적 구조를 문제시하는 것이다. 우리 시대에 사람들이 겪고 있는 참상을 목격하는 한, 예수 그리스도 및 그를 따른 초기 사도들의 메시지에 담겨 있는 신앙만으로도 인권 옹호론을 정당화하기에는 충분한 것이다.[83]

---

[83] 저명한 해방신학자의 예를 들면, 에스파냐의 바스크족 신부로서 엘살바도르에서 활동하는 존 소브리노와 브라질의 형제 신부 레오나르도 보프와 클로도비스 보프가 있다. Jon Sobrino, *Christology at the Crossroads* (Maryknoll,

해방신학자들이 사회정의와 인권을 주창하는 가운데, 중앙아메리카에는 가톨릭 교회가 운영하는 인권 기구들이 활동하고 있다. 지역 내의 교회들을 통해서 개별 공동체와 직접 접촉할 수 있기 때문에, 엘살바도르와 과테말라 등지에서 납치와 고문과 살해에 관해 이 기구들의 자료가 가장 믿을 만한 경우가 많다. 해방신학자들의 신학적 저술이나, 현장에서 활동하는 인권 단체들의 실천적 업적에서나, 신앙에 근거한 이와 같은 인권 활동은 두 가지 도전을 겪고 있다. 교황 요한 바오로 2세 아래서 가톨릭 교회가 보수적으로 선회한 것과 권위에 대한 복종 및 내세에서의 구원을 설교하는 우익 기독교 근본주의 때문이다. 근본주의자들은 특히 과테말라에서 세력이 크다. 과테말라에서 최악의 인권 침해 사건들이 리오스 몬트 장군 집권기에 일어났는데, 그는 우익 근본주의자로서 그의 정당이 현재 과테말라에서는 가장 힘이 세다.

그렇지만 가톨릭 이외의 기독교도라고 해서, 또는 심지어 근본주의자라고 해서 모두가 정치적 인권 또는 경제적-사회적 인권에 적대적인 것은 아니다. 미국의 지원을 받은 니카라과의 콘트라 세력과 산디니스타 사이에서 일할 사람들을 파견했고, 지금도 중앙아메리카에서 가난한 사람들을 돕기 위해 역동적으로 노력하고 있는 <평화의 증인>(Witness for Peace)은 다양한 종파의 기독교 교리를 신봉하는 사람들로 구성되어 있다. 그 가운데에는 근본주의자들도 포함된다. 미국의 <성소 운동>(Sanctuary Movement)은 중앙아메리카에서 도망쳐 나왔지만 미국 이민국에서는 받아주지 않아서 송환되면

NY : Orbis Books, 1978), *The True Church and the Poor* (Maryknoll, NY : Orbis Books, 1984). Leonardo and Clodovis Boff, *Salvation and Liberation* (Maryknoll, NY : Orbis Books, 1984).

지극히 위험한 처지가 될 수 있는 사람들에게 성소를 제공했다. 이 운동에도 각양각색의 종교를 가진 사람들이 참여했다. 샌프란시스코의 유태교회 하나가 동참하기도 했다. 중앙아메리카의 억압에 연루된 미국의 역할 그리고 남아프리카 공화국의 아파르트헤이드에 반대해서, 미국의 수많은 교회와 종교단체들이 인권운동에 깊숙이 관여했다. 이로 말미암아 미국의 교회들과 종교단체들은 인권을 위한 투쟁에서 가장 중요한 중심 세력에 해당하게 되었다.

물론 이런 활동이 미국에만 있는 것은 아니다. 비록 남아프리카 공화국의 네덜란드 개혁교회[84]는 아파르트헤이드를 지지했지만, 그 밖에 많은 교회들은 거기에 맞서 싸웠다. 남아프리카 공화국에서 아파르트헤이드에 대항한 가장 유명한 투사는 아마도 넬슨 만델라지만, 그의 곁에는 성직자인 데스몬드 투투 주교가 있었다. 그리고 동티모르의 벨로 주교는 인도네시아 군대가 동티모르인들에게 자행한 인종청소를 세계에 알린 공적이 인정되어 1996년에 노벨평화상을 받았다. 이란의 바하이 신도들은 박해당하는 처지에서도 다른 사람들의 권리를 응원했다. 말레이시아를 비롯한 여타 이슬람권의 여성 중에는 쿠란의 재해석을 통해 남성 중심의 이슬람 해석에 도전하면서 자기 사회 안에서 여성의 권리를 증진하고자 싸우는 사람들도 있다.[85]

---

[84] 네덜란드 개혁교회(Dutch Reformed Church) : 1570년대에 네덜란드에서 창설된 개신교 교파로 칼뱅의 신학을 따른다. 식민시대에 남아프리카 공화국에 진출했다. 네덜란드에서는 루터 복음교회와 2004년에 통합해서 네덜란드 프로테스탄트 교회(Protestant Church in the Netherlands)로 바뀌었다.]

85) 만약 남성 해석자들이 쿠란 해석에 관한 독점력을 상실한다면 이슬람에서 여성의 권리가 어떤 식으로 인식될지에 관해 아주 흥미로운 논의는 Riffat Hassan, "Women's Rights and Islam : from the I. C. P. D. to Beijing"을 보라. 이 글은 출간되지 않았지만 루이빌 대학교(University of Louisville)

기원이 서양에 있든 비서양에 있든 종교를 신봉하는 사람들이 항상 인권의 친구인 것은 아니지만, 오늘의 세계에서 인권과 종교는 아주 긴밀하게 엮여 있다. 종교적 신앙은 인권이라는 관념을 신봉하는 데 하나의 중요한 근거이고, 이러한 입장을 실천적으로 표현하는 매우 강력한 운동들의 자극제로 작용한바 있다.

그렇지만 어떤 믿음을 가지기 위해서 종교적이어야만 하는 것은 아니다. 인도주의자이기만 해도[86] 모든 사람이 단순히 인간이라는 점 때문에 일정한 권리가 있다고 믿을 수는 있다. 여기에 "신의 피조물"이라든지 여타 신학적인 장치를 덧붙여야 할 필요는 없는 것이다. 여러 해 전에 있었던 인권에 관한 어떤 토론회에 일리노이 대학교의 다른 학과에서 역시 인권의 분야에서 활동하던 동료 교수와 같이 참석한 적이 있었다. 논의의 와중에 그는 "인권을 믿든지 아니면 안 믿든지 둘 중 하나"라고 말했다. 믿는다는 데에 덧붙일 것은 없다. 이론가들이라면 어떤 것을 믿는 입장으로부터 출발해서 거기에 합리적 근거를 대고 그 믿음의 내용을 정교하게 다듬기 위해 노력할 수는 있지만, 그런 정교함이 없더라도 믿음을 견지하면서 다른 사람들을 같은 생각으로 끌어들이기 위해 노력하는 것은 당연하다. 이론은 열심히 따지면서 아무 행동도 안 하는 편과 순전히 신앙이나 믿음에만 기초한 행동 중에서 선택해야 한다면, 나는 후자 쪽을 훨씬 선호한다.[87]

로 저자에게 직접 연락하면 구할 수 있다.

[86] 필즈는 여기서 인도주의(humanism)와 기독교의 신본주의를 대비하고 있다. 실제로 한국 기독교에는 ─전부는 아니더라도 적어도 일각에서는─ 이 때문에 이를 인본주의로 번역하면서, 무신론과 동일시하는 경향이 있다.]

87) 아리스토텔레스는 『정치학』(제7권 제3장)에서 사유와 이론이 행동 가운데 가장 높은 형태라고 말하는데, 여기서 나는 의식적으로 그의 입장에서 어긋나고

　　그러나 신앙과 믿음에 기초한 인권 옹호론이 타당하고 중요하지만, 현시대의 많은 사람들은 그렇지 않다. 적어도 서양만을 두고 말할 때 이 시대는 신성의 시대가 아니고, 수많은 종교들이 각자 내부에서나 다른 종교들과의 사이에서나 서로 무척 상충하는 메시지들을 내놓고 있다. 게다가 인권의 개념을 비판하는 사람들이 제기하는 논증 가운데에는 맞는 얘기들도 대단히 많기 때문에, 이런 도전을 진지하게 다루려면 신앙과 믿음 이상의 근거가 필요하다. 그렇지 못하다면 인권에 관한 대화는 끊어지고 신조의 문제로 귀착되고 말 것이고, 인권에 대한 우리의 이해는 빈약해질 것이다. 아울러 버크와 마르크스, 벤담 등 인권을 비판한 세 명의 위대한 비판자들이 각기 의회주의적, 혁명주의적, 개혁주의적 행보를 보인 데서도 나타나듯이, 이론 역시 행동을 배제하지 않는 것은 신앙이나 믿음의 경우와 같다. 좋은 삶을 위해서 중요하다고 여겨지는 무언가를 위해 투쟁하는데 올바른 직관이나 의도만이 아니라 올바른 이치도 있다는 점을 이론은 보여줄 수가 있다. 인권투쟁의 목표는 민족적 수준 또는 국제적 수준에서 공히 인권지향적인 정책을 실현하는 데 있기 때문에, 특히 국제 수준의 정책은 문화적/종교적 경계를 관통하는 동의가 필요하기 때문에, 적절한 개념 틀에 인권의 근거를 담아내려는 시도에는 이론적인 의미만이 아니라 아주 실용적인 정치적 의미도 들어 있는 것이다. 모든 시대에 통용될 수 있는 최종적인 근거는 어쩌면 결코 찾아내지 못할 수도 있다. 그럴 수 있으리라고 생각하지는 않는다. 그러나 탐색과 지속적인 대화는 중요한 핵심이다.

　　이번에는 합리주의적 정초를 제시하지 않으면서 인권의 근거를

있다.

찾고자 하는 세속적인 시도 몇 가지를 살펴보자.

이론적인 비정초주의적 근거들

비정초주의적으로 접근하면서 인권의 근거를 찾는 이론으로는 세 가지가 특별히 관심을 끈다. 여기서는 이들을 각각 감성론, 합의론, 전략론으로 불러 본다.

감성론 (리처드 로티)[88]

철학자 리처드 로티는 인권에 관해 합리주의적인 이론을 만들려고 했던 계약이론가들의 시도와 대척점에 섰던 데이비드 흄으로 돌아가서 반(反)합리주의적 논증을 펼친다. 그는 "도덕과 상관있는 사실들이 문화의 경계를 관통해서 존재한다"는 생각을 자신이 부인한다는 점에서 "反합리주의적"이라는 칭호를 받아들였다. 그렇지만 "자기가 가진 믿음의 짜임새를 가능한 정합적이고 명쾌하게 만들기"를 그만둔다는 의미의 불합리주의자가 될 필요는 없다고 덧붙인다.[89]

도덕이라는 것은 이치로 따지는 것이라기보다는 느껴지는 편이라고 한 흄에게 로티는 동의한다. 그는 고정된 인간의 본성이라는 발상, 인간들을 초역사적인 방식으로 바라보는 모든 서술을 거부한다.

---

88) 리처드 로티와 잭 도넬리에 관한 다른 사람의 논의로는, Michael Freeman, "The Philosophical Foundations of Human Rights", *Human Rights Quarterly* XVI, 1994, 491~514를 보라.

89) Richard Rorty, "Human Rights, Rationality, and Sentimentality", Stephen Shute and Susan Hurley, eds., *On Human Rights : the Oxford Amnesty Lectures 1993* (New York : Basic Books, 1993), 116~117.

또한 그는 도덕적으로 행동할 줄 알기 위해서 모종의 초월적 진리를 찾아나서야 한다고 하는, 플라톤에서부터 계몽주의 시대에 이르기까지 서양의 수많은 철학자들이 설정하고 옹호했던 전제를 거부한다. 로티는 실용주의자다. 그만큼 그에게는 계몽주의 사상가 일부가 꿈꿨던 종류의 인간적인 유토피아를 생성하기 위해 인류의 역사를 어떻게 파악할 것인가가 주안점이었다. 그가 보기에 계몽주의 시대의 저명한 사상가 가운데 권리라는 주제에 관해서 내실 있는 사유의 방식을 제공한 유일한 사람은 합리주의자가 아닌 흄이다.

계몽주의 시대 합리주의자들이 저술활동을 펼치던 시절에 평등, 민주주의, 자유, 권리 등에 관해서 그들처럼 생각하는 것이 아마도 최선의 길이었음을 로티도 부정하지 않는다. 그러나 그 후로 두 가지 일이 일어났다. 첫째, 우리는 이백 년 전 합리주의자들이 생각했던 것보다 인간의 적응력이 훨씬 좋다는 점을 알게 되었다. 둘째, 인간은 앞에서 언급했던 엄청난 양의 고통을 경험했다.

이 실용주의 철학자에게 문제는 사람들이 왜 자기네 집단이나 공동체에 속하지 않은 사람들에게는 안면을 바꾸고 못되게 구는지를 알아내고 (예를 들면 나치와 유태인, 세르비아계 보스니아인과 이슬람계 보스니아인 등) 그들에게 좋게 행동하라고 호소하는 일이었다. 로티에게 이 과제는 사람들에게 합리적으로 가르치기만 하면 남들을 존중하게 될 어떤 플라톤적인 또는 칸트적인 진리를 찾아 나서는 일이 아니다. 우리 인간과 여타 동물들 사이의 차이는 우리는 아는 반면에 동물은 단지 느낀다는 데 있는 것이 아니라, "우리는 동물들보다 *서로를 위해서* 훨씬 더 많이 느낄 수 있다"는 데 있다고 (이를 자기가 어떻게 알게 되었는지는 말하지 않지만) 그는 주장한다.[90]

그러므로 우리가 믿어야 할 자질은 도덕적 감성이다. 서양의 역사에서, 그리고 오늘의 세계 대부분에서 정체성이라는 것은 여전히 자기 이외의 요소들에 결박되어 있었음을 인식해야 한다. 도덕 공동체라는 것은 그렇게 속박되어 있었던 것이다. 도덕 공동체는 가족 또는 씨족 또는 부족으로 구성되었다. 그 너머까지 자신을 뻗어나간다는 것은 위험을 수반했다. 그랬다가는 자신의 정체성이 바뀔 수 있었던 것이다.91)

실천적 과제와 개념화가 분리될 수 없는 실용주의자에게는 사람들의 합리성보다는 감성에 호소하는 일이 과제다. 그리고 불안을 극복하고 타인을 향해 공감을 쌓는 것이 인권에 의해 규율되는 세계를 확립하는 열쇠이다. 홀로코스트, 노예제, 그리고 아메리카 원주민, 보스니아, 르완다, 동티모르 등지의 인종청소 등과 같은 인간적 고난의 이야기들은 인권을 존중하는 세계를 확립하는 데 우리가 서로에 대해서 의무를 져야 한다는 어떤 자연주의적이거나 합리주의적인 논증보다도 더욱 효과적이다.

도덕 교육에서 전통적으로 제기되던 질문은 "내가 왜 도덕적이어야 하느냐?"는 것이었다. 이렇게 묻게 되면 플라톤적이거나 아리스토텔레스적이거나 칸트적인 합리성에 입각한 답이 흔히 뒤따르게 된다. 로티는 이런 질문 대신에 다른 질문을 함으로써 다른 종류의 답을 내는 방향을 제안한다. "내게 친척도 아니고, 내게 역겨운 습관을 가진 사람, 이렇게 낯선 사람에게 내가 왜 신경을 써야 하는가?"라는 질문을 제안한다. 이에 대해서, "친족관계나 관습은 도덕과 무관

---

90) Ibid., 122. 새들은 같은 짝과 일생을 함께 살며, 대부분의 동물 사이에 나이가 어리다고 학대하는 경우가 없다는 점들을 염두에 두고 생각하면, 이 주장이 과연 옳은지가 궁금해진다.
91) Ibid., 125~6.

하다, 다시 말해서 동일한 종에 속한다는 사실로 말미암아 부과되는 의무와는 상관이 없다"는 식으로 전개되는 전통적인 대답이 설득력을 가진 적은 한 번도 없다고 로티는 주장한다. 이런 식의 대답은 동일한 종의 구성원이라는 것이 과연 가까운 친족관계에 상응하는 것이냐는 쟁점을 회피하고 있기 때문이다. 그런 대답을 받아들일 사람은 노예의 심성을 가진 사람뿐이라고 니체는 비판했다. 그처럼 보편적인 명제로써 이득을 볼 사람은 노예뿐이라는 얘기였다. 로티는 여기에 지식인과 사제를 추가하면서, 저런 전통적인 대답은 니체의 비판 앞에서 무너진다고 본다. 이런 대답보다는, "'그 사람의 처지가 이렇고 저렇다 – 예컨대 집에서 멀리 떠나 낯선 사람들 사이에 있기 때문에'라든지 '저 여인이 어쩌면 너의 며느리가 될지도 모르니까'라든지, 또는 '저 사람의 어머니가 한을 품을지 모르니까'라는 식으로 시작하는 대답이 더 낫다"고 한다.[92] 힘 있는 편의 사람들로 하여금 더욱 너그러워지도록 유도하고, 힘없는 편의 사람들을 "심지어 아껴 주도록" 유도하는 데에는 이와 같이 감성에 호소하는 단어들이 합리적인 논증보다 훨씬 효과적으로 작용해 왔다는 것이다. 로티는 현대 세계에서는 감성이 급속도로 진보한 덕택에 인권 현상이 "세상의 사실"로 굳어지게 되었다고 본다.[93]

그렇지만 웬걸, 개념화만큼이나 효과성도 이렇게 중요시하는 이 실용주의자에게 이런 질문을 해보자 : 20세기가 어쩌면 기록된 역사상 가장 잔혹한 세기가 될 뻔 했다가 감성이나 이성에 호소한 결과로 모면한 것인가? 불안한 처지의 사람들에게 이웃들이 어떻게 안전

---

92) Ibid., 133.
93) Ibid., 134.

을 *제공하고 있는가?* 역사의 한 대목에서 피해를 본 사람들이 다른 대목에서 다른 사람들에게 똑같이 잔혹을 저지르지 않도록, 감성에 호소해서 어떻게 *설득하고 있는가?* 옥스퍼드 대학교에서 강연할 적에 로티 역시 당시 보스니아의 문제에 크게 신경을 썼다. 그런데 그 문제의 아이러니는 제2차 세계대전 중에 독일인과 크로아티아인이 세르비아인들에게 했던 짓을 이번에는 보스니아에서 세르비아계가 이슬람계에게 저질렀다는 데에 있다. 고통을 직접 겪은 경험은 피해 당사자들로 하여금 그런 일이 다시는 자신에게 일어나지 말아야 한다는 결단의 형태로 마음을 경직시키는 효과를 빚어내는 때가 종종 있는 것 같다. 그리하여 어쩌면 위협이 될지도 모를 "타인들"을 향해서 타협의 여지가 전혀 없는 태도, 많은 경우 무척 잔혹한 태도를 취하도록 인도하는 것이다. 심지어 사라예보에서는 타 종족 출신으로 종족의 경계를 넘어 시집 온 며느리들조차도 안전하지 못했다.

머리만이 아니라 가슴에도 호소하고, 이성만이 아니라 느낌에도 호소한다는 데에는 무언가 매력적인 대목이 있다. 그러나 "도덕과 상관있는 사실들이 문화의 경계를 관통해서 존재한다"는 점을 우리가 전적으로 포기하고 나면, 자기네 문화 내부의 요소들 때문이든, 아니면 나치 치하에서 그랬던 것처럼 탄압적인 정권의 조작 때문이든 이유 여하 간에, 감성이 실제로 아주 잔혹한 방향으로 흘러가버린 사람들을 상대로 할 수 있는 말이 별로 없게 된다.

합의론 (잭 도넬리)

이는 잭 도넬리가 취하는 접근법이다. 그가 로크를 어떻게 해석하는지는 앞에서 살펴봤다. 도넬리는 자기가 제시하는 이론을 "분석적 또는 서술적" 인권이론이라고 부른다. 그는 "이 이론은 인권에 관해 어떤 종합적이거나 철학적인 해명을 제공하지 않는다. 현대의 여러 사회관계에서 인권이 실제로 작동하는 방식이 어떠한지를 서술하고 설명하는 데 일차적 목표가 있다"고 적는다.94)

이처럼 도넬리는 계약이론가들처럼 인간의 본성에 관한 어떤 견해를 제창하는 것이 아니라, 인권과 결부되는 사회적 실천들에 바탕을 둔 이론을 제시한다. 그는 "인권은 인간 잠재력 가운데 특정한 부분을 구현하려면 사회적 실천의 구조가 어떠해야 하는지를 구체적으로 지목한다"고 주장한다.95) 어떤 주어진 사회 안에 어떤 권리가 존재하는지를 살펴봤던 버크처럼, 도넬리는 국제적인 수준에서 이미 존재하는 권리의 실제를 살피면서, 그밖의 어떤 다른 기준을 적용하지는 않고 그러한 실제를 수용한다 — 또는 그 가운데 적어도 자기가 보기에 수용할 만한 것들을 수용한다.

그 권리들은 무엇보다도 국제적으로 합의된 문서들에 들어 있기 때문에 존재한다. 그 문서들은 인권이 "인간 개인의 본원적 존엄성"에서 나온다고 규정한다. 이러한 존엄성을 부인하는 것은 곧 인간이라는 특질을 그 인간 개인에게서 박탈하는 셈이며, 그 사람의 행로가 자신의 선택에 따라 전개되지 못하게 막는 것이다. 다시 말하지만 로크나 윈스탠리가 생각하고 싶었던 것과는 달리, 인권은 신에 의해 부여된 것이 아니다.96) 인권이란 인간의 존엄성이라는 개념, 존엄한 삶을 위해서는 무엇이 요청되는지, 그리고 문화와 정치와 경제 내부의 사회적 실천에 고착되어 있다.

---

94) Jack Donnelly, *Universal Human Rights in Theory and Practice* (Ithaca, NY : Cornell University Press, 1989), 21~2.
95) Ibid., 18.
96) Ibid., 17.

이러한 실천을 위한 기준을 제시하기를 도넬리는 거부한다. 그러면서 자기 이론의 이와 같은 "내용상 '공허함'"은 의도된 것이라고 주장한다.97) 이를 염두에 두고 보면, 그가 실제로 취하는 입장들 가운데 일부는 자의적(恣意的)이라고 할 수 있다. 예를 들어, 그는 인권은 오로지 개인들에게만 적용되는 것이지 집단에는 적용될 수 없다고 주장한다. 왜 그런가? 인권이 로크에서 비롯해 서양의 자유주의에서 나왔는데, 자유주의는 모든 권리의 단위가 개인이라고 보기 때문이라는 것이다. 하지만 이는 하나의 철학적 입장일 따름이고, 이를 뒷받침하는 어떤 국제적이거나 보편적인 합의도 없다. 실상을 말하자면, 오늘날 서양에서든 비서양에서든 권리의 주체가 개인이라는 주장만이 아니라 집단이라는 주장도 무성한 상태이다.98) 이와 같은 불일치에 대해 유엔의 문서라고 해서 판가름을 내려 주지는 못한다.

도넬리는 이와 같은 쟁점들을 따지지 않아도 되는 이론, 합의가 있다는 사실로써 합의가 정당화되는 서술적인 수준에 머무를 수 있는 이론을 개발하는 데에 초점을 모았다. 그런 이론은 구체적인 실천에 준거를 둠으로써, 어떤 합리적이거나 규범적인 토대에 관한 물음을 회피할 수가 있다. 그런데 집단적, 공동체적 인권에 반론을 전개하는 대목에 이르면, 도넬리는 로크까지 거슬러 올라가는 서양적 인권 전통의 권위에 의존한다. 여기에는 두 가지 아이러니가 있다. 첫째, 이 문제에 관해서는 어떤 합의도 이뤄진 적이 없다. 그런데 도넬리가 자신의 이론에 일관적이려면 합의가 이뤄진 입장으로부터 논

---

97) Ibid., 22.
98) "권리 담론"에서 개인주의가 지나치게 강조되고 있다고 비판하는 서양인의 주장으로는 Mary Ann Glendon, *Rights Talk : the Impoverishment of Political Discourse* (New York : The Free Press, 1991)를 보라.

증을 시작해야 한다. 둘째, 그는 서양의 인권 전통을 가치 있게 평가하고 있는데, 로크식의 합리주의적 자연주의를 거부하는 그가 바로 그 전통을 전제로 삼는다는 것은 부질없는 짓이다. 그의 책은 대부분이 지극히 흥미로운 내용이지만, 이론적으로 볼 때 아무런 근거가 없는 상태로 끝나고 만다. 일종의 국제주의적인 버크주의자로서, 최대한 잘 봐 주더라도, 서양 자유주의 전통의 토대를 최소한 부분적으로는 자기 스스로 무너뜨려 놓고 다시 그 전통에서 얻어진 "정당한 편견들"을 기초로 삼아 인권에 관해서 판단하고 있는 셈이다.

전략론 (앤드류 레빈)

앤드류 레빈은 인권이라는 것이 자유민주주의적 사고와 자유민주주의적 제도의 본질에 내재하는 각종 모순의 산물이라고 주장한다. 자유민주주의적 사고는 한편에서 "사람 개개인에 대한 존중, 인간의 존엄성 자체에 대한 존중"에 발을 담그기 때문에,99) 여기에는 정치적 권리가 함축되며 따라서 그러한 시민권이 실제로 실천되기 위해 필요한 최소한의 물질적 생존 수준이 또한 함축된다. 반면에 자유주의의 저변에 흐르는 자유와 이익이라는 관념들은 상호 연관이 없는 단자적인 존재에 해당하는 사항으로서, 이런 단자들의 삶에서 일차적인 과업은 자기이익을 최대화하는 데 있다. 이렇게 자유민주주의적 사고에는 모순이 내재한다는 것이다.

여기서 레빈이 로크를 실제로 들먹이지는 않지만, 우리는 로크의 사유에 내재하는 긴장으로 거슬러 올라온 셈이다. 그에 따르면, 우리

---

99) Andrew Levine, *Liberal Democracy : A Critique of Its Theory* (New York : Columbia University Press, 1981), 127.

는 한편으로 신의 피조물인 모든 인간의 유지에 관심을 기울여야 하
는 동시에, 다른 한편으로 개인의 재산권이라고 하는 절대적 개인주
의의 관념에도 관심을 기울여야 한다. 로크의 사유(思惟)에서는 재산
권에 기울여야 하는 관심이 워낙 강해서, 인간이라는 종끼리 연대에
기초한 의무에 따라 개인의 재산권은 제한받아야 한다는 주장이 펼
쳐질 여지가 없었다.

레빈이 보기에는 오늘날 자유민주주의에는 정확히 이와 똑같은
문제가 지속되고 있다. 현대 자유주의는 한편으로는 모든 인간 개인
의 존엄성에 깊숙이 발을 담그고 있다고 주장하면서도, 동시에 다른
한편에서 인간들은 "원자론적 개인주의"에 의해서 도구화된다.[100]
인간의 존엄성이라는 개념을 어떻게 해석하더라도 이와 같은 도구적
원자화와는 부합할 수가 없다는 것이다.

자유민주주의가 개인을 생각할 때 도구적인 개인 이외에 어떤 다
른 방식으로도 생각할 수 없게 되는 연유를 예증하기 위해서 레빈은
"자유시장"에 대한 자유주의의 집착을 지목한다. 이 때문에 노동하
는 사람들은 "결정적인 교환가치"에 불과하게 된다. 그는 다음과 같
이 썼다.

역사적으로 자유민주주의자들은 인간을 탐욕적이며 합리적인 이기주의자
로 바라보는 견해를 가지고 있다. 그러므로 그들은 원자론적인 개인주의
의 성향도 있다. 시장이 자유민주주의적 이상의 제도적인 구현이라고 보
면서 시장에 의존하는 자유민주주의자에게는 그래서 (자유롭고 이기적인)
인간들로부터 인간 자신을 보호하기 위해, 그리고 그럼으로써 인간의 존
엄성을 유지하고 증진하기 위해 (인간의) 권리라는 개념이 필요해진다.

---

100) Ibid., 130.

그런 권리가 만약 없다면 "합리적인 경제적 행위자들"로 이뤄진 자유로
운 사회는 사물들, 도구성만으로 구성된 사회로 전락할 위험이 있기 때문
이다. 모든 일이나 모든 사람이 자신을 위한 수단일 뿐이라고 간주하는
단자적인 개인들의 집적에 불과하게 될 위험이 있다. 권리의 주장, 다시
말해 양도할 수 없는 (인간의) 권리에 대한 주장은 이런 위험에게 맞선
다. 양도할 수 없는 권리는 시장을 *제한한다.* 양도할 수 없는 권리는, 정
의(定義)에 의해서, 팔거나 살 수 없는 것이다. 그러한 권리는 일반적으로
시장의 어떤 다른 기준에도 복속되지 않는다.101)

그러나 이러한 목적 때문에 자유주의자들에게 권리가 "필요"할 수
도 있다고 해서 이 이론에 일관성이 생기지는 않는다. 이 이론은 여
전히 한편에서는 인간에 관해 원자론적/도구적 견해를 고수하면서,
다른 한편에서는 인간이 본원적으로 존엄하다는 개념과 그러한 존엄
성을 위해 사회적 경제적 필수조건이 요청된다는 개념도 동시에 고
수한다. 이러한 모순은 도넬리처럼 합의에 의지한다고 해서 풀릴 문
제도 아니다. 인간의 본성을 기본적으로 개인주의적으로 파악하는
시야의 틀 안에 권리 주장과는 어울릴 수 없는 부정합이 있는 것이
다.

그런데도 레빈은 경제와 정치에서 현재와 같은 자유주의적 제도
들이 자리 잡고 있는 현실을 감안하면, 인권이 그런 제도들의 효과
를 비판하는 데 하나의 준거점을 마련한다고 본다. 나아가 그는 현
재와 같은 제도적/이데올로기적 여건 아래서는 그런 역할을 수행할
수 있는 다른 어떤 장치도 없다고 본다. 인권의 이념을 내다 버리는
것을 레빈이 어불성설이라고 보는 까닭은 이처럼 실용적인 견지에서
나온다. 인권을 버렸다가는 자유주의적 제도들의 부정적인 효과에

---

101) Ibid., 131~132.

대한 제약을 더욱더 풀어줄 뿐이라는 것이다. 그러면서도 그는 민주적 사회주의자답게 연대를 더욱 증진하는 방향으로 지금과는 다른 종류의 제도들이 실현되는 시대를 대망(待望)하면서 인간의 존엄성과 인간의 연대라는 발상과 더욱 잘 어울리는 방향으로 인권의 개념을 재정의하자고 촉구한다.

레빈의 책은 1981년에 출간되었다. 그 해에 로널드 레이건은 미국 대통령이 되었다. 그 후로 "시장"을 빙자한 논리와 요구들이 1930년대 이래 유례를 찾을 수 없이 전 세계에 강요되었다. 만약 인권이라는 발상마저도 없었다면 상황이 더 나빠졌으리라는 말은 언제든지 할 수 있다. 그렇지만 연대와 평등이라는 대의를 증진하려는 의도에서 인권을 규정했던 국제적인 문서들이 실제로는 민영화, 자유시장, 그리고 공공복지의 와해라고 하는 전 세계적 공세에 맞서 아주 미약한 역할밖에 하지 못한 것이 사실이다. 사실이 이와 같다면, 어차피 인권 개념에 탄탄한 근거는 없다고 확신하면서 동시에 그 개념을 고수한다는 데 무슨 의미가 있는지를 자문해 봐야 한다. 차라리 인권을 포기하고, 오히려 마르크스나 버크에 동조해서 그 개념은 해방의 목적보다는 지배의 목적에 이데올로기적으로 더욱 유용하다고 말해야 전략적으로 더 나을지 모를 일이다.

지금까지 살펴본 세 갈래 비정초주의적 이론 가운데 오로지 로티만이 인권의 기준을 제시한다. 인간에 관한 하나의 상수는 고통을 받는 주체이자 고통받는 타인들과 감정이입이 가능하다는 점이다. 인권과 같은 개념을 정당화하는 데에는 이러한 관찰만으로 충분하다. 인권의 목표는 느낌에 호소함으로써 고통과 잔혹을 최소화하는 데 있기 때문이다.

제4절 인권을 수용하는 합리주의적 근거들

반(反)정초주의의 경우와 마찬가지로, 인권을 받아들일 합리주의적 근거들 역시 여러 가지가 제안된 바 있다. 인권의 근거를 자유와 주체성에서 찾는 이론, 평등에서 찾는 이론, 필요에서 찾는 이론, 담론의 포용성에서 찾는 이론 등이 있다. 권리에 관해서는 반정초주의 부류보다 이런 부류의 문헌이 훨씬 많고, 그 범주들 사이에 중첩되는 경우가 많기 때문에 이에 관한 논의는 선별적이고 도식적일 수밖에 없다. 그러나 통찰력이 나타나기를 희망한다.

자유와 주체성

자유와 주체성에 기초를 둔 이론들은 인간에 관해 하나의 존재론적 견해를 제시한다. 그런 이론들은 인간이라는 것이 무엇을 의미하는지에 관해 "남달리 짙은" 서술을 하고자 노력한다는 뜻이다. 서양에서 자유와 주체성을 기둥으로 삼아서 이론을 세우고자 했던 최초의 사람들은 계약이론가들이었다. 계약한다는 행위 자체가 자유와 목적성이라고 하는 독특한 인간적 자질의 현현이었다. 칸트는 이와 같은 자유와 목적성을 기둥 삼아서 자신의 합리주의적 도덕 이론을 세웠다.

잭 도넬리는 자기가 인권에 관해서 단지 서술적이며 비정초주의적 이론을 제시할 따름이라고 하지만, 기실 그는 유엔의 문서들에서 반복적으로 출현하는 "존엄성"이라는 단어에 깊게 의존하고 있다. 그런데 철학자 앨런 거워스의 입장에서 보면 "존엄성"이라는 용어는 너무나 모호해서 이론적 장악력이 별로 없다. 존엄성은 행위에 앞서

지 않는다. 오히려 "행위자의 목적에 어떤 가치가 있느냐로부터 행위자 자신의 가치 또는 존엄성으로 연결된다."102)

거워스는 목적을 가진, 또는 의지에 따른, 인간 행동에 필요한 조건들을 "인권의 대상"이라고 부른다. 인권의 근거를 인권의 대상에서 찾음으로써 인권이 정당화되고 인권과 여타 다른 종류의 권리 주장이 구별된다는 것이다.

거워스는 인권의 근거를 이렇게 구해야 할 이유로 다섯 가지를 든다. 첫째, 목적을 가지는 행동이 가능하기 위한 조건들은 인간에게 최고로 중요하다. 둘째, 그 조건들은 도덕과 직접적으로 연관된다. 의지에 따른 행동을 생각하지 않고는 도덕성이라는 것을 생각하기가 어려울 것이며, 그런 행동의 조건들을 생각하지 않고는 의지에 따른 행동을 생각하기 어려울 것이다. 셋째, 이 조건들은 존엄성 따위의 개념보다 더 특정하고 덜 논쟁적이다. 넷째, 이러한 접근은 권리를 주장할 이유가 사람들의 도덕적 지위를 확인하는 데 있음을 강조한다. 마지막으로, 권리가 존재하는 까닭은 행동에는 필요조건이 있음을 모든 행위자가 인정*해야 하기* 때문이라는 점을 이 접근은 증명한다.103)

거워스가 "존엄성"이라는 개념을 정면에서 거부하는 것은 아니다. 단지 그것은 너무 모호해서 인권의 근거로는 홀로 설 수가 없다는 것이다. 하지만 만약 어떤 사람이 의도적인 행위를 통해서 존엄성이 자신에게 의미를 가지도록 만든다면, 그런 경우에는 존엄성이 능동적이며 중요한 개념이 된다. 한 개인이 존엄성을 가진다고 일컫기

---

102) Alan Gewirth, *Human Rights : Essays on Justification and Applications* (Chicago : University of Chicago Press, 1982), 29.
103) Ibid., 5.

위해 반드시 필요한 구체적인 조건들과 연관이 이뤄지기 때문이다.

그렇지만 자유와 주체성을 통해서 권리에 접근하는 데에는 위험 부담이 따른다. 자유와 주체성의 존재론은 극단적으로 개인화되어 심지어 유아론으로까지 연결될 수 있다. 장-폴 사르트르, 특히 『존재와 무』에 나타나는 초기 실존주의에서부터 정치적 스펙트럼에서 우익에 속하는 아인 랜드(Ayn Rand), 밀턴 프리드먼, 프리드리히 폰 하이에크와 같은 발본적 개인주의자들의 암묵적인 존재론에 이르기까지 실로 다양한 이론들이 이러한 성격을 공유하고 있다.

그런데 이와 같은 존재론적 견해는 **집단적** 자기결정으로 이어질 수도 있다. 그렇게 이어진다면, 인권과 관련해서 두 개의 문제에 봉착하게 된다. 첫째는 우리가 루소에서 봤던 집단주의의 문제이다. 공동체의 의지는 구성원 한 사람 또는 몇 사람의 의지와 아주 다를 수가 있다. 만약 그렇다면, 그럴 때 공동체의 의지가 대세를 이룬다면, 이견을 가진 사람의 자유와 주체성은 침해되지 않겠는가? 그렇다고 이견을 가진 소수가 자신들의 권리 때문에 거부권을 가지게 된다면, 다수 구성원들의 자유와 주체성이 침해되지 않겠는가? 해결의 실마리는 합의에 있는 듯이 보인다. 의사 결정을 합의에서 구하는 사고 방식에 따르면, 처음에 각자가 원했던 바와 정확하게 똑같지는 않은 합의에 도달하기 **위해서** 우리는 의지력을 발휘해서 다른 사람들과 관계를 맺게 되는 셈이다. 우리의 자유와 주체성은 종전부터 의지했던 바를 고수하는 입장보다는 합의를 조성해 나가는 동안의 관계와 과정을 우선시한다. 루소의 일반의지와는 달리, 이것을 "최선의" 정책이라고 부를 수 있는 의미는 오로지 우리가 이에 동의할 수 있다는 것뿐이다. 구성원들에게 규범적으로 수용 가능한 방식으로 공동체를 하나로 유지할 수 있는 역량 말고는 그 이상의 어떤 선험적 진릿값도 이 정책에는 들어있지 않을 것이다.

자유와 주체성의 존재론을 통해서 인간을 바라볼 때 발생하는 또 하나의 (앞의 것과 관련이 있는) 문제는 대다수 현대의 민주정에서 자유와 주체성이 대의정치의 체제를 통해서 표현된다는 데 있다. 루소는 과업을 수행하기에 미흡하다는 이유로 대의정치를 배척했다. 현대 대의정치 제도들은 독재보다는 낫지만 자유와 주체성을 장려하기보다는 인민을 순치시키고, 물화하며, 사르트르의 용어로 말하자면, 인민을 "서열화"한다는 이유에서, 오늘날 앤드류 레빈을 비롯해서 여타 수많은 비판자들이 대의정치에 반대한다. 다시 말해 대의정치 제도들은 자유와 주체성이라는 착각을 불러일으킬 뿐 실제로는 자유와 주체성을 위축시킨다는 것이다. 그 결과 자유와 주체성은 탈정치화된 이기적인 활동으로 탈바꿈해서, 홉스식의 주권자라도 거리낌없이 허용할 수 있는 수준까지 위축된다. 정치적으로 우리는 단지 개인적인 자유와 주체성 (이사야 벌린의 "소극적 자유")104) 안에서만 우리를 내버려둬 달라고 정부에게 원할 뿐이고, 정기적으로 선거 때가 되면 투표할 권리를 가질 뿐이다. 결국 한 바퀴를 완전히 돌아서, 사유재산에 대해 자유와 주체성을 행사하고 상품을 선택할 권리와 그 권리를 행사할 때 보호받을 권리를 인권의 핵심 사항으로 간주하는 낙관적 개인주의로 회귀한 셈이다.

나는 지금 인간을 자유로운 주체로 바라보는 존재론적 견해를 폄훼하려는 것은 아니다. 단지 그 견해에는 빈틈이 많고, 그 견해가 사방팔방으로 튈 수 있다는 점을 지적하려는 것뿐이다. 하지만 이 견

---

104) Isaiah Berlin, "Two Concepts of Liberty", *Four Essays on Liberty* (Oxford University Press, 1969), 118~72. [박동천 역, 『이사야 벌린의 자유론』 (아카넷, 2006), 339~422.]

110

해는 "인간의 존엄성"보다는 철학적인 해명에 도전해 볼 만한 주제인지도 모른다. 그렇지만 아마도 철학적인 문제보다 정치적으로 훨씬 더 문제가 많을 것이다.

평등

『권리를 진지하게 고찰하면』(*Taking Rights Seriously*)이라는 제목의 책에서 법철학자 로널드 드워킨은 권리를 진지하게 고찰하는 사람이라면 누구나 평등, 또는 존엄성, 또는 둘 다에 기초해서 권리를 고려할 수밖에 없다고 주장한다. 그는 이렇게 쓴다.

정부를 상대로 한 권리의 제도는 신의 선물도 아니고, 고래(古來)의 의식도 아니며, 민족적 스포츠도 아니다. 권리라고 하는 제도는 복잡하고 골치 아픈 실천으로서, 이 때문에 일반이익을 확보하려고 하는 정부의 업무가 더 어려워지고 비용도 더 많이 들게 된다. 그리고 권리라는 제도는 무엇이든지 어떤 초점에 봉사하지 못하는 한, 경박하고 잘못된 실천이 되고 말 것이다. 권리를 진지하게 고려하고 있다고 자처하는 사람, 권리를 존중한다는 이유로 우리의 정부를 칭찬하는 사람이라면 누구든지 그 초점이 무엇인지에 관해 생각하는 바가 있어야 한다. 그런 사람은 최소한 두 가지 중요한 이념 가운데 하나 또는 둘 다를 수용할 수밖에 없다. 첫 번째는 인간의 존엄성이라고 하는 모호하지만 강력한 이념이다. 이 이념은 칸트와 결부되지만 칸트 말고도 수많은 학파에 속한 철학자들에게서 옹호를 받은 것인데, 사람을 취급하는 데에는 인류 공동체의 정회원으로 그 사람의 자격을 인정하는 것과는 부합하지 않는 방향으로도 여러 가지 방식들이 있는데, 그런 식의 취급은 심각한 불의라고 주장한다.
두 번째는 정치적 평등이라고 하는 보다 익숙한 이념이다. 이 이념은 어떤 정치공동체에서 강자에 속하는 구성원들을 위해 확보된 정도와 같은 수준의 배려와 존중을 약자에 속하는 구성원들도 누릴 권리가 있다고 생각한다. 따라서 만약 사람들 가운데 일부가 공동선에 대해 어떤 효과가 초래되든지 스스로 결정할 자유를 가진다고 하면, 그렇다면 모든 사람들이 똑같은 자유를 가져야 한다고 주장한다.105)

이 대목에서 드워킨은 자기가 언급하는 두 개념의 의미에 관한 상세한 논구를 회피해 버린다. 그렇지만 다른 대목에서 상세한 논구가 시도되기는 하는데, 그때 논구는 "인간의 존엄성이라고 하는 모호하지만 강력한 이념"이 아니라 평등에 집중된다. 평등이라는 것은 재화와 기회와 자유의 분배와 관계된다고 드워킨은 설파한다. 그런 분배가 현안으로 떠올랐을 때 각 개인이 배려와 존중을 받을 동등한 권리가 있다고 말하는 자유주의적 원리에 입각해서 파악될 수 있는 권리로는 두 갈래가 있다고 그는 구분한다. 첫 번째를 그는 "동등한 대접을 받을 권리"라고 부르는데, 각 개인이 동일한 재화와 기회를 가진다는 형태로 결과의 평등을 의미한다. 투표권을 1인 1표로 정할 때, 미국의 법원들은 바로 이와 같은 권리를 수용해 온 것이라고 그는 지적한다.106) 물론 재화의 분배가 문제가 될 때에는 이 권리가 수용되지 않는다.

권리를 이해하는 두 번째 갈래를 그는 "동등한 사람으로 대접받을 권리"라고 부른다. 이것은 "이러한 재화들과 기회들이 어떻게 분배되어야 할지에 관한 정치적 결정에서 동등한 배려와 존중을 받을 권

---

105) Ronald Dworkin, *Taking Rights Seriously* (Harvard University Press, 1977), 198~199. 이 책은 물론 2000년 미국 대통령 선거에서 플로리다의 개표 결과에 대한 소송에 관해 미국 연방대법원이 판결을 내리기 훨씬 전에 집필되었다. 비록 대법원은 그 판결의 파장을 오직 그 사건에 대해서만 해당하는 것으로 제한하고자 했지만, 재검표를 허락하지 않은 결정은 이 문제와 관련되는 온갖 논란을 활짝 열어젖힌 결과를 낳았다.
106) 미국 연방대법원이 2000년 선거에서 플로리다 재검표를 중단시킨 결정은 불행히도 이 문제를 매우 정파적인 방식으로 열어젖히고 말았다.

리”로 정의된다.107) 이는 모든 사람의 이익이 고려에 포함되어야 한다는 뜻이다. 예컨대, 어떤 정책이 제안되었는데 그대로 시행될 경우 사람들이 피해를 입게 된다면, 그 피해도 계산에 넣어야 한다는 얘기다. 자유주의적 평등의 관념 아래서는 이 두 번째 의미의 권리를 근본으로 삼아야 한다고 주장하는 것을 보면, 어쩌면 드워킨은 자기가 이로써 “존엄성”을 포섭하고 있다고 느낄 **수도 있겠다.** 이에 비해 첫 번째 평등 관념, 즉 동등한 대접이라는 관념은 민주정에서 정치적 대표성의 평등처럼 보다 근본적인 원리에 의해서 정당화되는 특별한 사례들 가운데 하나에 해당한다.

드워킨이 벤담식의 공리주의는 정치적 평등을 실제로 보호해주지 못하고, 권리라는 개념을 수용하는 이론만이 평등을 보호해 줄 수 있다는 이유에서 노골적으로 거부한다는 점은 흥미로운 대목이다. 벤담에 관해 논의할 적에 밝혔듯이, 이 선배 법률이론가는 법 바깥에 어떤 권리가 있을 수 있다는 생각을 거부했다. 벤담은 훌륭한 법률체계라면 모든 사람의 고통과 쾌락을 고려할 것이며, 그럼으로써 사회 전체 차원에서 적정한 행복에 보다 효과적으로 도달할 것이라고 주장했다. 그런 체계에서 권리라는 것은 분별없고 정당화될 수 없는 요구들에 특권을 부여함으로써 오로지 최대행복 원리를 부정하는 데에만 봉사하리라는 것이다.

드워킨은 벤담의 사유체계를 두 가지 점에서 비판한다. 첫째, 그것은 정부에 너무 많은 권력을 부여한다. 벤담의 구상은 시민적 불복종108)이라는 형태로 법률을 위반하는 행동에 전혀 여지를 주지

---

107) Dworkin, *Taking Rights Seriously*, 273.
[108] 시민적 불복종(civil disobedience) : 정부나 사법기관이 자기에게 부당한
　　명령을 내렸을 때, 그 명령에는 복종하지 않지만 그러한 불복종에 따르는 처벌

않는다. 하지만 자유로운 사회라면 그런 행동을 관인해야 한다고 드워킨은 주장한다. 그렇게 하는 것이 권리가 증진될 수 있는 길이다. 권리라는 것은 "구성되는" 것으로서, 신에게서 하사된다거나 한 번 정해서 영원히 변할 수 없는 불변의 합리적 원칙에서 도출되는 식으로 "자연적"인 것이 아니다.[109] 법은 경우에 따라 권리를 침해하는 것이 사실이다. 그와 같은 경우에 시민적 불복종은 사회를 위해 좋은 일이다. 앨라배마 주의 버밍엄에서 버스의 뒤쪽으로 가라는 운전사의 요구를 거절한 로자 파크스의[110] 사례를 고찰해 보면 어쩌면 드워킨이 말하고자 하는 의미를 가장 잘 파악할 수 있을 것 같다. 파크스의 거절은 당시에는 위법이었지만 미국 사회를 위해서는 좋은 일이었다. 하지만 벤담의 공리주의에 그런 종류의 권리를 증진할 수 있는 여지가 어디에 있는가? 만약 권리는 모두 법 안에 정착되어 있

은 감수하는 행동을 가리킨다. 편의상 "시민적"이라고 보통 번역되지만, "개명된" 또는 "문명적" 불복종이라고 번역할 수 있는 의미도 있다.]

109) 롤즈의 정의론이 도덕에 관한 하나의 "자연적" 이론이라고 자리매김하기 위해 드워킨은 상당한 시간을 들인다. 거기에는 일정한 자연권 이론이 전제되고 있는 것이 틀림없다고 하면서, 자신이 제창하는 "구성적" 이론과 구별한다. 그런 구성적 모델을 위해서는 소박한 전제들이 필요하다고 하는데, 이에 관한 그의 논의는 이렇게 요약된다. "구성적 모델에서는 …… 자연권을 전제는 하지만 형이상학적으로 야심차게 하지는 않는다. 일정한 개인적 선택들을 보호하는 일을 근본으로 삼으면서, 그런 선택들을 결합한다는 목표나 의무에 복종해야 하는 것을 고유한 사명으로는 삼지 않는 정치 강령이 이 모델에서는 최선으로 간주된다는 가설 이상은 필요하지 않다." Ibid., 177.

[110) 로자 파크스(Rosa Parks, 1913~2005) : 유색인 지위향상 협회(NAACP) 몽고메리 지부장의 비서로 (이 직책도 여성으로서는 최초였다) 일하던 중, 1955년 몽고메리에서 (본문에 버밍엄이라고 된 것은 저자의 착오) 흑인 칸에 앉으라는 버스 기사의 명령에 불응해서 구속되었다. 당시 몽고메리에서는 앞 두 줄은 백인 전용으로 정한 법이 있었다(이 법을 어긴 최초의 사례는 1852년에 있었고, 그 후 서너 건이 있었다). 이로 말미암아 버스 배척 운동이 일어났고 1956년 미국 연방대법원은 버스 좌석의 인종 구분은 위헌이라고 판시했다. 미국 의회는 1999년 그녀를 "시민권의 퍼스트레이디", "자유 운동의 어머니"라 부르며 자유훈장을 수여했다.]

는 것이고, 로자 파크스가 버스 앞자리에 앉는 것이 위법이었다고 하면, 그녀는 거기 앉을 권리가 전혀 없었고 따라서 국가에 의해 처벌받아 마땅했다는 말밖에 되지 않는다.

드워킨이 벤담의 공리주의를 거부하는 두 번째 이유는 겉과 속이 다르기 때문이다. 겉보기에는 모든 사람의 이익을 고려에 포함한다는 점에서 평등주의적인 것처럼 보인다. 그러나 실상은 "개인적 선호"와 "외부적 선호" 사이의 차이를 전혀 고려하지 않는다는 것이다. 내가 드워킨을 올바로 이해했다면, 외부적 선호라는 것은 내가 원하는 것이 아니라 내가 다른 사람들을 위해서 원하는 것을 가리킨다. 이런 두 가지 선호 사이의 차이를 보여주기 위해 그는 로스쿨에 지원한 어떤 백인 지망생의 사례를 든다. 이 지망생이 흑백분리 정책을 선호하는데, 그 이유는 그랬을 때 자기가 로스쿨에 입학할 확률이 높아지기 때문이거나(개인적 선호), 또는 자기는 인종 혼합을 거부하는데 그래야 아프리카계 미국인들을 배제할 수 있기 때문이다 (외부적 선호).111)

물론 이런 선호들은 둘 다 평등의 원칙을 존중하지 않는다. 하지만 드워킨이 비판하는 요점은 그것이 아니다. 공리주의에 평등주의가 없게 되는 까닭은 자신을 위한 소원에 기초한 사람들의 선호와 사람들이 다른 사람들을 위해서 원하는 바를 (이것은 아주 부정적인 경우가 많다) 반영한 선호를 구분할 방법을 찾아내지 못하기 때문이다. 이로써 드워킨은 자유주의 가운데 평등의 원칙을 보호할 능력이 없다는 이유로 권리라는 개념 자체를 거부하고 마는 형태 하나를 자신이 찾아냈다고 느낀다. 그의 견해로는 오로지 권리에 기초한 이론

---

111) Ibid., 234~235.

만이 평등의 원칙을 보호할 수 있다. 그는 언제나 자유주의 내부의 시각에서 발언하기 때문에, 자유주의 이론만큼 또는 그보다 더 잘 평등의 원칙을 수호할 수 있는 어떤 비자유주의적이면서 권리에 기초한 이론이 가능한지는 논하지 않는다. 하지만 그런 이론이 가능하다면, "동등한 사람으로 대접받을 권리"와 "동등한 대접을 받을 권리"를 구분하는 그의 빡빡한 이분법을 그 이론은 중시하지 않을 수도 있다. 더구나 이타적일 수도 있는 사람들, 남들을 위해 **좋은** 일을 바라는 사람들, 예컨대 자기는 백인이지만 아프리카계 미국인들에 대해 차별보다는 평등을 원하는 사람들보다 "나 자신을 위해 원한다"고 하는 개인을 우선시하는 태도를 그런 이론은 만족스럽지 않게 여길 수도 있다.

드워킨은 두 가지 전통적인 시각에서 글을 쓰고 있다는 점에 주목할 필요가 있다. 첫째는 법률주의이고, 둘째는 서양의 개인주의적 자유주의다. 개인주의적 자유주의는 재분배적 결과를 낳을 수도 있는 경제적/사회적 권리보다 정치적 권리의 평등한 배분을 우선시한다. 권리라는 주제를 필요라는 개념을 통해서 접근하는 이론가들의 저술에서는 이러한 전통의 영향이 드워킨의 경우보다 두드러지지 않는다.

필요

인권을 인간의 필요를 통해서 바라보게 된 이론가의 수는 이제 의미심장할 만큼 많아졌다. 그 중에서 가장 저명한 인물로는, 크리스천 베이, 헨리 슈, 그리고 요한 갈퉁을 들 수 있다.

베이는 권리의 근거로 "필요"를 사용하는데, 이는 특별히 흥미롭다. 그가 필요의 개념에 일관적으로 의존하면서도, 처음 시작할 때 취하는 입장이 마무리할 때의 입장과 발본적으로 다르기 때문이다. 베이는 1958년에 출간된 『자유의 구조』의 저자로 잘 알려져 있다. 제목이 시사하듯이, 이 책은 일차적으로 자유의 가치를 이해하고 우선시하려는 지향을 가지고 있다. 이 책의 마지막 장은 자유의 가치에 대해 자기가 그때까지 한 얘기들이 인권에 대해 어떤 함축을 가지는지에 할애되어 있다.

로티처럼 베이도 초기에는 흄의 영향을 받았다. "언론의 자유에 관한 논고의 초본에서 흄은 '이 자유에는 수반되는 불편이 거의 없기 때문에, 인류의 공통적 권리라고 내세울 수가 있고, 거의 모든 정부에서 듬뿍 향유되어야 한다'고 결론지었다. 내 접근법의 중요한 측면 하나 역시 이 진술로써 표현된다"고 베이는 말한다.112) 그러나 흄에게는 사회적으로 승인된 윤리로 충분했지만, 그와 달리 베이는 다른 가치보다 자유를 우선시할 까닭, 그리고 자유를 인권의 핵심요소로 봐야 할 까닭을 합리적으로 논증한다.

베이는 자유가, 더욱 꼬집어 말한다면 "표현의 자유의 최대치"가, 개인의 심리적 발전을 위해 결정적인 관건이 된다고 하면서, 벤담의 "최대다수의 최대행복"을 그것으로 대체한다. 여기서 그는 한 개인이 경험적으로 어느 한 시점에서 어떤 요소들로 구성되는지만이 아니라, 그 개인이 시간의 경과에 따라 어떻게 성장할 것인지, 다시 말해 개인의 잠재성까지를 논의에 집어넣고 있다.113)

그는 여기에 일정한 인도주의적 신념이 스며들어 있음을 인정하

---

112) Christian Bay, *The Structure of Freedom* (New York : Atheneum, 1965), 371.
113) Ibid., 6.

지만, 흄과 아주 비슷한 어조로 이 신념은 합의를 얻게 될 확률이 높다고 말한다. 표현의 자유를 우선시하는 추가적인 이유는 "인간에게 가장 중요한 필요를 점점 더 많이 충족하기 위한 사회적 선결요건들을 실현하는 데에 최대한의 표현의 자유가 여타 목표보다 더욱 도움이 된다 …… 사람들이 어떤 가치를 지향하든지, 그 가치를 추구할 자유가 그들에게는 중요하다"는 점이다.114) 가치를 추구하는 일은 맨 처음 그러한 가치들을 명시하거나 표현하는 데서부터 시작한다.

베이는 이 책에서 심리적 접근법을 취한다. 그러나 이 때문에 약간 난처해진다. 개인들이 자신을 표현할 수 있다는 것이 인간 심리를 위해 결정적인 관건이지만, 그 개인들은 여전히 물리적 세계 안에서 산다. 베이는 이 문제를 다루려고 시도는 하지만, 너무 짧은데다가 내가 보기에는 미흡하다.

이 입장은 인간의 물리적 필요가 어떤 의미에서는 그의 정신적 필요를 "결정한다"고 하는 유물론에 대한 거부도 승인도 함축하지 않는다. 표현의 자유가 최대한으로 달성되기 위해서는 일정한 정도 이상의 생활수준이 필수조건이라고 나는 믿지만, 그런 생활수준만 있다면 높은 수준의 자유가 보장된다고도 나는 생각하지 않으며, 심지어 그런 생활수준이 자유를 향해 반드시 강력한 촉진제가 되리라고도 생각하지 않는다. 자유로운 발언이 위장 속의 음식물보다 더 중요하다고는 인정할 수 없다. 오히려 사람들이 굶는다고 할 때, 기껏해야 음식을 향한 수요를 표현하기 위한 수단이 된다는 의미 이외에, 그들이 자유로운 발언에 신경을 쓰리라고 기대한다는 것은 어불성설이다. 정치적 전횡보다 기아가 표현의 자유를 더욱 효과적으로 봉쇄할 수 있는 것이다.115)

---

114) Ibid., 14.
115) Ibid., 15.

그의 책에서 이와 같은 물리적인 관심에 관해 논의가 이뤄지는 대목은 이것이 전부다. 이 바로 다음 문장부터는 "이 책에서 내가 관심을 기울이는 핵심 가치인 '자유'는 개인성의 표현 또는 자아표현을 뜻한다"는 얘기로 이어진다.116) 그 책의 나머지 부분은 표현의 자유의 가치를 여러 차원에서 살펴본다. 위에서 시사했듯이, 마지막 장에서는 표현의 자유의 가치가 인권을 위한 최고봉의 가치이자 근본적인 가치가 된다. 우리 모두 자신이 경제적으로 가장 열악한 처지에 있다고 상상하라고 존 롤즈는 "무지의 베일"을 말했는데,117) 이것의 변이형으로서 베이는 이렇게 말한다 : "가장 자유롭지 못한 사람들의 가치에 초점을 맞춤으로써, 우리는 언젠가 서로 다른 나라들의 자유 수준을 불편부당의 혼으로, 그리고 우리가 찾아낸 결과를 과학의 권위로 뒷받침하면서, 측량할 수 있을지도 모른다."118) 베이에게는 이것이 인간적인 사회과학의 과업이다. 이것은 미래를 위한 과업이다. 그날이 올 때까지 사회과학자들은 각 나라에 대한 연구와 각 나라 안에서 나타나는 역사적 추세의 분석에 집중하라고 그는 권고한다.

『자유의 구조』가 처음 출간된 지 거의 30년이 지나 1985년에 그는 파리에서 국제정치학회의 인권연구 그룹에서 논문을 하나 발표했다(그는 이 직후에 예기치 못하게 세상을 떠났다). 이 논문은 한 학자의 사상과 외부환경의 변화 사이의 상호작용을 보여주는 황홀한 사례이다. 이 글에서 베이는 "녹색 생태적 안전의 권리"라는 용어를

---

116) Ibid.
117) John Rawls, *A Theory of Justice* (Harvard University Press, 1971). [『사회정의론』, 황경식 역, 서광사, 1985.]
118) Christian Bay, *The Structure of Freedom*, 375.

쓰면서 그것이 가장 우선한다고 주장했다. 그 다음으로 "적색 사회주의적 안전과 존엄의 권리"가 뒤를 따르고, 그 다음으로는 "청색 존엄성과 자유의 권리"가 뒤를 따른다고 했다.119)

베이의 두 작품 사이의 기간에 두 가지 일이 일어났다. 첫째, 환경 악화라는 문제가 지구 전체의 맑은 공기와 물에 대해 심각한 위협으로 작용하고 있었다. 둘째, 미국, 캐나다, 영국에 보수파 정부가 집권했다. 이런 정부들은 환경문제에, 특히 사적 경제활동이라는 대전제와 충돌하게 되면, 그다지 민감하지 않았다. 따라서 베이는 상황의 "물리성"이라고 하는 주제, 『자유의 구조』에서는 피했던 이 주제를 직시하지 않을 수 없게 된 것이다. "자연적이라고 불러야 하든지 아니면 '합리적'이라고 불러야 할 필요의 범주, 인간적 필요의 가장 기초적인 범주"로서 안전과 건강의 필요에 대해 환경의 위협이 있다는 사실이 이제 그에게 아주 명백해진 것이다.120) 여기서 베이는 필요에 대해 심리적 접근을 더 이상 우선시하지 않고 있다. 권리침해의 피해자로서 개인에만 초점을 맞추지도 않는다. 여러 가지 필요들 사이에 베이가 정한 서열에서 이제 우선순위는 모든 사람들의 생존 필요로 돌아간다.

흄에 대한 베이의 평가 역시 바뀌었다. 과거에 베이는 권리의 이론에서 흄의 장악력을 인정했다. 이제는 루소를 발본적 인도주의자로 해석하면서 그쪽으로 시선을 돌린다. 일반의지는 "모두의 선"으

---

119) Christian Bay, "Taking the Universality of Human Rights Seriously", paper presented to the Human Rights Study Group at the World Congress of the International Political Science Association, July 15~20, 1985, Paris, France, 2. 이 권리들을 색채와 연관시켜 부르는 방식은 요한 갈퉁에서 비롯된다.
120) Ibid., 5.

로 읽히고, 개인의 자유에 아무런 위협도 아니라고 양해된다. 칸트가 말한 정언명령이라는 것은 칸트식 용어로 실천이성이라는 영역, 다시 말해 "선천적 사유의 영역, 경험적이라기보다는 합리적인 사유의 영역"에서 루소의 생각을 정교하게 가다듬은 결과라고 베이는 본다.121)

베이가 보기에 자유롭고 평등하게 결합된 생산자들의 도덕적 연대라는 요소를 첨가한 것은 마르크스와 엥겔스이다. 따라서 마르크스가 18세기 말의 문건들에 표현된 "인권"은 비판했지만, "그런 부류의 인권을 이기적인 부르주아 개인주의의 상징으로 봤다는 점에서 마르크스는 합리적 인도주의자였다. 마르크스는 비록 인권이라는 언어 자체를 경원했지만, 루소 및 칸트와 같이 모든 인간의 기본적 필요를 예외 없이 보장하기 위해서 분투했다."122)

믿음의 입장에서 출발한다고 했던 초기의 입장을 취하하고, 베이는 이제 명백히 합리주의적 전통에 입각해서 "어떤 권리가 우선해야 하는지에 관해 여러 주장들의 합리적 근거와 설득력"을 논하는 언어로 이동한다.123) 녹색 권리의 요구는 주로 안전의 권리라고, 다시 말해 우리 자신과 미래 세대들을 위한 생태계가 위태롭다고 선언한 다음, 그는 과거에 썼던 책에서 취했던 심리적-표현주의적 입장을 명시적으로 부정한다. 그리하여 "지금도 자유가 최고의 선이라고 일컬어질 수는 있다. 단, '자유라고 할 만한 것이 충분히 남아 있다면' 이라는 단서를 덧붙이고 싶은 사람도 있을 것이다. 그러므로 위협이 상존하는 상태에서 우리가 합리적이라면, 우리 자신의 삶이 달려 있

---

121) Ibid., 8.
122) Ibid., 10.
123) Ibid., 16.

는 생태계의 지속적 건강에 무엇보다 먼저 관심을 기울여야 하는 것이다."124)

아울러 개개의 나라 안에서 권리의 현황이 어떤지에만 주목해야 한다는 주장 역시 더 이상 말이 되지 못한다. 환경에 대한 위협은 국제적이다. 녹색 권리 중에는 평화의 권리가 포함된다. 현 세대의 사람들을 파괴하고 미래 세대에게는 혹성 전체의 오염과 유전적 잔재를 남기게 될 핵폭발 때문에 타죽지 않을 권리이다.

그렇지만 녹색, 적색, 청색이라는 범주들은 그것만으로는 권리의 서열을 확립하기에 충분하지 못한 것으로 판명되었다. 각 범주 안에는 생존과 건강을 위협할 수 있는 부류의 권리와 함께 그렇지 않은 부류, 따라서 절박성이 떨어지는 부류의 권리들이 섞여 있다. "처형이나 고문으로부터 보호받아야 한다는 청색 권리가 더 오래된 것인데, 녹색 권리 가운데서는 가장 기본적인 것들만이 그만큼 긴박하다."125) "적색" 권리라는 것은 기본적으로 1966년의 「경제적, 사회적, 문화적 권리에 관한 국제 규약」에 들어간 권리들을 가리킨다. 적색은 청색 다음 두 번째 자리를 차지한다. 왜냐하면 "동등한 존재로 대접받아야 한다는 존중과 존엄성이 없다면, 자유의 가치는 제한되기" 때문이다.126) 청색 권리도 녹색 권리처럼, 기본적 안전에 관한 (처형, 고문, 잔혹하거나 괴상한 처벌을 받지 않을) 권리들과 그렇지 않은 권리들로 나뉜다. 후자는 (예를 들어, 스스로 선택한 나라로 이민 갈 "권리" 또는 자신의 의지에 따라 재산을 획득하거나 처분할 권리 등) 실제 상황에서는 일정한 제약이 필요한 권리이다.

---

124) Ibid., 18.
125) Ibid., 23.
126) Ibid.

결국, 색채로 구분된 범주들은 순서를 정하기에는 아주 조잡하다는 점을 베이는 고백한다. "집단의 안전, 개인의 생존과 건강, 동등한 존재로 대접받을 존엄성, 또는 (사회적으로 그리고 생태적으로 책임감 있는 한도 안에서) 자아표현과 선택의 자유 등등, 어떤 범주의 위해가 초래될 수 있는지"가 진실로 살펴봐야 할 문제라는 것이다.127)

이처럼 베이의 논문은 필요와 인권 사이의 관계를 상세히 밝히고자 했던 발굴 작업으로서 아주 도식적인 시도였는데, 개인의 자유로운 표현이라고 하는 필요를 가장 우선시했던 그의 초기 입장에서는 현저하게 벗어난 모습을 보인다.

헨리 슈는 필요를 서열화한 다음에 그것을 기초로 권리를 파악하는 사고방식으로서 훨씬 분명한 입장을 보인다. 그는 이른바 "북대서양", 즉 서양의 나라들에서 팽배한 세 가지 견해에 맞설 의도를 가지고 글을 쓴다. 첫째는 시민적/정치적 권리가 경제적/사회적/문화적 권리보다 우선한다는 견해이다. 둘째는 적극적 자유와 소극적 자유를 구별하면서, 소극적 자유를 명백히 우선시한 이사야 벌린의 구분이 지금도 생명력을 가진다는 견해이다. 셋째는 권리라는 것이 의무나 책무와 완전히 별개라는 견해이다. 이런 유형의 사고방식을 깨뜨리기 위해, 슈는 권리를 기본적인 것과 그렇지 않은 것으로 나눠서 생각해 보라고 한다. "기본적인 권리"를 그는 이렇게 정의한다.

기본적인 권리는 …… 모든 개인이 나머지 인류를 상대로 발하는 최소한의 분별 있는 요구이다. 이것은 정당화될 수 있는 요구의 합리적 근거로서, 자신을 존중하는 사람이라면 이것을 부인하는 태도를 받아들이지는

____

127) Ibid., 24.

않으리라고 기대하는 편에 일리가 있다. 어떤 일이 이토록 중요해야만 하는 까닭이 있을까? 어떤 권리가 여기서 말하는 것처럼 기본적이라는 것은 다른 권리들을 향유하는 데 이 권리들의 향유가 필수적이기 때문이다. 어떤 권리가 진정으로 기본적이라고 할 때, 그 기본권을 희생함으로써 어떤 다른 권리를 향유하려는 시도는 그야말로 자가당착으로서 자체의 밑바탕을 스스로 무너뜨리게 될 것이다. 그러므로 만약 어떤 권리가 기본적이라면, 여타 비기본적인 권리들은 그 기본권을 확보하기 위해 필요하다면 희생될 수 있다. 그러나 비기본적인 권리의 향유를 확보하기 위해 기본권이 희생될 수는 없다.128)

슈가 "필요"라는 단어를 특정해서 사용하지는 않고 있지만, 그의 논증은 인간에게 실제로 어떤 것들이 필요하고, 따라서 인간이 애당초 어떤 의미 있는 권리를 가지려면 그처럼 필요한 것들에 대한 권리가 인정되고 존중받아야 한다는 식의 구조로 짜여 있다. 그는 권리들 자체의 고유한 가치 또는 그 향유의 가치에 근거한 서열을 세우고자 하는 것이 아님을 분명하게 밝힌다. 기본권이기 위한 유일한 기준은 여타 모든 가치들을 향유하기 위해 그것이 필수적이다, 즉 필요하다는 점뿐이다.

정치적/경제적 권리, 적극적/소극적 권리, 심지어 권리들을 녹색, 적색, 청색 "세대"로 나누는 등, 종래의 범주들을 기본권은 관통한다. 안전과 생존에 관한 권리가 가장 쉬운 예이다. 우리의 물리적 안전이 존중되고 보호받지 못한다면 어떤 다른 권리를 주장한다는 게 의미를 가질 수 없다. 이는 홉스가 강조한 바인데, 그는 안전을 위해 모든 정치적 권리들을 포기해야 한다고 생각한 반면에 슈는 그래야

---

128) Henry Shue, *Basic Rights : Subsistence, Affluence, and U. S. Foreign Policy* (Princeton, NJ : Princeton University Press, 1980, 1996), 19.

할 필요는 없다고 본다.

슈에게 중요한 사항은 사람들이 남들에게 물리적으로 공격당하지 않도록 만드는 데 그치지 않는다. 생존권에도 똑같은 논증이 적용된다. "최소한의 경제적 안전, 또는 생존이라는 단어로 내가 의미하는 바는 오염되지 않은 공기와 물, 적절한 의식주, 그리고 최소한의 예방적 건강관리"라고 그는 말한다.[129]

슈는 적극적 권리와 소극적 권리의 구분을 소모적이라고 본다. 벌린의 생각에, 적극적 권리라는 것은 실효를 가지려면 다른 개인들이나 공동체 또는 국가가 어떤 행위를 해줘야 하는 것이다. 반면에 소극적 권리는 단지 개인들을 내버려 두기만 하면 된다. 사람들이 다른 개인들이나 공동체나 국가로부터 간섭을 받지 않기만 하면 되는 것이다. 이렇게만 봐도 드러나듯이 벌린은 소극적 자유를 우선시하며 더욱 기본적이라고 본다. 이는 사람들로 하여금 기본권과 상관되는 의무가 없다고 잘못 추정하도록 이끈다고 슈는 주장한다. 실상은 정반대로, 우리에게는 다른 사람들의 기본권을 박탈하지 말아야 할 의무와 함께, 남들을 박탈에서 보호하고 기본권이 박탈당한 사람을 원조할 의무가 있다는 것이다. 만약에 권리들이 슈가 제창하는 의미에서 실로 기본적이라고 한다면, 사람들을 박탈에서 보호하고 원조하기 위해 적극적인 행동을 취하지 않는 것은 도덕적으로 변명할 길이 없을 것이다. 이처럼 슈는 의무라는 것은 "오직 자신에게만 책임지는 각 개인"의 자기이익에 기반을 둔 모든 논증보다 상위에 있다고 주장한다. 나아가 만약 사람들이 살아가는 데 필요한 음식과 주거를 박탈당했을 때, 단순히 그들에게 투표권을 박탈하지 않는 정도

---

129) Ibid., 23.

로는 치유책이 될 수 없다. 그런 식의 접근은 개인적으로든 집단적으로든 남들에 대한 의무를 회피하는 수법일 뿐이다. 어떤 사람들에게 권리의 전체 구조가 무너져 내리고 있는데 개입하지 않고 관찰만 하는 셈이다.

위에서 지적했듯이 슈의 주안점은 안전권과 생존권에 있다. 부유한 "북대서양" 나라들이 외교정책에서 방기하는 권리가 이것들이라고 보기 때문이다. 그렇지만 그는 서방 열강들이 우선시하는 자유에도 문제를 제기한다. 슈는 두 개의 중요한 논증을 펼친다. 첫째, "몇 가지 자유에 대한 권리의 향유는 안전과 생존의 향유에 의존한다. 역으로 안전과 생존의 향유도 몇 가지 자유에 대한 권리에 의존한다."130) 이 논증의 전반부와 관련해서, 굶고 있는 사람에게 투표권이 유용할 수 없다는 점은 이미 살펴봤다. 하지만 안전과 생존을 위한 수단을 자기 자신, 가족, 또는 자기가 속한 집단에게 (사냥터를 빼앗긴 북미 원주민들의 예를 생각해 보라) 보장하려면 이동의 자유가 필요할 수도 있다. 단, 이 관계가 대칭적이지는 않다. 모든 자유권은 안전권과 생존권이 보장된 다음에 의미를 가진다. 그러나 안전과 생존은 자유권 가운데 일부에만 의존한다.

둘째, 홉스와는 달리, "안전과 생존을 관장하는 일에 실효적으로 참여할 권리가 없이 안전권과 생존권을 온전히 향유하기는 불가능하다."131) 선의의 —홉스식으로 부르자면 합리적으로 이기적안— 독재자들이 안전과 생존이라는 선(善)을 넘겨주리라고 믿으면 안 된다. 독재체제는 이 점에서 아주 형편없는 경험적 기록을 남기고 있을 뿐

---

130) Ibid., 70.
131) Ibid., 75.

만 아니라, 더욱 근본적으로 권리라는 것은 하나의 요구인 만큼, 요구하는 사람들이 무엇을 요구하고 있는지에 따라 행동하고, 그러지 않는 사람들에게 알릴 수 있는 통로가 열려 있어야 하기 때문이다.

이와 같이 슈는 안전과 생존에 대한 존중을 정치적 민주주의로 결부시킨다. 하지만 어떤 종류의 참여여야 충분한지에 관한 논의까지 이어지지는 않는다. 루소라면 선거 과정을 통한 간접 참여 정도로는 안전과 생존이 결국 인정받지 못하게 될 것이며, 서방 세계에 살고 있는 우리를 슈 자신이 비판하고 있는 처지로 내몰게 되리라고 평했을 텐데, 슈는 그와 같은 간접 참여를 옹호하지 않는다. 루소는 안전과 생존의 인정이 보장될 수 있는 체제로는 직접 참여가 유일하다고 봤지만, 슈는 직접 참여를 옹호하지도 않는다.

자신의 논증에는 이론적인 수준에서 "영글지 않은 대목"(soft spot)이 있다고 슈는 인정한다. 만약 경험적 세계에서 참여와 이동의 자유를 존중하는 정부보다 권위주의적인 정부 또는 독재 정부가 안전과 생존을 더 잘 보호하는 것이 사실이라면, 그런 정부가 실지로 더 바람직하다고 한 홉스의 주장을 자기도 수용해야 하리라는 점이다. 그렇지만 역사적 기록을 근거로, 그런 일은 앞으로도 없으리라는 쪽이다.

슈가 보전하고 싶어하는 가장 풍부한 여지는 참여와 민주주의를 얘기하면서 안전이나 생존과는 유리된 정치적 자유라는 영역에만 국한하지 말아야 한다는 가능성이다. 안전과 생존을 확보할 수 있는 가장 확실한 방법은 어쩌면 안전권과 생존권을 보장해 주리라고 기대되는 경제적 제도들에까지 민주적 참여의 권리를 연장하는 데 있을 것이다. 이와 같은 사유의 연장선에서 로버트 달은 정치적 민주주의를 위한 모든 변론은 경제적 민주주의를 위해서도 타당하다고 주장한 바가 있다.132) 이에 관해서는 제5장에서 논의할 것이다.

요한 갈퉁은 필요와 권리 사이의 관계에 관해서 베이나 슈에게서 볼 수 있는 것보다 훨씬 복잡한 논의를 전개한다. 그는 이 주제를 규범의 확립이라는 관점에서, 다시 말해 필요에서 권리로 규범이 이동하는 과정이라는 틀 안에서 파악한다. 전통적으로 이 과정에서는 네 가지 서로 다른 요소들이 작용했다. 첫째는 "규범 송출자"이다. 갈퉁은 UN 총회 그리고 국제노동기구를 비롯한 여타 UN의 기구들이 보편적 (국지적이 아니라) 규범의 송출자라고 여긴다.133) 인권이 무엇으로 구성되는지를 이 기구들이 문서의 형태로 규정한다는 것이다.

둘째는 "규범 접수자"이다. 각개의 정부들은 갈퉁에게 규범 접수자들이다. 송출자가 작성한 문서들을 각 정부는 읽고 자신의 행태를 그에 따라 조율해야 한다. 셋째로는 "규범 객체"가 있다. 이는 개인들을 가리키는데, 갈퉁은 인권을 보유하는 주체는 오직 개인들이라고 본다. 마지막으로는 "규범 내용"이 있다. 이를 통해 특정한 행태들 가운데 어떤 것이 그 규범과 부합하고 어떤 것이 규범 위반에 해당하는지가 가려진다. 전통적으로 이 과정은 하향식/위계적 과정이었다. 갈퉁은 그와 같은 위계적 과정을 "알파" 과정이라고 부른다.

그런 다음 갈퉁은 이 과정 안으로 편입되어 권리라는 자격을 권위

---

132) Robert A. Dahl, *A Preface to Economic Democracy* (University of California Press, 1994). [이 책은 『경제민주주의』 (탐구당, 1990), 『로버트 달의 경제민주주의』 (인간사랑, 1995), 『경제민주주의에 관하여』 (후마니타스, 2011)등으로 번역되어 있다. 번역본들의 제목이 어차피 통일되어 있지 않기 때문에 여기서는 원제에 충실하게 『경제민주주의 서설』 이라고 지칭한다.]

133) Johan Galtung, *Human Rights in Another Key* (London : Polity Press, 1994), 19.

적으로 이미 인정받은 필요들을 분류한다. 그는 먼저 물리적 필요와 비물리적 필요를 나누고, 이어서 행위자에 의존하는 필요와 구조에 의존하는 필요를 나눈다. 이로써 다음과 같은 표가 얻어진다.

<표 2.1> 필요(와 그 반의어)의 유형

	행위자에 의존	구조에 의존
물리적	생존 (폭력)	복지 (비참)
비물리적	자유 (억압)	정체성(소외)

출전 : Johan Galtung, *Human Rights in Another Key* (London, Polity Press, 1994), 57.

이 과정은 전통적으로 서방의 법률적이고 위계적인 (갈퉁의 어휘로는 "수직적") 규범에 근거를 두어왔다. 규범 송출자가 꼭대기에 있고 일상적인 개인들은 규범의 객체로서 바닥에 놓인다. 정부 안에서 일하는 개인들은 규범을 위반하면서 개인들에게 피해를 준 비행에 대해서 책임을 진다. 그렇지만 이런 종류의 과정에서는, 직위를 가진 개인들이 일반인에게 피해를 주려는 의도를 가지지는 않고, 단지 그들이 묵과하고 넘어간 구조의 결과로 발생하게 된 권리 침해를 포착해 내기가 훨씬 어렵다. 그러나 비참과 소외를 묵과한다는 것은134) 피해와 고통으로 점철된 세계를 의미한다. 이미 규범으로 확

---

134) 비참이란 복지 필요의 박탈이다. 복지 필요는 영양, 물, 공기, 이동, 배설, 수면, 섹스, 자기표현, 대화, 교육을 향한 필요이며, 기후, 환경, 질병, 그리고 품위를 떨어뜨리고 짜증 나는 중노동으로부터 보호받을 필요이다. 소외란 정체성 필요의 박탈이다. 정체성 필요는 자기표현, 창조성, 실천, 작업, 자아실현, 잠재력 구현, 복지, 행복, 기쁨, 능동성, 도전, 경험, 호감, 사랑, 섹스, 친구, 배우자, 후손, 뿌리, 소속감, 연결망, 지지, 체면, 사회 세력에 대한 이해력, 사회적 투명성, 자연과의 연대감, 목적의식, 삶의 의미, 초개인적이고 초월적인 존재에 가까워진다는 느낌을 향한 필요이다. Ibid., 73. 갈퉁은 이런 것들이 필요라고만 말할 뿐, 이 모두가 인권으로 번역되어야 한다고는 말하지 않는다.

립된 권리들을 더욱 효율적으로 만들고자 인권의 목록을 제한한다는 발상(크랜스턴), 또는 적극적 자유보다는 소극적 자유에 초점을 맞춘다는 발상(벌린), 또는 사회적/경제적/문화적 권리의 개념을 거부한다는 발상(미국 정부) 등에 의해서 비참과 소외에 대한 묵과가 정당화된다는 사실은 우리가 이미 살펴본 바와 같다.

피해와 고통의 구조적 근원을 법률주의적이고 수직적인 알파 과정이 처리하기는 어렵기 때문에, 갈퉁은 인권에 관해 다른 방식으로 생각하자고 제안한다. 어떤 필요를 인권으로 바꿔 내는 과정에 관해 다른 방식으로 생각해 보자는 것이다. 모든 사람이 규범-객체일뿐만 아니라 동시에 규범-주체이자 규범-송출자가 될 기회를 가지는 탈집중화된 과정을 제안한다.135) 이는 규범을 결정하는 가장 근본적인 과정에서 능동적인 행위 주체로 참여할 필요를 충족시킬 수 있는 하나의 길이 될 것이다. 이는 개인들만이 아니라 국제사면위원회라든지 인권감시단과 같은 기구에게도 적용된다. 이렇게 갈퉁은 더욱 민주적이고 더욱 다원적인 과정을 통해 필요들 가운데 (필요 가운데 어떤 것은 권리가 아니고 어떤 것은 권리로 되지 말아야 하며 권리 중에는 필요가 아닌 것도 있음을 그는 주저 없이 인정한다) *어떤 것들이* 인권으로 변환되도록 하자고 제안한다.

이와 같은 제안들이 확립될 수 있는 길로 갈퉁은 합의를 기대한다. 인권과 인간의 필요를 더욱 수평적이고 탈집중적이며 참여적인 방식으로 결합하기 위해 보편성이라는 요소를 상당히 희생할 용의를 보이는 셈이다. "인권적 사유를 지역의 규범문화 안으로 일관되게 번역해 내는 것이 우리의 목표인데, 예컨대 국제인권장전에 내포된

---

135) Ibid., 100.

것과 같은 보편성보다는 기본적 필요를 권리로 인정받도록 하는 것
을 강조한다. 그는 지역의 문화와 역사적 맥락에 맞춰 특화된 개별
적인 인권들이 어쩌면 보편적 인권들만큼 중요할 수 있다"고 쓰고
있다.136) 이 점을 인정하게 되면 각 공동체 내부에서 그리고 공동
체들 사이에서 지역적 참여와 연대를 열어갈 수 있을 텐데, 이는 권
리를 순전히 거시적 수준에서 개념화해서는 불가능하다는 것이다.
그러면서도 그는 보편주의와 특수주의 사이에서 일종의 변증 또는
매개를 위해 관건이 될 수 있는 점을 하나 덧붙인다 : "그러나 하나
의 접근이 다른 접근을 배제하는 것은 아니다. 이것 아니면 저것이
아니라 둘 다인 것이다."137)

갈퉁의 제안은 실로 대단한 상상력의 소산이다. 그러나 의문스럽
거나 흐릿한 요소들이 몇 개 있다.

첫째, UN 또는 그 기구들을 "규범 송출자"로 여기기보다는 거기
에 대표를 보내서 인권 선언이나 인권 규약들에 찬성하고 비준하는
국가들을 "규범 송출자"로 봐야 한다고 주장하는 사람들이 있다. 이
주장이 맞는다면, 위계는 각국 내부를 관통해서 정부와 각 정부가
대변한다고 주장하는 인민 사이에 있게 될 것이다.

둘째, "모든 사람은 자기 나라 정부에 직접적이든 아니면 자유롭
게 선출된 대표를 통해서든 참여할 권리를 가진다"고 정한 「세계
인권선언」의 조문을 갈퉁은 필요의 표현이라기보다는 "사회정의 규
범"이라고 자리매김한다. 이는 슈와 다른 입장이다. 슈는, 어떤 필요
를 공인할지 결정하는 과정에서 배제된다면 바로 그 공인 자체를 위

---

136) Ibid., 113.
137) Ibid.

태롭게 만든다는 이유에서, 참여 자체가 하나의 필요가 된다고 주장한다. 그런데 내가 갈퉁을 독해한 바로는, "사회정의"라는 개념과 "인권"이라는 개념 사이에 어떤 관계가 있다는 것인지, 두 개념이 같은지 아니면 다른지에 관해 명료한 입장이 표명된 적이 전혀 없다.[138] 해방신학자들이 "사회정의"라는 표현을 사용할 적에 그들은 인권을 말하고 있는 셈이라고 나는 앞에서 주장한바 있다. 인권에 경제적/사회적/문화적 권리가 포함되는 것으로 이해하고, 아울러 "사회정의"라든지 "인권"이라는 문구들이 박탈당한 사람들의 필요에 신경을 써야 한다는 적극적인 도덕적 의무를 내포한다면 당연히 그렇게 봐야 할 것이다. 그렇지만 갈퉁은 사회정의 규범들은 "필요의 표현이 아니라 사회구조의 구성을 규율하는 가치의 표현"이라는 입장을 견지한다.[139] 이것을 그가 하나의 *정치적* 권리로 보는 까닭이 사회정의 규범과 권리 규범 사이의 차이를 예시하기 위함인지가 궁금하다. 통상 우리는 사회정의 규범을 경제적/사회적/문화적 권리와 결부시키기 때문이다.

셋째, "오직 개인들만이 필요의 박탈과 충족을 느낄 수 있다"고 한 갈퉁의 주장도 궁금증을 자아낸다. 그 자신이 집단들에게도 필요를 표현할 여지를 열어주고 특수주의와 사회연대에 신빙성을 부여하고 싶어하기 때문이다. 한 부족 또는 하나의 종족 집단이 거의 모든 구성원 또는 정당한 대표자들을 망라한 내부적 논의를 거친 이후에 정치적, 경제적, 사회적, 또는 문화적 권리를 인정받을 필요를 표현한다고 할 때, 개인들의 표현으로 환원될 수 없는 경우는 정녕 없을

---

138) Ibid., 85, 90.
139) Ibid., 85.

까? 다른 예로서, 민족자결권의 경우를 보자. 민족자결의 필요를 표현하는 것이 실로 개인들일 뿐인가? 그렇다고 주장할 사람도 있을 것이다. 하지만 그런 사람들은 특정한 연대의 표현과 특정한 역사적 맥락에 근거해서 특정한 지역적 인권을 옹호하는 주장에 대해 갈퉁이 표명하는 것처럼 개방적인 자세를 표명하기는 어려울 것이다.

갈퉁에 대한 이러한 비판들은, 중요하지 않은 것은 아니지만 그의 책이 최근 인권에 관해 나온 저술 중에서 가장 상상력으로 충만한 작품 가운데 하나이고, 나아가 어쩌면 가장 상상력으로 충만한 작품 일지도 모른다는 점을 감안해야 한다.

담론의 포용성

법과 민주주의에 관한 저서 『사실과 규범 사이 : 법과 민주주의의 담론이론』에서 위르겐 하버마스는 한 장을 할애해서 권리를 다룬다. 오늘날 세계는 종교적으로 신성시되는 자연법에도 의존할 수가 없고, 세속화된 판본의 자연법에도 의존할 수 없으며, 그렇다고 선(先)정치적인 절대 원칙을 전제로 삼는 계약이론에도 의존할 수가 없기 때문에, 법과 정치라고 하는 질문들과 관련해서 정당성의 근거가 되는 원칙으로서 우리에게 남은 것은 오로지 "합리적 담론, 다시 말해 소통적 행동 자체의 반성적 형태"뿐이라고 그는 주장한다.140) 인권이든, 법률이든, 인민주권의 조건 아래 채택된 결정이든 규범을 정당화할 수 있는 유일한 길은 일정한 담론의 과정으로서, 그러한

---

140) Jürgen Habermas, *Between Facts and Norms, Contributions to a Discourse Theory of Law and Democracy*, trans. William Rehg (Cambridge, MA : MIT Press, 1996), 98.

과정 안에서 우리는 서로서로 선량한 이치를 주고받는 가운데 도덕적 옳음을 찾아가야 한다는 말이다.[141]

그 책의 주목적은 현대 법의 정당성을 확립하려는 데 있다. 현대의 법은 오직 두 가지 사항, 인권과 인민주권에 의해서만 정당화될 수 있다고 그는 주장한다. 따라서 법, 인민주권, 그리고 인권 사이에는 삼각적인 내면관계가 있다. "내면관계"란 세 항목 모두 다른 항목의 일부분에 근본적으로 의존한다는 뜻이다. 법은 체제 내 구성원 각자가 나름의 생각을 거쳐서 도달한 의지를 모아 충분히 높은 수준의 일반성으로 끌어 올려야 한다. 이는 모든 사람의 이익과 표명된 의지를 동등하게 인정해야 한다는 말이다. 인민주권은 입법과정에 참여할 권리를 함축하는데, 이때 입법과정이란 권리를 단순한 주장의 수준을 넘어 함께 살아가는 사람들을 위해 헌법적 기초를 형성하는 공인된 규범의 수준으로 끌어 올리는 과정이다. 법이 없다면 권리는 특정인의 주장에 불과하여 거부하더라도 일반적 규범에는 위배되지 않게 될 것이며, 인민주권이 없다면 권리는 필연적으로 편파적이 될 것이다. 실제로 왕의 권리 대 귀족의 권리, 또는 영주의 권리 대 농노의 권리 등 권리가 신분에 근거를 두었듯이, 17세기의 대혁명들이 일어나기 전까지 권리는 편파적이었다.

모든 사람의 이익을 동등하게 고려하고, 담론을 통해서 우리가 법이라고 부르는 규범 아래서 함께 사는 공동체의 구성원으로 각 개인

---

141) 앞서 나온 그의 다른 저술에 따르면, 인지적 진리를 위해서도 마찬가지이다. 인지적 진리에 대한 그의 담론적 접근이 가장 명료하게 표명된 작품은 아마도 『커뮤니케이션과 사회진화』(*Communication and the Evolution of Society*, trans. Thomas McCarthy, Boston : Beacon Press, 1976)일 것이다. 이에 비해 『사실과 규범 사이』는 제목이 시사하듯이, 인지적 진리보다는 규범적 "진리"에 초점을 맞춘다.

들을 동등하게 인정하는 데에 규범적인 관건이 있다. 그는 이렇게
쓴다.

> 담론 원칙의 해석으로부터 민주주의의 원칙이 파생하고 …… 오직 민주
> 주의의 원칙만이 권리들의 *체계*에서 중심이 된다. 이러한 권리들의 논리
> 적 기원은 하나의 순환과정으로서, 그 과정 안에서 법전이라고 하는 법률
> 형식과 함께 정당한 법률을 생산하는 메커니즘, 즉 민주적 원칙도 *동시기*
> *원적으로* 구성된다.[142]

지금까지의 이야기가 추상의 영역에 속하고, 그중에서도 매우 형
식주의적인 추상임을 하버마스도 인정한다. 그런데 그는 구체적인
이야기를 시도할 때에도 "법률형식"이라는 개념을 지렛대로 삼는다.
법전의 프리즘을 통해 그는 "*추상적* 권리"(right in the abstract)라
는 것을 도입하는데, 이 권리가 법률적 인격을 정의하고, 그럼으로써
다시 법전을 생성하게 된다. 그리하여 그는 "기본권"에 관해 슈와는
아주 다른 서열에 도달한다.

가장 기본적인 권리는 "평등한 개인적 자유들을 가능한 최대화할
수 있는 방책"을 확보해 주는 부류이다. 다음 순서로 두 가지 필연
적인 것들이 뒤를 잇는다. "법에 따라 자발적인 동료들의 결사에 속
한 *구성원의 신분*을 정치적으로 자율적인 방식으로 규정한 데서 따
라 나오는 부류의 권리" 그리고 "개인에 대한 *법률적 보호*를 정치적
으로 자율적인 방식으로 규정한 데서 즉각적으로 따라 나오는 부류
의 권리"가 그것이다.[143] 이런 권리들이 있어야 법률에 복종하는
주체들, 서로를 법률의 "*수취인*"으로 인식하는 (루소가 말한 특수주

---

142) Habermas, *Between Facts and Norms*, 121~122.
143) Ibid., 122.

의적 개인들이 이러한 예일 것이다) 사람들에게 사적인 자율성을 보장한다. 법률의 수취인이란 다른 사람들과 상호관계에서 법의 무게를 끌어들이는 사람들이다.

이렇게 법에 복종하는 주체들을 단순히 법의 수취인이 아니라 법의 저자로 (루소가 말한 시민들이 주권 행사에 직접 참여하는 경우가 그런 예일 것이다) 세우기 위해 필요한 부류의 권리가 다음 순서의 기본권이다. 이는 "의견과 의지형성의 과정에 참여할 동등한 기회"를 부여하는 부류의 권리로서, 그러한 과정 안에서 "시민들은 정치적 자율성을 행사하고" 그 과정을 통해서 "정당한 법이 생성된다."[144] 여기서 "자율성"이라는 것이 사적인 의미가 *아니*라는 점에 주목하라. 그것은 대단히 공적인 개념으로 사용되고 있다. 각 개인이 스스로 옳거나 좋다고 생각하는 바를 공공의 영역에서 자유롭게 말하고, 더 나은 논증을 만났을 때에만 자신의 견해를 자유롭게 바꾼다는 의미이다. 자율성이란 공공의 공간으로부터 사적인 관심사로 물러난 단자(單子)의 퇴거가 아니다. 그런 퇴거를 하버마스가 금지할 리는 없지만, 합리적 규범-설정 과정으로부터 소외된 병리현상으로 여길 것이다.

마지막 부류의 기본권은 "현재의 여건에서 시민들이 시민권을 활용하려면 필요한 만큼의 생활수준을 사회적으로, 기술적으로, 생태적으로 보장받을" 권리이다.[145] 이 범주는 "상대적인 의미에서만 정당화될 수 있는 것"이라고 하면서 그 책의 마지막 장에서 더욱 자세히 다루겠다고 말하지만, 이 약속은 지켜지지 않았기 때문에 중요한

---

144) Ibid., 123.
145) Ibid., 123.

이론적 결함이 하나 남아 있는 셈이다.

하버마스는 인권을 논의하다가 권리의 구체적 사례들을 열거하는 방향으로 걸핏하면 빠져드는데, 그가 열거하는 권리들은 결국 시민권일 뿐이다. 루소 역시 자연권에서 시민권으로 흘러간 것이 맞다. 그러나 루소에게 그 전환은 사람들이 계약에 가입하는 대가로 정교하게 고안된 결과였다. 하버마스가 담론적 공동체를 강조하는 것은 아주 루소적이다. 그러나 앞에서 언급했듯이, 그는 과거의 자연권을 세속적으로 번역하는 계약이라는 관념을 거부한다. 현대 세계에는 설자리가 없다는 것이다. 이로써 그에게는 여전히 개별성과 공동성 사이의 문제가 남는다. 인권에 관해 말할 때 우리는 주권의 경계, 다시 말해 어떤 주어진 담론적 정치공동체의 한계에 대해 도전할 권리에 관해서 말하고 있는 것이다.

하버마스가 이 점 때문에 많은 비판을 받은 것은 분명해 보인다. 독일어판이 출간되고 1년 후, 독자들로부터 반응을 들어본 다음에 작성된 추기(追記)가 영어판에는 붙어 있는데, 거기서 이 문제를 다시 다루고 있기 때문이다. 헌법적 권리들은 "제정된 실행규범"이기 때문에 개별적인 법률공동체 내부에서는 타당하지만, 그렇다고 해서 "고전적 자유권의 보편적 의미"가 축소되지는 않는다고 답했다. 그의 말을 인용한다.

고전적 자유권에 있는 인권적인 내용과 본시 하나의 민족국가에게 국한되는 실정법으로 나타난 그 형식 사이에 괴리가 있는 것 같지만, 우리는 바로 그 괴리 때문에 담론적으로 근거를 갖춘 "권리의 체계"가 해당 국가 단 한 나라의 헌법을 넘어 권리의 세계화를 지향한다는 점을 깨닫게 된다. 칸트가 간파했듯이, 기본권은 거기 담긴 의미론적 내용으로 말미암아 국제적으로 법에 따라 관리되는 "세계인의 사회"를 요청하게 된다. 유엔의 「인권선언」을 기초로 실행 가능한 권리의 목록을 작성하려면, 단순히 국제재판소만으로는 불충분하다. 개별 주권국가들의 시대가 유엔을 통해 종언을 고하고, 유엔이 결의안의 통과만이 아니라 실제로 집행하고 강제할 수 있게 되었을 때에만 비로소 국제재판소들이 적절하게 기능할 수 있을 것이다.146)

이 인용문에서 하버마스는 개념적 주장에서 실천적 관심으로 이동하면서 중간을 이어주는 논증은 충분히 제시하지 않는다. 그 책의 핵심 부분에서 그가 취하고 있는 입장을 감안할 때, 그런 논증을 시도하려면 굉장히 심각한 장애물 몇 개를 처리해야 할 것이다. 첫째, 주권적 공동체 안에서 담론적으로 제정된 실정법에 권리를 너무 깊숙이 끼워 넣어서, 법 바깥에는 아무 권리가 없다고 한 벤담의 입장에 빠질 위험이 있다. 법률이론가인 드워킨조차 법만이 아니라 법에 대항하는 (즉, 시민적 불복종) 행태들도 권리의 확립에서 중요하다고 본다는 사실에 비추면, 실지로 하버마스는 드워킨보다도 더 법률의 한도 안에 묶여 있다. 하버마스의 이전 작품, 특히 "신사회 운동"을 다룬 저술들을 보면 집단들이 자기네 "생활—세계"를 위협하는 지배 체제에 맞설 권리를 확립하기 위해 싸운다는 투쟁의 관념이 있었다.147) 반면에 『사실과 규범 사이』에서는 권리를 위한 투쟁이라

---

146) Ibid., 456.

147) 하버마스의 "New Social Movements", *Telos* 49, 1981, 33~37을 보라. 하버마스가 "생활—세계"라는 표현을 사용하는 방식에는 적어도 두 가지 서로 다른 갈래가 교차한다. 하나는 인간의 도덕적/실천적 역량이라는 논지를 부각하기 위한 개념으로 사용하는 방식이다. 다른 하나는 공간적 은유로서, 생소한 제국주의적인 논리와 언어를 가지고 밀려오는 외부 체계의 침입에 맞서 보위되는 영역을 표상한다. 이에 관해서는 A. Belden Fields, "In Defense of Political Economy and Systemic Analysis : A Critique of Prevailing Theoretical Approaches to the New Social Movements", Cary Nelson and Lawrence Grossberg, eds., *Marxism and the Interpretation of*

는 개념이 오늘날 민족국가들의 대의제적-입법적 과정에서 현시되는 담론적 개념에 자리를 양보하고 있다. 입법적 또는 의회적 과정 바깥에 훨씬 더 중요한 담론의 공공세계가 있고 거기서 나오는 목소리가 실제로 경청되어야 한다고 하는 유토피아적인 환상이 하버마스에게는 있다. 하지만 이것은 그야말로 하나의 상상, 혹시나 찾아올 수도 있는 미래의 조건을 그려보는 것에 불과하다. 지금 여기에 관해서 말하면, 크고 복잡한 민족국가들 안에서 작동하는 담론 모델에 우리가 최대한 가까이 접근한 결과가 현실의 의회 과정 정도라는 결론에서 하버마스는 빠져나올 길이 없다. 하버마스가 제안한 것과 같은 종류의 권력을 유엔이 사용할 수 있다면 아주 좋은 일인지는 모르겠으나, 하버마스의 제안과 같은 합리적-담론적 모델에 따라서 어떻게 그런 일이 성사될지를 궁리해보면 마음이 무거워진다.

더구나 페미니스트 이론가 몇 명이 지적한바 있듯이, 한편에서는 인종, 종족, 성별, 성적 취향 등등에 기반을 둔 특수주의적 차이들로 이루어진 복합사회를 염두에 두면서, 내부에 발본적으로 서로 다른 문화적 규범들을 안고 가는 국제적 질서를 다른 한편으로 염두에 두고, 이 두 차원에 *공히* 적용될 수 있는 권리이론을 찾고자 할 때, 하버마스의 보편주의적 극(極)합리주의는 지나친 제약을 강요하게 될 수도 있다. 감정이입이나 연대감과 같은 정서적인 특질들이 차이의 경계선을 넘나들 수 있다는 사실은 국가의 경계선과 관련해서도 그럴 수 있기 때문에 하버마스가 사회적/문화적 구분을 초월하는 것으로 여기는 합리적 원칙이나 논증의 규칙들과 동등하게 중요할 수 있

Culture (University of Illinois Press, 1988), 141~156, 특히 145~149를 보라.

다. 그는 갈퉁이 제안한 것과 같은 연결고리의 가능성을 보지 못하는 것 같다.

요약하자면, 하버마스는 한편으로 작고 동질적인 농경 사회에 적용될 수 있는 담론적 공동체 주권이라고 하는 루소적인 비전과, 다른 한편으로는 인간 정신이 제대로 작동하게 되면 문화나 감성을 완전히 초월한다는 추정을 전제하고서 의지형성의 합리적 규범에 주목하는 칸트적인 보편주의 사이에서 덫에 걸려 있다.

제5절 맺음말

이 장에서 우리는 20세기에 전체주의, 세계대전, 인종청소 등이 미증유의 방식으로 인권을 어떻게 침해했는지를 살펴보았다. 이러한 가혹행위에 승전국들이 어떻게 대응했는지도 살펴보았다. 그들은 처음에 뉘른베르크 재판으로써 대응했고, 다음에는 유엔의 여러 기관들이 공포한 결과 인권에 관한 규범을 세우게 된 여러 문서들로써 대응했다. 이들 문서에서 핵심 개념은 인간의 존엄성이다. 그러나 다양한 협약에 금지 조항과 적극적인 의무 조항이 명문화되어 있을 뿐, 인간의 존엄성이라는 개념이 어디에서 근거한 것인지 밝힐 노력은 없었다. 그런 근거를 밝혀야 할 필요도 없었다. 그 문서들은 국제적인 포럼에 모인 각국의 지도자에 의해서 작성되었기 때문이다. 그들은 논문을 쓰는 신학자도 아니고 윤리철학자나 정치철학자도 아니었다.

그렇지만 근거의 문제는 많은 사람들에게 중요하다. 엄청난 규모의 인권 침해는 "신은 죽었다"는 생각에 고개를 끄덕이게 했다. 인간 이성의 잠재력를 신봉한 계몽주의를 의문시하는 풍조도 여기에 겹쳤다.

따라서 인권의 근거를 마련하는 일은 진정한 문제가 되었다. 어떤 사람들은 과거의 예를 찾아 종교적 신앙이나 세속적 믿음에 귀를 기울인다. 그것이 최선이라고 보아 그러기도 하고, 최선은 아닐지언정 적어도 충분한 근거는 된다고 보아 그러기도 한다. 다른 사람들은 인권이라고 불리는 것을 고수해야만 할 이론적인 이유를 더욱 정교한 형태로 제시하지만, 합리주의적 근거에 의지하지는 않는다. 세 번째 부류는 합리주의적 근거를 제공하고자 시도한다. 이런 이론가들은 인권 중에서 어떤 특정한 요소, 자유와 주체성, 평등, 인간의 필요, 그리고 담론의 포용성과 같은 하나의 요소에 주안점을 두고 인권을 바라보는 경향이 있다.

다음 장에서는 인권의 근거를 찾는 다른 방식의 접근을 제안하고자 한다. 이 접근법에 나는 "전체론적"이라는 이름을 붙였다.

제3장

인권을 향한 전체론적 접근

제1절 개관

이 장의 목적은 인권을 전체론적으로 파악하기 위한 바탕을 명제의 형태로 제시하는 데 있다. 나는 다음 세 가지에 빠지지 않으면서 이를 시도하고자 한다. 과거의 자연법/자연권과 같은 이상주의적 논증에 빠지지 않을 것이다. 시간과 문화의 경계를 관통하여 어떤 불변적인 특성을 가지는 것으로 인간을 파악하는 인본주의적 본질주의에도 빠지지 않을 것이다. 인간을 주어진 순간에 당사자들이 속한 문화에서 생겨난 구성물 이상으로는 보지 않는 상대주의, 인권에서 문화를 관통하는 중요성을 박탈하는 견해에도 빠지지 않을 것이다.[148]

---

148) 볼프-디터 나르(Wolf-Dieter Narr)와 나는 1992년에 "Human Rights as a Holistic Concept"(*Human Rights Quarterly*, XIV, 5, Feb. 1992, 1~20)라는 제목의 논문을 발표했다. 이 장의 논증은 그 논문에서 전개된 논증과 흡

이 장의 논증은 11개의 명제와 각 명제에 대한 해설의 형태로 전개될 것이다.

명제 1 : 모든 인간은 발전의 잠재력을 가진다.

"발전"[149]은 여러 가지 방향으로 나아갈 수 있다. 지적인 발전도 있고, 창조적인 발전도 있으며, 정서적인 발전도 있다. 인간은 겉으로 명백하지 않은 사항들을 이해하기 위해 애를 쓸 수 있다. 이런 일들은 학문의 다양한 분과에서도 일어나지만, 일상생활의 경험에서도 일어난다(예컨대, "아마추어" 기계수리공 또는 자연주의자). 자연을 이해하려고 노력한 결과 인간이 행할 수 있게 된 일들을 역사적 시각에서 바라보면 믿기 어려운 지경이다. 인간은 우주로 로켓을 쏘아 보낼 수 있고, 달에 사람들을 보내며, 내가 지금 컴퓨터 앞에 앉아서 이 글을 쓰면 컴퓨터가 원고를 기억하고 저장까지 (그럴 가치가 있는지는 접어두고) 할 수 있게 되었다. 그러나 우리가 빈민가 학교에 들어가 자퇴하거나 퇴학 당하고, 대학 또는 고등학문을 연구하는 기관보다는 감옥으로 귀착할 확률이 높다면, 우리 가운데 잠재적인 이론물리학자나 항공공학자가 몇 명이나 될까? 사하라 사막에서 겨우 연명하고 있는 아이들 중에 과학자나 공학자, 또는 사회학

사하다. 나로 하여금 인권을 연구 주제로 삼도록 관심을 이끌어 주고, 이 주제에 관한 자신의 통찰을 나와 공유해 주었다는 점에서, 나는 볼프-디터 나르에게 많은 신세를 졌다. 이 장은 그러한 통찰들을 반영하면서도 그것을 넘어 상당히 멀리 나아간 결과이다.

[149] 발전(deveopment) : 보통 인간의 역량과 관련해서는 깨우친다는 의미가 들어간 계발(啓發)이라는 단어로 번역하지만, 여기서는 영어 단어 development에 내포되는 다양한 의미들을 한꺼번에 가리키기 위해서 대표적인 번역어인 발전으로 옮긴다.]

자, 철학자, 언어학자 따위로 성공할 잠재력이 얼마나 될까? 정확히
는 아무도 모른다. 하지만 우리 모두가 지적인 잠재력을 가지고 있
으며, 잠재력 대부분은 감지되지도 발전되지도 못한 채 사라져 버리
기 때문에, 그 개인과 그가 속한 사회와 그리고 세계 전체가 큰 손
해를 보고 있다는 점은 우리 모두 확실히 알고 있다.

마찬가지로 우리 모두는 창조적인 잠재력을 가진다. 지적인 잠재
력이 그랬듯이 창조적인 잠재력 역시 정확한 본질은 경우에 따라 달
라진다. 재능이 감지되고, 격려와 훈련과 지지를 받는다면 경이로운
화가로 성장했을 사람이 우리 중에는 많다. 잠재력이 감지되기만 했
더라면 극작가, 소설가, 조각가, 작곡가로 성장했을 사람도 많다.

정서적인 잠재력도 있다. 우리의 느낌을 안으로 살피고, 삶에서
감성적인 균형 또는 영혼의 균형을 달성하려고 노력하며, 좋은 인품
을 가꾸고, 남들을 대할 때 긍정적인 태도를 지키며 지지와 조력과
즐거움과 우정과 사랑을 전달할 수 있는 역량이 인간에게는 있다는
뜻이다.

인권이라는 생각이 너무나 배타적이고 너무나 "종 차별적"이라고
여길 동물권리 운동가들의 귀에는 거스르는 이야기일지 모르겠지만,
인간의 지적/창조적 잠재력은 여타 생물종과는 질적으로 워낙 달라
서 실로 인간에게 특유하다고 주장하고 싶다. 침팬지를 상대로 한
실험은 그들도 분명히 생각은 할 수 있고, 어느 정도는 언어를 익힐
수도 있음을 보여준다. 하지만 연구실을 건설해서 자기들이 인간을
상대로 그런 실험을 행한다는 구상은 침팬지의 능력 밖이다. 침팬지
는 학교나 대학이나 학문의 분과 등으로 스스로를 조직한다는 생각
도 할 줄 모른다. 따라서 호모 사피엔스와 여타 영장류 사이에 DNA
의 차이는 아주 작을지 모르지만, 지적 잠재력이라는 차원에서 나타

144

나는 결과는 엄청나다. 침팬지는 매우 사교적인 동물이지만, 그래도 인간에 비해서는 실질적으로 다른 삶을 산다. 계속되는 반복으로 구성되는 그들의 삶이 인간의 삶보다 복잡성에서 낮은 까닭은 의문의 여지없이 그들의 낮은 잠재력 때문이다. 이 차이는 영화 <2001:스페이스 오디세이>에서 잘 드러난다. 이 영화는 원숭이들이 자연적 대상을 도구로 사용하면서 우주선으로 이동하는 장면에서 시작한다. 침팬지들이 우주선을 하나 띄워 달이나 여타 다른 혹성에 착륙시키는 일은 절대로 없을 것이라고 확실하게 말할 수 있다.

마찬가지로 다른 생물종이 인간의 창조적 잠재력을 가지고 있다는 증거는 없다. 인간은 자신의 공간을 기능적으로 그리고 미학적으로 조직한다. 농업, 산업, 여가, 상업, 기타 등등에 일정한 공간들을 할당한다. 여러 문화권에 따라 다르게 나타나는 건축이 인간에게는 있다. 다른 생물종들의 주거공간은 아프리카, 북아메리카, 아시아, 남아메리카, 어디에 있든지 똑같은 경향을 보인다. 고래들도 서로 소통하기 위해서 언어를 사용하고 있는지 모르지만, 그렇다고 하더라도 그것은 순전히 본능에 따르는 생물학적 표현일 뿐이지, 문화적 창조물은 아니다. 문화적 창조물이라면 과학적, 상업적, 미학적, 문화적 이유에 따라 다양하게 변용될 수 있다. 고래들이 함께 모여 아카데미 프랑세즈[150] 같은 것을 조성하고, 북대서양의 "고래어"에서는 어떤 발음이 옳고 어떤 발음이 틀리는지를 결정하는 상태를 상상할 수 있는가? 인간의 창조적 잠재력은 점점 더 큰 사회 또는 심지어 세계 전체의 문화적 표현으로 이어지는 것으로서, 이런 역량은

---

[150] 아카데미 프랑세즈(Académie Française) : 프랑스 학술원(Institue de France, 프랑스어, 인문학, 과학, 예술, 도덕과 정치학을 담당하는 다섯 개의 아카데미로 구성되어 있다)에서 프랑스어에 관한 제반 사항을 결정하는 기구.]

다른 생물종에서는 한 마디로 말해서 존재하지 않는다.

정서적 역량도 인간에게 그처럼 특유한 것인지는 확신하지 못하겠다. 지난 장에서 지적했듯이, 리처드 로티는 "우리는 동물들보다 **서로를 위해서** 훨씬 더 많이 느낄 수 있다"고 주장했다. 로티의 뜻이 우리 인간은 멀리 떨어져 사는 다른 사람들이 우리와 같은 생물종이라고 생각하거나 상상할 수 있고, 우리가 같은 종에 속하기 때문에 그들에게 의무를 가져야 한다고 생각할 능력이 있다는 뜻이라면, 로티가 중요한 점을 말한 것이라고 나는 생각한다. 그런 능력 덕택에 인권 같은 것이 가능해진다. 그러나 만약 로티의 뜻이 다른 종들은 자기에게 가까운 동료에 대해서 느끼는 강도가 덜하다는 뜻이라면, 그렇다면 로티가 어떻게 그런 진술을 할 수 있었는지 나는 영문을 모르겠다. 고양이나 개를 두 마리 이상 길러 보고, 한 마리가 죽었을 때 남은 개체들이 슬퍼하는 모습을 목격한 사람이라면, 새끼가 살해되었을 때 어미 치타나 원숭이가 겪어야 하는 명백한 고통을 자연관찰 동영상을 통해 본 적이 있는 사람이라면, 로티의 결론에 대해서는 의심을 가질 수밖에 없다. 『인간불평등 기원론』에서 루소는 동료의 죽음에 봉착한 말들을 언급하면서 여러 생물종들에서 공감(共感, pitié)이 자연적임을 밝힌다.[151] 물론 스포츠 삼아 다른 생물종을 죽이고, 여러 가지 수많은 동기에서 (실제로 모욕을 당했거나 상상 속에서 모욕을 당한 후 상처받은 자존심 때문이라든지, 순전히 권력을 과시하려는 동기 때문에) 다른 인간을 죽이는 것은 인간뿐이다.

---

151) Jean-Jacques Rousseau, "The Discourse on the Origin of Inequality among Men", G. D. H. Cole, trans. *The Social Contract and Discourses* (New York : E. P. Dutton, 1950), 224.

지적/창조적 잠재력과 관련해서는 이것이 인간에게 특유하다는 점이 중요하다. 정서적 잠재력과 관련해서는, 그러한 잠재력이 있는데 여타 생물종에서는 나타나지 않는 잔혹성과 공존한다는 점이 중요하다. 반대 방향으로 진행하는 훨씬 나은 역량이 있다고 주장하기 위해 잔혹성의 가능성을 부인할 필요는 없다. 그리고 **인간의** 권리가 어디에 근거를 두느냐를 논의하기 위해서 그 점이 중요하다. 설사 우리가 잔혹한 행위를 저지를 수는 있지만, 우리에게는 잔혹성이 잘못임을 알 수 있는 능력이 있다(실지로, "고통의 부과" 같은 보다 중립적인 표현과 대조해 보면 "잔혹"이라는 단어 자체에 규범적인 판단이 스며들어 있다). 그래서 자선, 관대, 인도주의 따위의 단어들이 있고, 이런 단어들은 잔혹하지 않도록 삼가는 정도를 지나, 우리가 알지도 못하는 사람이라고 (예를 들어, 머나먼 지역에서 기근, 박해, 천재지변을 겪은 사람들) 할지라도 고통을 받고 있다면 혜택을 베풀어야 한다는 도덕적 의무를 전달한다. 이런 개념들은 가족의 사랑과는 달리 정서적이면서도 **동시에** 합리적이다. 우리가 같은 종에 속하는 동료들에 대해 가지는 관심이 이 개념들에 의해서 표출되고, 인간이 고통을 받지 않는 세상을 지향하는 유토피아적 모델 또는 구상이 이 개념들에 의해서 반영된다.

모든 인간이 이런 잠재력들을 가지지는 않는다고, 정신적으로나 감성적으로 장애가 있어서 이런 잠재력이 해당하지 않는 사람들도 있다고 말할 사람도 있을 것이다. 생리적으로 또는 감성적으로 우리 대부분과는 다른 여건에 처해 있는 사람들은 생각이나 창조도 우리와는 같은 방식으로 할 수 없을 수 있다. 그러나 일리노이 대학교에서 나의 동료였던 마이클 베루베(Michael Bérubé)에게는 다운증후군을 앓는 아이가 있었는데, 그런 상태에 처한 사람들일지라도 우리에게 생소한 형태의 지적/창조적 잠재력을 보이든지, 아니면 같은 형태의 잠재력을 우리에게 생소한 방식으로 표현할 뿐인데도 불구하고, 그들에게는 그런 잠재력이 전혀 없는 것처럼 전제를 깔기가 너무나 쉽다고 매우 웅변적이고 예리하게 지적했다. 혼수상태에 빠진 사람이라면, 이때 혼수상태라는 것이 아무 의식도 없고 어떤 소통능력도 없는 상태를 가리키는 것이라면, 얘기가 다를 것이다. 하지만 그런 경우에도 여전히 인권의 문제는 제기될 수 있다. 예를 들어, 그 사람이 혼수상태에 빠지기 전에 그렇게 하라는 지시를 내리지 않았는데, 혼수상태에 빠지자 생명을 연장하는 장치의 플러그를 뽑아 그의 생명을 종결하게 된다면 인권 침해가 될까? 그런 상태에 처한 본인이 생명의 종식을 원한다고 할 때, 그의 가족이나 친구들과 관련되는 인권의 문제는 없는가? 재정적 비용과 장비의 배치에서 엄청난 자원이 소요되더라도 당사자가 생명연장을 원한다고 하면, 그런 경우에 그 가족이나 친구들과 관련되는 인권의 문제는 없는가?

다른 생물종에 관해서 한 마디만 덧붙인다. 동물에 대해 잔혹한 행위를 금지하는 형태라면 동물의 권리를 나는 전적으로 지지한다. 하지만 내가 지지하는 이유는 여타 동물들도 감각을 가졌기 때문이다. 동물의 권리에 관해 나로서 생각할 수 있는 유일한 근거가 그것뿐이다. 반면에 *인권*은 내가 이해한 바와 같은 인간의 창조적/지적 잠재력, 그리고 인간이라는 종 전체와 감정이입을 할 수 있는 대단히 포괄적인 정서적 잠재력 등, 훨씬 더 넓은 근거를 가지고 있다.

명제 2 : 인간의 잠재력은 문화적, 경제적, 사회적 관계의 망상구조 안에서, 때로는 그런 관계들 때문에 촉진되기도 하고 때로는 억제되기도 하면서 발전한다. 이렇게 발전한 결과 "상호결정과 자기결정"이라는 과

정이 생성된다.

아리스토텔레스의 말처럼 인간은 사회적인 동물이다. 아리스토텔레스와 루소는 인간은 언어를 가지고 복잡한 생각들을 서로 소통할 수 있는 데에서 사회성의 증거를 보았다. 이는 홉스가 아리스토텔레스와 스콜라주의 사상을 거부한 이래 자유주의 정치사상과 신자유주의 경제사상과 사회과학을 풍미하게 된 (이를 테면, "합리적인" 인간의 이기심이라는 전제) 단자적인 인간관이 한 마디로 부정확함을 의미한다. 현재와 같은 분배의 형태가 불공정하다고 우려를 표명한 롤즈 같은 이론가마저도 1971년에 발표한 『사회정의론』에서 순수한 개인의 이기심을 기반으로 삼고 출발한다.152) "공정성으로서의 정의"라고 하는 그의 이론에서, 우리들 각자는 경제적 분배의 구도 안에서 우리 자신이 개인으로서 어떤 처지에 처하게 될지에 관해 "무지의 베일"에 가려져 있다. 따라서 순수한 이기적 계산에 의거해서, 칼날을 잡게 되는 경우를 피하기 위해 너무 나쁜 가능성의 여지를 원하지 않게 된다는 것이다. 이기심 이상의 것에는, 이타주의 같은 것에는, 전혀 호소하지 않는다. 서양, 특히 현대 영미 사회에 팽배한 이데올로기적 전제에 따라 순수한 이기심이 규범적인 잣대로 강력하게 작용하기 때문이다.

무지의 베일이라는 발상에 깔려 있는 이기심의 전제는 너무나 편협하다. 남자든 여자든 홀로 섰다고 할 수 있는 가장 대표적인 사람들도 사회적 관계라는 그물 안에서 자신의 잠재력을 발전시켰다. 가족이라는 사회제도 안에서 자랐다. 이 제도는 그들의 발전 과정에서

---

152) John Rawls, *A Theory of Justice* (Harvard University Press, 1971).

핵심적인 역할을 했고, 그들이 다닌 학교에서는 교사와 또래들이 그들의 발전 과정에 핵심적인 역할을 했다. 성인이 되어서는 권리와 의무를 수반하는 정치체의 시민이 되었다. 다른 사람들과 직업상의 관계를 맺게 되는데, 때로는 경쟁적이지만 직능에 따른 도움과 협조가 필요한 관계도 많다. 교우관계를 발전시켜 영향을 받은 것이다. 종교적인 제도에 소속해서 다른 사람들과 영성의 발전을 공유해 왔을지도 모른다. 무엇을 믿을지, 무엇을 동경할지에 관한 프레임에 영향을 미치는 미디어에 노출된다. 콘서트에 간다든지, 다른 사람들과 의견을 주고받는다든지 할 때에 작용하는 미학적 취향들에도 노출된다. 여가 활동이나 운동할 때에도 다른 사람들과 어울리면서, 자연에 관한 생각과 신체에 대한 관심을 서로 교환하고 형성하게 된다.

이를 주장한다고 해서 인간 각자가 어떤 점에서 독특하다는 점을 부인하는 것은 아니다. 우리 인간이 DNA로 이루어져 있다는 점에서는 모두 마찬가지이지만 사람들 사이에는 차이가 있듯이, 창조적, 지성적, 감성적 잠재력을 가진다는 점에서 모두 같을 따름이다. 서로 다른 내면의 재능에 따라, 그리고 사회관계의 망상구조 안에서 겪어온 서로 다른 삶의 경험에 따라서 우리 각자는 이들 잠재력을 조금씩 다르게 조합한다. 우리는 그러한 사회관계의 망상구조를 가지고 있다는 점만은 공통이다.

이러한 일반론에 어긋나는 예외는 있다. 가령 숲에서 길을 잃고 늑대떼의 품에서 자란 "늑대소년"은 어떤가? 원숭이들의 손에 길러진 타잔은 어떤가? 늑대소년이나 타잔이 사회성을 결여하고 있는 만큼은, 그들이 발전을 위한 내면의 잠재력을 가지고 있었더라도 인간적인 방식으로 발전할 수는 없다. 그러나 그들도 여전히 그러한 잠재력만은 갖추고 있다. 타잔만 해도, 제인이 나타난 다음에는 다른 인간을 아끼고 사랑하는 형태로 정서적인 잠재력의 일부를 발휘했다. 이처럼 인간의 상상력이 지어낸 엽기적인 상황에서 그려지는 소외의 사례에서조차 ① 사람들은 이와 같은 발전의 잠재력을 가지고 있다는 점, 그리고 ② 그것이 발전하기 위해서는 사회관계의 망상구조가 필요하다는 점을 무너뜨리지는 못한다. 프라이데이가 나타나기 전이라면 로빈슨 크루소에 관해서 인권을 운위한다는 게 무의미하다. 그러나 그러한 로빈슨조차도 그처럼 불행하게 외딴섬에 홀로 내던져지지 않은 사람들에게 적용될 수 있는 인권에 관해 사색은 할 수 있는 것이다.

내가 "자율성"이라는 단어를 사용하지 않는 까닭이 여기에 있다. 자율성은 형이상학적인 근거 위에서 구성된 칸트의 도덕철학에서 아주 중요하고, 인권을 논의할 때에도 아주 중요하다. 하버마스가 정당한 법률제정 과정의 일부로 시민들이 공론과 의사 형성에 참여할 동등한 기회가 있어야 한다고 말하면서 "정치적 자율성"이라는 개념을 사용한 방식에는 전혀 반대하지 않는다. 그러한 얘기는 극단적인 공동체주의에 잠재적으로 담겨 있는 강제를 피하기 위해 명시적인 사회적/정치적 과정이 필요하다는 말이다. 그렇지만 개인주의적인 자유주의 사회에서 "자율성"이라고 하면 그와 같은 사회적/정치적 과정으로부터의 분리 또는 격리라는 뜻으로 독해되기가 십상이다. 그렇기 때문에 나는 인권이라는 주제를 "상호결정과 자기결정"에 관한 주제로 표상하는 편을 선호한다. 인권의 보유자는 (이사야 벌린의 "소극적 자유"처럼) 다른 사람 또는 제도의 간섭에서 자유로운 데에만 관심을 가지는 고립된 이기적 단자가 아니다. 인권을 보유하는 사람은 본원적으로 자기 나름의 사회관계의 망상구조에서 일부분을 이루면서, 자기가 상호작용하는 다른 사람들에 관해 관심을 기울이

고 이익을 공유하는 주체이다.153)

 "상호결정과 자기결정"을 강조하는 이 견해가 개인의 사생활이라
는 공간을 지워버린다고 읽어서는 안 된다. 나는 오히려 사생활의
필요가 근본적이라고 본다. 지적/창조적 작업을 위한 공간 그리고
자기가 속한 사회적/정치적/문화적 관계의 그물이 질적으로 어떠한
가를 성찰하기 위한 공간은 공히 개인들에게 필요하다. 그러므로 나
는 결정에서 "자기"라고 하는 측면을 대단히 심각하게 받아들이며,
성찰의 공간이 주어져야 한다고 역설한다. 하지만 그러한 측면은 다
른 자아들과 내적인 관계를 가질 수밖에 없기 때문에 나는 그것을
"상호결정"이라고 부른다. 우리는 우리 자신의 자아를 결정하는 능
동적인 주체들이고, 그러기 위해 필요한 공간에 대해서 인권을 요구
할 수 있다. 하지만 이것은 발전의 더 큰 과정, 사회적인 과정, 문화
적이고 경제적이며 정치적인 여러 가지 형식들과 결부되는 과정의
일환이다. 이는 양자택일의 문제가 아니다. 자아에만 (즉, 고립되고
자율적이며 개인주의적이고 사사화된 자아에만) 치중한 강조는 부정
확한 분석일 뿐만 아니라 이기주의로 빠져 인권을 인정하는 시각과
양립하기 어려워질 것이다. 상호성에만 치중한 강조 역시 개인들의
개성 또는 창조적/지성적 공헌이 특별하다는 점을 반영할 수 없다는
점에서 부정확한 분석이며, 그러한 측면을 위해 필요한 공간을 위태
롭게 만들 수 있다는 점에서 규범적으로 위험하다.

---

153) Isaiah Berlin, *Four Essays on Liberty* (Oxford University Press,
    1969), 118~172. [「자유의 두 개념」, 『이사야 벌린의 자유론』, 박동천
    역 (아카넷, 2006), 339~422.] 벌린의 주제는 인권이 아니었다는 점, 그리고
    사회적 인정과 지위를 향한 집단적 요구와 자유 사이의 관계에 대해 벌린이 매
    우 세심한 입장이었다는 점을 놓치지 말아야 한다.

명제 3 : 발전의 가능성은 물리적으로 그리고 문화적으로 역사적 조건에 의존한다.

마르크스가 생산이라는 현상에 너무 치중한 나머지 다른 현상들을 "상부구조"라 뭉뚱그려 부르며 소홀히 한 것은 아마 사실일 것이다. 하지만 우리의 물리적 맥락이 진화함에 따라 발전의 잠재력이 얼마나 위축되는지를 보인 그의 증명은 절대로 옳다. 수단에 사는 기아선상의 유목민 개인의 물리적/문화적 실존은 수백 년 전 그의 선조들이 살던 실존과는 크게 다르다. 그러한 유목민에게도 사랑, 보살핌, 연대와 같은 정서적 가능성이 열려 있을지 모르나, 적대적인 환경을 통제할 수 있는 역량이 없기 때문에 정치적/경제적/사회적 변화를 겪은 사회, 즉 북아메리카, 유럽, 일본, 또는 브라질의 도시 중산층이 누릴 수 있는 여러 가지 다른 발전의 가능성에서 배제된다.

이처럼 심지어 기술적으로 가장 발달된 시대에도 인민 전체 또는 그 가운데 일부 집단에게는 발전의 가능성이 막혀 있다. 물리적 현실과 문화가 장애물을 구성한다. 사하라 사막 이남의 아프리카에는 빈곤이 만연하고 유년기 아동들 사이에 질병과 사망의 빈도가 높다. 정부의 지원 프로그램과 사적 투자가 공히 미미하다. 일부 이슬람 나라에서는 여성들이 대개 집안을 벗어나지 못한다. 최근의 가장 지독한 사례는 탈레반이 역사를 거꾸로 돌리고자 했던 아프가니스탄이다. 사우디아라비아의 경우, 석유에서 나오는 부가 충분하기 때문에 여성의 발전 가능성을 가로막는 요인은 주로 문화이다. 미국의 경우도 전반적으로는 물질적으로 풍요롭지만 아프리카계 미국인, 아메리카 원주민, 그리고 일부 라틴계 사람들의 잠재력을 가로막는 비극은 흡사하다. 아프가니스탄에서는 문화만이 아니라 물질적 결핍도 함께 잠재력을 가로막는다.

그렇지만 서양과 비서양 모두에 관해 역사의 진행 과정을 살펴봐야 한다. 서양의 경우, 인권 담론은 봉건제 시절에 비해 물질적 풍요가 널리 확산된 이후에 상류계급과 부르주아 계급에 의해서 일어났다. "대표 없이 과세 없다"는 표어는 아메리카 식민지 주민들 가운데 경제활동에서 유의미한 지분을 가진 사람들의 외침이었다. 그들의 경제적 관심이 정치적 요구로 바뀐 것이고, 정치적 요구가 보편적인 인권의 언어로 바뀐 것이다. 그럼에도 인권의 언어는 보편적으로 적용되지 않았다. 누가 실제로 권리를 가지느냐에 관해서는 계급, 성별, 인종이 작용했다. 자신의 의사를 대의 받을 권리는 극히 일부 소수에게 국한되었다. 프랑스에서도, 대혁명은 엄청난 정치적 변혁을 대변한다. 그러나 대혁명은 귀족 이외의 부르주아 계급이 크게 확장되어 정치권력을 장악했음을 대변할 뿐이었다. 그들은 종전에도 커다란 경제력을 발휘하고 있었던 것이다. 미국의 식민지 주민들처럼 프랑스의 부르주아지는 *자기네의* 잠재력이 군주제 때문에 제약 당하는 광경을 봤을 뿐이다.

대규모 역사 현상은 "우연히" 일어나지 않는다. 다른 현상들과 연결 없이 일어나지 않는다는 말이다. 그렇게 보면 프랑스와 미국의 혁명 동안에 인권이라는 명분이 그토록 노골적으로 표명되고 이내 성공적인 정치적 변화와 결부된 것이 "말이 된다". 중세였다면 발전의 가능성이 사회 안에서 각자가 처한 지위에 따라 고정되기 때문에 인권의 명분을 기대할 수는 없었을 것이다. 수렵-채취의 사회에서도 낮은 수준의 생계와 (희소성 자체가 발전 가능성을 가로막는다) 집단 내부에서 일정 정도 분배의 형평을 보장하던 공동체적 규범 때문에 인권의 명분을 기대할 수 없었을 것이다.

이처럼 인권은 어떤 면에서 당혹스러운 현상이다. 인권을 향한 주장은 보편적 가치로 제창된다. 그러나 특정한 역사적 시점에서(18세기 말), 특정한 문화 안에서(서양), 그리고 특정한 경제적 (부르주아) 이익과 특정한 정치적 (근대 백인 남성 공화제 국가) 이익 안에 터전을 잡고 나타났던 만큼 특정한 방식으로 표명되었다. 그리하여 인권은 실천의 영역에서는 대부분의 인민을 배제했다.

명제 4 : 바로 이와 같은 배제 때문에, 그리고 배제당한 사람들의 발전적 가능성과 열망 때문에 인권을 발전시킬 동력이 마련된다.

구조, 제도, 관행이 발전 가능성과 열망보다 뒤떨어지게 되면 *지배*가 발생한다. 지배란 개인, 사회의 각 분야, 또는 전체 사회의 발전을 좌절시키는 방향으로 권력이 행사되는 경우를 말한다. 지배는 경제적이든, 정치적이든, 또는 다른 사람들의 운명을 통제하는 데서 나오는 단순한 심리적 만족이든, 지배자들에게 혜택을 준다. 지배는 보통 발가벗은 무력과 복잡한 제도적 관행들과 이데올로기적 정당화가 결합한 상태로 출현한다. 이데올로기적 정당화를 통해 피지배자들은 무언가 "열등"하다거나 지배당해 마땅한 것으로 그려지고 지배자들은 혜택받을 자격이 있는 것처럼 그려진다.

나는 피지배자들의 "발전 가능성*과* 열망"이라는 표현을 썼다. 가능성이란 앞에서 논의한 바와 같이 역사적/물리적 조건에 따라 달라진다. 가뭄으로 황폐화된 지역의 유목민 사이에서 자라나는 아이는 프랑스 중상류층 또는 미국 가정에서 태어난 아이에 비해 훨씬 제한된 발전 가능성밖에 가지지 못한다. *만약* 그 아이가 프랑스나 미국

가정에서 태어났더라면 같은 성별, 계급, 인종으로 프랑스나 미국의 다른 가정에서 태어난 아이들과 가능성이 달랐으리라고 믿을 이유는 전혀 없다. 그렇지만 그 아이는 그런 여건에서 태어나지 않았고, 따라서 한 사람의 개인으로서 자신의 잠재력을 구현할 동등한 가능성을 가지지 못한다. 그런 삶을 향한 열망은 완전히 비현실적이고, 이와 같은 제약을 지배라고 부르는 것은 말이 되지 않을 것이다. 이는 유목민적 실존이라는 양식 자체가 유목민들에게는 문화적으로 중요하고, 우리 대부분은 이미 상실한 지 오래된 자연과 직접 관계하는 접점을 그들에게 유지해주는 그 양식 자체가 기본적인 육체적 필요를 채워준다든지 제도를 구축한다든지 하는 차원에서 대단히 제한적이기 때문이다. 이 차이를 유목민들은 아마 의식하지 못할 것이고, 설사 기회가 있다고 해도 다른 방식의 삶을 선택하지도 않을 것이다. 그들이 처한 상황은 외부인들이 보기에는 무척 제한적이라고 비칠 수 있지만 지배라고 규정될 수는 없다. 사실은 그들에게 변화를 강제하려고 외부인이 시도한다면 그 자체가 지배를 구성하게 될 것이다. 더욱이 가뭄과 같은 자연재해가 인권 침해를 구성한다고 주장하기는 어렵다. 의도적인 행위나 구조적인 결과는 인권 침해를 구성할 수 있지만, 자연적인 원인은 아니다. 그렇지만 그러한 재해를 맞은 피해자들이 도움받을 인권을 요구할 수 있다는 주장은 가능하다.

지배를 구성하는 의도적 행위의 사례로는 노예 매매, 정복, 식민주의, 정치와 재산소유에서 여성을 배제하는 법률 조항, 여성 또는 특정 종족이나 인종 집단에게 정치적 권리를 배제하는 법률 조항 등을 들 수 있다. 구조적 배제의 사례로는 정치와 재산권에서 여성을 사실상 배제하는 경우, 교육과 정치와 경제에서 기회의 일부라도 특정 인종이나 종족 집단에게 사실상 배제하는 경우, 부와 기회의 격

156

차가 지역 간에 크게 벌어진 경우 등을 들 수 있다. 특히 지역 간 격차가 과거에 자행되었던 의도적인 (예컨대 정복, 식민주의, 노예제) 지배의 결과라고 한다면 더욱 구조적 배제가 될 것이다. 의도적인 행위이든지 구조적인 배제이든지(이 사이에 경계선이 항상 명확하지만은 않다는 점을 인정해야 한다), 지배자들은 피지배자들에게 손해를 입히는 대가로 혜택을 짜낸다.

명제 5 : 지배에 맞서는 저항 또는 반란은 피지배자 모두를 위해 발전 가능성을 여는 방향으로 새로운 구조와 제도와 관행을 지향하는 투쟁의 형태를 띤다.

인권의 명분은 두 가지 맥락에서 이와 같은 투쟁에 타당성을 부여하는 원칙으로 활용될 수 있다. 첫째, 각 정치체제 안에서 발전 가능성과 열망을 제한하는 전통적 구조, 제도, 관행의 지배에 대항해서 인권의 명분이 활용될 수 있다. 가령 어떤 이슬람 나라에서 집 바깥에서 남성과 동등한 기회를 요구하며 싸우는 여성들과 같은 경우이다. 이슬람 당국들은 이와 같은 투쟁에 대해서 이슬람에는 자체의 인권이 있고, 서양의 여성들은 늘 성폭행을 염려해야 하는 반면에 이슬람 나라에서 여성은 물리적으로 보호를 받는다고 흔히 대답한다. 이런 식으로 대답하는 당국자들은 거의 언제나 남성들이다. 여성들은 집 안에 갇혀 있거나, 설사 그렇지 않은 경우라도 중요한 정치적/종교적 직위에서 배제되고 목소리를 낼 수 없기 때문이다.

인권이 활용될 수 있는 두 번째 맥락은 말로는 보편적인 인권을 인정하고 있다고 하면서도 실제로는 그렇지 않는 외부 세력에 맞설 때이다. 간디는 첫 번째 방식과 두 번째 방식을 함께 사용했다. 전통적 힌두교에 대항해서, 그는 불가촉천민이라는 카스트 제도는 모든 인간이 평등하다는 원칙을 위배한다고 주장했다.154) 그러면서도 영국인들에게 대항해서는, 인권의 원칙을 존중한다고 자처하는 정부가 인도를 식민지로 통치한다는 것은 인도 인민의 자결권과 민주적 권리를 위배한다고 주장했다. 전통 힌두교에 대한 간디의 주장은 카스트 제도와 상반되는 새로운 정당화 원칙, 즉 모든 인간의 평등이라는 원칙을 도입하자는 셈과 같다. 영국에 대한 그의 주장은 영국이 이미 공식적으로 동조했으면서 실천에서는 준수하지 않고 있던 원칙을 활용한 셈이 된다. 두 경우에서 공히, 간디는 인권의 이름 아래 지배에 맞서는 투쟁에 가담했다.

인권은 사고방식으로서나 실천에 있어서나 투쟁을 통해서 진전된다. 간디는 평화주의적인 투쟁, 다른 말로는 비폭력투쟁을 촉구했다. 폭력은 설령 방어를 위해서라고 해도 자체로 인권 침해를 구성한다고 느꼈기 때문이다. 그렇지만 인권의 발흥을 가져온 프랑스 혁명이나 미국 혁명 때도 그랬듯이, 이러한 투쟁들은 폭력을 수반할 때가 많다. 비폭력적이든 폭력적이든, 인권 신장의 알맹이는 지배에 대항하는 투쟁이라는 점이다. 이러한 투쟁의 와중에서 세계에 새로운 차원이 도입되고 인권의 적용 범위가 확장된다. 예컨대, 여성에 대한 모든 차별의 철폐에 관한 국제 규약이 채택된 것은 겨우 1979년의 일로서, 1960년대 말과 1970년대에 여성권리 운동이 투쟁에 나선 다음이었다.155)

---

154) Mahatma Gandhi, *All are Equal in the Eyes of God* (Government of India Press, 1964).

155) 이 과정에서 사회운동이 수행한 역할을 이론적으로 다룬 탁월한 글로는, Neil Stammers, "Social Movements and the Social Construction of

이에 덧붙여, 지배에 대항하는 투쟁에는 거의 언제나 불법성이 결부된다. 이 때문에 드워킨은 벤담과 달리, 권리에 관해서는 법이 최종심급이 아니라고 고집한다. 변화가 이루어질 기회를 조금이라도 가지려면 권리를 침해하는 법에 맞서는 행동이 있어야 한다. 17세기 영국에서 디거스가 부자들의 토지를 불법으로 경작했을 때, 보스턴의 차 협회가 선적된 차를 부두로 집어 던져버렸을 때, 미국에서 여성 참정권 운동가들이 법적으로는 남성만 투표하게 되어 있는 선거에서 투표를 시도했을 때, 노예해방 운동가들이 노예들의 탈출을 돕기 위해 지하선로를 만들었을 때, 백장미단의 젊은이들이 나치의 박해를 성토하는 격문을 배포했을 때, 인도 인민이 영국법을 어기고 자기네 나름의 직물을 짜기 시작했을 때, 앨라배마 주 몽고메리에서 버스 뒤편으로 자리를 옮기라는 합법적인 명령을 로자 파크스가 거부했을 때, 1980년대 엘살바도르와 과테말라의 살인 정권에게 가는 미국산 무기의 선적을 저지하려고 시위대가 시도했을 때 — 이 모든 사람들은 이런 저런 실정법의 조문을 위반하면서 행동했다. 그럼으로써 인권을 위해 투쟁한 것이다. 어떤 시점에서든 법은 일정한 종류의 지배를 정당화하기 십상이다. 그러므로 시민적 불복종[156]은 인권의 증진에서 역사적으로 핵심적인 요소 노릇을 해왔다.

Human Rights", *Human Rights Quarterly*, XXI, 4, Novermber 1999, 980~1008을 보라.

[156] 시민적 불복종(civil disobedience) : 양심과 실정법이 충돌할 때, 양심을 위해 실정법을 기꺼이 어기는 행위를 가리킨다. 법체계 전체를 부인하지는 않기 때문에 위법 행위로 인한 사후 처벌을 감수하는 형태로 통상 나타나지만, 그 경계가 항상 명확하지는 않다. 영어 문구에서 civil이란 야만의 반대로 명분과 절제가 수반된다는 뜻이다.]

명제 6 : 지배에 대항하는 투쟁에서 비롯된 새로운 형식들 역시 지배로 흐를 수 있다.

인권 담론이 시작된 서양에서는 절대 군주정 아래에서 왕과 귀족들이 사회적/경제적 권력을 착취적인 방식으로 이용하는 것에 대항해서 인권의 명분이 사용되었다. 군주정을 대신해서 새로운 헌정주의 국가와 자본주의적 생산 그리고 헌정주의 국가로부터 강력한 지지를 받은 시장 등의 새로운 구조가 들어섰다. 앞에서 논급했듯이, 마르크스가 프랑스와 미국의 최초의 인권 문서들에 담겨 있는 인권을 비판한 주된 근거가 여기에 있다. 마르크스가 보기에, 인권이 출현하게 된 역사적 조건 그리고 19세기 초반 내내 인권의 기치 아래 활동한 사람들의 실제 행동은 인권이라는 것 자체가 본원적으로 계급 지배의 도구라는 의미를 가지고 있었다.

인권의 이름 아래 이루어지는 변화는 한 가지 형태의 지배에서 다른 형태의 지배로 이동하는 경우가 많다. 절대주의 정부에서 헌정주의 정부로의 이동, 그리고 봉건주의에서 자본주의로의 이동은 어떤 의미에서 인민을 지배에서 해방시켰지만, 다른 의미에서는 다른 형태의 지배를 도입했다. 여성, 무산계급, 노예 등을 상대로 그랬듯이 헌법적 과정에서 배제한다는 것은 모든 사람이 평등하다는 가식 자체가 아예 없었던 군주제 치하에서보다도 더욱 사람들을 하찮게 여기는 셈이었다. 한편으로 헌정주의 정부는 지배에 맞서는 대항논리의 가능성을 열었다. 그런 가능성은 절대주의 치하에서는 차단되어 있었던 것이다. 다른 한편으로 헌정주의 정부는 개방된 시장에 가서 각자 노동을 매물로 내놓도록 인민을 "해방"함으로써, 봉건적 경제/사회 관계에 의해서 제공되던 종류의 물질적 안전과 안정된 신분 그리고 개인적인 사회관계망을 덩달아 해체해 버렸다. 홉스가 이미 17세기에 언급한바 있는 "주인 없는 인간군상"은, 그리고 그들의 여자와 자식들은 산업혁명 기간 동안에 간신히 연명할 정도의 임금을 위해 비위생적인 조건에서 하루 열여섯 시간씩 공장에서 일해야 했다. 여성 노동자들은 고용주나 작업감독에게 성적인 먹잇감이 되는 게 다반사였다. 영국에서는 공장에 어린이들도 고용되었고, 그들의 작업이 만족스럽지 못할 때에는 신체적 처벌을 받았는데, 오늘날의 눈으로 보자면 고문에 해당할 것이다.157)

이처럼 보편적 인권이라는 기치를 높이 세운 새로운 정치적/경제적 구조에는 양쪽에 날이 있다. 귀족에 속하지 않은 사람들 중 **일부에게** 종전에는 누리지 못했던 발전의 가능성과 사회적 이동성을 제공했다. 그러나 새로운 구조는 여전히 많은 사람들을 정치의 광장에서 배제하며, 영주와 농노 사이에서 작동하면서 농노에게 온정주의적 보호를 제공하던 봉건적 권리와 의무의 조항들을 더 이상 인정하지 않았다. "자유로운" 인간은 자신의 생존과 가족의 생존을 책임져야 한다. 그 일은 더 이상 다른 사람들의 관심사가 아니다.158)

미국의 노예해방에서도 흡사한 이행을 볼 수 있다. 종전의 노예들

----

157) 영국 여행 중에, 작업 중 꾸물거리는 어린이들에게 노동을 더욱 힘들고 고통스럽게 만드는 형벌을 가하기 위해 발목에 채우던 무거운 쇠고리를 목격했을 때의 인상이 지금도 생생하다. 맨체스터 인근에 있던 공장을 개조한 박물관에 전시되어 있었다.

158) 불평등한 신분에 기초한 사회에서 "계약"의 개념에 의해 정당화되는 평등한 "개인들"에 기초한 사회로의 이행, 그리고 그것이 여성들에게 미친 영향을 도발적으로 다룬 글로는, Carole Pateman, *The Sexual Contract* (Stanford University Press, 1988)를 보라. 의존, 필요, 그리고 인정에 관한 낸시 프레이저의 작품도 인권에 관해 중요한 함의를 담고 있다. Nancy Fraser, *Unruly Practices* (Routledge, 1989) 그리고 *Justice Interruptus* (Routledge, 1997).

은 세상에서 자기 길을 찾도록 법적으로 자유로워졌다. 그러나 그들이 "해방"되기 훨씬 전에 토크빌이 예견했던 대로, 그들이 지배에서 해방되었다고는 아무도 말할 수 없다.159) 지배는 과거와 다른 형태를 취했을 뿐이다. 남북전쟁 후 재건기가 지나고 그들은 정치의 광장에서 배제되었고, 노동자들을 먹이고 재울 책임에서 풀려난 착취자들에 의해 극단적인 경제적 착취가 자행되었다. 남부에서는 최하층 백인조차도 흑인 노동자를 고용할 수가 있었다. 그리고 백인들은 흑인들이 합법적으로 취득한 땅에서 사기, 테러, 살해를 포함한 무력 등의 수단으로 그들을 내쫓았다.160) 이런 이야기는 물론 현재에 대해서까지도 이어갈 수 있다. 현재 많은 일들이 변화한 상태지만 차별과 지배는 여전하다. 미국에서 흑인을 대하는 경찰과 법원의 차별적 행태, 그리고 심각하게 제한된 경제적 기회, 교육, 주거 등이 그러하다.

역사는 다르지만 현대의 영국에서도 아주 흡사한 상황이 존재한다. 그리고 상당한 수의 아랍계 인구와 그보다 적은 아프리카계 흑인 인구를 고려하면, 프랑스의 상황도 비슷하다. 이 두 나라를 보면, 과거의 직접 식민 지배를 대신한 것은 일하기 위해 이주한 유색 인민에 대한 새로운 형태의 지배임을 알 수 있다.

---

159) Alexis de Tocqueville, *Democracy in America*, trans. Henry Reeve, I, XVIII (New York : Colonial Press, 1900), 361~387.
160) 자세한 사정은, 2001~2002년에 AP에서 발행한 "Torn from the land" 시리즈를 보라 (http://wire.ap.org/Appackages/torn/).

명제 7 : 인권의 핵심 가치는 투쟁 자체에서 나온다.

프랑스 혁명의 표어, 자유, 평등, 우애는 앙시앙 레짐 아래서 복종만을 강요받던 인민의 발전적 열망을 응축한 것으로서 역사적으로 새로운 정당화 가치[161]를 후세에 전했다. 하지만 이 세 항목 중 하나를 해석하다 보면 나머지 둘이 지워져 버리는 위험이 있기 때문에 세 항목이 서로 보완하도록 해석하는 일이 과제로 남는다. 예를 들어, 평등을 보장하기 위한 시책이 획일성을 낳는다든지, 우애를 보장하려다 초(超)애국주의를 초래해서, 모든 비판적 사유와 표현이 질식할 수 있다. 자유를 보장하는 시책은 경제적 지배와 이기주의로 이어져서 우애가 불가능해질 수도 있다. 우애를 특정한 방식으로 해석하게 되면 종족적/민족적 단결을 빌미로 배타성을 낳고, 그럼으로써 자유와 평등이 의문시되며 인권의 보편성이 무너질 수 있다. 더구나 캐롤 페이트만이 주장하듯이, 실제로 우애는 여성의 배제로 이어졌다. 우애라는 단어의 문자적 의미 자체가 남성 간의 우애를 가리키며,[162] "모든 사람은 평등하게 창조되었다"고 할 때의 사람도 남성을 가리키는 단어가 사용되고 있는 것이다.[163]

---

[161] 정당화 가치(legitimizing values) : 여타 모든 사안에서 정당성을 판단하는 근거가 되는 가치라는 뜻인데, 한국어에서 다소 생경한 문구이지만 일일이 풀어 쓰기 어렵기 때문에 직역해서 사용한다.]

[162] 프랑스어 fraternité나 영어 fraternity는 남성 형제를 가리키는 라틴어 fraternus가 어원이다. 다음에 인용되는 미국 헌법 전문도 한국어로는 "모든 사람"이라고 통상 번역되지만, 영어는 "all men are equal"이다.]

163) Pateman, *Sexual Contract*, 78~82를 보라. "우애"[형제애]와 "모든 사람"[모든 남자]에 비하면 "연대"와 "모든 인민"이라고 말해야 인권을 더욱 보편적이고 상호적으로 인식한다는 뜻이 담길 것이다. 그러나 18세기의 인권 운동은 남성이 지배했기 때문에 이론에서도 실천에서도 그렇지 못했다. 메리 월스턴크래프트 는 바로 그 당시에 『여성권리 옹호론』(*A Vindication of the*

　독재, 식민주의, 인종주의, 노동자 착취, 성별이나 성적 지향을 근거로 자행되는 차별 등등, 어떤 형태의 지배에 항거했는지를 막론하고, 그 후에 나타난 모든 해방투쟁에서 이 세 가지 가치 사이에 조화를 찾기는 사실상 어려웠지만, 그래도 이 셋은 투쟁에 정당성을 부여하는 원칙으로 앙양되었다.

　이 셋 가운데 하나를 가장 기본적인 가치로 택일하려는 시도는 실수일 것이다. 그랬다가는 다른 둘을 훼손해야 하기 때문이다. 이 세 가지 가치 모두를 향한 외침은 실제로 살아 있는 사람들이 겪은 지배와 투쟁이라는 구체적 경험에서 나왔다. 17세기의 윈스탠리, 18세기의 메리 월스턴크래프트(Mary Wollstonecraft)와 토머스 페인(Thomas Paine), 19세기의 프레데릭 더글러스(Frederick Douglas)와 엘리자베스 스탠턴(Elizabeth Stanton), 그리고 20세기의 마하트마 간디, 유진 뎁스(Eugene Debs), 조 힐(Joe Hill), 마틴 루터 킹, 로자 파크스, 넬슨 만델라, 스티브 비코(Steve Biko), 리고베르타 멘추(Rigoberta Menchu), 켄 사로-위와(Ken Saro-Wiwa), 아웅산 수치, 그리고 그들과 더불어 투쟁했지만 역사에 이름을 남기지 않은 수많은 사람들의 구체적인 경험이다.

　여기서 내가 제안하는 이론적 접근은 지배에 대항해서 지금까지 투쟁해 왔고 계속해서 투쟁하고 있는 사람들의 구체적인 역사적 경험에 인권의 뿌리를 둔다. 따라서 이 접근은 철학적 추론이나 사변으로부터 도출된 일단(一團)의 추상에 불과한 것이 아니다. 우리가 "인권"이라는 표현을 사용할 때 가리키는 내용은 역동적인 사회 과정에 뿌리가 있다.

Rights of Women)을 써서 그 점을 지적했다.

명제 8 : 자유, 평등, 우애라고 하는 핵심 가치들은 모두 "사회적 인정"을 요구한다.

사회적 인정을 말하게 되면, 앞 장에서 논의했던바 어떤 하나의 가치 또는 차원을 중핵으로 삼아 인권의 합리적 근거를 세우고자 했던 이론가들과 연결된다. 사회적 인정은 다양한 가치들을 한데 묶고, 그 가치들이 각각 의지하는 다양한 차원들을 한데 묶는다. 기실 이러한 가치들과 차원들은 지금까지 우리가 논의해 온 핵심 가치들과 조응한다. 거워스는 목적을 가진 행동 또는 의지에 따른 행동을 위해 자유가 반드시 필요하다고 강조한다. 드워킨은 평등을 강조한다. 베이와 갈퉁과 슈는 필요를 강조하고, 담론적 소통을 강조하는 하버마스는 우애 또는 연대에 해당하는 여러 국면들을 다루고 있다. 이들의 핵심적 가치 각각은 사회적 인정을 요청하고 수반한다.

"사회적 인정"이라는 표현을 철학적 담론에 도입한 사람은 헤겔이다. 특히 『정신현상학』 가운데 영주와 노예 사이에서 벌어지는 인정투쟁을 궁구하는 대목이다.[164] 거기서 헤겔은 단순한 자연적 대상이 아니라 의식을 가진 존재로서 한 개인의 정체가 상호인정을 통해서 확립되는 자의식의 변증법을 제시한다. 영주와 노예의 관계라고 하면, 인권을 위해 필요한 평등관계에 해당하지 않는 것이 분명하다. 영주는 노예보다 권력과 신분에서 명백히 우월하다. 그래도 영주가 자신이 실로 영주임을 확인할 수 있으려면 노예가 그를 영주로 인정해야 하고, 노예 역시 영주에게 봉사하는 단순한 물리적 대상

---

164) G. W. F. Hegel, *Phenomenology of the Mind*, trans. J. B. Baillie (London, Allen and Unwin, 1966), 228~40.

이상의 존재로 영주나 자신에 의해 인정되어야 한다. 노예는 노동하고 있을 때 자연을 빚어내는 주체, 사물의 창조자가 되는데 이는 더 큰 권력을 가진 영주로서도 할 수 없는 일이다. 이처럼 각자는 상대방으로부터 인정받기를 원하고 실제로도 인정을 받는다.

좀 더 넓은 의미를 살피면, 이는 인간이 인간 개인으로 기능하기 위해, 자기가 관성에 따라 움직이는 자연적 물질에 불과하지 않음을 확인하기 위해 다른 사람들의 인정을 받아야 한다는, 내면적 관계에 관한 하나의 이론이다. 영주와 노예의 관계는 내면적이면서 동시에 위계적 지배라는 성격을 가진다. 이와는 달리 루이스 힌치먼과 악셀 호네쓰와 같은 근래의 인권 이론가들은 인정과 인권을 연결하려고 시도했다. 힌치먼은 헤겔이 말하는 인정투쟁은 홉스나 로크가 주장하는 자연상태에 상응한다고 본다. 『정신현상학』에서 논의되는 영주와 노예 사이의 투쟁이 자연상태와 흡사한 선(先)정치적인 사항이라는 것이다. 홉스와 로크는 자연권의 개념을 매개로 자연상태라는 요소를 정치세계로까지 가지고 들어간 반면에, 헤겔은 정치적 맥락에서는 전혀 다른 형태로 나타나는 인정의 변증법을 조명하기 위해서 영주/노예의 변증법을 사용한 데 그쳤다고 힌치먼은 평가한다. 홉스는 인간에게는 생존이 언제나 주관심사라는 전제 위에서 권력투쟁은 생존을 지향한다고 보았지만(로크는 재산의 유지를 같은 각도에서 바라보았다고 첨가할 수도 있을 것이다), 헤겔은 다른 사람들로부터의 인정과 승인이 자기정체성을 위해 필수적이라고 보면서, 권력을 향한 갈구는 곧 자기정체성을 찾기 위한 탐색으로 여겼다. 힌치먼은 이렇게 쓴다.

헤겔의 용례에서 "인정"이란 대체로 단순한 자연적 대상이 아니라 독립

적이며 자연적 대상보다 우월한 하나의 자아로 대접해 달라는 한 사람의
주장을 뜻한다. 한 사람이 자연으로부터 "독립적"이라는 증명은 인정을
받기 위해 기꺼이 죽기까지 하는 자세에서 표시된다. 이렇게 한 인간은
자연적 본능 가운데 가장 강력한 욕구인 자기보존의 욕구에 대한 통제력
을 과시한다. 인정을 위해 목숨을 걺으로써 사람들은 암묵적으로 자신의
정체성을 재정의한다. 원래 육체적 욕구의 도구인 것처럼 보이던 자아가
이제는 개인의 내적 삶에서 지배적인 지위를 차지한다. 원래 자아의 원천
인지도 모를 성정 자체에 대해 이제 자아가 주인 노릇을 하게 된 것이다.
자유주의 전통에 내재하는 환원주의적 경향을 헤겔이 거부하는 까닭을
여기서 다시 볼 수 있다. 자의식과 같은 사항은 그 기원을 안다고 해서
바로 그것이 무엇인지 알 수 있는 것이 아니다. 자아가 원래 거의 전적으
로 육체적 욕구나 본능에 의해 정해진다고 해서 인간이 "진정으로" 그러
하다는 의미, 그러므로 인간의 자아발전이라는 것이 마치 무언가 우발적
이라거나 지엽적이라는 의미를 가지지는 않는다.165)

이미 지적했듯이, 힌치먼은 헤겔이 영주/노예의 관계를 선정치적
인 관계로 보았다고 주장한다. 법을 고찰하는 대목을 보면 보다 넓
은 보편성을 담고 있는 공식적이고 정치적인 인정의 메커니즘이 거
론된다. 근대국가에서 (헤겔은 프랑스 혁명 및 그 후에 나폴레옹의
법전이 유럽 곳곳으로 전파된 일을 굉장히 예찬했다) 법이 제공해주
는 상호인정 덕택에 우리는 서로를 지배의 대상으로만 보는 것이 아
니라 (홉스가 결코 넘지 못한 한계가 여기다) 의미 있는 도덕적 존
재로서 관계를 맺는다. 자연이 아니라, 법과 권리 안에 명문화된 이
와 같은 상호인정이 평등의 기원이다.166)

---

165) Lewis B. Hinchman, "The Origins of Human Rights : A Hegelian
    Perspective", *The Western Political Quarterly* XXXVII, March 1984,
    21~22. 인간을 단지 자연적 단자처럼 취급한 홉스는 힌치먼이 지적하는 바와
    같은 자기보존의 욕구에 대한 통제력을 상상할 수 없었을 것이다.
166) Ibid., 25.

이렇게 해서 우리는 인간 의식의 발전에 관한 헤겔의 목적론적 견해에 도달한다. 인간 의식은 개별적 사람들 사이에 즉각적인 상호인정을 요구하고 법과 권리로부터 매개된 인정을 요구하는데, 법과 권리는 자유와 평등(즉, 법 앞의 평등)을 일반적으로 인정한다. 그리고 자유와 평등은 자의식의 획득 및 잠재력의 발전을 위해 필요하다. 힌치먼이 보기에 헤겔의 통찰은, 홉스나 로크가 파악한 인간상에서는 전적으로 외부적인 대상들에 대한 물리적 충동과 욕구의 표현을 근간으로 삼는데 비해, 인간이 잠재력과 정체성을 복잡한 인간관계를 통해 발전시킨다고 바라보는 헤겔의 시각이 인권을 이해하는 데 도움이 된다는 데 있다.

인정과 권리 사이의 관계를 정립하려고 한 더욱 최근의 시도는 악셀 호네쓰에 의해 이루어졌다. 호네쓰는 헤겔과 조지 허버트 미드를 출발점으로 삼는다. 미드는 사회학과 심리학에서 상징적 상호작용 학파의 창시자로서 헤겔에게는 없는 사회심리학적 통찰을 제공한다. 그러나 호네쓰는 헤겔과 미드의 논의를 지나서 인정과 권리 사이의 관계를 특정하기 위해 나아간다.

호네쓰는 몇 가지 핵심적인 주장을 펼친다. 첫째, 권리는 "사회적 존중의 탈개인화된 상징"이다.[167] 권리는 그 자체로 일정한 형식의 의식을 창출하는데, 그 형식 안에서 사람들은 스스로 다른 사람들의 존중을 받아 마땅하기 때문에 자신을 존중한다. 그들은 권리의 보유자로서 고개를 높이 든다. 권리라는 것은 사람들의 내면에 도덕적이고 발전적인 중심이 있고, 사람들은 책임 있는 주체임을 인정하는

---

167) Axel Honneth, *The Struggle for Recognition : the Moral Grammar of Social Conflicts*, trans. Joel Anderson (MIT Press, 1996), 118.

것이다. 자아에 대해서든 타인에 대해서든 권리의 보유자에게 고유한 자기존중과 존엄감을 표현하기 위해 호네쓰와 힌치먼이 공히 조엘 파인버그의 글에서 같은 대목을 인용하고 있다는 점이 흥미롭다.

> 권리를 가짐으로써 우리는 "남자처럼 바로 서서", 다른 사람들의 눈을 똑바로 보고, 어느 누구와도 근본적인 의미에서 대등하다고 느낄 수 있게 된다. 자기 자신을 권리의 보유자로 여기게 되면 다른 사람들로부터 사랑과 존중을 받을 만큼 가치 있는 존재가 되기에 필요한 최소한의 자기존중을, 지나치지는 않고 적절한 긍지와 함께 가지게 된다. 실제로 사람에 대한 존경이란 …… 단지 그들의 권리에 대한 존중일 따름인지도 모른다. 하나가 없다면 다른 하나도 있을 수 없는 것이다. 그리고 "인간 존엄성"이라는 것은 권리를 주장할 수 있는 역량이 있다고 인정할 수 있다는 뜻인지도 모른다.[168]

둘째, 존중받을 자격을 구성하는 이와 같은 도덕적 역량이 인간으로서 우리의 본질에 속한다는 점을 보장하는 것은 어떤 특정 시민권과 결부되는 권리가 아니라 오로지 인권뿐이다. 셋째, 호네쓰는 이를 사회변동론에 접목시켜, 사회적 인정을 향한 주장들이 진전함에 따라 사회가 도덕적으로 진전한다고 본다. 넷째, 그는 담론의 공개성에 의지하는 하버마스와 인정의 중요성 사이에 관계를 정립한다. 그는 "자기존중"을 이렇게 정의한다 : "법률적 인정을 경험하면서, 사람은 담론적 의지형성에 참여할 수 있는 자질들을 공동체의 나머지 구성원 모두와 공유하는 사람으로 자신을 파악할 수 있게 된다."[169]

인정과 권리의 관계는 인정과 관련해서 호네쓰가 논의하는 세 가

---

168) Ibid., 120. Joel Feinberg, *Rights, Justice, and the Bound of Liberty* (Princeton University Press, 1980), 151.
169) Ibid.

지 관계 가운데 하나이다. 첫 번째는 인정과 일차적 관계 사이의 관
계인데, 일차적 관계는 가족적 사랑이나 우정 등으로서, 필요와 감성
이 개발되고 기본적인 자신감이 획득되는 관계이다. 두 번째 관계를
그는 "연대"라고 부르는데, 공동체에 가치 있는 특질들과 능력들이
개발되고 인정받음으로써 해당 개인의 자존감으로 이어진다. 세 번
째는 권리와 관련되는 법률적 관계이다. 개인의 도덕적 책임감이 발
전하는 지점이 여기다. 그리고 법 앞에서 모두와 평등한 권리의 보
유자로서 자기존중이 발생하는 지점도 여기다.

그렇지만 내가 보기에는 호네쓰 역시 자기 스승 하버마스와 같은
실수에 빠졌다. 권리를 너무나 단단히 합리적 합법성에 묶어버린 것
이다. 그가 연대를 권리에서 분리하는 까닭이 바로 이 때문이다. 인
권은 실정법 아래에서 단지 형식적/법률적 권리를 보유하는 시민들
의 집적보다 훨씬 많은 것을 요구한다. 앞에서 내가 이미 주장했듯
이, 인권에는 개인들로 하여금 같은 정치체에 속하지도 않고 같은
실정법의 적용을 받지도 않는 다른 사람들과 연대와 공감을 표시할
수 있게 해주는 정서적 요소가 수반된다. 이와 같은 정서적 역량은,
더 높은 분석과 창조의 역량과 더불어 생물종들 가운데 인간을 독특
하게 만드는 요인의 하나이며, 인권을 가능하게 만들고 인권을 의무
로 만드는 근거 중에서 본질적인 부분이다.

호네쓰에 대한 나의 이견은 사실 하버마스의 초합리주의에 대한
이견의 연장일 따름인데, 이러한 이견에도 불구하고 그와 힌치먼은
사회적 인정과 인권 사이의 관계를 발굴해 내는 데 대단히 계몽적인
기여를 이루었다. 사회적 인정이라는 측면이 세 가지 가치, 자유, 평
등, 우애와 연관될 뿐만 아니라 권리에 포함되는 의무의 측면과도
연관되기 때문에 인정과 인권의 관계는 중요하다. 서로를 자유롭고

평등한 존재로 인정하고, 각자 자신의 잠재력을 실현하기 위해 필요
한 사항들이 있음을 인정하며, 상호 향상을 도모하는 실천적 기획에
참여할 수 있도록 공감적인 대화 과정에 모두 기꺼이 들어가야 한다
는 점을 인정할 의무를 그 관계를 통해서 알 수 있다. 사회적 인정
이라고 하는 이론적인 개념을 통해서 우리는 완강한 개인주의자들이
내세우는 권리와 의무의 경직된 이분법이 왜 지탱될 수 없는지 이해
할 수 있다.

**명제 9 : 사회적 인정을 요구하는 권리의 주체는 개인일 수도 있지만,
집단이나 기구일 수도 있다. 인정은 국가 또는 국가 이외의 집단이나
기구, 심지어 개인이나 가족에 의해 철회되기도 한다.**

헤겔의 『정신현상학』에서 사회적 인정은 개인들이 의식의 발전
과정에서 요구하는 항목이다. 힌치먼과 호네쓰의 경우에도 이와 같
은 전제는 다름이 없다. 그리고 사회적 인정이라는 것이 권리의 보
유자로서 개인들이 서로에 대해 요구하는 핵심 사항이라는 점에 아
무런 이의가 없다. 이들 이론가, 그리고 집단의 인권을 부인함으로써
연대가 인권의 한 원천일 수 있는 가능성도 부인하는 잭 도넬리
와[170] 나 사이의 차이는 요구할 수 있는 권리를 개인에게만 한정한
다는 데에 있다. 힌치먼과 호네쓰가 왜 그러는지는 호기심을 자극하
는 일이다. 사회적 인정과 같은 관계의 개념을 사용한다는 취지 자
체가 앵글로-색슨의 사고방식에 팽배한 극단적인 권리 개인주의에
서 결별하려는 것이며, 헤겔에서 인정은 실제로 특정 집단과 결부되

---

170) 앞 장 도넬리에 관한 논의와 그의 책 *Universal Human Rights in Theory
and Practice* (Cornell University Press, 1989), Chapter 8을 보라.

는 형태로 나타나기 때문이다. 영주와 노예 또는 농노는 사회적으로 구성되는 집단의 범주이다. 그들은 자신의 정체를 인정해 달라고 요구하지만, 그러한 집단으로 범주화된다는 것이 그들의 정체에서 핵심에 해당한다. 따라서 내가 보는 견지에서는, 힌치먼과 호네쓰가 인권에 관해 더욱 전체론적인 사유로 이동하고자 노력은 하지만 사회적 인정이라는 개념을 그러한 방향으로 훨씬 더 많이 이용할 수 있었던 기회를 흘려보낸 것 같다.

도넬리는 집단적 인권이라는 것은 없으며, 집단이 결부되는 상황에서는 "*어떤 집단의 구성원으로서* 개인들이"171) 인권을 행사하느냐 여부로 바라봐야 한다고 주장한다. 그러나 나는 이것이 받아들일 수 없는 환원주의라고 본다. 이 문제는 순수히 계량적인 문제가 아니다. 어떤 정권이 한 인민을 인종청소의 대상으로 겨냥할 때, 또는 어떤 문화적 규범에 따라 종교를 실천하든지 삶을 영위할 권리를 인정하라는 요구가 대두할 때, 개인들의 권리가 내용에 포함되는 것은 사실이다. 그러나 요구되는 알맹이가 순전히 개인 권리의 합이기만 한 것은 아니다. 한 인민이 연대와 공동체에 관한 자기네 나름의 관념에 기초해서 일정한 종류의 집단적 생활을 영위할 수 있는 권리가 쟁점이며, 그와 같은 권리를 인정받기 위해 노력하는 주체는 바로 그 공동체인 것이다. 로크류의 자유주의자 도넬리는 인권의 방정식에서 연대의 가치를 제거하는 편을 택하기 때문에, 사람들이 원하는 종류의 인정을 내주지 못하게 된다. 내 시각에서 바라보면 이것은 자의적(恣意的)인 부정이다.172) 인권 침해 가운데에는 순전히 개인

---

171) Ibid., 149~150.
172) 연대의 가치가 언제나 자유의 가치에 대척해서 제로섬의 관계라고 하는 공포
　　도 이러한 부정을 낳는데 크게 기여한다. 이에 관해 흥미로운 시각이 필립 반

적인 사례가 있을 수 있겠지만,173) 집단적이면서 개인적이라고 바라봐야 최선인 사례들도 있다.

나의 이와 같은 입장은 "역량을 중시하는 접근"과 어떤 점에서는 비슷하지만 바로 이 지점에서 갈라진다. 역량접근은 여러 가지 생활양식을 선택할 수 있는 인민의 능력을 바탕에 깔면서 인권을 이해한다. 아마르티아 센의 저작에서 주안점은 비서양 지역의 빈곤한 인민이고, 마사 누스바움의 저작에서 주안점은 그중에서도 여성들이 당해야 하는 역경이다. 따라서 인간의 발전적 잠재력에 대한 제약으로 이해되는 지배에 대한 나의 관심과 그들의 관심이 흡사함을 알 수 있다. 그렇지만 센과 누스바움은 인권의 요구를 개인에 국한한다. 롤즈에게 크게 영향 받은 센이 그렇다는 것은 이상하지 않지만, 누스바움의 경우는 이상하다. "역량접근의 근거는 진정으로 인간적인 활동이라고 하는 마르크스적/아리스토텔레스적 관념"이라고 주장하면서도, 실지로는 훨씬 자유주의적이고 (이성이 주로 고려되고 감성에 대한 고려는 보충적인 역할에 그친다는 점에서) 칸트적인 개인주의의 관점에서 권리를 이해하고 있기 때문이다.174) 그러면서도 그녀의 접근은 어떤 한 가지 가치를 우선시하지 않는다는 점에서 나와

파리스에 의해 제시되었다. 자유와 연대는 전연 대척적인 관계가 아니고, 자신의 용어로 "연대주의적 애국주의"를 자유지상주의자들은 받아들여야 한다고 그는 주장한다. Phillippe van Parijs, *Real Freedom for All* (Oxford : Clarendon Press, 1995)을 보라.

173) 정당한 재판 절차를 묵살하는 행위 또는 고문으로 자백을 받아내는 행위를 단지 특정 개인의 권리에 대한 침해라고 볼 수도 있겠지만, 해당 정치체 전체 구성원의 권리에 대한 침해라고 볼 수도 있다. 권리를 존중하는 사법체제 및 경찰체제를 요구할 권리가 모든 정치체에게 있기 때문이다.

174) Martha Nussbaum, *Women and Human Development : The Capabilities Approach* (Cambridge University Press, 2000), 13.

비슷하다. 반면에 센은 자유를 우선시하는 것이 분명하고, 그렇기 때문에 정치적/시민적 권리를 우선시하는 것 또한 분명하다.175)

인권 침해의 피해자를 네 가지 범주로 나눠 생각할 수 있다. 개인, 귀속집단과 개인, 비귀속집단과 개인, 그리고 전체 인류이다. 귀속집단을 구성하는 사람들은, 지배집단 및 그들의 통제 아래 있는 제도에 의해서, 지적으로나 도덕적으로 열등하다는 정체성이 집합적으로 부여된다. 귀속집단의 구성은, 한 개인에 돌아가는 사회적 인정이 단지 그 집단에 속한다는 이유만으로 외부로부터 부과되는 성격과 정체성에 의해 훼손된다는 점에서, 고착적이다. 이런 집단은 인종청소 식으로 박멸당하거나, 그렇지 않다면 사회적/경제적/정치적 사다리에서 밑바닥에 해당하는 삶을 할당받는 것이 보통이다. 비귀속집단은 역할 또는 행위에 의해서 규정된다. 이러한 비귀속적 범주에 사람들이 들어가고 나가는 일이, 어떤 정치적/경제적 맥락에서는 아주 어려울 수도 있지만, 적어도 이론적으로는 가능하다. 예를 들어, 정치적 활동에 가담하거나 가담을 중단할 수도 있고, 임금노동에 종사하거나 아니면 자영업자 또는 고용주가 되기 위해 임금노동을 떠날 수도 있다.

반대편의 인권 침해자로는 세 가지 범주를 상정할 수 있다. 국가, 비국가 집단 또는 기구, 그리고 개인이나 가족이다. <표 3.1>은 어떤 부류의 실천이 어떤 범주에 속하는지를 안내한다.

이 표를 눈으로 한번 훑어보면, 내가 왜 인권은 너무나 복잡해서 영미식 사고와 이데올로기에서 강하게 작용하는 자유주의적 개인주

---

175) Amartya Sen, *Development as Freedom* (New York : Alfred Knopf, 2000), 63~65.

의의 시각만으로 포착되지 않는다고 생각하는지 실마리가 보이리라 기대한다. 이에 관해서는 제4장에서 자세히 다룰 것이다.

<표 3.1> 인권의 침해자와 피해자

침해자	피해자			
	개인	귀속집단과 개인	비귀속 집단과 개인	모두
국가	신체의 자유 부인, 정당한 재판절차 부인, 고문을 통한 자백 강요	인종청소, 인종적으로 차별적인 법률 조문 또는 집행 또는 처벌, 여성 투표권 부인, 공교육에서 인종이나 종족이나 성별을 구실로 한 차별	정치적 조직의 권리 부인, 반대 집단 또는 정당의 정치적 표현의 권리 부인, 노동자의 조직할 권리와 파업할 권리 부인	핵실험
비국가 집단 또는 기구	불특정 다수를 겨냥한 테러리즘	인종청소, 인종주의적이거나 반유태주의적이거나 동성애를 겨냥한 폭력, 사적인 주택사업과 건강보험에서 벌어지는 인종차별	기업들의 노동자 착취, 노동자의 권리 부인, 아동 노동	환경 훼손, 자원 소모
개인과 가족	아동 인신매매	매춘으로 여아들만 팔아넘기기, 강제 여성할례, 여성 성기 강제 봉쇄		

명제 10 : 문화적/경제적/사회적 관계의 주어진 망상구조 안에서 발전이 방해받고 있느냐가 인권 침해의 기준이기 때문에, 사회적/경제적/문화적 권리도 정치적/시민적 권리와 똑같은 지위를 가져야 한다.

유엔이 1948년에 공포한 「세계 인권선언」은 22조부터 27조까지 경제적, 사회적, 문화적 권리들을 광범위하게 열거하고 있지만, 이를 법률적으로 구속력을 가지는 규약으로 바꾸는 과정에서는 이미

1951년부터 견해가 갈라졌다. 그 까닭은 유엔 인권위원회를 지배하고 있던 서방 국가들의 압력 때문이었다.[176) 앞 장에서 봤듯이, 프랭클린 루스벨트 행정부 아래서 미국은 경제적/사회적 권리를 뒷받침하는 주요 지지자였고, 트루먼 정부 시절에도 엘리노어 루스벨트가 유엔 인권위원회에서 미국을 대표하면서 그 지지를 이어갔다. 그러나 1950년대와 1960년대에 미국과 세계의 정치적 풍향이 바뀌었다. 과거의 식민지들이 독립하고, 냉전이 벌어지며, 루스벨트 행정부의 국내외 정책이 공격을 받았다. 특히 자유와 경제적 권리를 연관시킨 사고방식이 과녁이 되었다. 그래서 1966년의 「경제적, 사회적, 문화적 권리에 관한 국제 규약」에 미국이 서명한 것은 카터 행정부가 들어 선 1977년의 일이었고, 그 후 지금까지도 상원은 비준을 하지 않고 있다. 앞 장에서 마찬가지로 지적했듯이, 영국의 보수당 정부들 역시 경제적/사회적 권리에 대해 적대감을 드러낸다. 영국 보수당 정부는 노동자의 권리를 강력하게 천명한 유럽위원회의[177) 사회헌장에서 빠졌고, 1992년에 마스트리히트에서 유럽연합이 조인될 적에도 사회정책 프로토콜의 내용을 완화하도록 고집을 피우다가는 정작 완화되고 나자 거기에 서명조차 하지 않았다.[178)

---

176) Henry J. Steiner and Philip Alston, *International Human Right in Context* (Oxford : Clarendon Press, 1996), 261.

[177) 유럽위원회(Council of Europe)는 유럽 국가들 사이에서 법률 표준, 인권, 법치, 문화적 발전 등을 협력하기 위해 1949년에 시작된 기구이다. 유럽연합과는 상관이 없이 발전되어 왔으나, 기능적으로는 상통하는 대목이 많다. 유럽연합 정상회의(European Council), 유럽연합 각료회의(Council of the EU)와는 혼동하지 말아야 한다.]

178) 노동당 수상 토니 블레어는 1997년 6월에 사회정책 프로토콜에 가입하겠다고 했지만, 실제 가입은 1999년 1월에야 공식적으로 이뤄졌다. 이 점을 내게 명확하게 알려준 유럽의회 의원 글린 포드(Glyn Ford)와 유럽연합 사무국의 직원 페니 리처드슨(Penny Richardson)에게 감사한다.

그 포로토콜의 취지는 종래의 사회헌장을 법률적으로 구속력을 가지
며 강제할 수 있는 조약의 형태로 바꾸자는 것이었다.

경제적/사회적 권리라고 하는 개념에 대해서는 여러 가지 반론이
제기된 바 있다. 제2장에서 우리는 모리스 크랜스턴의 논점을 살펴
봤다. 인권이 다른 종류의 권리보다 더 특별한 것이 되려면 거기 포
함되는 항목의 수가 제한되어야 하고, 정치적/시민적 권리를 천명한
18세기 프랑스와 미국의 문서들에 열거된 권리와 가까운 종류여야
한다고 크랜스턴은 본다. 경제적/사회적 권리는 인류 가운데 일부분
에게만 적용되기 때문에, 정치적/시민적 권리만큼 보편적이지는 않
다고도 주장한다. 그는 아울러 정치적/시민적 권리가 법률과 실천으
로 번역되기가 더욱 용이하다고 주장한다. 특히 자원과 발전이 부족
한 곳일수록 그렇다는 것이다.

자유시장 경제학자들의 반론도 있다. 이들은 경제생활에서 국가의
역할에 관해 지극히 회의적인데, 대처와 레이건의 시절에 영국과 미
국에서 큰 영향력을 행사했고, 그들의 생각은 지구 전체에 지적/실
천적으로 영향을 미치고 있다. 이를테면 프리드리히 폰 하이에크와
밀턴 프리드먼은 권리라는 개념이 "소극적 자유"의 보호에 국한되어
야 한다고 줄곧 주장한다. 로크가 파악했던 것과 같이, 신체와 재산
과 관련되는 외부적인 강제에서 자유로워야 한다는 뜻이다.[179] 자
유에 관한 철학에서 그것이 일반적 원리라고 보는 데 더해서, 그들

---

179) Berlin, 「자유의 두 개념」. 소극적 자유와 적극적 자유의 구분 자체가 어
　　떻게 분석적으로 타당할 수 있는지를 캐물은 슈의 의문을 바로 앞 장에서 다룬
　　바 있다. 하이에크의 입장은 특히, *Law, Legislation, and Liberty*, vol. II,
　　The Mirage of Social Justice (University of Chicago Press, 1976)를
　　보라. 프리드먼의 입장은 *Free to Choose* (New York : Harcourt, Brace,
　　Jovanovich, 1980)를 보라.

은 가장 효율적인 자원배분 방식을 지탱하기 위해서 그것이 필요하다고 느낀다. 시장에서 모든 고삐를 풀어 없애고, 그 안에서 개인들이 자기이익을 근거로 자유롭게 선택한다는 발상이다. 권리를 이런 식으로 생각하게 되면 경제적/사회적 권리에 대한 고려는 방해를 받는다. 경제적/사회적 권리를 직접 제공하거나 지켜주기 위해서는 국가 편에서 무언가 행동이 필요하기 때문이다. 그러한 국가의 행동을, 반드시 필요한 ("사회공학") 사회정책의 형태든지 아니면 (조세와 세출을 통한 재분배) 재정정책의 형태든지, 이들은 개인이 선택할 자유를 가로막는 것으로 여긴다. 그리하여 국가의 역할이 순전히 개인들의 신체와 재산을 보호하는 데 그치기 때문에 "소극적 자유"에 대한 존중은 어떤 권리도 침해하지 않을 것으로 간주되고, 경제적/사회적 권리는 어떤 사람의 권리 요구를 편들어 다른 사람들의 권리를 침해할 수밖에 없는 것으로 간주한다.

또 하나의 반론은 발전도상에 있는 비서양의 나라들 그리고 서양에서 지배당하는 소수자들이 그러한 권리들을 사용하게 되었을 때의 결과에 대한 두려움에서 나온다. 제국주의, 식민주의, 노예제, 강제 이주와 구금 같은 과거의 손해를 보상받을 권리가 주장될 수 있다. 부와 생활수준에서 현격한 격차가 지속되고 있는 현실에서 그러한 요구는 더욱 세찰 것이다. 이에 덧붙여, 비서양의 정치 엘리트들이 정치적/시민적 권리를 인정하지 않으면서, 경제적/사회적 권리를 핑계 삼을 수 있다는 이유로 이를 반대하는 견해도 있다. 그리하여 첫 번째 조지 부시가 대통령이던 1992년, 각국의 인권현황에 관한 국무성의 보고서는 다음과 같이 경제적/사회적 권리에 대한 당시 미국 정부의 적개심을 표명했다. "세계에서 기아와 빈곤을 제거하는 일이 도덕적으로 심각한 급선무라는 데 의문의 여지는 없다 …… 경제적/

사회적 권리라는 관념은 억압적인 정부들에 의해 쉽사리 악용되어, 시민들에게 기본적인 시민적/정치적 권리를 인정하지 않으면서도 자신들이 인권을 증진하고 있다고 주장할 빌미를 준다."180)

지금까지 제시한 명제들만을 고려하면, 나는 경제적/사회적 권리에 대한 이와 같은 반론들을 거부해야 마땅하다. 인간의 완전한 발전을 위해서 정치적/시민적 권리를 행사할 수 있어야 하는 만큼이나 경제적/사회적 권리도 행사할 수 있어야 한다. 이에 대한 반론들은 흥미롭기는 하지만 설득력은 없다. 크랜스턴의 입장은 인권을 시간의 맥락 안에 동결시켜 버릴 것이다. 20세기, 제2차 세계대전이 끝난 후에 제기된 경제적/사회적 권리를 18세기 말에 작성된 문서에 들어있지 않다는 이유로 타당하지 않다고 주장하는 셈이기 때문이다. 인권이 지배라고 하는 여건에 대응하는 사회적 실천이라면, 시간 안에 동결되어 있어서는 안 된다. 살아서 변화하고 있어야 한다. 지배가 정치의 영역에 국한되는 경우는 거의 없다. 부의 장악과 정치 권력의 장악은 하나가 다른 하나의 전제조건인 것이다. 정치적 권리와 경제적 권리도 이와 마찬가지다.

경제적/사회적 권리들이 18세기 프랑스와 미국의 문서에는 빠졌지만, 권력과 권리의 측면에서 경제와 정치 사이의 관계는 그때나 지금이나 마찬가지다. 여러 국제 문서에서 인정되고 여러 나라들이 조인한 내용과 같다. 유엔이 1986년에 결의한 「발전의 권리 선언」(United Nations Declaration on the Right to Development)은 제6조 2항에서 이를 요약한다 : "모든 인권은 서로 분리되지 않으며 상호의존적이다. 시민적, 정치적, 경제적, 사회적, 문화적 권리

---

180) Steiner and Alston, 268.

를 시행하고 신장하고 보호하는 데 동등한 정성과 절실한 고려가 기울여져야 한다." 이보다 먼저 1948년에 유엔총회가 채택한 「세계 인권선언」, 그리고 1966년의 「경제적, 사회적, 문화적 권리에 관한 국제 규약」과 1969년의 「아메리카 인권 규약」[181]에서도 같은 취지가 천명되었다. 1986년에 뒤이어 나온 「인간과 인민의 권리에 관한 아프리카 헌장」(African Charter on Human and People's Rights)에서도 반복되었고, 곧 이 장에서 자세히 다루겠지만, 유럽위원회와 유럽연합의 권위적인 문서에서도 같은 내용이 나타난다. 이처럼, 앞에서 논의한 영미 정부의 입장과는 달리 오늘날에는 경제적 인권뿐만이 아니라 사회적/문화적 인권이 탄탄한 근거를 갖추고 있다는 점에 국제적인 합의가 존재한다. 이러한 인식은 오랜 시간 동안에 국제적으로 이루어진 사회적 학습의 과정을 반영한다.

더욱이 경제적/사회적 권리는, 예컨대 노동자나 빈곤층처럼 인류 가운데 특정한 일부에만 해당하기 때문에, 보편적인 성격을 지니는 정치적/시민적 권리와 다르다고 한 크랜스턴의 주장은 설득력이 없다. 집단의 권리에 관해서는 위 명제 9에서 논증한바 있다. 하지만 그것과는 별도로, 그리고 크랜스턴 자신의 전제들을 다 받아들이더라도, 경제적 권리는 그가 인정하는 정도보다 훨씬 보편적이다. 왜냐하면, 어떤 특정 시점에서만 보면 모든 사람이 노동자도 아니고 모든 사람이 빈곤층도 아니지만, 자신의 노동력을 팔지 않으면 안 되는 처지로 떨어지거나, 빈곤 속에서 살거나 죽어야 하는 처지로 떨어질 위험은 누구에게나 있다. 세계의 부가 지금보다 훨씬 낮던 과

---

[181] 아메리카 인권 규약(American Convention on Human Rights) : 1969년에 남북 아메리카의 나라들이 채택했다. 집행기관으로서 아메리카기구(OAS) 산하에 아메리카 인권위원회와 아메리카 인권재판소를 설치했다.]

거에 그랬는데, 지금이라고 해서 그렇지 않은 것이 아니다. 현재는
세계의 부와 토지와 자원에 대한 통제력이 날로 집중도를 높이는 결
과, 농촌지역의 인구가 고향을 떠나야 하는 사태가 발생하고 있기
때문이다.182) 이와 같은 요인들로 말미암아, 세계의 인구 대부분은
임금노동을 피하기가 과거보다 더 어려워졌다.

다음으로, 크랜스턴은 마치 정치적/시민적 권리가 자체로 보편적
이며 범주에 따라 달라지지 않는 것처럼 쓰고 있다. 그러나 누가 투
표권을 가지는지를 결정하기 위해서는 계급, 인종, 성별, 나이, 시민
권, 교육 받은 정도, 언어 능력, 그리고 범죄 경력 등이 모두 고려된
다. 그리고 신체의 자유라는 것도 잠재적으로는 모든 사람에게 적용
될 수 있지만, 실제로는 범죄 혐의를 쓰고 있는 사람들에게만 적용
된다. 누구든지 피의자의 범주에 속할 수 있다는 이유로 신체의 자
유가 모두의 권리이듯이, 누구든지 노동자의 범주에 속할 수 있다는
이유로 노동자의 권리도 모두의 권리여야 하는 것이다.

마지막으로, 경제적 인권에 대한 크랜스턴의 거부가 이론적으로
어떤 문제를 안고 있는지는 이미 제2장에서 논의한 바와 같다. 사람
들이 굶어 죽고 있다면 정치적/시민적 권리라는 게 의미를 가지지
못한다는 헨리 슈의 논점이 그것이다. 그런 권리가 의미를 가지려면
그보다 선행하는 생존과 안전의 권리를 인정해야 한다. 정치적/시민
적 권리가 법조문으로 번역해서 강행하기에 보다 쉽지만, 그러나 어
떤 희소성의 조건에서는 그렇게 할 수 없다고 한 크랜스턴의 말은

---

182) 인도 농촌연구소는 엔론(Enron) 같은 기업이 댐을 건설해서 이익을 거둬들
　　이는 이면에 고향을 떠나야 하는 농촌과 시골의 인구가 최대 5,600만 명에 이
　　를 수 있다고 주장한다. Arundhati Roy, *Power Politics* (Cambridge, MA :
　　South End Press), 54~67.

맞을지도 모른다. 그러나 그 정도만으로는 그의 이론을 구조하기에
불충분하다. 가령 미국의 남북전쟁과 같은 상황이라면, 상대적으로
권리를 존중하는 정권일지라도 신체의 자유를 유보할 수 있고, 표현
의 자유나 결사의 자유를 보호한다는 것은 불가능할 것이다. 그렇다
고 해서 이런 권리들이 타당성을 상실하지는 않는다. 권리라고 하는
개념들은 크랜스턴과 같은 정치철학자가 인정하고 싶은 정도보다 훨
씬 복잡하고 관계 지향적이다.

  하이에크와 프리드먼 같은 경제학자들은 국제통화기금(IMF)을 비
롯한 경제기구와 여러 정치지도자들에게 영향을 미쳤는데, 이들은
대단히 개인주의적인 전제들을 깔고서 출발한다. 정부가 사회정책이
라는 이름 아래 자기이익의 추구를 외부로부터 방해한다는 것은 훨
씬 어려운 일일 뿐만 아니라 폭군의 횡포와 같다는 것이다. 그들이
염려하는 외부로부터의 방해는 정부의 방해밖에 없는 것으로 보인
다. 인간은 전적으로 자유로운 단자들이 아니라, "자기" 발전과 동시
에 "상호" 발전의 과정을 통해서 발전하는 존재라는 발상이 그들에
게 없다. 그들은 자유의 개념을 개인적 욕망과 자기이익을 실현하기
위한 단자적인 추구에만 국한시키면서, 그런 자유를 위해 평등이나
연대와 같은 가치를 배제한다. 인간적 삶을 구성하고 거기에 의미를
부여하는 무수한 갈래의 상호의존성을 의미 없는 것으로 깎아내리는
것이다. 게다가 자기들이 로크의 시대에 살고 있지 않다는 사실도
도외시하는 것처럼 보인다. 그들이 지금 살고 있는 시대는 사람들이
영위하는 삶의 질에 관해 기업들이 엄청난 결정권을 행사하는 기업
들의 시대이다. 그럼에도 그들은 이런 권력이 강제적이라고 보지 않
는다. 도리어 그들은 이러한 기업들도 단지 법인으로서 개체일 뿐이
므로 진짜 개인들과 동등한 보호를 받을 자격이 있다는 법률적 허구

를 이용한다. 기업이라고 하는 경제적 실체가 자신의 경제적 권리를 확보하기 위해 이와 같은 허구적인 예외 조항을 서양의 사법체제 안에 마련해 놓았는데, 다른 집합적 실체들이 주장하는 경제적 권리는 인정받기가 그토록 어렵다는 것은 지극히 흥미로운 일이다.

정치적/시민적 권리를 침범하는 정권들이 권리를 존중하고 있다고 내세울 수 있는 빌미가 될 수 있다는 이유에서 경제적/사회적 권리를 반대하는 견해에 대해서는, 우선 그런 일은 가능할 뿐만 아니라 일부 나라에서 실제로 벌어지고 있는 것이 사실이다. 하지만 내 주장은 경제적/사회적 권리를 위해서 정치적/시민적 권리를 부정하자는 것이 아니며, 이 두 부류의 권리들이 서로 제로섬의 관계에 있다고 봐야 할 아무런 필연성도 없다. 내가 주장하는 전체론적 시야에서는 양자가 모두 인정되고 존중받으며 매개되어야 한다. 지배라는 것은 이 두 부류의 권리 모두를 부인하기 때문이다.

이처럼 평등주의적이고 연대주의적인 경제적/사회적 권리를 부인하는 자세는 내가 지금까지 제시한 명제들을 감안할 때 개념적으로 전혀 내용을 지닐 수 없다. 각 민족 안에서 불균형적인 빈곤, 영양실조, 고도의 유아사망률, 열악하거나 전무한 의료보호, 낮은 기대수명, 그리고 교육과 고용에서 기회를 가지지 못하는 사람들은 이를 치유하기 위한 인권을 요구하는 것이 타당하다. 국제 수준에서, 가난한 민족에게 긴축 정책을 강요한다든지 융자에 불가능한 조건을 단다든지, 또는 경제적 봉쇄나 수입금지를 부과하는 등의 경제 구조 및 의도적인 경제 행위들은 과녁이 된 나라의 인민 대다수에게 노골적인 식민 지배나 마찬가지로 발전 가능성에 대한 심각한 장벽을 구성한다. 자연적 원인에 기인하는 비참이나 (유목 생활, 수렵과 채취 생활처럼) 극도의 희소성 아래 고립되어 살아야 하기 때문에 발생하는 비참과는 달리, 구조나 의도적인 경제 행위에서 비롯되는 경제적/사회적/문화적 박탈은 인권 침해로 간주되어야 한다. 당하는 나라 인민 대다수에게 발전 가능성을 가로막는 결과를 초래하기 때문이다.

명제 11 : 서양의 지식인이 아니라도 전체론적 인권이론 배후의 기본적 전제들을 이해할 수 있다.

지금까지 나는 서양의 철학자와 이론가 여러 명, 그리고 비교적 학식이 많은 축에 드는 정치지도자들이 작성한 문건들을 거론해 왔다. 하지만 내가 말하고자 하는 전체론적 관점의 인권에 들어 있는 복잡한 특질들을 가장 핍절하게 표현하는 문구는 조던 응구바네[183]가 어릴 때 배운 줄루족의 경구보다 나은 것을 아직 보지 못했다. 전체는 너무 길기 때문에, 비서양 사회의 보통 사람들이 "인권"이라는 문구를 사용하지 않고도 어떻게 인권에 관해 생각할 수 있는지를 독자들에게 알릴 수 있는 대목만을 인용한다. 때로 우리는 완전히 서로 다른 문화에서 흡사한 사고방식에 접하게 되고, 우리가 어떤 특정 문구를 사용하면서 뜻하는 바의 핵심을 다른 문화의 사람들도 정확히 짚어내고 있다는 데서 놀라워한다.

나는 사람이라는 과업에 대응하며 영원히 진화한다.
내게는 우주 질서의 미로 안에서 내가 가는 길을 밝혀줄 정신이 있다.

---

[183] 응구바네(Jordan Kush Ngubane, 1917년 생) : 남아프리카 공화국의 언론인, 정치인. 1944년부터 당시 흑인들이 소유한 유일한 신문이었던 Inkundla ya Bantu(인민의 공론장이라는 뜻, 지금은 나오지 않는다)의 편집자로 일했다. 공산주의 교조와 전략을 강하게 반대한 자유주의자로서, 1969년 이후 미국에 거주한다.]

이 정신에는 여러 측면이 있다.

정신은 모든 일을 파악한다.

정신은 폭을 넓혀갈 나의 권리, 경청 받을 권리를 확립한다.

정신은 나로 하여금 우주의 질서 안에서 안온함을 느끼게 한다.

내 이웃에게는 정신이 있다.

그 정신도 역시 모든 일을 파악한다.

내 이웃과 나는 기원이 같다.

우리는 공동운명체로서 생활-경험을 공유한다.

우리는 같은 실체의 앞면과 뒷면이다.

우리가 평등하다는 점은 변하지 않는다.

우리는 서로 마주보고 있는 얼굴들과 같다.

우리는 서로 부족한 대목을 채워준다.

나의 가치와 이웃의 가치는 동시에 정당하다.

내 이웃의 슬픔은 나의 슬픔이다.

그의 기쁨은 나의 기쁨이다.

필요한 순간에 서로 곁에 있음으로써 그와 나는 상호적으로 실현된다.

그의 생존은 내 생존의 전제조건이다.

서로 사랑을 공짜로 요청하고 공짜로 제공한다.

강요되는 사랑은 인류에 반하는 범죄다.

나는 내 인생의 주권자다.

내 이웃은 자기 인생의 주권자다.

사회는 집단적인 주권이다.

내 이웃과 내가 인간됨의 약속을 구현하도록 사회가 존재한다.

내 이웃을 위해 내가 인정하는 권리만이 내가 누릴 수 있는 권리다.

내가 이웃에게 무엇을 하느냐로써 나는 나 자신을 정의한다.

어떤 공동체도 다른 공동체의 운명을 처방할 권리는 없다.

평등한 사람들은 서로의 운명을 처방하지 않는다.

평등한 사람들은 정신의 대화를 나눈다.[184]

제2절 맺음말

문화의 경계를 넘어 정신의 대화가 이루어지는 것이 진정으로 보편적인 인권의 개념이 확립될 수 있는 유일한 희망이다. 그러한 개념은 인간 발전의 보편적 역량을 인정하는 데서 근거를 갖춰야 한다고 나는 지금까지 주장했다. 실제 발전 과정은 물리적/문화적 조건 안에서 일어나고, 따라서 물리적/문화적 조건에 의존할 것이다. 단자적인 개인들이 아니라, 인정받기 위해 그리고 사회적 관계의 망상구조에 편입되기 위해 투쟁하는 인민, 다시 말해서 상호결정과 자기결정의 과정에 참여하고 있는 인민은 인권을 만들어내는 주체이면서 동시에 인권을 요구하는 주체이기도 하다. 지배에 대항하는 그들의 투쟁이 새로운 형태의 지배로 전락하거나 새로운 형태의 인권 침해로 전락하지 않으려면, 응구바네의 경구에 나오는 것처럼, 자유와 평등과 연대라고 하는 세 가지 근본 가치를 모두 융합시켜야 한다. 서양에서는, 그중에서도 특히 미국에서는 극(極)개인주의적으로 이해된 자유의 이름 아래 나머지 두 가치를 희생시키는 경우가 너무나 잦다. 서양 이외의 지역에서는, 민족주의적 또는 종족적 연대의 이름 아래 자유가 희생되는 경우가 더욱 빈번하다. 어느 쪽에서든, 이런 처사들을 정당화하기 위해 제시되는 외형적인 이유들은 정치와 경제에서 지배 엘리트의 반(反)평등주의적 이익에 봉사하는 경우가 안 그러는 경우보다 많다. 구체적인 상황 안에서 세 가지 가치들을 매개하거나 조율한다는 것은 복잡한 작업임을 인정하지만, 하나를 위

---

184) Jordan Ngubane, *Conflict of Minds* (New York ; Books in Focus, 1979), 98~100.

해 다른 것을 거부하는 태도는 전체론적 인권이론이 받아들일 수 없
다.

전체론적 사고방식을 위한 옹호를 논증했으니, 제4장에서는 <표
3.1>에 제시된 권리의 보유자와 침해자에 관해 자세하게 논의할 것
이다.

제4장

인권의 보유자와 침해자

제1절 개관

앞장에서 제시한 명제들 가운데 둘은 이론적인 문헌에서만이 아니라 실천적인 정치세계에서도 쟁점을 형성한다. 하나는 인권의 보유자가 개인만은 아니라는 명제이다. 잭 도넬리는 오직 개인들만이 인권의 보유자가 될 수 있다고 주장하면서 연대는 인권과 상관이 없다고 본다. 집단이나 민족과 같은 집합체도 일정한 권리는 가질 수 있지만, 결코 인권은 가질 수 없다는 것이다.[185] 인권은 개인들에게만 국한된다는 얘기인데, 그렇다면 오직 자유와 평등만이 인권의 바탕을 이룬다는 말 같다. 집단주의 또는 연대주의의 색채가 강화된 인권의 개념을 제창한 아스마롬 레게스와 이싸 쉬비와 같은 비서양

---

185) Jack Donnelly, *Universal Human Rights in Theory and Practice* (Cornell University Press, 1989), 144~145.

저술가들을 도넬리는 논박한다.186)

  쟁점을 형성하는 두 번째 명제는 경제적/사회적/문화적 권리가 정
치적/시민적 권리만큼 중요하다는 명제, 또는 전자도 인권으로서 자
격을 갖춘다는 명제이다. 이에 대한 모리스 크랜스턴의 반론도 살펴
봤고, 미국 상원은 지금까지도 1966년의 국제 규약의 비준을 거부
하며, 레이건 행정부와 첫 번째 부시 행정부는 이를 노골적으로 적
대시했다는 사실도 앞에서 살펴봤다. 더욱이 미국을 제외하고 거의
모든 나라의 정부가 여기에 동의했었지만, 자유시장 신자유주의로
변해가는 풍조 때문에 그러한 의지마저 심각하게 위축되고 있다. 이
러한 우려에 더해서 발언의 자유 또는 고문 철폐 등은 특정한 행동
을 하지 못하게 하면 달성되는 반면에, 경제적/사회적/문화적 권리들
은 설사 진지하게 고려한다고 할지라도 시행하기가 그처럼 쉽지 않
다는 지적도 있다. 사회적/경제적 권리는 "소극적"이 아니라 "적극
적"인 권리이다. 나라에 따라서는 경제발전의 수준이 아직 미치지
못하기 때문에 이러한 권리를 보호하기 위해 필요한 정책이나 행동
이 어려워 보일 수 있다.

  이 두 가지 쟁점 이외에 명제 9에서 제시한 내용에 대해서도 반
론이 있을 수 있다. 즉 국가 이외의 집단들, 심지어 개인이나 가족도
인권의 침해자가 될 수 있다는 대목이다. 보통은 국가가 인권에 대
한 잠재적 침해자로 간주된다. 기실 조약의 효력을 가지는 인권 규

<hr>

186) Asmarom Legesse, "Human Rights in African Political Culture",
    Kenneth W. Thompson, ed., The *Moral Imperatives of Human Rights :
    A World Survey* (Washington, DC : University Press of America,
    1980), 123~138과 Issa G. Shivji, *The Concept of Human Rights in
    Africa* (London : Codesria Book Series, 1989)를 보라.

약들과 협약들은 "국가 측은"이라는 문구로 시작한다. 따라서 법률적으로 엄밀한 의미에서 말하자면, 국가의 권위 아래서 행동하는 자들만이 이러한 협약들을 위반했다고 일컬을 수가 있으므로, 국가의 법률을 내걸고 행동하는 자들만이 인권의 침해자가 될 수 있다는 주장도 가능하다.

전체론적 시각에서 나는 침해당한 피해자들의 요구와 투쟁이라는 견지에서 인권을 파악한다. 이러한 침해는 국가의 권위 아래서 벌어지는 것만이 아니라 다른 종류들도 포함한다. 다른 종류의 침해에 대해서는 국가가 직접적인 가해자는 아니지만, 침해에 개입하고 침해를 치유할 의무를 진다. 기실 20세기 라틴아메리카의 역사에서 불거졌던 무장 살인패들의 경우가 보여주듯이, 어떤 침해 행위가 있을 때 국가가 당사자인지 아닌지를 증명하기는 어렵다. 어떤 살인패는 사적 토지 소유자들이 만든 것일 수 있다. 하지만 정부가 만든 것도 아니고 정부의 지원을 받은 것도 아니라고 증명할 수 있는 경우에조차, 이런 살인패의 활동은 인권 침해일 수밖에 없고, 따라서 그런 짓을 정부가 묵인했다면 추가적인 침해를 구성하게 되는 것이다.

경제적 권리, 특히 노동자들의 권리는 제5장에서 길게 다룰 것이고, 국가에 의한 인권 침해의 사례들은 제6장에서 다룰 것이다. 이 장에서는 인권의 보유자는 개인만이 아니고, 인권 침해자로서 국가가 유일하지 않다는 나의 명제들을 더욱 깊게 옹호하고자 한다.

제2절 권리의 보유자

권리의 개념에 생명력이 있다고 인정하면서 권리가 개인들에게 적용된다는 점을 부인한다면 웃기는 소리일 것이다. 집단적 이익 또는 집단적 욕망이 개인들의 권리와 충돌하는 듯이 보이기만 하면 언제나 전자가 후자를 이겨야 한다고 말하면 웃기는 정도를 지나 오류가 된다. 그런 소리는 권위주의 정치체제를 유지하려고 기를 쓰면서 동시에 자기들이 인권을 존중한다고 내세우는 비서양 지역 지도자들의 말투와 비슷하다. 어떤 권리는 보통 개인들과 관계된다. 신체의 자유, 공정한 재판을 받을 권리, 고문당하지 않을 권리 등이 그런 부류에 속한다. 이런 권리들은 국가라는 개념과 개인이라는 개념이 역사적으로 진화한 결과로 공인을 받게 되었다. 런던탑에 한번 들어가면 살아서는 다시 보지 못하던 시절, 성실청[187) 자체가 고문을 통해 증언을 받아내던 시절 등이 있었던 것이다.

　적법 절차의 위반과 잔혹함은 다른 곳만이 아니라 서양에서도 일부 사례에서 계속되고 있다. 그러나 그것이 당하는 개인들의 인권을 침해한다는 점에 관해서 국제적인 합의가 있다. 1988년에서 1991년 사이에 필라델피아 경찰관들이 무고한 사람들을 엮어 넣기 위해 증거를 조작하고 법정에서 거짓말을 했던 것처럼, 그 사실이 공개적으로 밝혀지면 유죄 판결이 **보통은** 무죄로 뒤집힌다.[188) 문제는 이런 비행들이 공개적으로 밝혀지는 경우가 너무나 드물다는 점이다. 국가가 운영하는 법정에서 국가가 고용한 경찰관들의 말을 일단 믿고

---

[187] 성실청(星室廳, Star Chamber): 근대 이전 영국의 재판소 중 하나로서, 왕이 주재하는 조정 자체를 제외하면 최고재판소였다. 잔혹한 형벌로 악명이 높다가, 1640년 인신보호율에 의해 폐지되었다.]
188) *New York Times*, 1995년 11월 19일자 17면. 내가 "보통은"이라고 강조해서 말한 까닭은 미국의 법정이 일단 내려진 판결에 관해 새로운 증거가 나와도 재심을 거부하는 경향이 늘고 있기 때문이다. 그러지 말아야 할 경우, 즉 사형선고와 연관되는 경우일수록 특히 그렇다.

들어가는 전제 때문이다.

그러나 이런 경우에도 쟁점은 간단하지가 않다. 예컨대, 방금 언급한 필라델피아의 사례에서 경찰관들이 그저 아무나 "썩은 사과"로 찍어서 길거리에서 추방하려고 했던 것은 아니다. 그 사건의 피해자들은 아프리카계 미국인이었다.

이 점을 추가적으로 고려하게 되면, 단순히 국가가 개인의 권리를 침해했다는 차원을 벗어나 어떤 특정 집단의 권리를 인정하지 않고 침해하는 차원으로 이동하게 된다. 경찰과 법정으로부터 다른 사람들과 마찬가지로 적법 절차를 누릴 권리가 아프리카계 미국인들에게는 침해되는 차원이다. 만약 피해자들에서 어떤 집단적 유형이 나타나지 않았다면 순전히 개인들의 인권 문제로 남았을 것이다. 이처럼 신체의 자유가 **마구잡이로** 부인되고, 적법 절차가 **마구잡이로** 부인되고, 고문이나 가혹행위가 **마구잡이로** 자행된다면(가령 백인 중산층인 내가 경찰에게 폭행당할 확률이 로드니 킹[189]과 같다면), 순수한 형태의 개인 권리 침해의 사례가 된다. 반면에 적법 절차가 특정 집단의 구성원들을 상대로 위배된다면, 이때는 개인 권리가 침해된 것은 **물론이고** 동시에 해당 집단 전체의 권리도 침해된 것이다.

인종청소의 경우에도 마찬가지로 개인의 권리와 집단의 권리가 공히 침해된다. 유엔의 「인종청소 범죄의 방지와 처벌에 관한 협약」(1951)을 보면, 인종청소는 다음 중 하나를 뜻하는 것으로 정의된다 : 해당 집단 구성원을 살해하는 행위, 그들에게 심각한 육체적/정신적 피해를 입히는 행위, 집단 전체 또는 일부를 멸절시키기 위

---

[189] 로드니 킹(Rodney King, 1965~2012) : 아프리카계 미국인. 1991년 고속도로에서 백인 경찰관들에게 심한 폭행을 당했다. 그럼에도 경찰관들이 무죄로 풀려나자 1992년 로스앤젤레스 지역에서 폭동이 일어났다.]

해 고안된 조건을 강요하는 행위, 집단 안에서 출생을 가로막는 조치의 시행, 집단 내부의 아동을 다른 집단으로 강제 이주시키는 행위. 육체적으로 피해를 입지 않은 구성원일지라도 겁박과 공포에 찌든 삶을 살도록 강요당한다.

집단적 권리로는 자기결정의 권리(자결권)와 발전의 권리(발전권)도 있다. 1986년에 유엔이 선포한 「발전의 권리 선언」은 "모든 인간 개인"의 발전권과 함께 "모든 인민집단"의 발전권도 포함한다(제1조). 인종청소라든지 민족의 자결권이라든지 "인민집단"의 발전권 따위를 이야기 하면서, 동시에 인권이라는 것이 오로지 개인들에게만 해당된다는 말은 성립할 수 없다. 앞뒤가 맞지 않는 환원주의에 불과하다.

요약하면, 집단들의 권리 주장은 집단 내 각 개인의 권리를 포함하지만 거기에 국한되지는 않는다. 집단적 권리 주장은 (인종청소나 차별처럼) 특정 집단을 압박하는 지배의 사례들 때문에 촉발되었다. 반면에 (공정한 재판을 받을 권리나 신체의 자유처럼) 순전히 개인적인 권리의 주장은 정부가 자행하는 전제적이고 잔혹한 행태들 때문에 촉발되었다. 정부의 행태 가운에 전제적이고 잔혹한 부류를 식별해서 일반화할 수 있는 분별력이 생긴 다음의 일이었다.

집단에 대한 지배의 근거와 집단적 권리의 근거

유엔은 성별, 종교, 인종을 근거로 한 차별에 관한 문서들을 채택해 오고 있다. 지배의 근거로는 이 밖에도 언어, 국적, 성적 지향, 육체적 조건, 정신 또는 심리 상태, 계급적 위상 또는 직업 상황 등을 덧붙일 수 있다. 계급과 직업에 관한 논의는 인권과 경제를 다룬장이 나올 때까지 미룬다.

이런 요소들을 세 개의 범주로, 서로 중첩되기는 하지만 묶어 보는 것이 유용할 성 싶다 : ① 즉각적으로 눈에 띄는 육체적, 생물학적, 생리학적 차이가 있는 경우, ② 문화적 차이에서 비롯된 차이, ③ 민족주의적 열망에서 기인하는 구분. 이 범주들은 중첩되기만 하는 것이 아니고, ①에서 ③쪽으로 흘러들어갈 때도 많다.

육체적, 생물학적, 생리학적 차이

상궤에서 벗어난 가시적 차이를 열등하다고 치부한 것은 수백 년 동안 지속되어 온 일이다. 사르트르의 용어로 말하자면, 사회적으로 유의미한 차이라는 것은 "타인의 시선"에 의해서 즉각적으로 확립된다.190) 이러한 차이들의 사회적 의미는 보통 (항상은 아니다) 주류가 규정한다. 이렇게 해서 지배관계가 구성되고, 그 안에서 지배당하는 집단 또는 범주는 발전의 잠재력이 덜하다거나 아예 어떤 잠재력도 없는 것으로 지배집단에 의해서 간주된다.

이런 차이에 해당하는 하나의 사례는 성별이다. 성별은 육체적/생물학적 차이다. 남자의 몸과 여자의 몸은 생식기와 일반적인 체형에

---

190) 장-폴 사르트르는 『존재와 무』에서 이 용어를 보편주의적 또는 존재론적 의미로 사용했다. 구조적 맥락이 어떻든지 상관없이 "타인의 시선"이 인간관계에 틈입한다는 것이다. 여기서 내가 사용하는 의미는 그렇게까지는 아니다. 내가 사용하는 의미는, 사회적으로 구성된 인종 구분의 구조 안에서 타인의 시선이 사람들에 의해 지각된다는 뜻이다. 사르트르가 이 개념을 어떻게 사용하는지는 Jean-Paul Sartre, *Being and Nothingness*, trans. Hazel Barnes (New York : Philosophical Library, 1956), 414~415를 보라. 이 개념이 인종관계에 어떻게 결부되는지를 예시한 글로는 A. Belden Fieldes and Walter Feinberg, *Education and Democratic Theory : Finding a Place for Community Participation in Public School Reform* (Albany : State University of New York Press, 2001), 85~86.

서 서로 다르다. 사실상 모든 문화에서 복식과 장식을 달리함으로써 여성을 알아보기 쉽게 만들어져 있다. 이에 따라서 사고와 단어와 행태도 적응한다. 『국가』에서 여성이라도 기꺼이 (비록 여성은 어떤 분야에서든지 남성보다 역량이 한 눈금 뒤진다고 확신하면서도) 철인왕으로 옹립하고자 했던 플라톤과는 달리, 아리스토텔레스는 여성에게는 이성의 능력이 없기 때문에 합리적인 존재들을 다스릴 역량도 없다고 생각했다. 그래서 여성은 탈정치화되었다. 여성이 다스릴 수 있는 대상은 오직 아직 합리적이지 못한 아동과 가내 노예들뿐이었다. 여성에 관한 이와 같은 견해는 육체적 또는 생리학적 근거에서 자주 정당화되었다(예를 들면, 몸집이 작고, 근육의 힘도 더 약하고, 주기적으로 월경이 있다는 등이 근거로 제시되었다. 자궁에 변화가 생기면 비합리적인 행태를 보인다는 믿음에서 히스테리아라는 단어가 나왔다).191) 이러한 고정관념에서 어긋나는 여성은 "아마조네스"처럼 상상 속의 괴물로 그려졌다. 아테네인들이 배타적으로 남성의 일이라 여긴 영역에 스파르타의 여성들은 실지로 참여했고, 그리하여 남녀의 역할에 관한 플라톤의 사고에서 모델로 인용되기까지 했음에도 불구하고 그랬다. 그렇지만 서양 세계에서 양성 간의 관계에 관해 생각할 때 더욱 강력한 이데올로기를 제공한 인물은 플라톤이 아니라 아리스토텔레스였다. 갓 태어난 아기가 여성으로 인지되는 순간, 미래의 발전을 위한 가능성은 남자아이와는 사뭇 달라졌다. 이는 물론 서양 이외 대부분의 문화에서도 마찬가지였다. 여성

---

[191] 히스테리아(hysteria)는 그리스어로 자궁을 뜻하는 단어 $\upsilon\sigma\tau\acute{\epsilon}\rho\alpha$(로마자로 쓰면 hystera)에서 나온 단어이다. 산고 때문에 비명을 지르는 여성의 이미지가 여성 특유의 심리인 것처럼 연결된 것이다.]

과 남성 사이에 육체적/생물학적 차이가 있다는 지각은 즉각적으로 발전 가능성에도 커다란 차이가 있다는 사회적 인식으로 번역되었다. 이 때문에 마르크스는 생산노동의 분업을 분석하는 데 일생을 바쳤으면서도, 최초의 분업은 생산노동의 분업이 아니라 성적 재생산을 위한 노동과 가족적 노동의 분업이라고 말할 수밖에 없었다.192) 여성의 이성적이고 창조적인 잠재력을 압살하는 데 개재되는 지배는 "자연"에 뿌리를 둔다는 점에서 어느 것보다도 강력하다. 여성에게는 정서적·감정적 잠재력을 개발할 일만 남겨진다. 아이들, 그리고 바깥세상의 고초에 직면해야 하는 남편들을 감정적으로 지지하는 역할을 위해 적절한 자질이 그것이기 때문이다. 바깥세상의 공적 활동을 위해서는 합리적이고 창조적인 자질이 필요한데, 이런 것들은 남성에게 특유하다고 여겨졌다.

서양의 전통은 두 갈래 상충하는 시각 사이에 여성들을 억지로 끼워 넣었다. 여성, 특히 어머니는 굉장한 존경을 받아야 한다는 시각이 하나다. 여성 앞에서는 육두문자를 금지한다든지 여성이 있는 곳에서는 정치 얘기나 다른 여자 얘기를 해서는 안 된다는 고래의 금기가 거기서 나왔다. 반면에 여성은 위험하다는 시각도 있었다. 여성들은 입방정을 떤다. 이는 하릴없는 사람들의 무해한 활동에 불과한 것이 아니라 종종 악의를 품고 있다고 간주되었다. 여성들은 제멋대로라서, 합리적이고 창조적인 영역에서 위대한 일들을 할 수도 있었던 남성에게 장애물인 경우가 많다. 그래서 플라톤은 ―남성만이 아니라 여성도 철인왕이 될 수 있다고 생각했던 바로 그 플라톤아―

---

192) Karl Marx, *The German Ideology*, Robert C. Tucker, ed., *The Marx-Engels Reader*, 2nd edititon (New York : W. W. Norton, 1978), 151과 156~159.

국가의 쇠락을 논하는 대목에서 이상국가가 타락하는 까닭으로 여성을 탓했다. 혼자였다면 공공심으로 충만했을 남편들로 하여금 한눈을 팔게 만들어, 국가에 이로운 일 대신에 개별적 가족의 영예와 지위를 중시하게끔 만드는 것이 "아내"라는 이유에서였다. 이상국가의 타락이 여자 때문이라는 플라톤의 이야기는 아담을 유혹하는 이브의 신화와 몹시 닮았다.

육체적/생물학적 차이를 지배로 변혁하는 데에는 신화와 종교가 강력한 역할을 수행한다. 동아프리카 키쿠유[193] 족에서 전해지는 신화는 가장 흥미로운 것 가운데 하나다. 태초에는 여성이 남성보다 신체적으로 강해서 육체적인 힘으로 남성을 지배했다(이런 부류의 신화들로부터 아마조네스에 관한 허구들이 나왔다). 남성들이 한데 모여 전략을 짰다. 여성의 몸을 이용해서 여성들을 꺾기로 했다. 모든 여성들을 동시에 임신시키기로 한 것이다. 모든 여성들이 임신 말기로 접어들자, 남성들이 봉기했다. 임신한 몸이라서 자기방어력이 크게 지장을 받았기 때문에, 남성들이 손쉽게 승리했다. 그렇기 때문에 여성들은 현재 자신들의 처지에 관해 불평할 권리가 없다. 과거에 여자들이 힘이 있을 때 남자들에게 했던 그대로를 지금 남자들이 여자들에게 돌려주고 있을 뿐이다. 이것은 상호성과 공정성의 완벽한 사례로서, 자연의 재생산 기능 덕분에 가능해진 일이라는 얘기다. 역사적 상호성과 자연을 함께 융합하면서 지배를 정당화하는 논거로 이보다 강력한 것을 상상할 수 있을까?

여성을 모든 면에서 동등한 존재로 바라보는 사회적 인정이 필요

---

[193] 키쿠유 족(Kikuyu) : 케냐를 비롯해서 동아프리카에 사는 종족. 케냐에만 530만 명 정도(1994년 추계, 케냐 전체 인구의 23%) 되는 것으로 추산되며, 케냐에서 가장 큰 종족집단이다.]

하다는 요구는 서양 세계에서 아주 늦게 출현했다. 내가 확언할 수 있는 최초의 사례는 14세기 말에서 15세기 초 사이, 크리스틴 데 피잔이다. 피잔은 여성의 합리적 능력을 폄하한 아리스토텔레스에게 도전하면서, 역사 속에서 여왕들이 이룩한 업적들을 지적했다.194) 이는 18세기 메리 월스턴크래프트, 올랭프 드 구즈(Olympe de Gouges)로 이어졌다. 월스턴크래프트는 루소와 버크가 가부장적 지배를 수용했다고 비판했고, 구즈는 「프랑스 인권선언」이 여성에게는 적용되지 않는다고 항의하면서, 자기가 작성한 「여자 그리고 여성 시민의 권리선언」을 제창했다. 그리고 19세기와 20세기에는 페미니즘 운동과 여성참정권 운동이 있었다. 앞에서 살펴봤듯이, 국제 규약의 조문에 명문화됨으로써 여성이 "공식적으로" 국제적 인정을 받은 것은 겨우 1979년의 일이다. 그 규약은 여성을 특정하는 차별에 주목한다. 이 규약 아래서 여성 전체, 하나의 범주로서 여성, 집단으로 구성된 여성들이 권리의 인정을 요구할 수 있게 된 것이다.

인종 역시 육체적이고 즉각적으로 지각되며, 지배를 지지하는 사회적 의미를 부여받아 왔다는 점에서 성별과 비슷하다. 인종에 귀속되는 부정적인 의미는 다양하다. 미국 남부에서 노예제를 정당화할 때 사용되던 논거 중에는 아리스토텔레스에서 비롯된 것이 있었다. 아리스토텔레스는 당시 그리스에서 실행되던 방식의 노예제는 비판했다. 합리적인 삶을 스스로 영위할 능력이 없는 자들만이 노예로 되어야 한다고 본 것이다. 따라서 이상적으로 볼 때 노예제는 단순한 지배관계가 아니라 하나의 공생체제라는 것이다. 노예는 주인에

---

194) Christine de Pizan, *The Book of the City of Women*, trans. Earl Jeffrey Richard (New York : Persea Books, 1982).

게 노동을 제공하고 주인은 노예에게 이성이 필요한 결정을 내려준다는 식이다. 미국의 남부에서는 아프리카인과 그 후예가 열등하다고 느꼈다. 그들에게는 (그리스인들에 비해 북유럽과 아시아의 부족들은 이성에서 열등하다고 아리스토텔레스가 봤던 것처럼) 이성이 없고, 감시와 채찍이 없으면 결코 열심히 일하지 않기 때문에 게으르다고 간주되었다. 따라서 노예에게 글쓰기를 가르친다는 것은 (프레데릭 더글러스가 실증해 보였듯이) 노예제 자체에 위험한 일인 데더해서, 노예들의 자연적 자질에도 어긋나는 것으로 여겨졌다. 말하자면, 자연에 대한 범죄이기 때문에 극히 혹독하게 처벌해야 마땅한일이었던 것이다. 가르치는 자와 배우는 자가 모두 처벌을 받을 수있었고, 목숨을 바쳐야 할 경우도 있었다. 1980년대 과테말라에서는인디언을 교육시키지 말라는 법은 없었지만, 안경을 낀 인디언들은미국의 지원을 받은 그 나라의 억압적인 군대와 경찰에게 특별한 과녁이 되었다는 게 흥미롭다.

어떤 인종이 열등하다는 주장은 아직 살아 있다. 인종 간에 지능검사를 하면 한 인종이 다른 인종보다 나은 결과가 나온다는 점을입증하고 싶어 하는 사회과학자들이 일부 있다는 사실은 불행이다.이런 "조사결과"가 있다고 해도, 주거와 학교에서 분리를 철폐하고,적절한 영양공급과 취학전 의료관리 및 학습을 보장하며, 우리의 아동 모두를 교육하는 과업에 동질적인 전문성과 자원이 바쳐져야 한다는 주장의 근거로 삼을 수 있다. 이렇게 주장한다면 1966년의「경제적, 사회적, 문화적 권리에 관한 국제 규약」에 의거한 타당한주장이 될 것이다. 그러나 저런 부류의 사회과학자들의 동기는 정반대로, 그처럼 기회의 차별이 존재하는 데 따르는 죄책감과 사회적책임감을 무마하기 위함이 아닌지 수상하다. 신체적으로 차이가 나는 어떤 집단이 다른 집단에 비해 발전의 잠재력이 크게 떨어지는 것으로 나타난다면, 그런 집단에게 더 나은 교육의 기회를 제공한다는 것은 노예에게 읽기를 가르치는 것만큼이나 잔인한 사기극이 아니겠냐는 식인 것이다. 인종 간에 지능지수의 차이가 있다고 주장하는 현대의 사회과학자들은 여성에 관한 아리스토텔레스의 주장과 매우 흡사하다.195) 이들은 모두 과학자의 입장에서, 지배당하는 사람들에 대해 지배자들이 이미 읽고 있는 차이를 확인하기 위해 과학의 정당성을 제공하는 데에만 관심을 기울이면서 보고서를 작성한다. 반면에 자유롭고 평등한 존재로서 사회적 인정을 요구하는 주장들은, 항상 그러한 인정을 거절하는 집단이 동원하는 적나라한 형태의 도구들만이 아니라 지식인들의 정당화 논리에도 거스르는 방향으로 전개된다.

인종적 타자성은 합리적이고 창조적인 존재로서 자격이 미달한다는 의미로 결부되는 데 그치지만은 않는다. 모종의 악이나 죄의 징표로도 자주 간주된다. 인디언과 전쟁을 치렀던 필립 셰리든196) 장군은 "내가 겪어 본 선한 인디언들은 모두 죽었다"고 말했다고 한다.197) 이 말은 19세기 중엽 미국에서 대중적으로 더 많이 알려진 표현 "오직 죽은 인디언만이 선하다"로 변모했다. 그리고 백인들은

---

195) 내가 소속한 일리노이 대학 어바나─샴페인 캠퍼스에서 나중에 학장을 지낸 꽤나 유명한 학자 한 사람이 공대에 여학생이 적은 것은 걱정할 일이 아니라고 하면서, 여성은 그 분야에 적합하지 않다는 이유를 댔다. 아리스토텔레스가 죽은 지 2300년밖에 지나지 않은 1970년대의 일이다.

[196) 셰리든(Philip Sheridan, 1831~1888) : 남북전쟁에서 북군의 장군으로 많은 공을 세웠고, 그 후 1870년대까지는 인디언과 전쟁을 치렀다. 미국 육군참모총장을 거쳐 육군장관에까지 올랐다.]

197) Dee Brown, *Bury My Heart At Wounded Knee : An Indian History of the American West* (New York : Bantam Books, 1971), 116.

200

모든 인디언들을 선하게 만들기 위해 할 수 있는 모든 일을 다 했다. 나치의 영화제작자들은 유태인을 독일 사회 도처에서 들끓는 쥐떼로 묘사했다. 나는 여러 해 전에 전도하려고 전화를 걸어온 모르몬 신도와 장시간 대화를 나눈 적이 있다. 대화의 대부분은 흑인의 검은 피부는 신이 내린 형벌의 징표라는 모르몬의 신조에 관한 것이었다. 이 때문에 모르몬 교회는 흑인을 교회 직분에서 배제했는데, 나중에 외부로부터 강력한 비판을 받게 되자 철폐했다. 미국에서 백인들은 자주 아프리카계 미국인들이 원래 폭력과 범죄의 성향이 있다고 얽는다. 이에 비해 아시아계는 "의뭉스럽고", 교활하고, 잔인하고, 서양인들처럼 생명을 존중하지 않는다거나 너무 공격적으로 영악하며 미국 모든 대학의 과학과 기술 분야 강의실에서 모든 좌석을 독차지하려려든다든지, 불법적인 정치 후원금을 통해 정치적 영향력을 매수하려 한다는 등으로 간주된다. 프랑스에서는 민족전선이 지방선거에서 중요한 성공을 거두고 있으며, 더욱 중요하게는 전국 수준에서 범죄, 공교육 질 저하, 진정한 "프랑스식" 생활방식의 훼손이 "이민자들"198) 탓이라는 프레임을 설정하는 데 성공하고 있다. 아랍인

---

198) 이 단어는 1996년까지는 거의 전적으로 아랍인들만을 가리켰지만, 서류 없는 [당국의 표현으로는 밀입국한] 사하라 남부 출신 아프리카인들이 추방에 저항하는 광경이 TV 시청자들의 눈길을 끌면서 의미가 확장되었다. 미레유 로셀로는 1996년 사하라 남부 출신 서류 없는 아프리카인들이 생베르나르 성당에서 농성함으로써 이민자라고 하면 으레 아랍인을 연상하는 프랑스의 고정관념이 바뀌었다고 주장한다. 그들의 농성이 대중적 지지를 얻음으로써 아랍인 이외의 이민자들에게도 관심이 일어났고, 이민자에게 동정적이지 않던 여론이 동정적인 방향으로 바뀌었다는 것이다. Mireille Rosello, "Visual Narratives and Illegal Immigration in France : (Trans)national Encodings of Exclusion", presentation in the colloquium series of the Unit for Criticism and Interpretive Theory at the University of Illinois, Urbana, April 28, 1997.

과 흑인은 순전히 유색인이라는 이유로 길거리를 걷다가 프랑스 경찰에게 신분증을 보여 줘야 하는 경우를 자주 만나야 한다. 프랑스 경찰과 우익 폭도의 손에 사망하는 사람 중에 아랍인 남성 및 소년들의 비율도 불균형적으로 높은 것 같다.

차별적 인정은 국제화되고 있다. 대다수 미국인들이 "복지 수혜자"라는 말을 들으면 실제로 수혜자 대부분은 백인임에도 불구하고 혼자 아이를 양육하는 흑인 여성을 연상하는 것처럼, 국제공항에서 테러리스트나 불법 이민자로 의심받는 경우는 유색인 쪽으로 치우친다.199)

많은 백인들은 세계무역센터 쌍둥이 빌딩이 파괴되기 훨씬 전에도 중동의 유색인들을 잠재적으로 비열한 테러리스트라고 인식했다. 오클라호마 시의 연방 청사가 폭파되었을 때에도 미국의 사법 당국은 아마도 중동 테러리스트의 소행일 거라는 헛소문을 처음부터 퍼뜨렸다. 클린턴 행정부는 미국 내에서 테러리스트로 의심받는 외국인을 통제할 수 있도록 권력을 강화하기 위해 그런 헛소문을 이용했다. 하지만 결국은 두 명의 백인 남성 미국인이 범인으로 유죄판결을 받았다.

---

199) 이 부분의 초고를 다 쓴 후에 나는 파리 오를리 공항에서 한 베트남 여성과 이야기를 나눴다. 우리는 시카고에서 같은 비행기를 타고 파리로 왔고, 각각 가방을 실은 카트를 밀면서 걸었다. 나는 수하물을 찾을 때 그녀를 도왔고, 공항 건물에서 같은 문으로 나왔으며, 약 45분 동안 그녀와 계속 대화를 나눴다. 상식적으로 우리가 동행이라고 볼 만한 상황이었다. 갑자기 세관 직원들이 우리를 습격했다. 그녀에게 가방을 가지고 세관 조사실로 자기들을 따라오라고 했다. 하지만 나는 내 가방 곁에 그냥 내버려뒀다. 여기서 인종은 우연이 아니었다. 파리의 보도에서도 인종은 우연이 아니다. 나와 가까이 걸어가던 아랍인들이 불심검문을 받는 광경을 여러 번 목격했지만, 경찰이 나를 세운 적은 한 번도 없다. 나는 백인이고, 백인이라는 사실이야말로 최고로 양질의 통행증일 때가 많다.

인종이나 피부색에 차별적으로 반응하는 이 모든 사례에서 부정적인 취급을 받는 사람들은 지배적인 시각에 빠져 있는 사람들에게 "재인식"을 요구할 집단적인 인권이 있다. "재인식"이란 셸던 월린이 사용한 표현이다.[200] "인식을 인도하는 표상의 체계가 뒤집히면 재인식이 가능하다. 재인식이란 '니그로', '인디언', '여성', '성적 비정상'과 같이 한때를 풍미하던 이미지들이 20세기 전반부에 산산조각 날 때 그랬던 것처럼, 익숙한 대상에 관해 문화적으로 생산된 표상이 발본적으로 수정되는 경우라고 볼 수 있다."[201] 이 과정은 21세기가 시작된 현재 완결과는 거리가 멀다. ① 지배적인 타자들에[202] 의해 지각되는 순간부터 부정적으로 비쳐지는 사람들은 자기 정체성과 자기 이미지에서도 부정적인 영향을 받기 때문에, 그리고 ② 그들의 삶을 지탱하는 물질적 형편이 보통 남들에 비해 더욱 곤란하기 때문에, 그들의 발전적 잠재력이 방해를 받는다고 말할 수 있다. 따라서 이들은 다른 모든 사람들과 평등한 존재로 "간주되고"("인정받고"), 의도적이거나 구조적인 차별에서 해방될 인권을 하나의 집단으로서 주장할 자격이 있다.

"간주되는" 집단들 또는 범주들 가운데 인권에 관한 각종 저술에서 가장 소홀하게 인정받는 사람들은 체형이 다르게 생겼거나, 질병에 걸렸거나, 정신적/심리적 여건에 종속되어 있는 사람들이다. 국제

[200) 인정, 인식이라는 뜻의 영어 단어 recognition에서 re-를 "다시"라는 뜻의 접두사로 보아 월린은 "re-cognition"이라고 표기했다.]

201) Sheldon Wolin, "Democracy, Difference, and Re-cognition", *Political Theory*, XXI, 3, August 993, 480.

[202) 통상 "타자"라는 단어는 주류의 시각에서 볼 때 타자로 인식되는 주변부의 사람들을 가리킬 때 사용된다. 반면에 여기서는 주변부의 시각에서 지배적인 주류가 타자라는 의미이다. 저자는 대문자로 Other라고 표시함으로써 이 차이를 표시하고 있지만, 한국어 단어로 옮길 수가 없어서 역주를 달아 설명한다.]

적인 공식 문서들도 이들에 대해서는 침묵할 뿐이다. 심각한 신체적/정신적 질환은 제도적으로 관리되어야 하는 것이 확실하고, 미셸 푸코야 뭐라고 말했든지 모든 제도가 단지 지배자이기만 한 것은 아니다. 그들에게 필요한 보살핌이 제공되려면 병원, 요양원, 그리고 정신병동 등이 때로는 유일한 길이다. 반면에 당사자들에게 최선의 이익이 아니고 인간으로서 발전할 가능성을 꺾어버리는 경우에도 일반 대중을 위한다는 명분으로 사람에게 낙인을 찍어 시설에 가둘 구실로 정신적/신체적 역경이 악용되어 온 것도 사실이다. 한센병 환자의 경우가 가장 악명 높은 사례이다. 이 질병은 외모를 망가뜨리기 때문에 다들 두려워했다. 한센병은 사회적 병충해처럼 다뤄졌고, 환자들은 공포와 추방과 격리의 대상이 되었다. 암 역시 한 세대 전까지만 해도 사람들이 입에 올리지 않던 병이었다. 공포와 수치를 낳았기 때문이다. 한센병의 경우처럼, 암환자들도 자신들의 나쁜 생각과 행동 때문으로 자업자득이라고 생각하던 풍조가 있었다. 후천성 면역결핍증을 죄악의 대가로 해석하면서, 환자들을 격리하거나 추방해야 마땅하다고 생각하는 사람들도 있다.

플라톤은 『국가』에서 기형이나 비정상으로 태어난 아기들은 죽게 내버려 두라고 권고한다. 그 후 2천 년 사이에 여건은 많이 개선되었지만, 오늘날에도 하반신 마비나 청각/시각 장애인들은 온전하고 능동적인 삶을 영위하면서 사회에 중요한 공헌을 하기 위해 필요한 필수조건을 누릴 권리를 지닌 인격체라고 다른 사람들로부터 인정을 받기는 여전히 많은 경우에 어려움을 겪고 있다. 시각장애인을 위한 헬렌 켈러의 투쟁과 청각장애인을 위한 토머스 홉킨스 갤러뎃의203) 투쟁은 매우 심오한 의미에서 동시에 인권을 위한 투쟁이기도 하다. 그들의 투쟁은 그러한 역경에 처한 사람들도 그렇지 않은 사람들과 똑같은 발전의 기회와 교육의 기회를 누려야 한다는 투쟁이면서 동시에, 그들도 자유롭고 평등한 인격체로 인정받아야 한다는 투쟁이었다. 다운증후군과 같은 역경을 당하고 있는 사람들도 온전한 사람으로 배려해야 하고, 학습을 통해서 경청할 가치가 있는 방식으로 자신을 표현할 능력이 있다고 간주해야 한다는 투쟁은 최근의 새로운 투쟁이다. 신체적/정신적 역경에 처한 사람들 본인이 벌이는 투쟁 또는 그들을 위한 투쟁에 관해 아직 어떤 국제적 협약이 맺어지지 않았다는 사실 때문에 그들의 투쟁이 인권을 위한 투쟁이라는 자격이 손상되지는 않는다.

이 차이들을 신체적이거나 생물학적이거나 생리학적이라고 부르고 있지만, 거기서부터 도출되는 사회적 결과들이 "자연적"이라는 뜻은 전혀 아니다. 그러므로 나는 인종, 성별, 성적 지향에 따라 분류된 집단들을 "자연적 집단"이라고 부르는 윌리엄 펠리스 식의 어법을 거부한다.204) 아주 정반대로 지배관계, 잠재력을 질식시키는 관계는 모두 사회적으로 구성된다. 지금까지 다룬 내용들과 다음 절에서 다룰 문화적 차이를 구분한 이유는 두 가지이다. 첫째, 지배와 종속의 권력관계는 물리적 차이를 중심으로 확립되기 때문에 피지배자의 입장에서 속수무책인 경우가 많다. 반면에 순전히 문화적인 속성이라면 외부의 압력이 있거나 스스로 의지에 따라 변경이 가능하

[203) 갤러뎃(Thomas Hopkins Gallaudet, 1787~1851) : 예일 대학과 안도버 신학대학을 졸업하고 목사가 되려 했지만, 청각장애를 앓는 이웃집 소녀에게 글을 가르치다가 인생행로를 바꿨다. 미국 최초로 청각장애자를 위한 학교를 설립하는 등 개척자적 업적을 남겼다.]
204) William F. Felice, *Taking Suffering Seriously : The Importance of Collective Human Rights* (State University of New York Press, 1996), 122.

다. 둘째, 이렇게 구분해서 다룸으로써 지금까지 국제적인 합의에서 무시되어 오던 질병, 신체적 기형, 정신적 상태 등과 연관되는 인권 문제를 논의할 필요가 부각되기 때문이다. 미국에서 부통령에 출마하려던 사람이 과거에 심리치료를 구했다는 전력이 드러나자 출마를 포기해야만 했던 것이 그다지 오래 전이 아니다.[205]

문화적 차이에 근거한 집단

인종과 피부색에 따라 사람들을 분류하게 되면, 신체적으로 드러나는 차이와 문화가 중첩될 때가 많다. 하지만 항상 그런 것은 아니다. 흑인 특유의 문화, 라티노 특유의 문화가 있는 미국이나 흑인과 인디언과 히스패닉의 문화가 구별되는 니카라과에서는 중첩이 일어나지만, 쿠바에서는 그런 구별이 해당하지 않는 것으로 보인다.

신체적 특징에 근거를 두지 않으면서도 가장 자주 고려되는 차이는 언어의 차이와 종교 또는 영혼적 조망의 차이다. 캐나다인 가운데 영어 사용자와 프랑스어 사용자, 벨기에인 가운데 플라망어 사용자와 프랑스어 사용자는 외견상 차이가 없어 보일 때가 많다. 북아일랜드 사람 가운데 가톨릭 신도와 개신교 신도, 또는 파키스탄이 독립하기 전의 인도에서 힌두교도와 이슬람교도 사이에서도 마찬가지이다. 그러나 이러한 문화적 차이들이 차별적인 실천으로 이어지고, 해당 문화 집단의 일부 구성원들에게 발전의 가능성을 제약할 때가 많다.

더욱 기본적으로 그리고 더욱 꼬집어서 말하자면, 문화는 우리가

---

[205] 1972년 선거에서 민주당의 맥거번에 의해 부통령 후보로 지명되었다가 사퇴한 토머스 이글턴(Thomas Eagleton, 1929~2007)을 가리킨다.]

정서적/창조적 잠재력을 개발하고, 그럼으로써 우리 자신의 정체성을 창조하는 핵심적인 맥락에 해당한다. 문화적인 틀에 속하지 않고는 우리 자신을 개인으로 발전시킬 수도 없고 다른 사람들과 관계를 맺을 수도 없다. 윌 킴리카가 자유주의자들에게 개인들의 발전 가능성에 진정으로 관심이 있다면, 그러한 발전을 위해 필수적인 문화적 맥락을 무시하면 안 된다고 설득하는 데에 저술의 대부분을 바친 것이 이 때문이다.206) 문화로 구분되는 집단들의 권리를 옹호하는 과업을 (다문화적 공동체주의를 주장하는) 찰스 테일러라든지, (테일러에 비해 더욱 통일되고 총체적인 공동체주의를 지향하는) 마이클 샌델 같은 공동체주의적인 저자들에게만 맡겨 놓으면 잘못이라는 것이다.207)

킴리카와 테일러는 캐나다인이다.208) 킴리카는 동유럽계의 후예로서, 지배적인 유럽인들 앞에 노출된 원주민들의 권리와 원주민 문화의 생존에 특히 관심을 기울인다. 킴리카는 자발적인 이주 집단과 비자발적인 소수자 집단을 구분한다. 후자의 예로는, 북아메리카의 이누이트 족과 아메리카 원주민들, 그리고 미국으로 끌려 온 아프리

---

206) Will Kymlicka, *Liberalism, Community, and Culture* (Oxford: Clarendon Press, 1989), 그리고 *Multicultural Citizenship* (Oxford, Clarendon Press, 1995)을 보라.

207) Michael Sandel, *Liberalism and the Limits of Justice* (Cambridge University Press, 1982).

208) 집단의 권리와 개인의 권리에 관해 최고로 훌륭한 저작 가운데에는 캐나다인의 작품이 여러 개 있다. 킴리카와 테일러 이외에, 테일러보다 권리의 개념에 관해 거부감을 덜 느끼는 캐나다인 공동체주의 이론가의 작품으로는 Michael McDonald, "Should Communities Have Rights : Reflections on Liberal Individualism", Abdullah Ahmed An-Na'im, ed., *Human Rights in Cross-Cultural Perspective* (University of Pennsylvania Press, 1992), 133~161이 있다.

카계 미국인들이 있다. 이들은 지배적인 근대화 문화의 외곽에 방치되어 왔기 때문에 특정한 "집단 특유의 권리"를 주장할 자격이 있다. 그렇지만 여기서 궁극적인 근거는 개인들이 선택을 내리기 위해 필수적인 정체성과 안전을 확보하려면 그들 사이에 공유되는 가치와 전통이 반드시 필요하다는 점이다. 지배적이고 근대주의적인 "전체 사회의 문화"는 그들에게 편안하지 않고, 그들을 배제한다. 킴리카에 따르면, 거기에는 애당초 공유되는 규범적 가치 자체가 없다. 이에 비해서 미국 또는 캐나다로 이주하기로 자유로이 선택한 사람들은 그럴 자격이 없다. 이들은 새로 만들어진 민족의 "전체 사회의 문화"에 편입하는 대가로 자기네 과거의 문화를 포기했다. 이들이 이렇게 선택한 문화는 종전의 문화보다 전통에 덜 구애받을 것이며, 따라서 자기네 나름의 인생 목표에 관해서 각자에서 선택의 자유를 더 부여할 것이다. 이처럼 일정한 집단적 상황에서 개인들이 나름의 선택을 내릴 수 있기 위해서 필요한 뿌리내리기를 향해 집단의 특유한 권리를 옹호하고, 그런 사람들과 실제로 자유로운 선택에 의한 이주자들을 구분함으로써, 킴리카는 "일정한 집단에 특유한 권리를 옹호하는 자유주의 특유의 변론"을 제창한다.209) 킴리카가 보기에 집단 특유의 권리를 인정받아야 한다고 생각하는 집단들은 또한 모두 신체적으로 구분되는 집단들이기도 하다.

테일러의 경우는 다르다. 프랑스인과 영국인의 결혼에서 태어난 테일러는 눈으로는 쉽게 구별되지 않는, 캐나다 안의 두 갈래 "자발적인" 유럽계 이주민 문화 사이의 경합에 관심을 기울인다. 테일러 자신은 그 두 문화가 융합된 결과지만, 두 문화는 언어, 종교, 역사

---

209) Kymlicka, *Multicultural Citizenship*, 84.

적 전통에서 서로 다르다. "전체 사회의 문화", 다시 말해 자유주의 사회의 지배적인 문화가 기본적 가치와 목표에 관해 진실로 중립적이라는 킴리카의 주장에 테일러는 커다란 의문을 가진다. 테일러가 중시하는 문제는 인정의 결핍이다. 집단적 가치와 목표를 명시적으로 보유하고 있는 퀘벡 사람들의 가치를 절차에 구애받는 캐나다의 영국식 문화가 인정하지 못한다는 말이다. 영국식 문화는 차이를 환대하지 않는데, 바로 이 때문에 퀘벡 문화의 생존이 위협을 받는다고 테일러는 생각한다. 테일러는 보통 공동체주의자로 간주되지만, 그가 자유주의를 전적으로 포기한 것은 아니다. 그는 도리어 "문화적 생존의 중요성과 일정한 형태의 획일적 처우의 중요성을 저울질해보고, 때로는 전자의 편도 기꺼이 들 수 있는" 자유주의를 요구한다. 실질적 가치의 차이를 묵살하고 모든 경우에 똑같은 규칙을 중립성이라는 포장으로 적용하는 자유주의의 절차적 해석에 반대하는 것이다.210) 그는 "지평선들을 결합해서" 시야를 넓히자고 촉구한다. 차이에 대해 중립적으로 무심할 수 있는 우리의 능력에 관해 어떤 추정도 서두르지 말자는 것이다. 그러면 다른 사람들의 차이를 인정하고, 그 차이의 중요성과 가치를 인정하게 되리라는 것이다. 우리가 평등하면서도 동시에 서로 다르다는 사실도 인정하게 될 것이다. 이렇게 일종의 확장된 자유주의를 향해 자신을 활짝 열어젖히면서도 권리에 대해서는 공동체주의적인 우려로 돌아간다. "그렇지만 이런 생각을 하나의 권리로 요구하는 게 타당한지는 모르겠다"고 그는 적는다.211) 권리를 수상하게 여기고, 일정한 종류의 자유주의 그리고

---

210) Charles Taylor, "The Politics of Recognition", Amy Gutmann, ed., *Multiculturalism* (Princeton University Press, 1994), 61.
211) Ibid., 68.

자유와 중립성에 관한 일정한 사고방식이 권리라는 개념과 결부되는
지를 수상하게 여긴다면, 문화적으로 서로 다른 사람들이 동등한 가
치를 가진다는 인정은 어디서 근거를 찾을 수 있을까? 그는 논문을
이런 성찰로써 마친다.

> 문화란 다양한 성격과 기질을 가진 많은 사람들에게 오랜 기간 동안 의
> 미의 지평을 제공해 온 만큼, 다시 말해 무엇이 좋고 무엇이 거룩하며 무
> 엇이 찬양할 일인지에 관한 감각을 표출해 온 만큼, 어느 곳의 어떤 문화
> 에 우리가 혐오하고 거부해야 할 점들이 많이 섞여 있더라도 동시에 우
> 리의 경탄과 존중을 받아 마땅한 면을 확실히 가지고 있다는 주장은 단
> 순히 인간적인 수준에서만 국한해서도 가능하다. 표현을 바꿔 이렇게 말
> 할 수도 있겠다. 이러한 가능성을 선험적으로 평가절하한다는 것은 오만
> 의 극치이다.[212]

내가 제안하고 있는 사회적 인정과 인권 사이의 관계, 즉 인권의
저변에 깔린 여타 가치들을 한데 묶는 것이 사회적 인정의 개념이라
는 점을 테일러는 보지 못하고 있는 것 같다. 나는 실질적이든 절차
적이든(예컨대 공정한 재판의 절차, 그리고 상호결정을 위해 필요한
참여의 과정 등), 사람들을 하나로 묶어주는 가치와 목표는 다름 아
닌 인권의 편에 가담할 때에만 구성될 수 있다는 주장을 테일러 앞
에 제시하고 싶다.

권리-담론에 관해 테일러는 자유주의자인 킴리카만큼 편안한 느
낌을 가지지는 않지만, 두 가지 논제를 향한 감수성은 킴리카와 공
유한다. 이 둘은 명백히 인권에 관한 논제로서, ① 한 문화의 맥락
전부 또는 일부를 비판하고 반대하고 탈퇴할 개인들의 권리를 존중

하지 않는 공동체주의에서 부서지는 개인들, 그리고 ② 각자 지배당한다고 생각하는 둘 이상의 집단이 제기하는 문화적 요구 사이의 충돌이다. 둘째 논제의 예로는 영국계와 프랑스계 캐나다인 사이에 합의된 미치레이크 협정에[213] 대해 원주민 집단 일부가 자신들의 권리가 인정되지 않았다는 이유로 반대한 일을 들 수 있다. 권리라는 용어에 거부감이 있을 수는 있지만, 어쨌든 테일러는 상충하는 이해 당사자들이 서로 권리를 요구하는 복잡한 쟁점들에 관심이 있고, 이를 논의하기 위해 그가 사회적 인정이라는 개념을 도입한 일은 권리와 인정 사이의 연관에 관해 머뭇거리지 않는 나 같은 사람이 보기에도 통찰력의 발휘에 해당한다.

킴리카는 문화와 개인발전 사이에 근본적이고 필연적인 관계가 있다고 보는 종류의 자유주의 아래서 집단의 특유한 권리를 옹호한다. 하지만 그는 이 권리를 외부인들의 침입 때문에 지배받게 된 원주민 집단, 또는 비자발적으로 외국으로 이송되어 거기서 지배받게 된 집단들에게만 한정한다. 이런 사례를 제외하면 집단의 권리는 없다고 하면서 킴리카는 모든 개인들에게 똑같은 권리가 적용되는 개방적이고 중립적인 사회를 지향하는 전통적인 공화주의의 견해로 돌아간다. 테일러는 그처럼 중립적인 사회라는 게 착각의 소산이라고 보는 대신에, 문제의 핵심이 지배와 권리에 있는 것이 아니라 사회적 인정에 있다고 본다. 나는 이미 긴밀하게 연관되어 있는 개념들

---

[213] 미치레이크 협정(Meech Lake Accords) : 1987년에 캐나다의 멀로니 수상과 10개 지방정부의 주지사들이 모여 맺은 협정. 주요 골자는 퀘벡에 "독특한 사회"라는 지위를 부여하는 조항을 헌법에 추가하는 대신에 퀘벡은 분리주의를 포기하는 것이었는데, 헌법 개정에 필요한 인민의 비준을 얻지 못하고 폐기되었다. 본문에서 언급되는 내용은 이와 별도로 원주민 집단들이 제기한 불만을 가리킨다.]

을 굳이 구분하려는 테일러의 입장 역시 불필요할 뿐만 아니라 착오라고 주장한다.

언어 그리고 종교 또는 영성은 집단적 정체성과 인권의 맥락 안에서 여러 해 동안 논의되어 왔다. 이에 비해 게이와 레즈비언의 삶은 최근에 와서야 비로소 나름의 생활방식을 갖춘 개방된 문화의 하나로 자신을 드러내고 있는 현상이다. 여기에는 몇 가지 유난스러운 특징들이 있지만, 이것을 윌리엄 펠리스가 하나의 "문화"라고 자리매김한 것은 맞다고 생각한다. 첫째, 가족 내의 세대전승을 통해서 계승되는 경향을 가지는 언어와 종교에 비해, 이것은 더욱 자유의지적이며 구성원들에 의해 의식적으로 구축된다. 게이와 레즈비언은 보통 이성애적 가족에서 태어나는 것이다. 둘째, 펠리스가 지적하듯이 30년 전만 해도 게이와 레즈비언은 "벽장 속에" 숨어 지냈다. 직장 또는 자녀를 잃을까봐 심지어 자신의 목숨을 잃을까봐 두려웠기 때문이다.214) 이런 사람들의 "커밍아웃"은 호텔과 술집과 나이트클럽 등이 연결된 전 세계적 네트워크를 통해서 하나의 국제적인 현상이 되고 있다. 수많은 세속 국가들이 정하고 있는 음란금지법,215) 그리고 대다수의 종교가 정하는 금제를 이들은 거스른다. 유네스코(UNESCO, 유엔 교육과학문화기구)는 1993년 3월에, 동성애자들이 자신들의 삶을 차별받지 않고 공개적으로 살 수 있는 권리를 인정받

---

214) Felice, *Taking Suffering Seriously*, 46.
[215] 음란금지법(Anti-sodomy Law) : 지나치게 음란한 성행위를 금지하는 법은 나라에 따라 다양한 형태로 존재한다. 미성년자나 동의하지 않은 성인을 상대로 한 성행위는 대다수 국가에서 범죄로 간주하고, 매매춘도 범죄로 간주하는 나라가 많다. 이밖에 동의한 성인들 사이의 관계라도 "부자연스러운" 행위를 금지하는 나라들도 있는데, 이런 경우 기준도 보통 분명하지 않고 어떻게 색출할 것인지도 분명하지 않기 때문에 대개는 동성애로 밝혀지면 처벌하는 정도에 그친다.]

기 위한 국제 조직인, 국제 레즈비언과 게이 협회(ILGA)를 비정부 기구(NGO)로 인정하고 목록에 포함시켰다. 그러나 이 결정은 "ILGA는 회원들이 성인과 미성년자 사이의 성행위를 용인하지 않는다고 유엔을 설득시키지 못했다"는 이유로 나중에 철회되었다.216) 더욱 최근에는 미국에 본부를 둔 동성애자 조직, 인권 캠페인(Human Rights Campaign)이 결성되어 게이와 레즈비언의 평등권과 사회적 인정을 위한 투쟁을 잇고 있다. 그러나 이 책을 쓰고 있는 지금까지 국제적으로 공식적인 인정은 이뤄지지 않았다.217) 유엔의 인정을 받든지 못 받든지 간에, 현재 논의하는 초점은 인정해 달라는 요구가 단순한 개인적 요구의 집합으로 환원될 수는 없다는 데 있다. 지금까지 많은 나라에서 억압을 받아 왔고 지금도 계속 억압을 받고 있는 하나의 부분 문화가 있을 때, 그 부분 문화를 중심으로 집단적 정체성이 형성되기 때문이다.

민족주의적 열망에 근거한 집단

내가 아는 한, 게이나 레즈비언들이 정치적 독립 또는 정치적 자율성의 권리를 선포한 적은 없다. 그러나 문화적 정체성에 근거한 주장들은 거의 언제나 다른 언어 집단 또는 다른 종교 집단의 손아귀 안에서 지배당하고 있다는 느낌을 포함하기 때문에, 분리된 민족 국가로 인정해 달라는 요구로 번져나가는 경우가 대단히 많다. 유엔의 1948년 「세계 인권선언」은 제15조에서 "1. 모든 사람은 민족성을 가질 권리가 있다. 2. 누구도 자신의 민족성을 자의적(恣意的)

---

216) Felice, *Taking Suffering Seriously*, 48.
[217) ILGA는 2011년에 유엔 경제사회이사회의 자문을 받는 NGO 중의 하나로 인정되었다. 이를 협의지위(consultative status)라고 한다.]

으로 박탈당하지 않으며, 민족성을 바꿀 권리를 부정당하지 않는다”
고 선포한다.218) 1966년에 선포한 유엔의 「시민적, 정치적 권리에
관한 국제 규약」 제2부 제4조는 “모든 나라의 인민은 자결권을 가
진다. 이 권리에 의해서 그들은 자신들의 정치적 지위를 자유롭게
결정하고 경제적, 사회적, 문화적 발전을 자유롭게 추구한다”고 천명
한다. 이런 내용이 1945년의 유엔헌장에 들어가지 못한 이유는 서
양의 주요 강대국들이 여전히 식민주의적 제국을 유지하고 싶었기
때문이 틀림없다. 1966년이라는 시점은 식민화되었던 사람들의 폭
력적 또는 비폭력적 투쟁으로 말미암아 많은 지역에서 적어도 형식
적인 독립이 이뤄진 다음이었다. 여기서도 다시 구체적인 투쟁 다음
에 규범적인 인권의 인정이 이뤄지는 모습을 볼 수 있다.

민족자결의 문제는 인권 관련 쟁점 가운데 다루기가 개념적으로
가장 어려운 문제 중 하나이다. 무엇보다 한편에서는 “인민”이라는
것이 존재하고 다른 인민들과 차이를 보인다는 점을 인정하는 동시
에, 다른 한편에서는 그러한 인민들을 비슷한 것으로 보려는 경향을
피해야 한다.

이와 관련해서 내게는 굉장히 통렬했던 경험이 하나 있다. 친척의
무덤을 찾아 베를린의 유태인 묘지에 간 적이 있는데, 나치가 권력
을 잡기 전에 세상을 떠나 거기에 묻힌 분이었다. 묘지에서 나오는
길에 커다란 비석과 석상에 아주 긴 글이 새겨져 있는 것이 눈에 띄

[218) 여기서 민족성이라고 번역한 단어는 nationality이다. 보통은 국적이라고 번
역되지만, 유엔 선언문의 취지에서나 저자의 취지에서나 공히, 한국어의 통상적
인 용례에서처럼 민족과 국가를 분리하면서 국가가 있기 전에 민족이 있다는
의미가 전제되지 않고, 오히려 국가가 확립됨으로써 민족도 확립된다는 의미가
훨씬 강하기 때문에 이렇게 번역한다.]

214

었다. 거기 묻힌 사람은 양차 세계대전 사이에 사망했다. 묘비명은 그의 직업을 전하면서, "조국"을 위한 그의 헌신을 아주 자랑스럽게 선포하고 있었다. "조국"이라 함은 이스라엘이 아니라 독일이었다. 그는 유태인이었지만 동시에 그는 독일인이었다. 그 스스로 자신의 민족성이 독일인이라고 생각한 것이 분명했고, 그의 묘비명은 히브리어도 이디시어[219]도 아닌 독일어로 적혀 있었다. 하지만 히틀러는 그 사람의 후손들에게 [유태인이라고 하는] 획일적인 정체성을 강요했고, 진짜 독일인일 수는 없다는 이유로 죽였다.

오늘날에는 다문화적이지 않고 다종족적이지[220] 않은 사회를 찾기가 거의 불가능하다. 우리는 차이를 껴안고 차이를 존중하면서 사는 법을 배워야 하고, 그러한 차이 대부분에 권리의 형태로 보편적인 보호를 제공해야 한다. 우리는 또한 과거의 전통과 정체성을 깨뜨리고 나와 새로운 전통과 정체성을 주조하는 사람들을 받아들여야 한다. 동유럽 유태인들은 독일 유태인들이 동화되려 한다고 나무라면서 동화의 기회를 그만큼 누리지 못했던 동유럽 유태인들을 자기들보다 열등하게 여긴다고 비난했다. 미국에서도 원래 살던 동네를 떠나 다른 곳으로 이사하는 흑인이나 라티노는 때로 배신자 또는 위선자로, 이른바 "톰 아저씨"로 간주된다. 다른 말로 하면, 일정한 종족적 또는 문화적 집단에 속한 사람은 그 집단과 결부되는 어떤 특징을 드러내야 할 도덕적 임무 또는 의무를 진다는 전제가 있다. 이

---

[219] 이디시어(Yiddish) : 라인 강 유역에서 살던 아시케나지 유태인들에서 비롯한 언어로서, 히브리어와 아람어(현재 시리아 지방의 고대어)에 독일어 방언과 슬라브어와 일부 로망스어(라틴어 계열인 에스파냐어, 프랑스어, 이탈리아어, 루마니아어 등)의 흔적이 섞인 언어.]

[220] 여기서 사용된 영어 단어는 multinational인데, 혈연을 부각하는 의미이기 때문에 다민족이라고 하지 않고 다종족으로 번역한다.]

런 식의 전제는 존중할 만한 사고방식이라기보다는 틀에 박힌 사고방식을 반영한다. 이는 또한 집단 내부에서 전체주의적인 분위기로 연결되어 그 분위기에 순응하지 않는 일부 구성원들의 권리를 침해하는 결과를 낳을 수 있다.

기실 민족주의적 주장들은 그 주장을 내세우는 집단의 내부 분열 요인이다. 예를 들면, 푸에르토리코에는 미국으로부터의 독립을 강하게 주장하는 민족주의 운동이 있다. 그러나 푸에르토리코의 인민 대다수는 국민투표에서 독립을 반대했다. 이렇게 푸에르토리코의 정치에서 이것은 하나의 균열선이다. 캐나다에서도 비슷하다. 캐나다 나머지 지역으로부터 독립된 퀘벡 국가를 세우자고 하는 민족주의자들이 퀘벡 인민 사이에서 언젠가는 간신히 과반수가 될지도 모른다. 지난번에 상당히 근접했었다. 하지만 그들이 설령 과반수가 되더라도 퀘벡 사회는 독립이 바람직한지를 둘러싸고 분열될 것이다.

스스로 지배당하고 있다고 생각하는 한 집단의 민족주의적 열망이 역시 스스로 지배당하고 있다고 생각하는 다른 집단의 민족주의적 열망과 충돌할 수 있다는 점도 문제이다. 캐나다 미치레이크 협정의 사례는 이미 언급한바 있다. 알제리의 사례도 있다. 알제리에서는 하르키(Harkis)라 불리던 집단이 있었는데, 이들은 알제리 인민이 독립전쟁에서 승리하기 전까지 프랑스 점령군과 협력하면서 혜택을 누렸다. 전쟁이 끝나고 그들 대부분은 프랑스로 이주했는데, 그들 내부에는 아랍인, 베르베르인, 그리고 15세기와 16세기 에스파냐에서 가톨릭 군주정의 박해를 피해 알제리로 피신했던 옛날 유태인 족속의 혈통도 있었다. 유태인계는 대부분 집단에서 이탈했지만, 그럴 수 있는 입장이 아니었던 베르베르인들은 집단 내에서 지배당하는 소수라는 느낌을 표현해 왔다. 사하라 남부의 아프리카는 상황이 더욱 복잡하다. 거기서는 식민주의자들이 종족이나 문화를 무시하고 아주 자의적인 국가들을 지어냈고, 분열시켜서 정복하기 위한 수법의 일환으로 종족 간 적대감을 부추겼기 때문에 비아프라 내전이나 르완다 인종청소와 연루된 인권 침해 사례들에 대해서 큰 책임을 져야 한다.

지금 자결권의 타당성을 부인하고 있는 것이 아니다. 유엔이 "모든 나라의 인민"이라고 말할 때, 실제 상황은 보통 복잡하다는 얘기일 따름이다. 종족이라고 하든 민족이라고 하든, 대개는 하나 이상의 집단들이 결부되어 있고, 주류 집단 또는 "인민"이라고 확인할 수 있는 가장 강력한 집단에 의해서 지배당하고 있다고 느끼는 집단도 하나 이상일 때가 많은 것이다. 그렇지만 이러한 복잡한 주장들을 직시하면서 집단의 권리에 관한 결정들이 내려질 수 있고 내려져야만 한다.

여러 차례 언급했듯이, 이들 집단들이 주장하는 권리의 요구는 매우 다양하다. 자기네 나름의 언어를 사용하면서 후세를 가르칠 권리일 수도 있고, 어떤 종교를 실천할 권리, 일정한 수의 정치적 직위를 할당받을 권리 또는 경제적/교육적 기회를 보장받을 권리, 입법부나 사법부를 설치하여 지방자치를 실시할 권리, (광물, 수자원과 같은) 경제적 자원을 이용할 권리, 그리고 분리해서 독립할 권리일 수도 있다.

분리 독립만 해도 자체로 특유한 문제들을 안고 있다. 주어진 정치적 단위 내부에서 벌어지는 문화적 갈등에 대한 대응으로서 분리 독립은 아마 인종청소 다음으로 가장 극적인 해법일 것이다. 이는 찢어내는 행위이면서 동시에 창조하는 행위이다. 하나의 정치적 결합 안에 속한 다른 사람들에게, *우리*는 더 이상 *너희*의 일부로 인식되고 싶지 않다고 말하는 셈이다. *우리*는 *너희* 그리고 세상의 모든 사람들로부터 *우리* 스스로 결정한다고 인식되고 싶다. *우리*는 우리 자신의 운명을 책임지고 싶다. 그리고 *우리*에게는 그렇게 할 인권이 있다는 주장도 물론 곁들여진다.

어네스트 겔너는 세상에 존재하는 모든 언어의 수효가 8천 개에 이른다는 말을 어떤 언어학자에게 들었다고 한다.[221] 현재 민족국가의 수효는 2백 개의 수준이다. 세계의 모든 소집단들이 민족자결권을 주장하게 된다면 세계의 일상생활이 발본적으로 와해되고 흐트러질 것이 명약관화이다. 조약, 협정, 각서, 양해, 상업적 관계 등이 모두 발본적으로 바뀔 것이다. 게다가 플로리다의 키웨스트 시의 독립선언 같은 예외도 없지는 않지만,[222] 분리 독립은 보통 아주 심각한 사안으로 인식되어 전쟁으로 이어지는 경우가 많다.

분리 독립은 원래의 정치체 안에 남게 될 사람들, 제삼자들, 그리고 새로운 정치체를 창조하려는 사람들에게 혼란을 야기하는 효과가 있다. 이 때문에 분리 독립이 다른 대안들보다 (예컨대, 지방자치 또는 해당 집단의 비토권) 낫다는 점을 입증할 책임이 언제나 분리의 권리를 주장하는 측에게 돌아간다고 앨런 뷰캐넌은 말한다. 분리 독립의 권리가 공인되기 전에 다음과 같은 기준이 적용되어야 한다는 것이다. ① 다른 집단에 혜택을 주기 위해 한 집단을 착취하는 국가

---

221) Ernest Gellner, *Nations and Nationalism* (Oxford : Basil Blackwell, 1983), 44~45.
[222] 플로리다 주 키웨스트 시의 시장과 시의회가 1982년 4월 23일 미국 연방에서 떨어져 나와 독립을 선포했다. 플로리다 주 경찰이 키웨스트에서 본토로 돌아가는 관광객들에 대한 엄격한 검색에 항의하기 위함이었다. 독립선언은 1분 간 지속되었고, 1분 후에 시장은 연방 당국에 자수해서 해프닝은 끝났지만, 이 일로 키웨스트 시는 더욱 유명해졌고, 엄격한 검색은 완화되었다.]

의 행위, 즉 "차별적 재분배" *그리고* 시민적-정치적 권리의 침해와 같은 심각한 불의를 중단하기를 국가가 거부한다. ② 한 집단의 문화와 물리적 생존을 제삼자의 침공으로부터 지킬 필요를 해당 집단의 국가가 수행하지 않는다.223) 이 두 번째 정당화에 뷰캐넌은 엄격한 조건을 붙인다. 위협이 실제로 있어야 하고, 분리 독립보다 덜 극적인 방법으로 문화를 유지할 길이 없든지 미흡하며, 분리하려는 문화 자체가 최소한의 도덕적 표준을 충족해야 하고(나치나 크메르루지는 해당하지 않는다), 분리하려는 인민의 의도가 기본권을 침해하는 국가를 세우는 데에 있지 않아야 하고, 새로 생길 국가는 구성원의 탈퇴를 막으면 안 되고, 분리주의자들이 차지하려는 영토에 대해 원래의 국가든지 제삼자든지 타당한 권리를 가지고 있다면 안 된다.

우리는 이와 같은 뷰캐넌의 사고에서 지금까지 일반적으로 다뤄왔던 집단의 권리에 수반되는 제약과 비슷한 제약이 분리의 권리에도 따르는 것을 볼 수 있다. 분리주의이든 아니든, 어떤 집단도 자기 집단 내부 구성원들의 인권을 침해하거나 (예컨대, 내부의 모든 이견에 대한 압살) 또는 외부의 개인 또는 공동체의 기본적 인권을 침해하는 어떤 것에 관해 인권을 주장할 수는 없다. 그러나 뷰캐넌은 이런 기준들을 분리주의 집단에게 특히 엄격하게 적용해야 한다고 본다. 다른 사람들의 권리에 피해를 줄 수 있는 여지가 넓기 때문이다. 가령, "가진 자"들이 "가지지 못한 자"들과 나누기 싫어서 기존 정치체에서 이탈하기로 하면 어쩔 것인가? 카탕가와 비아프라의 분

---

223) Allen Buchanan, *Secession* (Boulder, Colorado : Westview Press, 1996), 152.

리 시도는 더 크게 설정된 민족 안에서 억압받던 사람들이 문화적 정체성을 신장하기 위한 시도라기보다는 잘살던 자들이 자기들끼리 잘살아보겠다는 시도였다고 읽은 사람들이 콩고와 나이지리아의 민족 지도자 중에도 없지 않았다. 카탕가는 현재 콩고인민공화국에서 광물자원이 풍부한 지역이고, 비아프라는 나이지리아 동부에서 이보족이 모여 사는 경제적으로 산업화된 지역이다. 이에 대한 반론은, 특히 카탕가 지역의 경우, 지역주민들이 자원이 고갈되는 결과를 감수했기 때문에 그처럼 착취적인 채굴만으로도 분리의 명분이 충분하다는 것이었다. 스코틀랜드에서도 유정의 고갈을 이유로 영국을 겨냥하여 비슷한 주장이 제기된바 있다. 단, 스코틀랜드의 경우에는 "권력이양"이라는[224] 이념에 따라 스코틀랜드에 별도의 입법부를 설치함으로써 즉각 분리를 주장하는 목소리는 사그라졌다.

집단의 분리권에 관한 뷰캐넌의 견해는 하나의 실용주의적 대증요법에 해당한다. 분리의 권리 여부는 통일된 국가 안에 어느 정도의 부당대우가 있느냐에 달려 있다는 말이다. 이 지점에서 데이비드 코프는 뷰캐넌을 반박한다. "민주정부를 가질 인민의 권리가 대증요법일 수 없듯이 분리의 권리도 대증요법일 수 없다. 내 생각에 분리의 권리는 민주주의에 관한 고찰에 의해 지지받기 때문에, 민주정부를 가질 인민의 권리가 정치적 정의의 문제인 것과 마찬가지로 분리의 권리도 정치적 정의의 문제"라고 코프는 주장한다.[225] 통일되어

---

[224] 권력이양(devolution) : 영국 의회가 스코틀랜드, 웨일즈, 북아일랜드로 권력을 이양한다는 것을 가리키는 영국 정치의 용어. 연방주의의 원리 아래서 자치의 폭을 넓히는 지향성을 담고 있다.]

225) David Copp, "Democracy, Secession, and International Law : Comments on Buchanan", paper presenteda at a conference on The Ethics of Nationalism at the University of Illinois at

있던 나라의 나머지에게 무슨 영향을 미치든 상관없이 단순히 빠져 나올 권리가 분리주의 운동에 있다는 뜻은 아니라고 한다. 분리는 "정당한 조건" 아래서 일어나야 하고, 무엇이 정당한 조건인지를 결정하려면 협상이 필요하다. 그렇지만 코프의 일반적인 취지는 하나의 정치체를 결성하려는 의지만 있다면 민주주의라는 전제 아래서 선험적인 권리가 발생한다는 것이다. 지배나 학대가 있었느냐 없었느냐는 코프에게 관건이 아니다. 코프에게는, 분리된 정치체를 원하는 공동체라면 그런 것을 스스로 결성할 권리가 있다.

뷰캐넌에게 동의하든 코프에게 동의하든, 인민은 어떤 경우에, 자기결정이라고 하는 집단적 권리에 의거해서 하나의 정치공동체에서 스스로 탈퇴하여, 다른 곳으로 이주하지 않고 새로운 정치공동체를 창설할 권리를 가진다고 말하는 것으로 충분하다. 만약 집단적 권리가 개인적 권리보다 더 복잡한 것이라면, 나는 확실히 더 복잡하다고 인정하는데, 그렇다면 분리의 권리는 집단적 권리 가운데서도 가장 복잡한 권리이다.

개인의 인권을 분명하게 논의한 이후 지금까지 말한 모든 내용을 통해, 우리는 "민족을 비롯해서 집단들은 여러 가지 권리를 가지지만, 인권은 아니"라고 하는 도넬리의 주장,226) 나도 한 때는 지지했던 주장을 반박하고 있다. 집단과 공동체가 주장하는 권리 가운데에도 인권이라고 간주되어야 할 권리가 있음을 나는 이론적으로 일관

Urbana-Champaign, April 22~24, 1994, 2. 아울러 더욱 일반적인 주제를 다룬 그의 논문, "Democracy and Communal Self-Determination", Robert McKim and Jeff McMahan, eds., *The Morality of Nationalism* (Oxford University Press, 1997), 277~300.
226) Donnelly, *Universal Human Rights*, 145.

된 방식으로 논증하려고 시도했다. 내 입장은 아이리스 영과 비슷하다. "집단의 특유한 권리와 정책은 참여와 포용이라고 하는 일반적인 시민적-정치적 권리와 함께 세워져야 한다"고 영은 말한다.227) 영은 주어진 정치체제 안에서 "문화적으로 다원적인 민주주의의 이상"이라는 견지에서 주장한다. 반면에 나는 똑같은 논리가 국제적으로 인정받아야 할 인권에 적용된다고 제창하고 싶다. 몇몇 나라에서 발견되는 특정한 배제적 제약들과 법조문들뿐만 아니라 체제를 초월하는 구조적 결정요인들 때문에, 이 문제는 단순히 아프리카계 미국인이며 신체적으로 불운한 레즈비언인 어떤 한 여성 개인이 권리가 있느냐 아니면 없느냐고 하는 문제가 아니다. 이 문제를 원자화된 개인이라는 관점에서만 이해할 수는 없다. 개인들에게만 독특하게 적용되는 권리들이 있다는 사실 때문에, 도넬리가 생각하듯이 집단들이 왜곡된 인정이라고 하는 의도적이거나 구조적인 결과를 감수해야 하는 상황에서까지 집단적 권리의 타당성이 배제되지는 않는다. 미국 사법부의 용어를 빌리자면, 그러한 상황에서 집단들은 인권을 주장할 만한 "입지"(立地, standing)가 있다. 아메리카 원주민들의 경우, 이는 1970년대에 인정되었다. 유엔에 나가서 그러한 권리들을 대변할 공식적인 입지가 인정되었던 것이다. 그 이후로 그들은 자기네 집단의 인권을 표명하고 있다. 그리고 내가 보기에 그들의 주장은 타당하다.

국가에 대해서는 선을 그어야 하다는 지점에서 나는 도넬리에게 동의한다. "인민, 사회, 가족 등등, 집단적인 인권이 있다고 설사 허

---

227) Iris Young, *Justice and the Politics of Difference* (Princeton University Press, 1990), 174.

용하더라도 국가에 대해서는 선을 그어야 한다. 국가라는 것은 인위적인 법률적-영토적 존재일 뿐"이라고 도넬리는 적는다.228) 이를 보면, 국가가 아닌 집합체들은 집단적 인권을 보유하며, 정체성의 형성과 인간 잠재력의 발전에 인권이 필수적이라고 하는 내 주장에 도넬리가 귀를 기울일 용의가 어쩌면 있는 것 같다. 그리고 국가라는 것이 본원적으로 너무나 추상적이고 너무나 강제적이기 ―너무나 관료주의적이라는 점도 나는 첨가하고 싶다― 때문에, 인권의 담지자로 간주될 수 없다는 데 나는 도넬리에 동의한다. 개인들과 국가 내 집합체들의 인권을 존중하는 것이 우리가 국가에 바랄 수 있는 최대치이며, 그러기 위해서는 끊임없이 감시하다가 역행하는 경향이 나타날 때마다 맞서서 투쟁해야 한다. 이처럼 한 인민이 하나의 국가를 창조하기 위해 자결권을 행사하는 인권과 이미 만들어진 국가가 인권을 가진다는 주장은 분별해야 한다. 이미 만들어진 국가 안에서 인권은 개인적으로든 집단적으로든, 시민들과 거주민들이 가지는 것이다.

　하지만 집합체가 인권을 가진다고 할지라도, "구체적으로 어디까지가 권리인지를 결정하는 기준은 무엇인가? 특히, 대개 그렇듯이, 여러 집단들이 요구하는 권리들이 서로 부딪칠 때 어떤 기준이 있는가?"를 묻는 질문이 제기될 수 있다. 집단의 권리를 타당하게 만들어주는 기준에는 킴리카와 테일러가 주목하는 사항이 포함되어야 한다. 즉 다른 집단들의 권리에 대한 존중뿐만 아니라, 해당 집단 내부에서 개인들의 기본권이 존중되어야 한다는 점이다. 순전히 "이익"만이라면 흥정과 타협에 의해 정리될 수 있지만, 권리에 관한 분쟁

---

228) Donnelly, *Universal Human Rights*, 146.

은 ① 당사자들이 서로 이치를 따져서 최악의 경우를 가정할 때 상대방에게 어떤 영향이 미칠지 역지사지로 이해하려는 규범적이면서 설득력을 갖춘 직접 대화, ② 외부의 (인권에 관한 비정부조직들, 유엔 총회 또는 안전보장이사회, 또는 당사자 쌍방이 신뢰하는 외국정부 등) 관계자들로부터 권고, ③ 국제사법재판소 또는 여러 지역에 존재하기도 하고 임시로 설치되기도 하는 인권과 관련된 다양한 재판소들의 판결 등을 통해야 해결될 수 있다. 유태인, 집시, 동성애자 등을 박멸하기 위한 나치의 시도와 같은 언어도단의 인권 침해를 중지시키기 위해서는 폭력이 필요할 수도 있다. 나치스는 권리의 개념에 대해 존중하는 마음이 거의 없었다. "이 일 〔자기의 인종순화 정책〕 때문에 울부짖고 가장 거룩한 인권에 대한 공격이라고 눈물을 흘리며 불평하는 나약해 빠진 우리의 현세대"에게 히틀러는 "그렇지 않다. 가장 거룩한 인권은 하나뿐이고 그것은 동시에 가장 거룩한 의무이기도 하다. 피가 순수하게 보존되도록 꼼꼼하게 챙기고, 그리고 최선의 인간성을 보존함으로써 그러한 존재들이 가장 고상하게 발전할 가능성을 창조하는 것이 바로 그것"이라고 대구했다.229) 이는 인권에 대한 아이러니로 가득 찬 조롱이다. 히틀러는 니체처럼,230) 권력의 행사를 제한해야 한다는 모든 주장을 단지 약자들

---

229) Adolf Hitler, *Mein Kampf*, trans. Ralph Manheim (Boston : Houghton Mifflin, 1971), 402.

230) Frederich Nietzsche, *On the Genealogy of Morals*, trans. Walter Kaufman (New York : Vintage, 1967), 특히 두 번째 논문을 보라. 독일 문명이 기강이 잡힌 시대에 도달하기 위해서 얼마만큼 잔혹한 고통을 강요하는 단계를 지났는지에 관한 논의에 특별히 주목하라. 니체는 잔혹함과 고통이 투쟁의 일부분이었다고 말하면서, "주권적이며 보편적이라고 간주되는 사법질서, 여러 세력들이 서로 투쟁하면서 동원하는 수단이 아니라 모든 투쟁을 **방지하는** 수단으로 —모든 의지는 다른 의지를 자기와 동등하다고 간주해야 한다는 듀링

그리고 저질의 인간들이 더 강하고 더 고질의 인간들을 묶어놓으려는 시도로만 봤다. 히틀러와 그 추종자들은 권력을 마냥 행사하기만 했다. 너무나 잘못되고 너무나 역겹고 어떤 도덕적 비판에도 아랑곳하지 않는 행위가 자행되는 경우에 야만을 용납하지 않을 유일한 대안은 외부 세력의 개입뿐이다. 보스니아 이슬람교도를 상대로 인종청소가 자행될 때 외부 세계가 개입하기 전에 그렇게 오래 기다렸다는 것은 바로 그 외부 세계에 수치로 남을 일이다.

개인적/집단적 그리고 정치적/경제적-사회적-문화적 복잡성

윌리엄 펠리스는 한편에 정치적 권리 그리고 개인적 권리와 다른 편에 집단적 권리와 경제적-사회적-문화적 권리를 놓고 생각할 때 양자 사이에 상관관계가 있다고 본다. 하지만 나는 그 관계들이 훨씬 복잡하다고 본다. 첫째, 앞 장에서 논의했듯이 개인적 권리와 개인적이면서 **동시에** 집단적인 권리를 나는 구분한다. 자기결정의 권리는 하나의 정치적 권리이지만, **단지** 개인적인 권리이기만 한 것이 아니다. 그것은 하나의 집합체가 스스로 정치적 정체성을 결정할 권리이자, 아울러 그 공동체 안의 개인들이 그 정치체 안에서 참여하면서 살아갈 권리이기도 하다. 재산권은 하나의 경제적 권리로서 보통은 개인 한 사람 한 사람의 사유재산에 관한 것으로 여겨지지만, 주주가 소유하는 주식회사라든지 (이를 위해 자유주의 입법과 사법

의 공산주의적 상투어를 아마도 흉내 내는 자들에 의해― 간주되는 사법질서는 **삶을 적대시하는** 원칙이자, 인간을 분해하고 파괴하는 요인이며 절망의 징조, 허무로 향하는 비밀 통로일 것이다"(76). 인권을 전제하는 것도 마찬가지라는 얘기이다.

은 법인이라고 하는 "허구적 인격"의 범주를 발명해 냈다), 합자회
사, 협동조합, 국유재산 (국가에 속하는 우체국 건물이나 법원 건물
따위) 등의 경우는 전혀 그렇지 않은 것이 명백하다. 이와 같이 가
장 강력한 형태의 재산은 전혀 개인적이지 않다. 그러므로 그런 재
산에 관한 권리 주장과 권리 침해는 단순히 개인적인 수준에서 고려
될 수 없다는 결론이 나온다. 마찬가지로 정치적 권리에 관한 주장
도 대부분 개인적인 수준과 동시에 집단적인 수준에서 진행한다.

　　정치적 표현의 권리를 생각해보자. 미국 사회에서 이 권리는 대개
가장 극단적인 개인주의적인 관점에서 해석된다. 하지만 『자유론』
에서 존 스튜어트 밀이 펼치는 주장을 진지하게 받아들이면, 자유로
운 표현의 권리라고 하는 것은 우리가 동료 시민들과 더불어 진실을
찾아나가는 대화에 참여한다고 하는 집단적 시민적 기획과 관련이
있다. 독일의 비판이론과 밀의 자유주의가 흥미롭게 혼합된 결과인
하버마스의 경우와 마찬가지로, 이와 같은 대화 과정은 민주적 제도
의 기능을 위해 필수적인 요소이다. 자유로운 표현을 향한 나의 권
리는 실상 다른 사람들에게는 내가 말하는 바를 들을 권리인 것이고
따라서 그들이 말하는 바를 내가 들을 권리와도 상응하는 것이다.

　　밀의 『자유론』은 표현의 자유를 진술한 최고의 문서로 간주되
기 때문에, 그 책을 안 읽은 사람들 또는 주의 깊게 읽지 않은 사람
들 사이에서는 밀이 아무런 제한도 없이 자유발언을 옹호했다는 추
정이 자주 나타난다. 하지만 이는 사실이 아니다. 발언이 행동보다
자유롭게 구사되어야 한다고 주장하고 나서 밀은 이렇게 덧붙인다 :
"의견의 표현이 어떤 해로운 행동을 직접 선동하게 되는 사정이라면
의견이라도 면책될 수 없다."231) 따라서 밀은 "사유재산은 강도 짓"
이라는 주장도 글로 적혀서 출판된다면 용납되어야 하지만, 부자의

집 앞에서 흥분한 폭도를 향해 외치는 짓 또는 "폭도"들에게 플래카드의 형태로 제창하는 짓은 용납될 수 없다고 생각했다. 이런 행위는 부자의 안전을 위협하기 때문에 부자의 권리를 침해한다는 것이다.

언어의 사회적 효과에 관해 밀이 사용하는 바와 똑같은 결과주의적 논리에 따라 1969년의 「모든 형태의 인종차별 철폐에 관한 협약」은 참여국들에게 "피부색이나 종족적 기원이 다른 사람, 집단, 인종을 겨냥한 모든 폭력 행위 및 그런 행위의 교사뿐만 아니라 인종적 우월성 또는 증오에 기반을 둔 모든 생각의 유포, 인종차별의 교사"를 법으로 금지하여 처벌하고, "단체나 선전활동을 통해서 그런 것을 홍보하거나 선동하는 행위를 금지할 의무를 정하고 있다(제4조).

이 조항에 동의할 사람도 있고 반대할 사람도 있을 것이다. 나치 선전문의 유포를 금지하는 독일의 법, 인종적 증오를 선동하면 범죄로 처벌하는 유럽 여러 나라의 법, 폭력 범죄에서 동기가 인종적 증오였다면 가중처벌하고 있는 미국 일부 주의 법에 동의할 사람도 있고 반대할 사람도 있을 것이다. 그러나 그와 같은 동의와 반대의 경계선 부근에서, 우리 대부분은 자유로운 표현의 권리에 집단적 차원이 있다는 데에는 의견을 함께할 것이다. 그 까닭은 이것이 우리 모두에게 영향을 미치는 시민적 과정의 일부이기 때문이며 다른 인종, 종족, 종교 등을 폄하하는 표현을 부추기는 데서부터 가장 극단적인 인권 침해인 인종청소가 비롯되는 경우가 대단히 많기 때문이다. 이

---

231) John Stuart Mill, *On Liberty*, Chapter III, *Utilitarianism, Liberty, and Representative Government* (New York, E. P. Dutton, 1951), 152.

처럼 정치적 표현의 권리에는 개인적인 요소와 함께 집단적인 요소가 함유된다. 사람들로 가득 찬 컴컴한 극장에서 불이 나지 않았는데 "불이야!"라고 외치는 행위를 처벌해야 하는 이유가 관객들이 위험에 처하지 않을 권리 때문이라고 할 때, 지배집단에 대항해서 자신을 방어할 만한 자원이 별로 없는 인종, 종족, 종교 집단들도 역시 위험에 처하지 않을 권리가 있다는 함의를 거기서부터 끌어내는 게 견강부회인가? 개인 대 개인의 관계에서 "싸우는 말투"를 사용하면 그런 모욕을 중지시키기 위해 모욕당한 편의 폭력 사용이 정당화될 수 있다고 우리의 사법이 인정한다면 인종, 종족, 종교 집단을 겨냥한 증오와 선동을 내뱉는 행위를 국가가 금지하고 처벌하는 것이 견강부회인가?

자유롭게 단체를 조직할 권리를 생각해 봐도 비슷한 결론이 나온다. 나는 한 사람의 개인으로서 내가 원하는 대로 어떤 정치조직이나 시민단체에 가입할 권리가 있다. 하지만 그러려면 먼저 내가 가입하고 싶은 단체들이 있어야 하는데, 그 단체들은 집단적 노력의 소산이다. 마음이 같은 사람들이 집단적으로 권리를 가지며, 공중 전체는 그들이 말하고자 하는 바를 들을 권리가 있는 것이다.

경제적 사례를 들자면, 노동자들은 **노동자로서** 노동조합을 결성할 권리가 있다. 이는 노동자 개인이 조합에 가입할 권리가 있고, 실제로 가입하기가 가능한 일이어야 한다는 뜻이 분명하다. 그러나 이는 동시에 노동자들이 하나의 집단으로서 스스로 노동조합을 구성할 권리가 있다는 뜻도 되며, 그와 같은 차원의 (개인보다 큰) 집단의 권리가 인정되지 않는 한, 노동자 각 개인이 단결권을 가진다는 말은 별로 의미가 없게 된다.

경제적-사회적-문화적 권리를 제기하는 것이 집단 특유의 권리에 관한 논의를 점점 더 많이 불러일으키고 있다는 데서는 펠리스가 맞지만, 양자 사이의 상관관계가 그 정도에 그친다고 보는 것은 정확하지 않다. 수많은 경제적-사회적 권리뿐만 아니라 정치적 권리들도 개인적인 차원과 집단적인 차원을 공히 함유하고 있는 것으로 간주되어야 한다.

모든 사람의 권리

마지막으로 다룰 부류의 권리는 주어진 시점에서 세계의 모든 사람 그리고 아직 태어나지 않은 세대의 모든 사람에게 속하는 권리이다. 헨리 슈는 1980년의 저서에서 안전과 생존을 가장 기본적인 권리로 제창했고, 1994년에는 세계의 모든 사람들과 그 후손들이 산업공해, 삼림훼손, 유독 살충제, 그리고 핵물질의 사용으로 말미암는 시민적/군사적 위험으로부터 자유로울 국제적이며 집단적인 권리가 있지 않겠느냐고 물었다.[232]

오존층이 손상되었을 때, 태양 광선이 전례 없는 강도로 우리에게 직접 파고 들어올 때, 체르노빌 사고 때처럼 방사능 입자들이 대륙을 횡단해서 타격을 입힐 때, DDT 따위 유독성 살충제가 생산되어 (비록 미국 내에서는 사용이 금지되었지만) 발전도상국으로 수출되고, 거기서 농업 노동자들의 신체를 오염시킬 뿐만 아니라 식량 사슬과 국제 식량 시장으로 들어간다면, 우리 모두의 안전이 위협을

---

232) Henry Shue, "Contesting State Sovereignty : The Dawn of Principle", paper presented at a conference on The Ethics of Nationalism at the University of Illinois in Urbana-Champaign, April 22~24, 1994.

받는 것이 명백하다. 이러한 현상들에 봉착했을 때, 이를 우리 시대의 모든 다른 사람들 및 미래 세대의 모든 사람들과 더불어 우리가 가지고 있는 집단적 권리로 인식하지 않고 단순히 *내 권리*가 침해된다고만 바라본다면 이상하지 않을까? 우리의 기술 진보가 우리 모두에게 어떤 이득을 가져다줬다고 한다면, 종래의 경계선을 뛰어넘는 위험과 함께 우리 모두가 집단적으로 공유하는 새로운 부류의 인권도 가져다주고 있는 것이 맞다. 기술의 진보로 말미암아 뚫려버린 경계선은 지구의 표면에서 영토적 공간을 차지하고 있는 민족 간의 경계만이 아니다. 뭍과 물의 경계를 뚫고 들어가 핵심적인 식량 공급원이며 멸종위기에 처한 종들의 안식처인 바다 밑에까지 침투한다. 그리고 "우리의" 공간과 외계 공간 사이의 경계뿐만 아니라, "우리의" 영공과 혹성 전체의 대기권 사이의 경계도 더 이상 분명하지가 않다.

제3절 인권의 침해자

인권 침해를 생각할 때, 우리는 보통 국가를 인권 침해의 가해자로 생각한다. 그러나 인권에 관한 우리의 개념적 접근에서 국가만이 가해자임을 알리는 단서 비슷한 것은 전혀 없다. 국가 이외의 정치체들 그리고 기실은 개인들도 인권을 침해할 수 있다. 인권에 관한 국제적인 문서들을 검토해보면, 그것들은 여러 국가의 대표들이 작성한 것으로서 국가들로 하여금 인권을 존중하도록 기속하는 문서인데, 국가만이 침해자라고 말하는 대목은 전혀 없다. 1948년의 「세계 인권선언」에서 특정한 처방과 금지를 표명하는 문장들은 "모든 인간은", "모든 사람은", "아무도", "모두는" 등으로 시작한다. 이 선언문은 어떤 행동을 하지 말아야 하고, 어떤 권리가 부여되어야 하는지를 정하고 있을 뿐, 그런 행동을 하지 말아야 하고 그런 권리를 부여해야 할 주체가 누구인지는 정하고 있지 않다.

국가 이외의 집단들도 인권을 침해할 수 있으며 실제로 자주 침해한다. 미국의 KKK단, 아리아 민족단, 미국과 유럽 각지의 스킨헤드족과 같은 조직들, 그리고 이들만큼 조직화되지는 않았지만 보통 이런 조직들에게서 자극과 지도를 받는 폭도들이 자기들과 다른 인종, 종교, 종족 집단을 겨냥해서 협박, 테러, 노골적 폭력 등을 가하는 경우는 드물지 않다. 미국에서는 보통 아프리카계 미국인, 유태인(가톨릭교도들도 때로는 피해를 입는다), 동성애자, 그리고 최근에는 아랍계 또는 이슬람교도들이 피해자다. 서유럽에서는 프랑스의 경우, 북아프리카에서 건너온 이주민들이 주요 과녁이고, 독일에서는 터키계 노동자들이 저런 공격의 예봉을 견뎌내야만 한다. 가해자들 그리고 그들의 동기를 공개적으로 이해하고자 시도하는 평론가들은 흔히 경제가 원인이라고 진술하지만, 실상은 인종과 피부색이 주요 동기이다. 예를 들어 보자면, 프랑스에는 에스파냐와 포르투갈에서 온 이주 노동자들이 북아프리카계보다 많다. 그럼에도 나는 이베리아계 이주 노동자를 겨냥하는 조직이나 활동에 관해서는 들어본 적이 없다. 동유럽과 이탈리아에서 온 이주 노동자들 역시 괴롭힘을 당하지 않는 것으로 보인다. 그러므로 프랑스인이 얻고 싶은 일자리를 이주 노동자들이 빼앗는다는 말은 사실이 아닐 뿐만 아니라, 이주민들을 겨냥하는 공격과 행동에서 "이민" 자체가 실제 쟁점이라는 말도 사실이 아닌 것이다.

국가 이외에 인권을 침해하는 주체로 인종주의, 반-유태주의, 동성애 혐오주의 집단들만 있는 것도 아니다. 노동자를 착취하고, 집단적 방어를 위해 스스로 조직할 노동자의 권리를 부인하며, 산업과 농업에서 고된 생산직에 어린 아동을 고용하는 기업체 및 여타 영업체들 역시 인권의 침해자들이다. 국가는 국가조직 내부의 피고용인들을 이런 식으로 취급하거나, 영토 안에서 고용된 사람들의 권리를 보호하지 않음으로써 인권을 침해한다. 그렇다고 해서 경제적 조직체들 자체의 인권 침해가 무죄로 되지는 않는다.

사람을 해치거나 해칠 위협을 가하는 핵에너지 활동에 가담하는 국가의 행위가 인권 침해이듯이, 우리가 호흡하고 마시는 공기와 물을 오염시키고 대기가 손상될 정도로 삼림을 벌채하는 영리 기업체의 행위도 인권 침해이다. 여기서 다시, 이런 행위에 개입하지 않는 국가는 권리 보호의 기능을 유기하는 것이지만, 인권을 직접 침해하는 주체는 기업체들이다.

오염 또는 여타 환경 훼손 이외에도 기업체들은 전통 문화에 대한 위협을 초래하기도 한다. 예컨대 오늘날 미국이라고 불리는 나라의 서쪽 지역에 살던 아메리카 원주민 다수의 전통적인 삶이 캘리포니아의 골드러시 때문에 종막을 고했다. 현재에도 브라질 아마존 유역의 원주민 집단들과 그들의 전통적 토지를 침범하는 금 투기꾼 및 벌목사업자들 사이에는 사실상 전쟁이 벌어지고 있다.

사업체들은 인권을 침해하는 정부들과 공모함으로써 인권을 침해할 수도 있다. 가장 악명 높은 사례 중에는, 나치 독일의 크루프(Krupp)라든지 이게 파르벤(IG Farben) 등의 회사들이 노예 노동을 활용했던 경우가 있다. 엘살바도르에서는 대지주들이 끔찍한 작업조건과 미미한 임금에 저항하기 위해 조직화를 시도하는 임노동 농민들을 협박하고 고문하고 죽이라고 지역에 주둔한 군 지휘관들에게 돈을 지불했다. 미국이 세운 소모사 정권 치하의 니카라과에서는 대통령 소모사가 모든 주요 기업체의 지분을 가졌기 때문에 권위주의 국가와 기업계의 이익 사이에 구분이 없었다. 니카라과에서 사업을 하기 위해서 그에게 지불해야 하는 뇌물도 그의 지분이었다. 과테말라에서는 민주적으로 선출된 아르벤스 대통령의 정부를 파괴하고 과테말라를 거의 40년 동안의 군부독재로 몰아넣는 데 유나이티드 프루트(United Fruit)와 미국 정부가 손을 잡았다. 칠레에서는 아옌데의 민주정부가 전복되고 피노체트 장군 휘하의 군부독재로 뒤바뀐 배후에 미국 정부와 ITT(Internation Telephone & Telegraph)의 지지가 있었다.

경제적 울타리의 반대편 쪽으로, AFL-CIO(미국 노동조직 총연맹)는 기업과 정부 사이의 결탁을 미국에서 자기들이 용납하는 수준까지 수용하지 않는 다른 나라의 노동조합들을 자신들의 국제적 지부를 통해 뒤엎으려 시도했다. 자기네 정부의 정책과 정당성을 의문시하면서 경제적, 사회적, 정치적 변화를 위해 더욱 발본적인 강령을 주창하던 노동자들이 노동조합을 결성하기 위해 기울인 노력을 가로막으려고 한 가장 극단적인 사례는 아마도 AFL-CIO 산하 아메리카 자유노동발전기구(American Institute for Free Labor Development)에 의해 자행되었을 것이다. 이 기구는 미국 정부로부터 자금을 지원 받았고, 라틴아메리카에서 미국 정부와 연루되어 활동했다. 이처럼 동유럽이나 멕시코 등지에서는 어용 노동조합들이 노동자의 인권을 침해하는 데 비해, 자발적으로 정부와 관계를 맺은 노동조합들도 인권을 침해할 수 있다.

이보다는 덜 자발적인 사례들도 있다. 전미학생연합(USNSA, United States National Student Association)의 국제담당 부회장이

었던 학생과 대화를 나눈 적이 있는데, 동유럽에서 어용 학생조직의
활동에 맞서기 위해 미국 중앙정보국(CIA)이 전미학생연합을 이용하
고 싶어 했다는 것이다. 중앙정보국은 은밀하게 전미학생연합에 돈
을 대줬다. 이 학생은 부회장에 당선되고 나서 중앙정보국 직원들과
회동에 부름을 받았고, 거기서 중앙정보국을 위해 전미학생연합이
정보수집 활동에 나설 것으로 기대한다는 말을 들었다. 아울러 그는
만약 이 일을 발설할 시에는 국가보안법(National Security Act)에
의해 기소되리라는 말도 들었다. 이처럼 전미학생연합이 은밀하게
정보수집 기관으로 행동했다는 것은 그 단체와 관계되는 세계 모든
나라의 인민들을 속인 셈이다. 뿐만 아니라 학생으로서 자신들의 이
익을 증진하고 세계 도처의 학생들과 정상적인 연결선을 확립하기
위해 활동하는 조직이라고 생각하면서 거기에 참여한 미국의 모든
학생들도 속인 셈이다. 이런 와중에, 시민 사회에서 냉전의 장벽을
극복해 보려고 노력하는 조직에 참여할 학생들의 권리가 몰수되었
다. 그리고 학생연합의 지도자들은 빠져나갈 길이 없는 캐치-22
의233) 상황으로 몰렸다. 첩보활동에 참여하거나, 자기는 빠지고 다
른 사람을 끌어들여 참여하게 만들거나, 아니면 내부 고발자로 나서
는 대가로 국가보안법 위반으로 기소당할 위험을 무릅써야 한다. 민
주적인 시민 사회의 핵심적 일부분을 구성하는 언론인들 역시 국내
외의 첩보 수집과 선전 목적에 비슷하게 이용당함으로써, 최선의 판
단을 대변하는 언론 정보에 접근할 인민의 권리를 훼손했다. 하지만

---

[233] 캐치-22 : 미국 소설가 헬러(Joseph Heller)가 1962년에 발표한 작품의
    제목인데, 이로부터 파생하여 한 가지 문제를 해결하면 다른 문제가 그 때문에
    야기되어 결국 처음의 문제로 돌아갈 수밖에 없는 상황을 가리키는 논리학 용
    어로 사용된다.]

이런 경우들은 더욱 자발적이기 때문에, 나이도 더 어리고 경험도 부족한 학생들이 정부로부터 강압을 받은 경우보다 언론인들의 책임이 더 크다고 볼 수 있다.

반정부 운동들도 인권을 침해할 수 있다. 내 친구 중에는 평화주의자들이 있지만, 그들과 달리 나는 폭력 그 자체가 인권 침해를 구성한다고는 보지 않는다. 앞에서 표명했듯이 인권이라는 것이 서양에서 태어난 계기 자체가 두 개의 폭력적인 사건, 곧 미국과 프랑스의 혁명이었다. 그 사건들은 전제에 맞서는 전투로 간주되었다. 그러나 두 사건에서 공히, 미국에서 왕당파가 받아야 했던 처우 그리고 프랑스 공안위원회가 자행한 공포정치에서 인권 침해가 있었다. 반정부 집단들 가운데에는 자기들과 의견이 다르다면 누구든지, 군부의 일원이든지, 정부의 정치적 하수인이든지, 아니면 여타 반정부 집단의 일원이든지, 죽일 수 있는 권리가 자신들에게 있다고 느끼는 사람들이 있다. 또 사람들을 강제로 자기네 수하로 편입시키고, 무차별적 테러를 감행하며, 고문을 자행하는 등의 자유가 자신들에게 있다고 생각하는 자들도 있다. 종족적인 근거에서 활동하는 사람들 중에는 다른 종족 집단의 구성원을 단지 종족이 다르다는 이유만으로 죽이거나 고문하거나 강간해도 된다고 생각하기도 한다. 이런 자들이 정부의 이름 아래 ─아직─ 활동하지 않는다고 해서 이런 행동이 인권 침해를 구성하기에 조금이라도 손색이 생기는 것이 아니다.

어떤 경우에는 가족들 그리고 개인들도 문화적 규범이나 경제적 핍박에 순응하는 와중에 인권 침해의 범죄를 저지를 수 있다. 아이들을 매춘업자에게 팔아넘기는 행위가 그런 사례이다. 그 아이의 인권이 침해되는 것은 명확하다. 그 아이는 한 사람의 인간이라는 인정을 거절당하고, 단순한 쾌락과 돈벌이의 수단으로 바뀌고 마는데,

이는 인격의 저하일 뿐만 아니라 신체적-심리적 건강마저 해치게 된다. 자녀를 매춘으로 팔아야 하는 부모들 역시 철저하게 불의한 경제적-사회적-정치적 체제에서 인권을 침해당한 피해자일 수 있다. 그러나 아동 피해자의 시각에서 바라보면, 부모들 역시 자기 자녀들에게 인권을 학대하는 가해자들이다. 예를 들어 인도와 타이 사회의 빈민들 사이에서 그러하듯이, 하나의 인권 침해가 또 하나의 인권 침해를 낳는 인권 침해의 연쇄반응이 나타나는 것이다. 빈곤한 부모는 사회적 불의의 피해자들로서 나머지 가족이 살아남기 위해서는 자녀 하나 또는 여럿을 매춘업자들에게 팔아야 한다. 그러므로 이런 문제를 해결하기 위해서는 이런 부모들과 같은 사람들의 경제적-사회적 권리를 인정해야 하고, 동시에 아동 학대에 국가가 개입해야 한다.

아동의 지위는 여성이나 인종적 소수자나 동성애자 등의 지위와 다르다. 모든 인간이 각기 인생의 초반에는 아동이다가 나이가 들면서 아동의 신분에서 벗어나기 때문에 나이가 어리다는 것은 귀속적인 범주가 아니다. 귀속적인 범주의 경우, 거기 속한 사람은 평생 동안 지배의 영향을 받게 된다.

그렇지만 아동 매춘의 경우에도 중요하게 고려되어야 할 귀속적 속성들이 있다. 부모들이 남자아이를 팔아넘기는 경우도 없지는 않지만, 매춘을 강요당하는 아이들의 압도적인 다수는 여아들이다. 아이들 개개인의 권리가 침해당하는 가운데, 집단으로서는 여성의 권리가 침해되고 있는 것이다. 여자들과 소녀들은 남자들의 쾌락을 위해 거래되는 상품에 지나지 않는다고 확인하는 성별편향적인 지배구조의 일환으로서 여자아이들이 희생당하고 있다. 따라서 아동 매춘은 양성 사이의 관계를 규정하는 강력한 가부장적 구조의 한 양상이다. 여성의 가치를 격하하는 이 구조는 전 세계에 팽배하며, 한 자녀 정책 아래 일부 중국인 부모들로 하여금 여아를 살해하게끔 이끌기까지 했다.

내가 보는 견지에서는 그러한 살해 역시 인권 침해인데, 여기서 한 가지 흥미로운 논제가 제기된다. 인권 침해와 단순한 형사범죄 사이의 관계는 무엇인가? 여자아이 살해를 단순히 하나의 살인으로 간주하면 왜 안 되는가? 답은 그것이 특정 집단과 범주의 사람들로부터 인간성을 문자 그대로 박탈하는 불인정과 지배적 실천이라고 하는 **일반적 패턴**의 일부분이기 때문이다. 폭력과 아수라장을 포함하는 증오 범죄를 강도나 질투 때문에 야기되는 폭력 또는 산발적으로 발생하는 범죄와 구분해야 하는 까닭이 내가 보기에는 바로 여기에 있다. 후자의 경우에도 부당하기 짝이 없게 누군가의 권리라고 말할 수 있는 건강이나 심지어 생명을 빼앗는다. 그렇지만 특정한 사람들의 범주 또는 집단 전체를 지배하거나 인간 이하로 격하하기 위한 **체계화된** 시도를 반영하지는 않는다. 자연법과 실정법 사이의 전통적 관계에서 국가의 법전에 적힌 실정법 가운데 어떤 것은 동시에 자연법이듯이, 국가가 정한 법에 대한 위반 가운데 어떤 것은 인권 침해가 되는 것이다. 형법 조문에 인권 침해라는 항목으로 명시되지 않더라도 그런 것이다.

사람을 죽이는 경우를 생각해 보자. 사람을 죽이는 데에 세 가지 범주의 불의가 있다고 본다. 강도 행위 중에 또는 분노에 휩싸여서 다른 사람을 죽이는 개인은 살인죄를 저지른 것이다. 모든 사람에게는 생명권이 있는데 이 권리가 인정받지 못했으므로 이것도 인권 침해라고 주장할 사람이 있을 것이다 ―내 생각에는 평화주의자 같은 사람들이 그렇게 주장할 것 같다. 피해자는 자신의 생명이 종식되었다는 대단히 최종적인 의미에서 지배를 당한 셈이다. 그렇지만 이런 식으로 파악함으로써, 단순히 형법적인 시각에서 살인으로 파악하는 데 비해, 그 행위의 의미가 조금이라도 명확해지는지 나는 잘 모르겠다.

두 번째 범주는 작은 동질적인 공동체에서 끔찍한 범죄를 저지른 구성원을 마을 사람들이 린치를 가해 죽이는 것과 같은 경우이다. 이와 같은 행위의 의미는 인권의 시각에서 바라볼 때 더욱 흥미로워진다. 린치를 가하는 마을 사람들은 그 사람에게서 정당한 재판을 받을 권리를 박탈하고 있다. 마을 사람들의 동기는 자기들과 비슷하지만 법과 공동체의 핵심 규범을 위반했다고 믿어지는 자를 처벌하는 것이다. 이와 같은 린치는 비슷한 반칙행위의 유혹을 받을지도 모르는 다른 공동체 구성원들에게 메시지를 보낸다. 옛날 미국의 서부에서 말 도둑이나 소 도둑에게 가해지던 린치도 이와 비슷하다. 그런 소행은 신속하고 가혹하게 처리된다는 메시지를 전할 의도에서 행해졌던 것이다. 이 역시 공정한 재판을 받을 권리를 침해하지만, 일정한 반사회적 행위를 저질렀다고 믿어지는 개인들을 겨냥했다.

세 번째 범주는 린치가 인종적 동기에서 행해지는 경우로서 두 번째 범주와 구분될 수 있다. 이 경우에 린치는 지배의 일반화된 패턴의 일부분이 된다. 이는 실제로 린치를 당하는 개인들의 권리를 침해할 뿐만 아니라, 그러한 린치의 실천에 위협을 받고 언젠가 실제로 린치를 당하게 될지도 모르는 집단의 권리도 침해한다. 과녁이 되는 집단 안에서 피해자는 보통 아무렇게나 뽑힌다. 가해자들에게 그들은 누구든 오로지 집단을 대표할 따름이기 때문이다. 1997년 5월 노스캐롤라이나 주 포트 브래그(Fort Bragg) 기지의 신나치주의 스킨헤드 병사들이 살인혐의 유죄 판결을 받았다. 그들은 차를 몰고

238

나가 닥치는 대로 사람을 죽인 자들이었다. 전혀 알지 못했기 때문에 개인적으로 싫어할 이유도 전혀 없었던 아프리카계 미국인 부부가 산책 나왔다가 변을 당한 것이다.

그 부부가 무슨 반사회적 행위를 했는지에도 살인자들은 관심이 없었다. 그것은 중요하지 않았다. 그들은 이 두 피해자를 이용해서 전체 인종을 공격한 것이기 때문이다. 분명히 이는 범죄 행위였지만, **단순히** 범죄 행위이기만 한 것은 아니다. 인종주의에 흔히 수반되는 폭력으로부터 자유로울 권리라고 하는 아프리카계 미국인 집단 특유의 인권에 대한 중대한 침해였다.

이런 행위 그리고 배후에 작용하는 정신 상태는 오늘날 수많은 다문화사회의 표면 아래에서 불행히도 끓어오르려고 하는 인종청소 강박관념의 일부분이다. 이런 성격을 갖는 행위 각각의 메시지는 "**나** 또는 **우리**는 기회가 주어지거나 기회를 만들 수만 있다면 **너희 타자들**을 모두 죽이겠다"는 것이다. 이 메시지가 겨냥하는 과녁은 집단 전체이기 때문에, 그 집단 안에서 피해자 개개인은 누구든지 상관없다. 지금까지 살펴본 세 가지 사례는 모두 범죄 행위이다. 그러나 두 번째와 세 번째 사례는 인권 침해라는 의미를 적용함으로써 사태를 더 깊게 이해할 수 있다. 두 번째 사례는 순전히 개인들의 인권을 침해한 것이지만, 세 번째 사례는 개인의 인권과 집단의 인권이 동시에 침해되었다.

인권 침해의 사례 가운데 가장 어려운 경우는 사회적 관습에 의해 재가를 받지만 개인 또는 가족 구성원에 의해서 수행되는 경우이다. 아프리카와 중동 지역 일부에서 흔한 관행인 여성 할례와 성기 봉쇄가 이런 경우에 해당한다. 이런 행위 자체는 집단 내부의 여성들이 수행한다. 그들의 견지에서 보면, 이는 해당 문화 안에서 여성의 역할을 다하기 위한 진입 의례이며 간통을 억제하는 수단이다. 기억할 수 없는 옛날부터 성인의 지위를 부여하고 공동체의 유대를 강화해 주던 전통적 의례를 실천할 의무와 권리가 동시에 있다는 것이 그들의 시각이다. 그러나 많은 서양인들의 시각에서 보면 이것은 여성의 성적 쾌락을 박탈하고, 건강을 위험에 빠뜨리며, 엄청나지만 아무런 필요가 없는 고통일 뿐이며, 여성의 행태에 대한 가부장적 통제 과정의 일환이다. 이런 시각에서 바라보면, 이것은 인권 침해이다. 따라서 이와 같은 문화적 관행을 전통문화에 대한 존중이라는 일반적 규칙 아래 유지해서는 안 된다는 주장이 가능하고 실제로 그렇게 주장하는 사람들도 있다.

여기에 인권 침해가 있느냐 없느냐를 결정하기 위해서는 강제성 여부가 중요하다. 이 행위는 소녀들이 아주 어려서 저항하기 어려운 상황에서 이뤄진다. 이렇게 보면 이것은 강제적 실천으로 간주할 수 있다. 그렇지만 소녀들 중에 반대의사를 표명하고, 시술을 피해 도망치는 경우도 있다. 때로는 나라 밖으로 도망치기도 한다. 그러므로 그 문화 안에서도 그 관행에, 또는 적어도 그 관행의 강제적인 형태에, 반대하는 사람들이 있는 것이다.[234]

---

234) 전통 사회에서 젊은 여성에 대한 강제가 인권 문제를 야기하는 경우로 이것이 유일한 것은 아니다. 파푸아 뉴기니에서는 한 씨족의 일원이 다른 씨족의 지도자를 살해했을 때 돈, 동물, 그리고 젊은 여성이 보상을 치르는 대가로 주어진다. 그렇게 다른 씨족에게 양도될 예정이었던 미리엄 윌옹갈은 양도되기를 거부했다. 고등학교에 가서 타이피스트가 되고 싶었기 때문이다. 친척 존 뮤크 박사가 그녀를 변호했다. 그는 케임브리지 대학에서 공부한 파푸아 뉴기니 대학의 고고학 교수였다. 그는 자기 부족의 전통에 관한 자신의 느낌을 이렇게 진술했다 : "나는 그 전통을 분석하면서 실천한다. 나는 거기에 도전하지만 일부에 대해서일 뿐이다. 어떤 변화는 선택의 여지가 없이 받아들일 수밖에 없다. 여성의 권리와 평등의 개념 등이 그렇다. 그러나 어떤 것들은 고수해야 한다." Seth Mydans, "When the Bartered Bride Opts out of the Bargain",

240

이들이 다른 나라에 살고 있다고 해도 부모들에게 시술을 행할 권리가 있느냐는 문제 역시 쟁점이다. 이것은 문화적 전통의 일부분이며, 할례 또는 성기 봉쇄의 의례를 거치지 않으면 그 문화 집단 안에서 결혼할 수 있는 여성으로 간주되지 못한다는 것이 부모 측의 주장이다. 미국에서는 이러한 문화적 권리가 인정되지 않는다. 그런 행위는 합법적으로 수행될 수 없다.

이것은 어려운 문제다. 그렇지만, ① 미성년자를 상대로 시행되고, ② 동의가 필요 없다고 간주되며, ③ 현장에서 심각한 고통 그리고 건강에 장기적인 위험을 초래하고, ④ 설령 실제 시술하는 사람은 여성이라고 해도 남성들이 여성의 신체에 대해 가지는 통제시스템의 일환이며, ⑤ 그 사회 내부에서 일부 여성들이 그런 관행에 반대하고 피하기 위한 시도가 있었다고 하면, 설사 부모가 원한다고 해도 이런 문화적 실천의 타당성을 지탱하기는 어렵다. 다섯 번째 고려사항이 핵심적이다. 내부에 이견이 전혀 없는 문화적 실천을 외부에서 온 서양인들이 중지시키려고 시도할 뿐이라면, 외부적 개입이 훨씬 더 많은 문제를 안을 것이다. 이런 관행을 옹호하는 사람들은 내부의 이견이 외부 서양인들로부터 영향을 받았다고 주장하지만, 이는 수긍할 수 없다. 인권의 발전은 필연적으로 경계선을 넘나드는 소통의 결과일 수밖에 없다. 바로 "인권"이라는 관념처럼, 어떤 문화적 맥락 바깥에서 개발된 관념이 있는데, 그 문화가 그 관념에 노출된 이후로 그 문화 안에서 공감의 울림이 생긴다고 한다면, 기원이 다른 곳이라는 이유 때문에 타당성이 줄어드는 것은 아니다. 정태적인 문화 따위는 없다. 문화는 변하는 것이고, 문화는 내적 동학만이 아

New York Times, May 6, 1997, A4.

니라 외적 동학에 의해서도 변한다. 문화적 권리를 옹호할 때에는 이를 명심하는 것이 지극히 중요하다. 이를 망각하게 되면 각 문화 안에서 가장 힘이 약한 사람들을 가장 힘이 강한 사람들의 처분에 내맡길 위험이 있기 때문이다. 일정한 지점에 이르면, 고래의 의례를 유지하고 자기 자녀들을 그 의례에 종속시키고자 하는 부모의 소원 이라도 해당 문화의 안과 밖에서 나오는 인권의 요구에 양보해야 할 수도 있다.

제4절 맺음말

이 장의 논의는 명제 9를 깊게 설명하면서 옹호한 것이다. 명제 9 는 사회적 인정을 요구하는 권리의 보유자는 개인일 수도 있고 집합 체일 수도 있으며, 인정을 철회하는 주체는 국가나 국가 이외의 집 단일 수도 있고 개인이나 가족일 수도 있다는 것이다. 엄격한 율법 주의자들은 인권 협약에 동의한 국가들만이 인권 침해의 혐의를 쓸 수 있다고 하겠지만 (그렇다면 국가들이 단지 인권 협약에 서명만 하지 않으면 인권 침해자의 범주에서 벗어나게 되는 심각한 문제가 있다), 우리의 입장은 인권과 인권 침해에 관해 아래에서 위로 올라 가는 시각이다. 인권 침해가 어떤 경우인지를 결정하기 위해 우리는 이런 저런 국가들이 이미 받아들인 규범적 규칙의 법률상 목록을 수 용하기보다는 (이런 규칙들을 묵살하는 것은 아니다), 먼저 지배와 고통을 살펴보고 다음에는 그런 것들을 부과하는 권력의 원천을 탐 사한다. 우리가 인권 침해로 자리매김한 일부 사례에 관해 반론을 제기할 사람도 있겠지만, 지금까지의 논의를 통해서 ① 영미의 사고와 이데올로기와는 달리 집단과 공동체도 집단과 공동체의 자격으로 권리를 정당하게 주장할 수 있고, ② 여타 특히 권위주의적 정치체제 또는 사회집단의 지도자들이 내세우는 주장과는 달리 집단이나 공동체의 권리가 개인의 권리보다 항상 우위에 있지는 않다는 점에 대다수 독자가 수긍했기를 바란다. 이는 민족과 문화의 경계를 넘나들면서 이치를 따지고 이해하며 공감하려는 시도가 가장 절실하게 필요한 영역이다.

제5장에서는 인정의 문제 그리고 경제적 권리의 문제로 돌아갈 것이다. 현대의 지구적 시장경제라는 맥락 그리고 그것이 지배하고 있는 구조에서 노동자들의 권리가 인정이라는 주제와 관련을 맺고 있다는 차원에서, 인정이라는 주제를 더욱 깊게 검토할 것이다.

인권의 정치경제학을 향해

제1절 개관

이미 살펴봤듯이 모리스 크랜스턴과 서양의 자유주의자들을 위시한 일부 사상가들은 인권이 실효를 가지려면 거기 포함되는 권리의 수가 아주 제한되어야 한다고 주장한다. 아울러 그러한 권리들을 묶는 범주도 아주 중요하다고 한다. 인권은 시민적-정치적이거나 아니면 개인적이어야 한다는 것이다. 다시 말해, 집단이나 공동체에는 해당하지 않고 오로지 개인들에게만 해당한다는 뜻이다. 그리하여 1966년의 「시민적, 정치적 권리에 관한 국제 규약」은 받아들일 수 있지만, 경제적-사회적-문화적 권리에 관해 같은 해에 공포된 규약은 판도라의 상자를 열어젖히는 셈으로, 올바르게 이해된 인권과는 아무런 상관이 없다고 보는 것이다.

그러나 이미 앞에서 살펴봤듯이, 이 입장은 인권 규범에 관한 국제적 합의 앞에서 설자리를 잃는다.235) 이런 입장은 제3장에서 언급한 핵심적인 국제 문서와 규약에 어긋날 뿐만 아니라, 국제노동기구의 핵심 협약에도 위배된다.236) 이는 또한 제3장과 제4장에서 전개했던 인권에 관한 이론적 근거와도 맞지 않는다. 모든 사람이 가지고 있는 발전의 잠재력을 인정한다는 것에 초점을 맞추면, 경제적 과정들을 통시적으로 그리고 공시적으로, 다시 말해서 역사적 시대들을 관통해서 그리고 특정 시점에 지배적인 경제적 구조 안에서 고찰하는 것이 절대적인 관건이 된다. 왜냐하면 잠재력의 실현은 다른 사람들과 맺는 관계의 망상구조 안에서 "상호결정"과 "자기결정"의 과정에 의존하며, 그러한 가능성들이 역사 안에서 물질적/문화적 조건에 따라 달라진다는 점을 이해하는 데에 의존하기 때문이다.

이 장에서 나는 경제의 영역에 적용되는 세 가지 사회적 인정을 정확하게 서술하고 나서 논의할 것이다. 첫 번째는 본령상 분배적이다. 이것은 경제적, 사회적, 문화적 권리를 다룬 1966년의 규약에서 가장 세심하게 다듬어진 종류의 인정이다. 이는 사람이 "적절한 생활수준"과 "우아한" 삶을 누릴 권리에 대한 인정이다. 그러나 이를 위해서는 직업, 소득, 주거, 의료 보장, 교육과 같은 선결조건이 필요하다. 따라서 사람들은 이들 선결조건을 누릴 권리도 가진다. 유엔

---

[235] 2012년 8월 7일 현재 「경제적, 사회적, 문화적 권리에 관한 국제 규약」에는 160개국이 서명하고 비준했다. 서명은 했지만 비준은 아직 하지 않고 있는 나라는 미국, 벨리즈, 코모로스, 쿠바, 팔라우, 상투메이프린시페, 남아프리카공화국이다.]

236) 국제노동기구(ILO)는 1919년 베르사이유 강화조약에 의해 창설되었지만, 현재는 유엔 산하에서 가장 오래된 전문기구이다. Elizabeth McKeon, *Worker Rights in the Global Economy* (New York : The United Nations Association of the United States and the Business Council for the United Nations, 1999), 20~24를 보라.

의 1966년 규약은 이 근거를 궁극적으로 모든 인간의 "고유한 존엄성"에서 찾는다.

두 번째의 인정은 참여적 인정, 다른 말로 하면 능동적 주체임을 인정하는 것이다. 위에 언급한 분배적 권리에 더해서 분배적 권리들이 실제로 어떻게 인정되는지 결정하는 과정에 일정한 역할을 수행할 권리를 추가한다. 우선 노동자들이 노동조합의 형태로 단체교섭의 주체라고 인정받을 권리, 그리고 국가가 정한 법의 한도 안에서 적절하고 우아한 생활조건을 확보하기 위해 파업할 권리가 있다. 다음으로는 1966년에 나온 두 개의 (정치적 권리와 경제적/사회적 권리에 관한) 규약에 나타나는 대로, 보다 광범위한 참여의 권리가 있다. 이 규약들은 인간이 특정한 권리를 주장할 권리만이 아니라 자신들의 권리 주장이 성취되는 과정에 참여할 권리도 가진다는 이념을 담고 있다.

세 번째의 인정은 더욱 많은 권력을 나눠주는 것으로서, 특히 노동자들에게 해당한다. 이것은 국제적인 문서에서 아직 완전히 인정받지는 못하고 있으며, 일부 문서에서 제안되거나 암시될 뿐이다. 노동자들이 스스로 사용하는 생산수단의 정당한 직접 소유주라고 인정받을 권리, 그리고 자기들의 작업조건과 생산물의 분배를 결정할 주체로 인정받을 권리이다. 이렇게 된다면 상호결정과 자기결정이라는 우리의 기본적 이념이 경제의 영역에 최대한으로 적용된 셈일 것이다. 산업화의 정도가 높은 곳에서든 낮은 곳에서든 드문드문 존재하는 소규모 협동공동체에서 실지로 이런 형태가 존재한다. 그러나 우리가 민주주의를 생각하고 인권을 생각할 때에, 이런 형태의 인정을 일반화하는 것이 과연 중요한 진전인지에 관해서는 나중에 논증하겠지만, 재고해 봐야 할 논거가 있다.

제2절 분배적 인정

각 민족 내부 그리고 민족들 사이에는 물질적 자원의 불평등한 분배 때문에 제기되는 심각한 인권 문제가 있다. 대다수 사회와 민족 내부에서 여성과 소수 인종 및 소수 종족은 자신의 잠재력을 발전시키기 위한 물질적 자원을 상대적으로 박탈당하고 있다고 여긴다. 더구나 다른 사람들로 하여금 이런 사정을 인권 문제로 인식하도록 만들기 위해 필요한 사회적 인정을 획득하기도 어렵다. 물질적 재화와 의지의 능동성 사이에 박탈의 악순환이 있다. 적극적 우대 정책에 대해 지배 집단 구성원들로부터 나온 효과적인 공격은 오직 개인들만이 고려 대상이라는 (마치 대다수 사회에 모든 개인들의 잠재력을 실현할 편평한 경기장이 마련되어 있는 양) 고집 역시 순환하며 서로를 지탱한다.

이 문제에는 여러 차원이 있다. 하나는 생존과 안전이라는 차원이다. 제2장에서 봤듯이, 헨리 슈는 이것들을 두 개의 "기본권"으로 제창한다. 내가 접근하는 시각에서 바라보면, 1995년에 생산된 모든 식량의 4분의 1이 미국에서 소비되고 있을 때, 오늘날 세계의 많은 사람들이 굶주림과 영양실조에 시달리다가 심지어 굶어죽기까지 하는 것은 인권 침해에 해당한다.[237] 이런 일이 누군가의 고의에 의해 일어나지 않는다는 점을 말하는 것만으로는 부족하다고 한 슈에

---

[237] CNN 뉴스의 보도, 1997년 7월 1일. 세계보건기구(WHO)와 유엔 아동기금이 2002년 3월에 보고한 바에 따르면, 해마다 거의 1,100만 명의 아동들이 예방할 수 있는 원인으로 —영양실조와 열악한 환경 때문에 발생한 질병으로— 사망한다. *New York Times*, 2002년 3월 14일, A13. 기아, 영양실조, 그리고 여타 인간발전지표에 관한 추가적 자료는 해마다 유엔이 발표하고 옥스퍼드 대학 출판사에서 간행하는 *Human Deveopment Report*를 보라.

게 나는 동의한다. 형편이 보다 나은 사람들, 더 큰 공익에 (공익이란 내 사고방식에 따르면 모든 사람의 잠재력이 가능한 최대치로 발전하는 것으로 이해된다) 헌신해야 할 정부의 부서들은 박탈에서 사람들을 보호하고, 이미 박탈당한 상태에서 발견된 사람들을 돕기 위해 적극적으로 행동할 의무가 있다. 캘리포니아 주 오클랜드를 근거지로 삼은 <음식 먼저>(Food First)와 같은 비정부 집단들은 이러한 책무를 인정하고 적극적인 행동으로 대다수 정부들을 훨씬 앞선다.

그러나 나는 기본권을 슈처럼 정형화하는 것으로 충분하다고 생각하지 않는다. 모든 사람들에게 생존은 확보되더라도, 불평등이 극심하다면 인권을 존중하는 상황이라 할 수는 없다. 경제 사다리의 꼭대기에 있는 사람들은 줄곧 상황이 더 좋아지고 있는 반면에, 우아한 주거, 양질의 의료 보호, 동기를 자극하는 교육적 경험, 효과적인 전공 형성 또는 직업 훈련, 고용의 기회 등을 박탈당하는 사람들은 인권의 박탈을 겪고 있다. 그러므로 존 롤즈가 말한 "공정으로서의 정의", 다시 말해서 경제적으로 꼭대기 계층에게 돌아가는 혜택이 증가하는 상황은 밑바닥에 있는 사람들이 비례적으로 더 많은 혜택을 보고 있을 때에만 공정하다는 생각이 내가 생각할 때 깊이 있게 인권을 고려하는 입장이다.[238]

이 문제가 평등 그 자체를 선호하는 모종의 심미적 취향 또는 추상적인 도덕 때문에 발생하는 것은 아니다. 연방준비은행의 자료에 따르면,[239] 1989년 미국에서 상위 1%의 가문들이 하위 90%가 가

---

238) John Rawls, *A Theory of Justice* (Harvard University Press, 1971).
239) *New York Times*, 1992년 4월 21일, A1. 이 책을 쓰고 있는 현재로서는 가계 자산을 다섯 등급으로 나눠 불균형을 측정한 자료로는 1989년의 것이 최

진 자산의 합계보다 더 많은 자산을 소유하고 있다고 하는데, 이처럼 격심한 불균형 때문에 최하층에 속한 사람들에게 발전의 기회가 봉쇄되는 효과가 초래된다는 것이 문제의 근원이다. 실제로 "아버지의 소득이 하위 5%에 속할 때 그의 아이가 자라서 상위 20%로 들어갈 확률은 스무 명 중 한 명꼴밖에 안 된다."240) 이런 자녀들은 자라서도 실업자가 되든지(아프리카계 미국인이라면 특히 그럴 확률이 높다), 소득이 있더라도 의료보험도 부담할 수 없이 빈곤에서 벗어나지 못하는 수준에 그치기가 십상이다.241) 이 사람들은 마이클

근의 것이다. 그러나 불균형이 1989년 이후 악화되었음을 시사하는 통계들이 있다. "최상위 1%와 최상위 0.5%가 〔이 통계는 가계가 아니라 개인 기준이다 —저자의 첨가〕 보유한 부의 백분율은 〔1989~1995년 사이에 —저자의 첨가〕 유의미하게 변화하지 않았다." Barry Johnson, "Personal Wealth, 1995", SOI Bulletin, Federal Reserve Bank, Winter 1999/2000, 70. 미국 가계 가운데 가장 부유한 상위 5%는 미국 전체 소득 가운데 1974년에 14.8%를 벌었는데, 1998년에는 20.7%를 벌었다. Edward N. Wolff, "The Rich Get Richer", *Champaign-Urbana News Gazette*, 2001년 2월 18일, B1. 이 증가분은 하위 계층이 가져가던 몫이 줄어든 결과이다. 최하위 계층은 적자, 즉 부채가 자산보다 많다. 가계별 부의 불평등에 관해 장기적 시계열 자료는 미국 이외에 영국과 스웨덴의 것만을 찾을 수 있었다. 영국에서는 1970년 이래 상위 1%가 차지한 부의 비중이 줄어들다가, 1980년부터 1989년까지는 약간의 들쭉날쭉은 있지만 같은 수준을 유지하고 있다. 영국에서 상위 1%는 전체 부의 18% 정도를 소유한다. 스웨덴에서는 1978년까지 비슷한 감소 추세가 나타나다가, 그 뒤부터는 약간의 상승 추세가 보인다. 스웨덴에서 상위 1%는 전체 부에서 20%를 조금 넘는 분량을 차지한다. 미국의 상위 1%가 전체 부에서 차지하는 비중은 1979년에 20%를 조금 상회했는데, 1989년에는 39%로 도약했다. Edward N. Wolff, *Top Heavy : A Study of the Increasing Inequality of Wealth in America* (New York : The Twentieth Century Fund Press, 1995), 21~23.
240) *New York Times*, 1992년 5월 8일, A1.
241) 미국 노동통계국은 워킹푸어의 비율을 1990년 5.5%, 1999년 5.1%로 잡았다 (Bureau of Labor Statistics, Bulletin 2418 그리고 Report 947). 어떤 분석에 따르면 15%에서 20% 사이로 나오는 등, 실제 비율은 훨씬 높다. 노동통계국이 1960년대 이래 줄곧 사용하고 있는 공식은 한 가족의 주거비가 소득의 30%를 넘지 않는다는 전제를 담고 있기 때문이다. 그러나 1997년만 해도,

해링턴의 용어로 "자본주의에서 배설된 인간"으로 간주되어 삭제 처리된다.242) 그들은 잠재력을 발전시키기 위해 필요한 경제적, 사회적 필수품을 빼앗긴 처지다.

산업화된 자본주의 나라에는 "배설된 인간"과 더불어 "박탈당하는 인간"도 있고 "착취당하는 인간"도 있다. 이런 부류의 인간은 지난 천 년의 마지막 두 세기 동안에 서양의 백인 민족들에 의해 정복당하고, 식민화되고, 경제적으로 착취당한 사람들, 피부가 하얗지 않은 사람들이 사는 많은 나라에 있다. 이 차이는 경악스럽다.

1990년대 말, 세계에서 가장 소득이 높은 나라에 사는 세계 인구의 상위 5분위는 세계 GDP의 86% (하위 5분위는 1%), 세계 수출 시장의 82% (하위 5분위는 1%), 세계 유선전화의 74%를 (하위 5분위는 단지 1.5%) 차지했다. 세계에서 가장 부유한 200명은 1994년부터 1998년 사이에 순자산을 두 배 이상 불려서 1조 달러를 넘겼다. 최고 억만장자 세 명의 자산은 가장 개발되지 않은 나라들의 인구 합계 6억 명의 GNP 합계보다 많다.243)

공산주의가 무너진 1980년대 이래, 동유럽에서는 빈곤이 주요 현안으로 떠올랐다. 그때 이래로 중동, 중앙아시아, 라틴아메리카 등지에서도 빈민화가 증가하고 있다. 세계 인구의 최하층 20%는 하루에 미국 돈 1달러 또는 그 이하에 해당하는 물질로 "생활"하고 있다.

임금 분포에서 하위에 속하는 노동자 가정 중 최소한 540만 가정이 소득의 50% 이상을 주택 유지비 또는 표준 이하의 거주 조건 (예컨대, 차량, 홈리스 시설, 싸구려 모텔 또는 호텔 등)에서 거주하기 위해 지불했다. AP, "Working Poor Paying Big Price for Housing", *Champaign-Urbana News Gazette*, 2002년 3월 28일, A4.

242) Michael Harrington, *The Other America* (New York : Macmillan, 1962).

243) McKeon, *Worker Rights*, 3.

하루에 2달러 이하로 "생활"하는 사람들이 세계 인구의 절반에 가깝다.244)

전 세계 부의 축적이 크지 않았던 과거 시대였더라면 이와 같은 경제적인 상대적 박탈이 곧 인권의 박탈은 아니었을지도 모른다. 그러나 우리는 이 질문을 현재의 구체적인 맥락 안에서 고려해야 한다. 인간 발전의 다양한 국면들을 위한 기회가 교육, 과학, 의료, 기술, 그리고 부의 생성 등에 의해서 역사적으로 활짝 열린 이상, 같은 사회에서도 오래 전에는 권리의 박탈로 비치지 않던 일들을 이제는 권리의 박탈이라고 봐야 한다. 이미 앞에서 논증했듯이, 귀속적 속성들에 관해 개인이 할 수 있는 일은 아무것도 없기 때문에, 권리 박탈의 짐이 특정 사회 집단에게 가장 무겁게 떨어질 수밖에 없는 경우라고 한다면, 집단의 권리라고 하는 쟁점이 가장 중요하게 부각된다. 인권의 관점에서 보면, 상수도도 하수도도 없는 농장에서 자란 것과 같은 고초를 겪으면서 자란 미국의 백인 노인들이 오늘날 도시 빈민가의 아프리카계 미국인과 자신의 경험을 비교한다든지, 사하라 사막 이남 아프리카 대부분의 나라에 사는 사람들보다 미국 빈민의 생활수준이 높다는 식으로 말하는 것은 무의미한 소리이다. 아프리카, 아시아, 중앙아메리카, 카리브 해 등지의 가난에 시달리는 민족들, 그리고 가난으로 말미암아 마약과 범죄에 찌든 미국의 빈민가는 오늘날 전례가 없는 풍요로 둘러싸여 있다. 이 점만으로도 고도로 경쟁적인 경제적 환경 안에서 자기 나름의 고유한 잠재력을 실현할 수도 없고, 부나 인정을 위해 경쟁할 처지도 못 되는 사람들이 느끼는 울분에 대한 충분한 설명이 된다.

---

244) *New York Times*, 2002년 3월 18일, A3.

경제적/사회적 불평등에 대한 비판은 시기심에서 비롯된 것이라고
하는 보수주의자 및 신보수주의자들의 주장도 부분적으로 정확할 수
있다. 무슨 말을 갖다 붙이더라도, 프레데릭 더글러스가 노예 소년일
적에 함께 자란 백인 소년들을 시기한 것은 틀림없는 사실이다. 하
지만 그 시기에 백인 소년들은 자신들을 발전시켜서 제구실을 할 수
있는 성인으로 자랄 것이며 아울러 그렇게 인정받을 것이었기 때문
이다. 더글러스가 표현했듯이, 그들에게는 권리가 있었지만 자기에게
는 없었던 것이다. 이제 노예제는 문제가 아니지만 지배는 여전히
문제다. 모든 노예가 해방되더라도 지배는 계속되리라고 이미 1830
년대에 경고한 토크빌의 말과 같다.245)

---

245) "현대인들은 노예제를 철폐한 다음에 세 가지 편견에 맞서야 한다. 굴종은
단순한 사실인데 비해 이 편견들은 공격하기가 쉽지 않고 극복하기는 훨씬 어
렵다. 주인의 편견, 인종의 편견, 그리고 색깔의 편견이 그것이다. 유럽인들이
니그로들과 융합되는 날을 바라는 사람들은 내가 보기에 스스로를 속이고 있다.
……노예제는 물러나지만, 노예제를 잉태한 편견은 불변이다. 미국에서 살아본
사람은 누구나 니그로가 더 이상 노예가 아닌 지역에서도 그들이 백인들과 조
금이라도 더 가까워지지 않았음을 지각했을 것이다. 인종의 편견은 노예제가 유
지되는 곳보다 노예제가 철폐된 곳에서 오히려 더 강해졌다. 그리고 노예제가
아예 없었던 곳에서 인종의 편견은 가장 불관용적이다. 따라서 미국에서 니그로
를 혐오하는 편견은 그들이 해방됨에 따라 비례적으로 더 강해지는 것 같고,
도덕이 평등을 규정하는 사이에 이 나라의 법은 평등을 지운다." Alexis de
Tocqueville, *Democracy in America*, Vol. 1, trans. Henry Reeve (New
York : Vintage Classics, 1990), 358~360. 보수주의 정치경제 이론의 우두
머리급이자, 경제적/사회적 인권의 동지가 전혀 아니며, "사회정의"라는 개념
자체를 반대하는 프리드리히 폰 하이에크조차 미국에서 아프리카계 미국인들의
처지가 위중하고 불공정함을 인정한다. 1940년 런던이 폭격을 받을 때 피난처
를 물색하면서, 자기가 그때까지 구축한 사회적 입지는 유럽에서 더욱 빛이 날
테니 유럽이 유리하겠지만, 아직 사회적 입지를 쌓지 못한 자기 자식들을 위한
가능성은 미국에 가야 더 많이 열리리라고 궁리했다. "구세계에서 나에게 유리
하게 작용할 온갖 사회적 구분들이 미국에서는 그만큼 예리하지 않기 때문에,
그들을 위해서는 미국에 가기로 결정해야 한다고 느꼈다 (이 저변에는 내 자식
들이 거기 가서 유색인 가족이 아니라 백인 가족들과 어울리리라는 암묵적 추
정이 작용했음을 덧붙여야 할 것 같다)." Frederich von Hayek, *The*

252

요컨대, 잠재능력 그 자체를 개발하기 위해 우리 모두에게 필요한 물질적 자원에 대한 접근이 발본적으로 치우쳐 있다면 지배로 이어진다. 이와 같은 오분배(誤分配)를 인권의 문제로 인정하고 재분배 정책을 채택하는 것이 하나의 대응책인 것은 분명하다. 스웨덴 정부는 자기 나라의 부에서 작은 일부를 떼어 내어 가장 필요한 다른 민족들에게 재분배한다. 대외원조 프로그램을 상대적으로 크게 운영하는 나라들도 있다. 유엔의 기구들 그리고 NGO들은 참사를 부분적으로 경감하기 위한 시책들을 운영한다. 그러나 인간 잠재력의 실현을 위해 필요한 자원에 접근하는 기회와 관련된, 현격한 국제적 불균형을 치유하기 위해서는 어떤 종합적인 대책도 고안된 적이 없다.

제3절 참여적 인정

앞에서도 밝혔듯이, 가장 많이 박탈당한 사람들을 위한 재분배가 아주 중요한 일이지만 권리의 인정이 그것만으로 완성되지는 않는다. 자신들의 권리가 **어떻게** 표현되고 있는지에 관해 목소리를 내고 역할을 할 수 있는 인민의 권리를 인정해야 한다는 점에도 국제적인 합의가 존재한다.

그리하여 1966년의 「경제적, 사회적, 문화적 권리에 관한 국제 규약」 전문은 이런 문구를 끝에 넣고 있다 : "자기가 속한 공동체 그리고 다른 개인들에 대해 의무를 지는 개인은 이 규약에서 인정되

Mirage of Social Justice, Law, Legislation, and Liberty, Vol. 2 (Chicago University Press, 1976), 189.

는 권리들을 신장하고 준수하기 위해 *진력할* 책임이 있다.” 1986년의 「발전의 권리 선언」은 제1조 첫 번째 문단에서, “인간 개인이 발전의 중심적 주체이며, 발전의 권리에 관한 능동적인 참여자이자 수혜자가 되어야 한다”고 명시한다. 국가에 대해 근본적인 재분배를 요구하는 사람들이든지 아니면 국가나 고용주를 상대로 한 단체교섭이나 파업과 같은 노동조합 활동에 참여하는 사람들이든지, 권리를 요구하는 사람들을 이러한 문서들은 자격이 있는 주체로 수용하고 있다. 아프리카 여성들의 경제적, 사회적, 문화적 권리에 관한 아데툰 일루모카의 논문에서 강조하듯이, 권리를 요구하는 사람들은 단순히 권리를 구걸하는 사람이 아니다. 구걸의 경우에는 자격과 성취가 다른 사람들에 의해서 결정된다. 반면에 권리는, “오히려 하나의 전체로서 인민이 주장해야 하는 것이다.”246)

세계에서 가장 가난한 사람들이 사는 나라에 대해 “원조”를 한다면서 그들에게 권력을 넘기지는 않는 대표적인 형태는 세계은행과 국제통화기금(IMF)이 강요하는 긴축 프로그램이다. 이런 프로그램들은 가난한 나라의 정부들이 인민의 삶을 향상하기 위해 기울여 온 약소한 수준의 정책들마저 삭감하라고 하면서, 그런 목표 자체를 공공정책에서 배제하게끔 고집할 뿐만 아니라, 풀뿌리 수준의 민주적 참여의 가능성을 모두 봉쇄한다. 민영화된 시장경제에서 사적 이윤을 추구하는 세력들의 손아귀 안에서 전개되는 사태의 진행에 인민적 삶의 향상을 내맡겨 버리는 것이다. 이런 세력이란 주로 강력한

---

246) Adetoun O. Ilumoka, “African Women's Economic, Social, and Cultural Rights—Toward a Relevant Theory and Practice”, Rebecca Cook, ed., *Human Rights of Women* (Philadelphia : University of Pennsylvania Press, 1994), 311.

초국적기업들로서, 해당 지역의 원주민이라고는 극소수 정치경제 엘리트와만 손을 잡을 뿐이다. 세계적인 아웃소싱으로 운영되는 의류 생산의 경우, 임금은 아주 낮고, 노동시간은 매우 길며, 노동조합은 금지되거나 (때때로 폭력과 살인에 의해서) "단념"된다.247) 인도에서 벌인 엔론의 발전소 사업이나 나이지리아 오고니랜드에서 벌인 셸의 발전소 사업과 같은 에너지 분야의 착취는 경제적 자원의 약탈에 더해서 지역 인구의 비자발적 이주와 환경 악화라는 문제를 일으켰다.248) 시위를 비롯한 여러 가지 형태의 저항은 국가와 회사가 고용한 무력에 진압당했다. 더욱이 IMF와 세계은행의 융자는 가장 절박한 나라들에게 불가능한 부채를 안겼다. 이 융자를 받은 나라들은 자국 내에서 가장 가난한 시민들의 고통을 경감하기가 더욱 어려워진 것이다. 반면에 이런 나라에서 자원을 착취하고 인민의 권력을 더욱 약화시킴으로써, 민족 단위 내부에서든 국제적으로든 경제의 봉우리에서 가장 꼭대기를 차지한 자들에게는 막대한 이윤이 돌아간다.

기한 없는 장기적인 관점에서 보면 모두가 경제적으로 혜택을 보게 된다는 (유명한 낙수효과라고 하는) 주장이 있지만, 단기적으로 그리고 중기적으로 가장 부정적 영향을 받은 것이 분명한 이미 박탈당한 사람들은 이 문제에 관해 어떤 목소리도 어떤 능동성도 인정받지 못한다. 서양의 산업화된 나라 내부의 민족적 차원이든, 서양과

---

247) McKeon, *Worker Rights*, 그리고 National Labor Committee in Support of Workers and Human Rights에서 펴낸 수많은 간행물들을 보라 (http://www.nlcnet.org).
248) 엔론의 국제적인 오지랖과 폐해에 관한 탁월한 논문으로는, John Nichols, "Enron's Global Crusade", *The Nation*, 2002년 3월 4일, 11~14를 보라.

비서양 나라들 사이의 국제적인 차원이든, 가장 박탈을 많이 당한 사람들은 유색인들이다. 그러므로 이것은 집단의 인권 침해이면서 동시에 개인의 인권 침해가 되는 것이다.

현대 자유주의 자본주의라는 조건 아래서 집단의 권리라고 하는 주제에는 또 하나의 차원이 있다. 노동자의 권리 역시 개인의 권리이면서 집단의 권리라는 점이다. 사람이 여성으로 또는 흑인으로 태어나듯 노동자로 태어나지는 않기 때문에, 그리고 경우에 따라서는 노동자들도 임금노동 이외의 방법으로 생계를 꾸릴 수 있기 때문에, 노동자라는 범주는 귀속적이지 않지만, 사실에 있어서는 노동자들에게 어떤 다른 선택의 여지도 없는 경우가 많다는 논점은 제3장에서 이미 부각한바 있다.

이에 관해서는 자본주의가 하나의 통일된 목소리를 내지 않는다. 그러나 "세계화"에 의해서 촉진된 하나의 추세는 있다. 세계화가 소유자 및 관리자들의 특권에 유리한 것은 분명하다. 세계화는 아울러 노동의 공급을 늘리기 때문에 국가가 허용하는 만큼 임금과 수당의 (수당이라는 게 있기나 하다면, 가장 가난한 나라들의 노동자와 미국의 저임금 노동자에게는 수당이라는 게 없다) 위축을 가져오기 십상이고, 노동력을 "유연하게" 이용하는 데 유리하다. 유연성은 작업 시간, 교대 회수, 수당의 (수당이 있다면) 수준, 작업 환경, 그리고 기율을 잡는 기법과 해고의 근거 등에 관한 것이다.

도식적으로 말하자면, 지구적 자본주의라는 조건 아래에서 노동자의 권리에 관해서는 세 가지 입장이 있다. 얼마 전까지 제3세계라고 불렸던 가난한 나라들, 그리고 (인도네시아, 말레이시아, 싱가포르 등) 1990년대까지 경제력이 치솟아 오르던 동남아시아 민족 사이에서는 노동자들에게도 권리라는 게 있어서 기업의 이익과 갈등을 빚을 수 있다고 여기지 않는다. 노동조합이라는 게 활동할 수 있도록 허용된다면, 국가나 경영자가 배후에서 작용한다. 영국을 제외한 서유럽에서는 노동자의 권리라는 것이 있고, 이 권리는 실지로 1966년의 「경제적, 사회적, 문화적 권리에 관한 국제 규약」에 구체적으로 규정된 인권이라는 사회적 안정이 이뤄졌다. 반면에 대처와 메이저의 보수당 정부 치하의 영국, 그리고 레이건과 첫 번째 부시 행정부에서 "신종 민주당원" 클린턴 시절을 지나 조지 W. 부시 행정부에 이르기까지의 미국에서는, 경쟁적인 국제 경제의 풍토 안에서 기업들이 노동을 다루는 데 최대한의 유연성이 필요하다는 주장이 횡행한다. 이 주장은 극단적으로 추진되어, 노동을 보호하는 입법이 심각하게 약화되고 심지어 파업의 권리까지 제지되기에 이르렀다. 미국에서 이러한 현상은 하루 열두 시간 또는 때로 심지어 열여섯 시간 노동제, 그리고 파업이나 직장폐쇄의 경우에 고용주가 대체 노동자를 활용할 권리에서 극명하게 드러난다. (부록 A에는 저자가 직접 경험한 사례가 있다.)

제3장에서 논의한 명제 10에서, 나는 유럽위원회의 사회헌장과 유럽연합의 1992년 마스트리히트 조약에 노동자 권리 조항이 일부 포함된 것을 논급했었다. 보수당 정부 치하 영국은 사회헌장을 받아들이지 않았고, 마스트리히트 조약의 프로토콜(부수협약)에 포함될 노동자 권리 조항도 약화시켜야 한다고 고집했다. 그래서 약화된 조항이 포함되자, 보수당 정부는 그 약화된 프로토콜조차 비준을 거부했다. 1997년에 블레어 정부는 유럽연합에 대표를 보내, 영국도 프로토콜에 가입하겠노라고 진술했다.

오로지 영국만이 거리를 뒀던 유럽위원회의 사회헌장을 자세히 보면 여러 가지를 알 수 있다. 첫째, 1966년의 두 가지 국제 규약에 규정된 인권 항목들이 모두 타당하고 상호연관되어 있다는 점이 확인된다 : "1990년 11월 5일 로마에서 개최된 인권 각료 회의가 시민적, 정치적, 경제적, 사회적, 문화적인 것을 막론하고 모든 인권의 불가분리적 본질을 유지할 필요와 함께, 유럽 사회헌장에 신선한 동력을 제공할 필요를 강조한 점을 되살린다."

둘째로, 이 문서가 노동자의 권리를 열거한 긴 목록으로 시작한다는 점도 주목해야 한다. 권리의 구체적인 항목들은 너무 많아 일일이 거명할 수 없다. 단, 대조를 위해 한 가지 권리만은 언급할 가치가 있다. "일할 권리"이다 (제2부, 제1조).

"일할 권리가 실효적으로 행사되도록 보장하기 위해 참가국들은 다음과 같은 책임을 진다."

1. 완전고용에 도달할 때까지 가능한 한 가장 높고 안정된 고용수준을 달성하고 유지하는 일을 각국의 제일의적인 목표와 책임 중 하나로 삼는다.
2. 노동자가 자유롭게 진입한 직업에서 자신의 생계를 획득할 권리를 실효적으로 보호한다.
3. 모든 노동자들에게 취업정보를 무료로 제공하는 체제를 확립하고 유지한다.
4. 적절한 직업 안내, 직업 훈련, 그리고 재활 교육을 제공하고 촉진한다.

이어서 제2조는 "정의로운 작업조건의 권리"인데, 노동시간, 유급휴가 (독자 중에는 제2장에서 모리스 크랜스턴이 이를 경멸을 담아 조롱했음을 기억하는 사람도 있을 것이다), 안전사고 위험의 제거, 위험수당, 전통적 휴일의 휴무, 그리고 야간 작업에 대한 특별한 배려 등을 다룬다. 전체를 합하면 노동자의 권리들을 일일이 규정하기 위해 6페이지가 할애되어 있다.

이 문서에 덧붙여, 유럽연합(EU)이 입법한 법조문 안에도 노동자의 권리에 관한 명령들이 들어가 있다. 감원이나 설비 이전과 같은 소정의 결정과정에서 노동자들이 정보를 알 권리 그리고 고용주들이 노동자들과 상의하고 노동자 참여의 통로를 마련할 필요도 포함된다. 이 장의 말미 쪽에서 이러한 조항들과 그 의미를 다시 다룰 것이다.

유럽의 이러한 문서들이 노동자의 권리를 실제로 보장하기에 충분하다고는 주장하고 싶지 않다. 실지로, 지구적 자본주의의 이데올로기적/제도적 침투력은 이미 1980년대 초반에도 워낙 강력해서 대처 치하의 영국에서 글을 쓰던 레이몬드 윌리엄스는 새로운 형태의 전체주의라고 보았을 정도였다. 공산주의나 나치 치하에서 그랬던 것처럼 순전히 국가에 의한 전체주의는 아니지만, "사적" 경제조직들과 이에 동조하는 국가 및 (세계은행이나 IMF 같은) 준(準)국가적 기구들이 손을 잡고 기능하는 전체주의를 가리킨 것이다. "이 새로운 지배의 흐름에서 가장 전체주의적인 대목은 이것이 노동을 추출해 내는 기본 시스템에 그치지 않고 인간의 인격 전체의 내면까지 실천적으로 침범한다는 점이다."[249] 내가 유럽의 문서들을 인용한 까닭은, 이처럼 팽창주의적인 지구적 세력의 물결을 거스르면서 이 문서들이 노동자라고 하는 경제적 집단에게 고유한 권리의 개념을

---

249) Raymond Williams, *Towards 2000* (London : Verso, 1983), 262. Sam Gindin, "Socialism 'With Sober Senses' : Developing Workers' Capacities", Leo Panitch and Colin Leys, eds., *Socialist Register 1998*, 80에서 재인용. 사물에 질서를 부여하는 대안적 방식을 대부분의 사람들이 생각조차 할 줄 모르게 된다는 것이 이 전체주의의 다른 측면이다. 이와 같은 TINA("There Is No Alternative", "대안이 없다") 현상에 관해서는, Daniel Singer, *Whose Millenium? Theirs or Ours?* (New York : Monthly Review Press, 1999)를 보라.

정당화하며, 노동자들이 인권이라는 전체 그림과 결속되어 있다고 파악하기 때문이다. 적어도 규범적 표준을 설정하고 있는 공식 문서 위에는, 영국을 제외한 서유럽의 산업화된 나라들 그리고 아메리카 인권 규약과 아프리카 헌장에 서명한 나라들 사이에서 경제적 인권과 정치적 인권이 서로 분리될 수 없고 상호연관되어 있다는 합의가 있는 것이다. 이와 같은 규범적 표준에서는 동서 구분도 남북 구분도 *없다.*

프랭클린 루스벨트와 엘리노어 루스벨트 시대에 연대주의적인 경제적-사회적 권리에 깊이 가담했던 미국이 그 후로 이를 반대하게 되는 급격한 선회의 이유 중에는 지나친 개인주의라는 흐름이 있다. 이것은 미국의 이데올로기에 줄곧 내재하는 것으로서, 때로는 (예컨대, 프랭클린 루스벨트의 뉴딜이라든지 린든 존슨의 "빈곤과의 전쟁" 같은) 정치적 리더십에 의해서 절제되기도 했지만, "레이건 혁명"에 의해서 미국 연방 수준의 정치에서 헤게모니를 장악하게 되었다. "일할 권리"라는 문구가 미국의 정치문화와 정치담론에서 정의되는 방식을 통해 이 개인주의가 드러난다. 유럽의 사회헌장에서 이 문구가 어떻게 정의되는지는 방금 살펴봤다. 이 권리는 노동자들이 취업할 수 있는 일자리를 가지고, 자유롭게 직장을 선택하며, 채용정보 서비스를 무료로 받고, 직업 안내, 직업 훈련, 재활 교육에 접근할 수 있는 집단적 권리이다. 반면에 미국에서는 노동조합이 발언권을 가지는 작업장에서, 노동조합에 강제로 가입하거나 강제로 조합비를 지불하지 않도록 개인들을 보호하는 법규를 "일할 권리" 관련 법령이라고 부른다. 그리하여 조합이 협상하거나 파업해서 얻어낸 임금과 노동조건의 혜택을 노동자 개인이 누리면서도, 그런 노동조합이 유지되도록 기여는 하지 않아도 되는 것이다. "무임승차"를 장려하는 이와 같은 법은 집단적 정체성과 연대를 파괴하고 단자적 개인주의를 육성하기 위해 고안된 것이 틀림없다. 유럽인들은 노동자의 집단적 권리에 초점을 맞춘다. 반면에 미국에서 "일할 권리" 관련 법령을 지지하는 사람들은 각 개인이 자신을 고립시킬 권리, 결사에 가입하지 않거나 회비를 내지 않음으로써 집단과의 연대를 깨뜨리고 개인적 이득을 취할 권리에 초점을 맞춘다.

특별한 예외

오늘날 미국을 풍미하는 패권적 이데올로기는 순전히 시민적-정치적 권리만을 인권으로 상정하지만, 예외적으로 한 가지 경제적 권리는 허용된다. 생명권과 자유권보다도 로크가 더 강조했던 사유재산권이 그것이다. 이에 관해 로크가 일관성 없이 혼동을 저지르고 있지만, 그럼에도 불구하고 토지와 재화의 재산권은 실지로 미국의 지배 이데올로기에서 첫 번째 불가양의 경제적 권리로 여기는 권리이다.

이것 말고 예외가 하나 더 있다. 이번에는 집단의 권리라는 개념에 대해 주로 영미에 팽배한 반감에 대한 예외이다. 영미의 자유주의 전통에서는 오로지 개인들만이 인권을 가진다. 즉 집단이나 공동체는 인권을 가지지 않는다. 그런데 웬걸 기업체들에게는 사유재산의 권리가 연장되어 인정된다. 이런 경우에는 우리가 단지 개인들만을 말하고 있지 않은 것이 상식적으로 분명하다. 그럼에도 자유주의 법학에서는 기업을 하나의 허구적인 개인으로 간주한다. 이와 같은 법률적인 책략은 실로 기업들을 위해 대단히 편리한 것으로서, 왜 미국에서 필적할 수 없는 권력을 기업들이 가지고 있다고 찰스 린드

블럼이 봤는지를 부분적으로 설명해 준다. 아울러 왜 서양에서 가장
자유주의적인 나라들, 특히 미국과 영국에서 노동조합들은 쓰라린
쇠퇴를 겪고 있는 반면에, 기업의 권력은 각국 정부들을 압도하여
정부가 기업들에게 어떤 통제력은커녕 기업의 초국적인 활동을 파악
조차 하지 못하고 있는지를 설명한다.[250]

기업은 자기의 이익들을 "재산권"으로 번역해서 보호할 수 있는
허구적 인격이라는 법적 지위를 보유하고 있을 뿐만 아니라, 자기
나름의 파업, 즉 "자본 파업"이라는 더욱 강력한 무기도 가지고 있
다. 보통의 경우 이 무기까지는 사용할 필요가 없다. 한 나라에서 자
본을 빼서 다른 나라로 옮기겠다는 위협만으로도, 불평등과 실업이
가중되든지 말든지 "친기업" 정책이 필요하다고 정부를 설득하기에
충분하다. 자본이 빠져나가 실업이 발생하고 경제가 삐걱거리면 정
부가 정치적 대가를 치러야 하기 때문이다. 처음에는 평등주의적이
었던 프랑스의 미테랑 정부가 1980년대에 배운 교훈이 이것이다.
그리고 앞에서 봤듯이, 과테말라나 칠레처럼 덜 강한 나라에서는 정
부가 1966년의 「경제적, 사회적, 문화적 권리에 관한 규약」에 부
응하여 보다 평등주의적인 경제 정책을 고수하려고 해도, (유나이티
드 프루트나 ITT 같은) 초국적기업들이 더 강한 외국 정부와 결탁
해서 폭력적인 방법으로 정부를 제거하기까지 한다. 냉전 이후에는
세계은행이나 IMF가 융자를 회수하겠다든지 아니면 더욱 직접적인
방식으로 (예컨대, 쿠바에 대한 미국의 경제 봉쇄처럼) 경제를 질식
시키게 되면, 경제적 평등주의를 고수하기 위해 버티던 정권이라도

---

250) Gianfranco Poggi, *The State : Its Nature, Development, and
   Prospects* (Stanford University Press, 1990), 179.

길들이기에 충분할지 모른다. 단, 쿠바만은 자본주의 나라들이 통일된 전술을 쓰고 있는데도 굴복하지 않고 있다.

제4절 노동자의 상호결정과 자기결정의 인정

인권선언과 인권협정을 논의하면서, 나는 지금까지 국제노동기구(ILO)의 문서들을 다루지 않았다. 이제 ILO를 논의할 순서가 되었다. 앞에서 지적했듯이, ILO는 제2차 세계대전 이전인 1919년까지 거슬러 올라간다. 세계대전 기간 동안에는 활동을 멈췄다. 그러나 1944년, 이 기구의 임무를 재확인하기 위해 44개국의 대표들이 필라델피아에 모여 "노동은 상품이 아니"라고 선언했다. 이는 내게 흥미로운 규범적인 입장이다. 내가 규범적이라고 부른 까닭은 세계를 지배하는 체제 안에서 노동은 실제로 하나의 상품이기 때문이다. 노동은 구매되고 판매된다. 이 때문에 우리는 "노동시장"에 관해 말하는 것이다. 노동자는 순전히 도구적인 가치밖에 없다. 노동자는 타인들이 통제하는 환경 안에서 다른 사람들에게 이윤을 갖다 주기 위해 기능한다. 노동자는 그 기능을 수용하고, 그 기능에 부응해서 활동하는 한도 안에서만 자신의 가치를 유지한다. 노동시장, 시장에서 재화와 용역을 구입해야 할 노동자의 필요, 이러한 관계를 구조적으로 변경할 가능성을 상상할 여지마저 억압하는 이데올로기의 권력 등이 노동자로 하여금 그러한 조건들을 받아들이게끔 기율을 잡는 세력이다. 이런 세력들이 지속되는 한, 더 높은 임금이라든지 더 나은 수당 따위, 자원의 재분배에서 좀 더 충분한 몫을 나눠준다는 방침도, 이런 방침을 달성하기 위해 1948년의 인권선언과 1966년의 국제 규

약에 규정된 것과 같은 노동조합 결성권도, 노동의 상품화를 막을
수는 없다.

우리의 전체론적 인권 관념은 사회적 관계의 망상구조 안에서 사
회적 인정과 상호/자기결정이라는 개념에 크게 의존하기 때문에, 이
와 같은 상황이 굉장히 중요한 함축을 가진다. 내가 이해하는 인권
에서 기초가 되는 자유, 평등, 연대를 극대화할 수 있는 종류의 사회
적 인정에 가치를 부여하고자 한다면, 경제적 관계를 상호결정과 자
기결정의 시각에서 바라보는 모델이 노동에 관한 사유에서 가장 유
익한 방법을 제공하리라고 나는 제안한다.

상호결정과 자기결정의 모델은 세 갈래의 유형으로 나뉜다. 그 유
형들은 ① 결정 과정에 노동자의 참여 *그리고* 작업장의 생산과 용역
활동에서 노동자들의 지분 소유, ② 노동자들이 사업체의 지분을 전
부 소유하지만 결정 과정은 공유, 그리고 ③ 사업체 내부에서 완전
한 지분 소유와 전면적인 결정권으로서, ①에서 ③으로 옮겨감에 따
라 "엷은" 현현에서 "짙은" 현현으로 이동하게 된다. 이 세 유형은
사업체 안에서 자유와 평등과 연대의 가치를 극대화하는 데 가장 가
깝게 근접한 유형들이다.251) 여기에는 물질적 자원의 분산적 재분

---

251) 내가 여기서 "사업체 내부"를 강조하는 까닭은 필립 반 파리스가 이들 세 가
    지 가치에 근거한 "진정한 자유"의 체제를 제창하기 때문이다. 그의 권고에서
    핵심 요소는 "안전과 자기소유에 부응하면서 모든 사람에게 조건 없이 〔즉,
    그것을 받기 위해 일해야 할 필요 없이 ─저자의 첨가〕 최고의 소득"을 보장하
    는 데 있다. 그러나 그가 말하는 "자기소유"는 생산수단이나 작업조건의 소유
    권이 아니다. 따라서 그의 제안은 재분배의 수준에 머문다. 그에게 주된 자유는
    노동자들이 자기네 노동의 조건을 집단적으로 결정하는 자유가 아니라 작업 자
    체에서 완전히 빠져나갈 자유인 것이다. Philippe van Parijs, *Real Freedom
    for All : What (if Anything) Can Justify Capitalism?* (Oxford :
    Clarendon Press, 1995), 33을 보라.

264

배만이 아니라 사람들의 노동조건을 결정할 권력의 재분배도 수반된다. 여기서 노동자는 작업장 안에서 내려지는 모든 주요 결정에서 핵심적인 역할과 목소리를 가지는 자기결정적인 주체가 됨으로써 상품화를 극복한다. ②와 ③의 유형으로 가면, 모든 정보가 당연히 공유될 것이다. 유형 ①에서 결정 과정과 소유권의 공유라는 구도가 단지 나눠먹기식 농간이 아니라 진짜가 되려면, 정보가 공유되어야 한다. 기실, 나눠먹기식 농간이야말로 유형 ①에 내재하는 위험이다. 결정 과정의 공유와 지분소유가 이루어지더라도, 특히 만약에 노동자들의 지분이 50%를 넘지 못하는 경우 나눠먹기식 농간이 발생할 수 있다. 그렇다고 할지라도, 투쟁의 지점이 선명하게 드러날 수는 있다. 그러한 투쟁을 통해 노동자들은 노동조건과 노동과정에 통제력을 어느 정도 행사함으로써 자신의 잠재력을 발전시킬 수 있는 권리를 주장할 수 있다. 이는 소유권과 경영권이 소수의 손에 국한되어 마치 중세 군주의 대권처럼 간주되고 있는 현재의 체제에서는 가능하지 않다.

가장 "짙은" 현현은 노동자들이 사업체를 소유하고, 노동자들만이 최종 결정권을 가지는 유형이다. 이는 단순한 추상이 아니다. 정치체제에서 그렇듯이, 참여의 양식은 규모에 따라 크게 영향을 받을 것이다. 다시 말해 이스라엘의 소규모 농업공동체 키부츠라든지 미국 북서부의 협동조합형 합판공장에서는 보다 직접적인 면대면 참여의 양식이 수용될 수 있다.252) 반면에 에스파냐 북부에서 협동조합들이 연합한 형태인 몬드라곤 주식회사에서는 보다 대의제적인 형태가

---

252) 이러한 협동조합들에 관해서는 Edward S. Greenberg, *Workplace Democracy : The Political Effects of Participation* (Cornell University Press, 1986)을 보라.

필요하다.253) 이러한 여건 아래서도 불평등은 끼어들 수 있다. 특히 회사의 규모가 커지고 복잡성이 증가하면 그렇다. 기술과 관리의 양 분야에서 공히 수완이 있는 사람과 없는 사람의 차이가 나타날 것이다. 그러나 연대주의적인 가치관이 풍미하는 상황이기 때문에, 그런 차이들을 전체 노동자가 인정하면서 대응책을 논의하게 될 것이다. 따라서 평등과 자유가 크게 위협받을 정도는 아니지만, 그래도 긴장은 존재할 것이기 때문에 작업 수완의 차이를 인정함으로써 세 가지 기본적 가치 모두가 위협받을 수도 있다는 가능성을 방지하기 위해 진지한 노력이 기울어져야 한다. 한 가지 방법은 교육과 훈련 프로그램을 사업체에서 운영하면서 노동자들 사이에 지식과 경험을 널리 퍼뜨리는 것이다. 더욱 심각한 문제는 지분이 없는 사람들을 임금 노동자로 고용하려는 경향이다. 이는 합판 산업계의 작업장 몇 군데에서 일어난 일이다. 이런 일이 벌어진다면, 고용주가 개인들에서 하나의 공동체로 바뀌었을 뿐, 고용주와 피고용자 사이의 관계는 현재의 지배체제에서와 마찬가지가 되고 만다.

전면적 노동자 소유의 한 가지 문제는 노동자/소유자가 내린 결정이 부정적 외부효과를 미칠 수 있다는 점이다. 이렇게 되면 다른 사람들의 권리를 침해할 수 있다. 어떤 설비를 노동자들이 소유하고 통제한다고 해도, 생산비를 절감하기 위해 공기나 물을 오염시키는 행위는 인권 침해에 해당한다고 우리 모두 동의하리라 생각한다.

---

253) Keith Bradley and Alan Gelb, *Cooperation at Work : The Mondragon Experience* (London : Heinemann, 1985) ; 그리고 William Foote Whyte, *Making Mondragon : the Growth and Dynamics of the Worker Cooperative* Complex (Ithaca, NY : Institute of Labor Relations Press, 1988)를 보라.

<표 3.1>의 분류에 따르면, 그것은 비국가 집단이 모든 사람의 인권을 침해하는 경우가 된다. 어떤 설비의 노동자/소유자는 안전하지 않은 물건이나 컴퓨터 바이러스의 유포를 촉진하는 기술적 장비를 생산할 수 없어야 한다. 작업장의 노동자들은 새로운 인력의 채용이나 어떤 과업을 위한 인선에서 귀속적이며 차별적인 기준을 적용할 수 없어야 한다. 이런 문제를 처리하기 위한 한 가지 방법은 단순히 정부가 외부에서 규제하는 것이다. 다른 방법은 해당 사안에 관해 특정한 관심과 지식을 가진 시민사회의 다양한 집단의 대표들이 회사 자체의 결정 과정에서 일정한 의사들을 대변하는 것으로, 이 방법은 정부 규제를 보완할 수 있다. 지금도 "노동 착취 공장"이라는 혐의를 받는 작업장에 대해 인권 침해를 감시하려는 시도들이 인권 단체들에 의해 이뤄지는 사례들이 있는데, 이와 흡사한 면이 있다. 그러나 내가 제안하는 형태는 이들 외부의 비소유자들이 작업장의 기능과 지속적으로 연계되고 작업장에 관한 모든 정보에 접근할 수 있는 형태이다. 시민사회의 비정부 단체에서 활동하는 사람들이 정보를 제공하는 동시에 정보를 제공받으면서, 인권 침해로 이어질 수 있는 외부효과를 방지하기 위해 결정 과정에 참여하는 역할을 부여받는 메커니즘, 내부와 외부가 연결되는 메커니즘을 나는 제안하는 것이다. 이렇게 되면 지금보다 투명성이 증가하고, 사업에 관해 경제적 이권은 가지지 않지만 정보에는 능통한 참여자에게 결정 과정이 개방될 것이다. 자기네 행동의 여파에 관해서 자체적으로는 생각조차 하지 못했을 차원들에 노동자들의 주의가 끊임없이 환기될 테니까, 교육과 자유 양면에서 얻어지는 바가 있을 것이다. 즉각적인 경제적 이득과 외부인들의 권리 사이에서 더욱 성찰적인 균형을 추구하도록 결정 과정이 인도될 수 있다는 희망까지도 가능하다. 그리고

이는 코포라티즘에 입각한 유럽식 접근보다 더욱 포용적이며 덜 위계적이다.

　노동자가 소유하고 통제하는 기업 형태는 소비자 협동조합을 장려하는 효과로 이어져서 소비자들의 권리와 이익에 대해서도 더욱 세심한 배려가 이뤄질 수 있다. 소비자 협동조합들은 생산품의 가격만이 아니라 품질과 안전도 조사할 것이며, 구매력을 무기로 생산자 조합이 외부에 대해 더 높은 책임감을 발휘하게끔 만들 수 있다. 영국에는 소비자 협동조합을 옹호했던 웹 부부처럼,254) 사회주의 지식인들 사이에 생산자 협동조합에 반감을 드러낸 역사가 있다.255) 그러나 그런 반감을 가져야 할 논리적 이유는 전혀 없으며, 두 종류의 협동조합이 존재한다면 서로 권력을 부양함으로써(사람들은 대개 노동자이면서 동시에 소비자이기 때문에), 권리도 신장되고 일반적인 삶의 질도 개선되리라고 주장한 피터 제이가 아주 옳다.256)

　『경제민주주의 서설』에서 로버트 달이 주장했듯이, 정부가 지금 수행하고 있는 것과 같은 핵심적인 경제 기능 여러 가지, 예컨대 계약의 보호, 독점 방지, 화폐 발행, 경제 풍토를 건강하게 유지하기

[254) 웹 부부 : 시드니 웹(Sydney Webb, 1859~1947)과 비어트리스 웹(Beatrice Webb, 1858~1943)을 가리킨다. 런던정치경제대학(지금 명칭은 런던경제대학)의 설립에 참여했고, 페이비언 협회를 주도한 점진적 사회주의자, 경제학자, 사회개혁가 부부이다. 1929년 시드니는 남작에 봉해졌는데, 비어트리스는 남작부인이라는 칭호를 거부했다.]

255) 페이비언주의자들에게서 커다란 영향을 받았던 에두아르트 베른슈타인을 통해, 이러한 반감은 독일로도 수입되었다. Eduard Bernstein, *Evolutionary Socialism*, trans. Edith C. Harvey (New York : Schocken, 1961), 109~135를 보라.

256) Peter Jay, "The Workers' Co-operative Economy", Alasdair Clayre, ed., *The Political Economy of Co-operation and Participation* (Oxford University Press, 1980), 40.

위한 재정정책 및 경제정책 따위를 앞으로도 계속 수행하게 되리라
고 나 역시 추정한다.257) 이에 더해서, 민족 단위 및 그 아래 단위
의 정부 차원과 그리고 국제적인 차원에서 활동하는 융자기관들이
노동자 소유 기업체들에도 신용을 연장해 줄 수 있어야 할 것이다.
몬드라곤 주식회사는 워낙 크기 때문에 자체 은행을 설립했지만, 내
가 지금 말하고 있는 다양한 규모의 노동자 자치 기업들이 신용거래
를 할 수 있으려면 아마도 정부 차원의 (그리고 노동자 연금 기금과
같은 비정부 기구 차원의) 배려가 필요할 것이다.

　그렇다고 해서 부와 소득을 재분배하기 위한 프로그램들이 필요
하지 않다는 뜻이 아니다. 재분배 프로그램들은 빈곤을 제거하고, 기
본적 필요를 (무엇이 기본적인지는 맥락 안에서 규정될 사항이다)
채워주는 일을 과녁으로 삼는다. 나아가 롤즈가 말하듯이258) 빈곤
과 기본적 필요를 넘어 어떤 정의감이나 공정의 감각에 부응한다든
지, 또는 파리스가 생각하듯이259) 좋은 삶에 관한 다양한 전망을
추구할 자유와 같은 기타 여러 가지 목표를 과녁으로 삼을 수도 있
다. 노동자가 소유하고 통제하는 기업체들 사이에 나타날지도 모르
고, 일할 수 있어서 일을 하는 사람들과 일을 할 수 없거나 이미 은
퇴한 사람들 사이에 나타날지도 모르는, 부와 소득의 극심한 왜곡을
완화시키기 위해서도 재분배 프로그램은 필요할 것이다. 뿐만 아니
라 건강보험, 운송, 교육, (우편, 철도, 통신 주파수, 공중파 라디오

---

257) Robert A. Dahl, *A Preface to Economic Democracy* (University of
　　California Press, 1985).
258) John Rawls, *A Theory of Justice* (Oxford University Press, 1971).
259) Philippe van Parijs, *Real Freedom for All* (Oxford : Clarendon
　　Press, 1995.

와 TV, 등등) 커뮤니케이션의 양식과 같은 재화들을 공공재로서 제공하는 기능이 불필요해지리라고 제안하는 것도 아니다.

나의 제안에 대해 나올 수 있는 한 가지 반론은, 사람에 따라서는 남들과 함께하는 결정 과정에 참여하기를 원치 않을 수도 있다는 것이다. 이것은 맞는 말일 수 있다. 혼자서 자영업을 선호하는 사람도 있고, 합자회사처럼 더 작은 규모의 사업을 선호할 사람도 있다.260) 공무원이 되고 싶은 사람도 있을 것이다. 공무원들도 작업조건을 결정하는 과정에 어느 정도는 참여할 수 있게 된다면 좋겠지만, 어떤 서비스를 제공할지 결정하는 과정에서 노동자/소유자들과 같은 수준의 자율성을 가져야 한다고 보는 것은 가당치 않다. 따라서 예외적인 경우들에 대한 고려의 여지는 남아 있게 될 것이다.

또 한 가지 반론으로는, 사람들이 이런 종류의 집단적 책임을 지고 싶어 하지 않으며, 이런 것은 인간 본성에 어긋난다는 주장도 있을 수 있다. 첫째, 만약 이 주장이 맞다면, 정치적 민주주의의 대전제도 마찬가지가 된다. 『경제민주주의 서설』에서 달이 지적했듯이, 정치적 민주주의를 위한 논증 중에 이런 종류의 경제민주주의에 적용할 수 없는 논증은 하나도 없는 것이다.261) 정치적 민주주의와 경제민주주의는 모두, 우리의 인권 개념에서 기반이 되는 인민의 잠재력을 발전시키는 주제로 돌아간다. 독재자가 우리를 위해 결정을 대신 내려준다면 실지로 더 쉬울 것이다. 그러나 투표하지 않는 사

---

260) 피터 제이의 논의는 백 명 이상의 기업은 협동조합의 형태를 띠도록 법으로 정해야 한다고 전제한다. Jay, "The Workers' Co-operative Economy", 9.
261) 같은 논증은 Charles Lindblom, "Democracy and the Economy", *Democracy and the Market System* (Oslo : Norwegian University Press, 1988), 115~135에도 나온다.

람들조차 그것은 뭔가 잘못된 것이라고 생각한다. 어느 시점에 우리 자신의 의견을 표현하고 싶어질 수도 있는데, 그럴 때 의견을 내서 정책에 반영시킬 가능성 자체가 박탈당하기 때문이다. 오늘날 독재의 망령이 우리 앞에 다가온다면, 우리는 인간으로서 아주 완전하다고는 느낄 수 없을 것이다. 그런데 왜 경제의 영역에서는 그토록 배타적인 권리와 권력의 분배를 받아들여야 한다는 말인가?

사람들이 정치에 관심을 많이 가지지 않는 이유로, 정치가 너무 멀리 있는 데 비해 각자의 삶 가까이에는 급한 일들이 너무 많기 때문이라는 설명이 자주 제시된다. 우리의 작업장 상황보다 더 가깝고 더 급한 일이 어디에 있는가? 외부에 의해 통제받는 노동자에서 권력을 부여받은 노동자로의 이행 역시 여타 어떤 이행과 마찬가지로 여러 가지 난제를 불러일으키겠지만, 사람들이 자기 삶을 둘러싼 조건을 결정할 수 있는 역할을 가질 수도 있다고 할 때 왜 그들이 그것을 거부하고 지배의 체제에 남기를 선택하리라고 추정해야 하는가? 아울러, 경제 민주주의와 정치적 민주주의 사이에는 공통적인 관계가 있다고 본 대목에서도 달은 옳다. 자기가 실지로 성장할 능력이 있고, 집단적 실존의 질을 주조하는 데 다른 사람들과 협력할 능력이 있다고 하는 자신감을 갖춘 인간들이 정치 민주주의와 경제 민주주의에 공히 필요한 것이다.

현재와 같은 경제체제가 지속되면 민주주의에는 두 가지 위협이 다가온다. 따라서 정치적-시민적 인권도 위협을 받게 된다. 첫째는 인민 중에 소수의 집단이 부, 천연 자원, 정치 제도, 등에 대한 통제력을 가지고 세계 인구 대다수의 소원과는 상관없는 자신들의 이익을 위해 그것들을 이용하면서 인구 대다수에게 파급효과를 일으킨다는 점이다.262) 엔론이 미국의 정치 엘리트에게 엄청난 영향력을 행사하고, 최고 경영자를 제외한 모든 직원들의 삶을 황폐화하고, 인도 농민들에게 참혹한 재앙을 안긴 사례에서, 이는 극명하게 증명된다.

두 번째 위협은 작업현장의 비민주적인 사회관계는 정치권력을 부여받을 수 있는 존재로 스스로를 인식할 수 있는 사람들의 능력을 약화시킨다는 점이다.263) 미국의 산업계 및 서비스업계의 임금 노동자가 공직에 출마하는 비율은 극히 낮고, 심지어 영국의 노동당과 프랑스의 사회당에도 그러한 노동자 출신이 입법부에 진출하는 경우는 거의 없는 것이 우연은 아니다. 이처럼 민주주의와 "경제적 자유"와 인권을 쉽사리 연결하는 등식은 오늘날 우리가 자주 들을 수 있지만, "경제적 자유"라는 것이 노동자에 대한 지배체제의 영속화를 의미하는 것이라면 아주 잘못된 일이다.

노동이 상품이 아니라는 말을 정당하게 내뱉을 수 있도록 허용하는 유일한 모델은 일하는 사람들이 상호결정과 자기결정의 역량을 갖춘 자유롭고 평등한 주체임을 사회가 인정하는 모델뿐이다. 그러한 책임에는 불확실성이 따르는 것이 틀림없다. 헤겔은 불확실성, 다름 아닌 죽음을 각오하는 불확실성을 인정의 핵심 양상이라고 보았

---

262) Charles A. Lindblom, *Politics and Markets* (New York : Basic Books, 1977). 린드블롬의 이 책은 학계에 입지를 굳힌 정치학자들 사이에서 당시까지만 해도 입에 담을 수 없었던 주제를 다뤘다. 그가 책을 쓸 당시에 비해 부와 정치권력의 집중은 지금 훨씬 높은 수준으로 진행되었다.

263) 미국 이외 다양한 민족들에 관한 수많은 연구들에 따라, 작업장에서의 참여와 다른 곳에서의 참여 사이에는 경험적으로 긍정적인 관계가 있는 것으로 밝혀졌다. 그러나 미국 북서부 합판공장의 노동자/소유자들에 관한 그린버그의 연구에서는 그렇게 나타나지 않았다. 그린버그는 미국의 전반적인 문화 (예컨대 이스라엘의 문화와는 다르기) 때문이라고 본다. 아울러 이들 미국의 협동조합은 어떤 사전설계에 의해서 생성된 것이 아니라, 개인소유 또는 집단소유 기업체들의 실패 사례들을 통해 만들어졌고, 노동자들에게는 일자리를 잃든지 아니면 각자 잘해보려고 시도하는 양자택일밖에 없었던 것도 사실이다. Greenberg, *Workplace Democracy*, 118~120과 제8장을 보라.

다. 이 모델에서는 노동자들이 현재의 소유자/경영자들이 감수하는 불확실성, 해당 사업체의 죽음을 의미할 수도 있는 불확실성을 받아들여야 한다. 현재의 체제 아래서도, 만약 소유자/경영자가 불확실성을 받아들이고 나서 실제로 실패하게 된다면, 노동 역시 실패를 맞보게 된다. 노동자보다 높은 사람들이 내린 결정들 때문에 일자리를 잃어야 하는 것이다. 이윤이 감소해서 현재 또는 미래의 주주들을 소외시키는 불확실성을 회피하기 위해 대규모 감원을 강행하거나 설비를 폐쇄하는 등, 소유자/경영자가 불확실성을 회피할 때에도 노동은 손실을 본다. 내가 지금까지 얘기하고 있는 형태로 노동자가 통제력을 행사하는 상황이라면, 노동자들이 공공 안전이나 청정 환경에 대해서 맘대로 불확실성을 불러들일 수 없겠지만, 자기네 자신의 운명은 자기들이 집단적으로 결정할 것이다. "상호결정과 자기결정"에는 일정한 분량의 자기존중과 일정한 분량의 존엄성이 있다. 정치적 민주주의에서 살고 있는 시민들이 독재 치하나 권위주의 정권 아래서 살아가기를 그토록 어렵게 느끼는 까닭, 설령 자기들이 공직자를 잘못 뽑았다거나 국민투표나 마을 총회에서 실수를 저질렀다고 느낄 때에도, 그렇다고 독재로 갈 생각은 하지 않는 까닭이 바로 자기존중과 존엄성 때문이다. 정치의 영역에서와 마찬가지로 사람들이 즉각적인 이해관계를 가지는 경제의 영역, 정치의 영역에 대해 점점 더 결정적인 효력을 미치고 있는 경제의 영역에서 이와 같은 능동성이 상관없다고 부인하는 논리는 무엇인가?

지금까지 내 주장은 분석적이고 규범적인 것이었다. ILO가 자체 규약에서 노동자들의 상호결정과 자기결정을 인정하자고 제창하고 있다는 주장이 아니다. 내 주장은 ① 노동이 상품은 아니라는 ILO의 주장을 진지하게 받아들이려면, 노동에 대해 현재 부여되고 있는 형태의 인정에서 벗어나야 하고, ② 상호결정과 자기결정은 경제의 영역에서 자유와 평등과 연대를 극대화할 수 있는 형태의 인정이며, ③ 이러한 가치들의 극대화, 따라서 인권의 극대화는 정치 영역에서 이루어지는 것과 경제 영역에서 이루어지는 것 사이에 직접적인 연관이 있다는 것이다.

ILO가 노동의 상품화를 거부하면서도 막상 그러한 입장의 논리적 귀결들은 정책에 반영하지 않고 있는데, 이는 사실 전혀 놀라운 일이 아니다. 서양의 대다수 노동조합 지도자들이든 ILO를 구성하는 세 축인 업계와 국가와 노동조합의 대변자들이든, 정치적/경제적 의식수준이 그러한 사고를 뒷받침하지 못하기 때문이다.

그렇지만 ILO가 공표한 182개의 규약 가운데 (이 중 미국이 조인한 것은 13개뿐이다) 대다수는, 민간 해운과 어업 따위, 아주 특정한 상황, 아주 특정한 산업에만 적용되지만, 사회적 인정의 대안적 양식을 인식하는 언급도 군데군데 존재한다. 집단의 결성과 관련하여 노동자들이 언급될 때 강조점은 노동조합에 놓이지만, 노동조합의 대표와는 별도로 노동자들의 "선출된 대표"를 언급하는 사례들이 규약들 가운데 나타난다 (제135번 규약 제5조, 그리고 제150번 규약 제2조). 제150번 규약은 "노동행정"의 체계, 다시 말해 "각국 내의 노동정책 분야에서 공공 행정 활동"에 관한 것인데, 그러한 행정은 법률적으로는 고용되지 않은 것으로 분류되는 사람들의 필요에 봉사하라고 꼬집어서 규정하고 있다. 그러한 범주에 속하는 사람들을 또한 특정하고 있는데, 그중에는 "협동조합 그리고 노동자가 경영하는 사업체의 구성원"이 포함된다 (제150번 규약, 제7조, c항).

ILO 규약에는 흥미로운 측면이 두 가지 더 있다. 첫째, 의사결정체에 노동자들의 "선출된 대표"가 참여하는 경우, 노동조합의 입장을 무너뜨리기 위해 활용되어서는 안 된다는 우려가 명시되어 있다(제135번 규약, 제5조). 이는 노동조합을 와해시키기 위해 고용주들이 노동을 대표하는 대안적 체제를 맘대로 만들면 안 된다는 뜻이다. 나는 이런 우려에 전적으로 동의한다. 실제로는 노동자를 조작하거나 나눠먹기일 뿐이면서 노동자에 의한 통제인 것처럼 가식하는 상태와 진짜로 노동자들이 통제력을 행사하는 상태를 구분하는 것이 필수적이다. 노동조합과 분쟁 중에 고용주가 노동자 참여의 방향으로 어떤 발걸음을 내딛는다면, 노동조합을 파괴하려는 나눠먹기와 조작이 진행되고 있다는 확실한 징조에 해당한다. 두 번째 흥미로운 사항으로는, 적어도 하나의 규약, 제158번 규약에, 일정한 규모 이상의 산업체에서 피고용자들을 해고할 때에는 해고의 사유, 해고될 노동자의 수와 범주, 그리고 해고를 얼마 동안의 기간 안에 시행할 의도인지를 "관계 당국에"(추정컨대 정부 부서에) 통보하도록 규정되어 있다 (제158번 규약, B, 제14조, 1항). 그러한 정보를 통보받은 이후 "노동행정" 당국이 그것으로 무엇을 할지까지는 말하지 않고 있다. 그렇지만 고용주들이 감원을 계획한다면 누군가에게는, 비록 노동자들에게 직접은 아니지만, 해명을 해야 한다는 이념이 표명되고 있다.

ILO보다는 유럽위원회의 사회헌장과 그것이 완화된 유럽연합의 프로토콜이 노동자의 상호결정과 자기결정을 옹호하는 데 더 가깝다. 유럽위원회 사회헌장 제1부 제29조는, "모든 노동자들은 집단적 감원 절차에서 정보를 제공받고 의견을 청구받을 권리가 있다"고 천명한다. 제22조는, "노동자들은 해당 사업의 작업조건과 작업환경을 결정하고 개선하는 데 참여할 권리가 있다"고 천명한다. 유럽연합의 프로토콜 제2조는, "다음 분야에서 회원국들의 활동을 유럽연합은 지지하고 보완할 것"이라고 천명한다. 그 분야에는 "노동자들의 정보와 자문" 그리고 "노동자들과 고용주들의 상호결정을 비롯한 이익을 대변하고 집단적으로 보호하는 일"이 포함된다.

ILO의 제135번 규약, 제5조의 경고를 다시 강조하고 싶다. 노동자의 상호결정 또는 노동자 소유권이라는 이름으로 (유나이티드 에어라인의 조직이 후자를 보여주는 완벽한 사례이다) 제시되는 책략 가운데에는 통제력을 노동자에게 진실로 넘기지 않는 것도 있을 수 있다는 경고이다. 그런 책략들은 노동조합을 무너뜨리기 위해 활용되어 왔다. (공중과 정부, 민족적/국제적 수준에서 노동자/소유자의 소통을 촉진하는 주체, 생산과정에서 평등 규범과 사업 행위에서 윤리 규범을 확립하는 주체, 교육기관과 연구기관, 노동자가 소유하고 경영하는 기업에서 개인 구성원들에게 적법 절차를 보장하는 주체, 연금 관리자, 보험 제공의 주체, 여가 시설과 휴가와 같은 서비스를 제공하는 주체 등등에 대척되는 특정 분야의 이익을 노동조합은 옹호할 수 있기 때문에) 노동자의 상호결정과 자기결정을 인정하는 짙은 유형의 모델에서 우리는 노동조합의 역할을 재고해야 하지만, 지구적 기업 자본주의가 지배하는 지금 여기에서 내부적으로 민주적이고 국제적으로 연대주의적인 노동조합들은 노동하는 인민의 인권을 신장할 수 있는 보호권력과 협상력을 보전할 뿐만 아니라 극적으로 확장해야 할 절대적인 필요가 있다. 노동조합들이 없다면 자원의 재분배는 훨씬 더 불평등해질 것이고, 원자화된 노동자들은 훨씬 가혹한 지배의 효과를 경험하게 될 것이다.

제5절 맺음말

인권을 전체론적으로 이해하게 되면 정치적 권리와 경제적 권리는 상호 연관된다. 한 부류의 인권을 위해 다른 부류의 인권을 부인하게 되면 전체주의적 공산주의에서든 극단적 개인주의적인 사익 추구 자본주의 양식에서든, 인권이 무너진다. 동유럽에 있었던 전체주의적 공산주의의 표본들은 사라졌지만, 공공예산의 긴축과 기업 민영화라는 기치 아래 이뤄지고 있는 신자유주의의 행진은 전례 없는 수준으로 엄청나게 불균형적인 사익의 축적과 함께 인권에 대해 심각한 위협을 제기하고 있으며, 인권을 지탱할 수 있는 유일한 정치 형태인 민주주의를 위협하고 있다. 오(誤)분배의 문제와 그로 말미암아 벌어지는 엄청난 인간성의 좌절을 이미 선언된 국제적 합의에 입각해서 공격할 수도 있지만, 경제적 인권을 묵살하고 뒤로 미루고자 하는 압력을 극복할 수 있는 유일한 길은 궁극적으로 노동의 상품화에서 탈피하는 길뿐이다. 생산구조에 대한 통제를 다원적으로 분산시키고, 그 안에서 실제로 일을 하고 있는 사람들에게 권력을 부여해야 한다. 정치적 인권과 경제적 인권이 서로 연관되어 있듯이, 정치적 민주주의와 경제적 민주주의도 서로 연관되어 있다. 정치적/경제적 인권은 정치적/경제적 민주주의에서만 가능하다.

가장 주된 경제적 형태는 주식회사이다. 이 형태는 경제적 권력을 점점 더 소수의 손아귀에 집중시킨다. 이렇게 집중된 경제력을 가지고 주식회사는 서양 자유주의 사회에서든 비서양 사회에서든 정치체제를 압도한다. 그리하여 민주주의를 위태롭게 만들고, 자신의 지구적 팽창과 이윤율을 끝없이 추구하며, 효율성을 오직 시장점유율과 이윤율로만 정의하고, 삶의 질과 관련되는 여타 가치들을 도외시하

며, 기업 내부의 노동자들과 지구 도처의 가난한 인민 공동체들을
도구화한다. 크랜스턴이 주장하듯이, 인권의 개념을 정치의 영역에
국한하고 싶은 사람이라고 하더라도, 우리가 지금 목격하고 있듯이
21세기로 진입한 주식회사는 인권과는 어울릴 수 없다. 내가 주장하
듯이 인권을 전체론적으로 보게 되면, 주식회사는 더욱 더 인권과는
모순된다.

주식회사 이외의 관료제적 권력의 형태, 즉 근대국가는 어떤가?
근대국가는 인권과 어떤 관계인가? 제6장에서는 이 질문을 이론적으
로 그리고 경험적으로 다룬다.

제6장

근대국가와 인권

제1절 개관

인류의 역사에서 한 번이라도 존재했던 정치체제들은 실로 다양하다. 아시아, 아프리카, 아메리카, 그리고 유럽에 고대 왕국이 있었다. 그리스의 폴리스가 있었고, 광활한 영토 위에 정복당한 인민들을 거느린 제국이 있었고, 부족이나 씨족이라 불리는 소규모 정치 집단들이 있었고, 아메리카 인디언들에게는 "민족"이 있었고, 상대적으로 느슨한 형태의 연합체들도 무수히 있었다. 민족국가는 결속과 동화의 역량 때문에 두드러진다. 내가 "근대" 국가라고 부르는 것은 미국과 프랑스의 혁명 이후 처음 출현했고, 그 이후에 계속 널리 퍼져 나간 형태의 국가를 가리킨다.

이 장에서는 이러한 형태의 국가가 성장하는 데에 어떤 함의가 있는지, 그리고 이처럼 비교적 새로운 역사적 형태가 가담한 여러 가지 과정들이 인권에 대해 어떤 함의가 있는지를 검토할 것이다.

국가는 호기심을 자극한다. 국가는 하나의 추상이다. 프랑스어는 그래서 이 단어의 첫 글자를 Etat라고 대문자로 쓴다. 그러나 이러한 추상이 살아있는 인민의 삶에 미치는 영향은 엄청나다. 인권과 관련된 국가의 영향은 아주 모순적이다. 앞에서도 지적했듯이, 미국의 독립선언과 헌법 그리고 프랑스의 인권선언 등의 형태로 근대국가와 인권 담론은 인민이 신민에서 시민으로 바뀌면서 함께 시작했다. 폭력적인 혁명이라는 똑같은 자궁 안에서 근대국가와 인권이 같이 잉태된 것이다. 그러나 근대국가와 인권의 공존이 항상 용이했다는 뜻은 아니다. 실제로 국가들은 자신이 "주권자"라고, 다시 말해 스스로 결정한다고 여겼다. 하지만 인권이 의미를 가지려면 주권에 조건이 붙어야 한다는 의미를 함축할 수밖에 없다. 인권의 요구와 기준에 부합하기 위해서는, 국가가 할 수 없는 일도 있어야 하고 국가가 해야 할 일도 있어야 하는 것이다.

아래에서 근대국가의 여러 과정들을 검토하면서, 나는 우선 결속, 구별, 헌법화의 과정들과 그것들이 근대국가의 동복형제인 인권에 대해 제기하는 문제들을 일반적인 이론의 관점에서 논의할 것이다. 다음에는 근대국가의 폭력적이고 강제적인 행위로 시선을 돌릴 것이다. 이는 근대국가가 헌정주의의 형식적인 제약에도 불구하고 전근대적 절대주의 국가와 유사성을 드러내는 지점이다. 그리고 가장 참혹한 인권 침해가 목도되는 지점이기도 하다.

나는 네 가지 이유에서 특히 미국 정부의 강제적이고 폭력적인 행위들을 신랄하게 따질 것이다. 첫째, 사회적 인정을 거부하는 정도와 잠재력을 발전시킬 인민의 역량을 무산시키는 효과가 워낙 크다. 둘째, 그러한 과정들과 그런 일이 일어나는 맥락에 관해 나는 어떤 다른 나라보다 미국의 사례에 익숙하다. 셋째, 국경 바깥 지역에 대한 미국의 권력과 영향력이 워낙 크고, 따라서 미국의 사례가 다른 지역에 본보기가 된다. 넷째, 미국 국무성은 다른 모든 국가의 인권 성취도를 조사하고 평가하는 역할을 자임하고 있는데, 이와 같은 본보기이자 재판관은 특별히 엄격한 감시를 받아 마땅하다.

제2절 결속, 구별, 헌법화

결속

근대국가는 여러 가지 기준을 근거로 사람들을 하나로 모은다. 상대에 비해 강한 권력(정복), 영토의 인접성, 역사적 경험의 공유 또는 문화적 특징의 공유 등이 그 기준들이다. 유럽에서 민족국가들은 영토적 인접성을 근거로 구성되었다. 스코틀랜드와 웨일즈의 인민은 잉글랜드 인민과 같은 섬에 살았고, 아일랜드 인민은 그보다는 따질 사항이 많지만 어쨌든 잉글랜드와 아주 가까운 곳에 살았다. 무어족을 몰아내고 유태인을 개종시키거나 쫓아내거나 죽인 다음에, 에스파냐의 가톨릭 군주들은 포르투갈 사람들만을 빼고, 이베리아 반도를 점유하고 있던 다양한 지역과 인민들로써 가톨릭 국가를 세웠다. 프랑스는 랑그독의 인민, 피레네 산맥의 바스크 인민과 카탈루냐 인민 일부, 서부의 브르통 인민, 그리고 산악과 해양을 경계로 같은 편에 속하게 된 프랑스어 사용자들을 통일했다. 훨씬 나중인 19세기 말에는, 마키아벨리의 4백 년 묵은 꿈인 통일된 이탈리아가 영토적 인접성과 언어를 기반으로 달성되었다. 이탈리아의 경우에 비해 방언의 차이가 훨씬 컸지만, 비스마르크의 독일도 그런 식으로 만들어졌다.

우리가 오늘날 미국이라 부르는 국가는, 라틴아메리카의 국가들과 마찬가지로 독립 투쟁이 일어나기 이전에 정복과 식민화를 근거로 세워졌다. 유럽인들은 비유럽 인민들의 땅을 정복했다. 정복과 식민화는 사회적 인정과 일치하지 않는다. 유럽인들은 전통적인 형태의 정치조직들을 파괴하거나 심각하게 약화시켰다. 남아메리카에서 그들은 원주민들을 노예로 만들었고, 노예로 사역하기를 거절하는 사람들의 손을 자르는 등, 가장 잔인한 형벌을 가했다. 북아메리카의 원주민들은 유럽계 아메리카 국가가 서쪽으로 확장함에 따라 학살당했거나 아니면 도저히 생존할 수 없는 조건으로 내몰렸다. 원주민 아동들을 서양화하기 위해서 기숙학교에 수용한 다음에 전통 언어의 사용과 영적 예배와 전통 복식의 착용을 금지한 사례들도 있었다.264)

유럽과 북아메리카에서 근대국가의 성립이 19세기 말까지 사실상 완결되었다고 한다면, 여타 지역에서 근대국가의 창설은 대체로 제2차 세계대전 이후 탈식민화가 이뤄지기까지 기다려야 했다. 1950년대와 1960년대에 많은 새로운 국가들이 등장했다. 이들 가운데 일부는 아프리카와 중동의 경우처럼, 서양 열강이 식민지들을 구획하기 위해 그어놓은 경계선을 유일한 근거로 삼았다. 식민지 이전의 문화적 역사적 전통을 묵살한 것이다. 그러나 자기결정의 요구가 터

---

264) 북아메리카 원주민에게 가해진 처사를 가장 흥미롭고 가장 절도 있게 논의한 글로는, Ward Churchill, "Bringing the Law Home : Application of the Genocide Convention in the United States", *Indians Are Us : Culture and Genocide in Native North America* (Monroe, ME : Common Courage Press, 1994), 11~46이 있다. 이 책의 제목과는 달리 처칠은 미국만이 아니라 카리브 지역의 인디언들에 대한 처사도 다루고 있다.

져 나오면서, 그러한 자의적인 경계선 안에 살고 있던 인민에게 아프리카의 국가들을 넘겨주는 것 말고는 서양 열강에게 다른 선택의 여지가 없는 것으로 비쳤다. 석유가 풍부한 중동 지역의 상황은 달랐다. 서양 열강은 중동에 국가들을 세우고, 자기네 경제적 전략적 이익을 보호해줄 것으로 생각되는 토착 엘리트들을 앉혔다. 그래서 사담 후세인은 쿠웨이트가 진짜 국가가 아니라, 사실은 서양이 쳐들어와 통제하기 이전의 역사적 경험에 따라 이라크의 한 지방이라고 주장했던 것이다.

『유럽 세계 연감 1999』에 따르면 세계에는 194개의 국가가 있다.[265] 인권이 세계 전체에서 적용되는 한 가지 이유는 사실상 모든 사람들이 문화적 전통과 상관없이 이들 국가의 주권과 권력에 복속하기 때문이다. 심지어 가장 신정체제적인 국가라도, 바티칸을 예외로 빼면, 지금 우리가 논의하는 여러 가지 과정들에 해당한다는 점에서 근대국가이다. 이 국가들의 대표가 유엔과 각 지역의 인권 선언문들을 작성했지만 근대국가에 대한 막스 베버의 정의, 즉 폭력의 합법적 사용을 독점하는 정치체라는 정의를 우리는 잊으면 안 된다. 이 점에서 국가는 제5장에서 논의한 기업체들과 다르다. 이미 살펴봤듯이 기업체들도 내부 과정과 외부 효과에서 강제적인 것이 틀림없고, 자기네 이익을 보호하기 위해 폭력을 사용해 달라고 때때로 국가를 불러들이며, 심지어 국가와 결탁해서 폭력적 행위에 나서

---

265) *Europa World Yearbook* (Old Woking, U. K. : The Gresham Press, 1999), viii~ix. [2012년 8월 현재, 유엔 회원국 193, 유엔 옵저버 국가 1(바티칸), 이밖에 자신은 국가라고 주장하지만 다른 편에서 부인하는 단위가 12개 있다. 유엔 회원국 중에도 아르메니아, 중국, 키프로스, 이스라엘, 남한, 북한 등에 대해서는 국가의 지위를 부인하는 주장이 일각에 있다.]

기까지 한다. 그렇지만 기업체들이 자체로 폭력을 합법적으로 사용할 수 있다고는 말할 수 없다. 반면에 근대국가는 폭력으로부터 태어났고 계속해서 폭력을 사용한다. 비록 그 대표들이 인권에 관한 국제적 선언문과 규약에 동의했지만, 근대국가는 인권에 어긋나는 방식으로 자주 폭력을 사용한다.

세계 인구 70억 명을266) 194개의 주권적 단위로 결속함으로써 국가들은 규모의 경제를 획득하고, 가까이 살지만 서로 다른 인민들 사이에 대립을 야기할 수 있는 차이를 때로는 극복한다. 제4장에서 분리주의를 논의하면서 밝혔듯이, 국가가 그러한 차이를 항상 극복할 수 있는 것은 아니다. 결속이 항상 동화를 의미하는 것도 아니고, 심지어 수용을 의미하는 것도 아니다.267) 결속된 집단들 가운데에는 국가 안에서 진정한 사회적 인정을 받지 못하거나 지배당한다고 느끼는 집단도 있다. 이들이 결속을 풀려고 시도했다가는 국가가 폭력을 사용해서 막는 것이 보통이다.

표적이 된다고 느끼지 않는 사람들에게도 국가의 규모 자체가 심각한 문제를 일으키기도 한다.268) 워싱턴이 전국의 인민들로부터 너무 멀다는 보통 미국인들의 생각과 파리의 관료들(fonctionnaires)

[266) 아마 1999년 이전 년도의 추산에 따라 저자는 57억 명 이상이라고 썼지만 2012년의 추산에 따라 역자가 고쳤다.]
[267) 동화(assimilation)는 문화적 사회적으로 통합되어 교류와 소통에 특별한 장벽이 없는 상태를 가리키고, 수용(accomodation)은 서로 참아 가면서 더불어 살기는 하지만 집단 사이에 문화적 사회적 장벽은 상당히 남아 있는 상태를 가리킨다. 결속(aggregation)은 단순히 국가라는 끈에 의해 하나로 묶여 있다는 뜻이다.]
268) 예를 들어, Kirkpatrick Sale, *Human Scale* (New York : Coward, McCann, and Geoghegan, 1980), 그리고 Robert A. Dahl and Edward R. Tufte, *Size and Democracy* (Stanford University Press, 1973)를 보라.

이 만사를 주무른다는 프랑스인들의 생각은 중앙정부의 사회정책과 규제를 축소하기 원하는 사람들만이 아니라, 규모가 너무 커서 전국 수준에서 인민을 책임지고 인민에게 반응하는 정부를 가질 수가 없다고 믿는 사람들 사이에도 반향을 일으킨다. 이처럼 특정한 문화적 정체성에 근거해서 지방의 자율성이나 권력이양을 요구하는 주장들과 별도로, 권력분산과 풀뿌리 민주주의를 원하는 보다 일반적인 요구들이 있다. 지역 수준에서 결속된 삶이 다시 일어나야 시민적 참여와 자기결정의 권리에 생명력을 불어넣을 수 있다는 것이다.[269] 규모의 문제를 어떻게든 파악하지 못한 상태에서 이런 권리를 논한다는 것은 부질없는 짓이라고 보는 사람들도 있다.

방금까지 내가 말한 내용은 민주적이거나 적어도 민주적이라고 자처하는 국가들에 관한 것이다. 그러나 이런 국가들은 근대국가 중에서 하나의 부류일 뿐이다. 정치적 민주주의가 아닌 국가들도 많다. 이 국가들은 민주 국가들이 최소한 어느 정도는 (이 정도는 국가에 따라 변이의 폭이 상당히 넓다) 존중하는 정치적-시민적 권리를 존중하지 않는다. 이들은 보통 민주주의의 결핍을 결속의 안정성을 위해 필요하다고 정당화한다. 사우디아라비아, 싱가포르, 인도네시아, 브루나이 같은 국가들은 사유재산의 권리를 기꺼이 인정하고 상업적 활동에서는 자유를 폭넓게 허여한다. 중국, 북베트남, 쿠바, 그리고 내부에서 붕괴하기 전의 동유럽 공산 국가들은 정치적 권리와 개인적 사유재산의 권리를 공히 제약했다. 중국은 사유재산의 권리에 대한 제약에서는 물러났지만, 정치적 권리에 대해서는 심한 제약을 계

---

269) 이를 주장하는 흥미로운 사례는 한 영국인 저자의 책이다. Paul Hirst, *Associative Democracy* (London : Polity Press, 1994).

속하고 있다.

전체주의는 결속의 가장 빡빡한 형태를 대표한다. 근대국가가 동원과 선전의 역량, 특히 통신기술 분야의 역량을 갖추기 전까지 상상조차 할 수 없었던 현상인 전체국가 치하에서는 국가가 시민사회의 가장 세밀한 영역에까지 침투하기 때문에, 인간의 공적 결합과 관련해서 국가의 영역과 국가 이외의 영역 사이의 분리가 의미를 가질 수 없게 된다. 심지어 가장 기본적인 가족의 단위에서조차 사생활의 권리는 더 이상 존재하지 않는다. 한 사람이 자기 집에서 생각하고 말하고 쓰고 행하는 일들이 언제나 국가의 관심사가 된다. 전체주의 국가가 근거로 삼는 원칙과 필요는 다양하다. 계급 없는 사회의 원칙과 반혁명을 방지할 필요를 근거로 삼을 수도 있다. 진정한 민족의 단위, 즉 폴크(Volk)라는 원칙과 민족적 유전자 집합에서 불순물을 제거할 필요를 근거로 삼을 수도 있다. 또는 도덕적/영혼적 재생이라는 원칙과 의문의 여지없는 "공익"에 봉사할 유일교의 원리에 국가를 복속시킬 필요를 근거로 삼을 수도 있다. 1966년의 국제 규약에 천명된 사회적, 경제적 권리를 인정하는 데에는 전체주의적 결속을 향한 시도들이 일부 민주주의 정권들보다 실제로 앞서기도 한다. 그렇지만 전체주의 국가들은 본령상, 정치적-시민적 권리를 가장 심하게 침해하는 주체들이다. 시민사회의 자생력을 파괴하기 위해 전체주의 국가들은 인민의 이름 아래 행동하는 척 가식하면서 실제로는 인민을 "신민"으로 격하시키기 위해 홉스보다도 한 술을 더 뜬다. 홉스는 인민을 정치적으로 평정하는 대신에 경제적 자유는 아주 폭넓게 허용하고자 했다. 전체주의 국가들은 평정만으로 만족하지 못한다. 국가가 후원하는 대중행사에 얼굴을 내민다든지, 지도자들을 승인할 뿐인 유일당 선거에서 투표하는 식으로, 동의를 가시적으로 표명하라고 인민을 동원한다. 전체주의 국가들은 인민으로 하여금 자기들의 지배에 동조하게끔 만드는 것이다. 전체주의 국가들은 자기들이 선포하는 법률이 인민의 "일반의지"인 것처럼 가식하고 싶어 한다. 그러나 일반의지가 결의되기 전에 필요한 언론, 결사, 조직의 자유는 허용하지 않는다.

다행이도 지금은 전체주의 국가가 거의 없다. 나치 국가는 제2차 세계대전에서 패했고, 소비에트 국가는 붕괴했다. 이 글을 쓰고 있는 현재 아프가니스탄의 탈레반이 예외적으로 도입했던 반(反)근대주의적인 형태의 전체주의도 군사적으로 파괴된 것으로 보인다. 그러나 권위주의적인 국가들은 여전히 많이 남아서 정치적 권리의 인정을 거부하고 이견을 가진 사람들을 학대한다. 그리고 경제적, 사회적, 문화적 권리를 인정하지 않거나, 그러한 권리들을 신장하기 위한 구체적인 행동을 취하지 않는 자유민주주의 국가도 많다. 사회정의적 관심, 그리고 그러한 관심에서 비롯되는 권리 주장은 근대국가의 결속 과정에서 점점 더 역할이 축소되고 있는 것으로 보인다.

구별 : 결속의 이면(裏面)

근대국가는 자기 자신을 둘러싼 영토의 경계를 획정하고, 주권을 선언하며, "내집단"과 "외집단"의 차이 대부분을 규정한다. 내집단은 "시민들"이고, 외집단은 "외국인들"이다. 이렇게 국가는 국기와 국가(國歌)로 상징되는 애국주의의 기치 아래서 정체성의 기원, "자아"와 "타자" 사이에서 명확한 경계선을 획정할 기준이 된다.

규모의 문제에 관해 앞에서 말한 내용들을 감안하면, "공동체"라는 것이 있으려면 약간의 구별이 필요하다. 공통되는 핵심 가치 같은 것이 분명하지 않은 자유주의 국가를 생각하는 킴리카에 따르면, 공동체는 가치의 차이에도 불구하고 더불어 살기로 동의한 인민 집단이지만, 테일러에 따르면 공동체는 가치를 공유하는 인민 집단이다. 나는 여행을 하면서 친구를 사귀고 국제적으로 일하기를 좋아하지만, 동시에 적절한 수준의 단위 안에 속하면서 사건들과 논제들을 따라가고, 내가 알고 지내며 나와 공동체를 공유하는 사람들과 그런 제반사에 관해 대화를 나누고, 의사결정의 과정에 내가 원한다면 참여할 수 있는 메커니즘을 누리기를 원한다 (내가 옳다고 언제나 다른 사람들이 수긍하기를 기대하지는 않고, 내 처음의 입장이 득세하지 말아야 할 이유를 다른 사람들로부터 듣고 수긍할 준비를 갖추고서 대화 과정에 참여한다). 나는 유엔을 높이 존중하지만, 내게 영향을 주는 모든 정치적 결정들이 하나의 국제적인 기구에서 내려지게 된다면, 방금 전에 언급한 바와 같은 적절한 수준의 단위를 나는 가질 수 없을 것이다.

그러나 오늘날의 복잡한 사회에서 주권적 국가는 유엔에 비교해도 거리감이 별로 멀리 덜하지 않고, 관료적인 정도는 아마도 유엔보다 훨씬 더 높을 것이다. 국가는 하나의 공동체를 구성하지 않는다. 그러면서도 국가는 적극적인 일체감에 기여한다. 국가는 우리로 하여금 서로의 시민권을 인정하게 이끌며, 어쩌면 서로의 인권을 인정하게 이끌 수도 있다. 재난이 닥쳤을 때 국가는 우리로 하여금 서로 돕게 만든다. 국가의 이와 같은 개별성은 상호적인 권리와 의무를 가지는 동료 시민으로서 서로를 인정하도록 인도할 때, 하나의 아주 좋은 빌미가 된다. 그러한 인정 때문에 보편적 인권을 거부해야 할 필요도 없고, 세계 도처의 다른 사람들과 공감하면서 서로 도울 역량이 줄어들지도 않는다. 기실, 합리적 대화의 끈과 함께 감정이입의 유대에 기반을 둔 견고한 공동체의 연대는 확장된 상호의존과 의무의 정서를 향한 초석으로 봉사할 수 있다. 이를 보여주는 구체적인 사례 하나는 미국과 중앙아메리카의 도시들 사이에서 1980년대에 전개된 "자매도시" 관계들이다. 그러한 관계 안에서 시민적 가치에 대한 애착은 자기편 정부의 실제 행태를 비판적으로 평가할 의무와 자기편 정부의 정책 때문에 부당한 영향을 받은 상대편 사람들과 공감하면서 응원하는 관계를 맺을 의무감으로 이어졌다.

그렇지만 때로는 개별성 때문에 인권이나 공감이나 협력이 희생되기도 한다. 자기 나라에 대한 긍지가 때로는 쇼비니즘으로 흘러가 자기편 시민들만을 (쇼비니즘에 동조하는 시민에 국한해서) 배타적으로 존중하고, 다른 민족의 시민들 또는 실제로 자기 나라의 시민들이라도 충분히 "애국적"이지 않은 시민들을 무시하거나 심지어 증오하기까지 하게 된다. 타인들에 대한 이와 같은 인정의 결핍은 줄곧 전쟁과 지배에 기여하는 하나의 요인이었다. 외국의 적을 인간 이하로 취급하고, 예컨대 제2차 세계대전 중에 미국과 캐나다에서 일본계 혈통의 미국인들에 대해 그랬듯이, 동료 시민이라도 수상하면 인간 이하로 취급하는 것이다.

다른 문제들도 있다. 1948년의 「세계 인권선언」 제14조의 1에는, "모든 사람은 박해를 피해 다른 나라에 망명을 구하고 누릴 권리가 있다"고 적혀 있다. 그렇지만 국가들은 망명을 구하는 "다른 사람들"이 넘칠까봐 대단히 염려한다. 그래서 스위스는 나치 독일을 빠져나가려고 한 유태인들에게 국경을 막아버렸다 (유태인들의 돈에는 그렇게 하지 않았다). 독일의 유태인 907명을 싣고 온 배 〈세인트루이스 호〉가 플로리다에 도착했을 때, 미국 정부도 그들의 입국을 거절했다. 그 배가 유럽으로 되돌려 보내진 후, 그들 대다수는 결

국 죽음의 수용소에서 사망했다.270)

어떤 경우에 국가들은 자신의 정치적 목적을 위해 망명의 권리를 가지고 농간을 부리기도 한다. 이런 유형에 속하는 가장 냉소적인 사례는 아마도 미국이 지원한 과테말라와 엘살바도르의 억압적인 정권에서 박해를 피해 도망친 난민들을 미국이 취급했던 방식이다. 과테말라의 민주정부를 미국 CIA가 쿠데타를 일으켜 전복한 1954년 이후 20만 명 이상이 살해되고 고문당하고 실종되었음에도 불구하고, 그리고 그보다 작은 나라 엘살바도르에서도 비례적으로 비슷한 고문과 살해와 실종이 있었음에도 불구하고, 미국 정부는 그 난민들이 일차적으로 경제적 난민이기 때문에 망명할 자격이 없다고 고집했다. 그들 대다수는 망명을 거부당했다. 그들 대부분은 피의 학살극이 벌어지고 있던 그들의 나라로 송환되거나, 미국의 지하세계로 잠입하거나, 아니면 캐나다로 넘어갔다. 반면에 어떤 학살극도 벌어지지 않던 쿠바를 탈출한 난민들은 두 팔을 벌려 환영했다. 이는 미국 국가가 망명의 권리를 조작해서 냉전적 성향에 끼워 맞춘 명백한 사례이다. 박해가 두렵다고 주장할 만한 합당한 근거가 있는 사람에게는 망명을 허가해야 한다고 정한 미국의 국내법에 대해서도 위반이었다. 만약 1980년대의 과테말라와 엘살바도르 인민에게 박해를 두려워 할 근거가 없었다고 한다면, 도대체 누구에게 그런 근거가 있을지 상상하기 어렵다. 먼저 플로리다로 건너와 미국 시민이 된 후 고향에 살던 과거의 동포들도 이민자로 들어오기를 원했던 쿠바계 미국인들과 같은 정치적 영향력을 가지지 못했기 때문에 과테말라와

---

270) 워싱턴 소재, 미국 홀로코스트 박물관에서 연구하는 두 명의 역사학자들이 당시 승객 한 사람 한 사람에게 정확히 무슨 일이 있었는지를 확정하기 위해 노력하고 있다. *New York Times*, 1999년 3월 31일, A21을 보라.

엘살바도르의 난민들은 단순한 외국인 취급을 받았을 뿐이다. 망명을 구할 인권, 「세계 인권선언」과 미국 자체의 이민법이 인정하는 이 권리를 미국은 인정하지 않고 넘어갔다. 과테말라와 엘살바도르에서 자행된 박해에 커다란 책임을 져야 하는 미국이 그랬다.271) 박해를 공식적으로 부인함으로써 그 책임을 부인할 수가 있었던 것이다.

그러자 미국 안에서 <피난처 운동>(Sanctuary Movement)이라는 이름의 운동이 전개되었다. 종교적 신앙 그리고/또는 자기 국가의 행태에 반대하는 양심에 따라 행동하는 미국 시민들이 나서서 이민법을 준수하는 가운데, 저런 사람들에게 피난처를 제공한 것이다. 이 운동의 거점을 이룬 종교단체들에게 국가는 첩자를 심어서, 일부 참여자를 법을 어겼다는 이유로 기소했다. 이와 같은 국가의 행동에도 불구하고 국경선을 관통한 사회적 인정에 근거하는 인민 대 인민의 연대가 확립되었다. 앞에서 언급한 자매도시 활동에서와 마찬가지로 ㅡ실제로 자매도시 활동가들과 피난처 운동 활동가들은 상당수가 서로 겹쳤다ㅡ 참여자들은 국가가 인권을 보호할 의무를 다하지 않을 때에는 함께 행동하는 시민들이 그 의무를 자임해서 민족의 경계에 구애받지 않고 피해자들을 방어하도록 도덕적으로 구속된다는 확신에서 그렇게 한 것이다. "옳든 그르든 내 나라, 내 국가"라는 속담으로 대변되는 빡빡한 배타적 공동체주의가 일종의 사회적 인정으로 대체되었다. 외국인에 대한 인권 침해를 그러한 애국주의보다 우선한다고 보는 사회적 인정이다. 실제로 참여자들은 국가에 대한 그런

---

271) 인권의 시각에서 이 일을 다룬 특별히 좋은 책은, Douglas Porpora, *How Holocausts Happen : The United States in Central America* (Philadelphia : Temple University Press, 1990)가 있다.

종류의 무비판적 충성이야말로 국가의 정당성을 훼손하며, 진정한 공동체 정신은 타인들의 권리를 인정함으로써 더욱 확장된다는 논증을 펼쳤다. 국가가 자신의 법을 위반할 때 빠지게 되는 모순을 그들은 짚어낼 수가 있었던 것이다. (예컨대, 과테말라와 엘살바도르 난민의 경우에는 미국의 이민법에 위반되었고, 니카라과 반군에 대한 미국의 지원은 볼랜드 법[272] 위반이었다.)

전쟁 역시 국가로 하여금 적국의 시민과 자국의 시민과 비적성국의 시민을 구별하게 만들고, 심지어 자국 시민들 사이에서도 사람들을 구별하게 만든다. 나치는 동쪽의 슬라브 족을 비인간화하면서, 그들을 장차 천 년 제국에서 아리안 족을 위해 봉사할 농노로 보았다. 일본인들은 중국인들을 인간 이하로 취급하면서, 난징의 인민을 학살했고 마취도 없는 상태의 수감자들에게 외과적 수술을 실시했다. 그들은 한국인들도 인간 이하로 취급하여, 한국인 여성들을 자기네 병사들을 위한 강제 성노예로 (이른바 위안부) 이용했다. 미국은 제2차 세계대전 때는 일본인을 비인간화하기 위한 언어를 지어냈고 (“slant-eyed Nips”, 눈 찢어진 일본인), 베트남 전쟁 때는 북베트남인을 비인간화하는 언어를 지어냈다(“Gooks”). 미국 정부 그리고 미국 정부의 지원을 받은 중앙아메리카의 군사/과두정권은 합세해서, 자기들을 비판하고 자기들에게 맞서 저항하고 봉기하는 사람들을 비인간화했다. 국가와 국가가 대립할 때에는 상대방을 인간 이하로 묘사하는 선전이 국내의 후방전선에서 전개되는 것이 보통이다. 적국의 정부와 군대 그리고 그 나라의 인민을 전혀 구분하지 않는다.[273]

---

[272] 볼랜드 법(Boland Amendment) : 국방 예산을 니카라과 반군 지원에 사용할 수 없도록 금지한 법으로, 1982년 민주당의 에드워드 볼랜드가 발의해서 통과되었다.]

프랑스와 역사적으로 오랜 전쟁을 치른 잉글랜드에서는 프랑스인들을 "개구리"라고 지칭하게 되었다. 프랑스인들이 잉글랜드인들을 지칭하는 비인간적인 명칭은 들어본 적은 없지만, 독일인들에 대해서는 "레 보쉬"(Les Boches)라는[274] 경멸적인 단어가 있다. 다행이도 세대가 변하고 유럽연합이 등장하면서 이런 부류의 낡고 비인간적인 반감은 완화되고 있다.

전쟁 기간 중에는, "우리" 국가의 구성원일지라도 "타자"로 명명될 수가 있었다. 그리하여 미국과 캐나다에서 일본계 시민들은 순전히 혈통이 그러하다는 이유만으로 수용소에 억류되었다. 이는 그들 개개인에 대해 그리고 집단에 대해 명백한 인권 침해였다. 특정 범죄에 관한 혐의도 없었고, 공판도 적법절차도 전혀 없이, 단지 자유와 재산에 대한 훼손만이 있었다. 더구나 그것은 특정 인종을 겨냥했다. 독일계나 이탈리아계 혈통은 그런 취급을 받지 않았던 것이다.

외국인 노동자들도 구별과 관련하여 심각한 문제를 제기한다. 경제적 필요가 있을 때, 국가들은 자국 시민들이 하고 싶어 하지 않는 일, 또는 하고 싶어 하는 시민의 수가 충분하지 않은 일을 기꺼이 하고자 하는 노동자들에게 국경을 개방한다. 프랑스 시민들은 지하철역이나 도로 옆 하수구를 청소하기 싫어했다. 그래서 사하라 사막 남부의 아프리카, 과거 프랑스 식민지였던 지역에서 이주 노동자들이 그 일을 하도록 허가받고 들어왔다. 프랑스 시민들은 공장 일 가

---

273) 20세기의 비인간화와 잔혹상을 철학적으로 이해하고자 한 시도로는 Jonathan Glover, *Humanity : A Moral History of the Twentieth Century* (Yale University Press, 1999).

[274] 프랑스어로 독일을 가리키는 Allemand와 돌대가리라는 속어 caboche가 합성된 alboche가 줄어든 형태로 추정되는 속어로, "독일 돌대가리" 정도의 뜻이다.]

운데 보다 고되고 위험한 일을 하기 싫어했다. 그래서 북아프리카의 노동자들이 그 일을 하도록 허가받고 들어왔다. 프랑스 여성들은 가사노동을 좋아하지 않았다. 그래서 에스파냐와 포르투갈의 여성들이 그 일을 하도록 허가받고 들어왔다. 대다수 미국 시민들은 허리를 구부려야 하는 농장노동을 좋아하지 않는다. 그래서 멕시코인들이 그 일을 수행하도록 허가받고 들어왔다. 중국인들이 19세기에 서부의 철도건설을 위해 미국으로 허가받고 들어온 것과 마찬가지이다.

그러나 경제가 가라앉고 실업률과 범죄율이 올라가면, 종전까지 환영받던 이주민들에게 비난이 쏠리고 나가라는 "촉구"를 받는 경우가 많다. 경제 사정이 달랐던 시절에는 그들을 반겼던 장본인들이 그럴 때도 있다. 그리하여 에녹 파웰275)은 영국의 장관을 (1955~1957년에 주택-자치부 장관, 1960~1963년 보건부 장관) 지낼 적에 공공 서비스 분야에서 값싼 노동력으로 유색인들을 영국에 받아들인 주된 책임자임에도 불구하고, 나중에는 이민에 반대하는 입장을 취했기 때문에 그의 이름을 인종주의와 동의어로 여기는 사람들이 많다.

20세기의 마지막 10년으로 접어들면서 프랑스의 인민전선이 지방선거에서 매우 의미심장한 성장을 보였고, 2002년에는 그 후보인 장-마리 르펜이 대통령 선거 결선까지 진출했다. 인민전선은 이민자에게 반대하는 주제에 집중함으로써, 전국 수준에서 주요 정당의 입지를 확보했다. 이들의 주요 강령에는 사형제 부활도 들어 있다. 범

[275) 에녹 파웰(Enoch Powell, 1912~1998) : 고전학을 전공한 학자 출신의 영국 보수당 정치인. 1968년 이민에 반대하는 연설, "피의 강물"(Rivers of Blood)로 논란을 일으켜, 당시 야당이던 보수당의 그림자 내각에서 축출되었다.]

죄율의 증가가 백인 프랑스인들보다 도덕체계가 훨씬 저열한 이민자들 때문이라는 입장과 결부시켜서 바라보면, 인민전선이 사형대로 보내고 싶어 하는 사람들은 "진정한" 프랑스인 (다시 말해, 오래된 프랑스인 혈통을 가진 백인 기독교도) 사이에서 사회적 인정을 받기에 미흡한 열등한 문화를 가진 이민자들인 것이 분명하다. 왜 유태인이 프랑스인들 사이에서 사회적으로 인정을 받기가 그토록 어려운지에 관한 장-폴 사르트르의 분석이 적확하게 들어맞는 대목이다. 유태인들의 경우에도 "진정한" 프랑스인들과 혈통, 땅과의 유대, 문화, 그리고 종교를 공유하지 않았기 때문에 가치 있는 "타자"에 미칠 수가 없었다.276)

헌법화

헌법의 의도는 근대국가를 대리하는 자들의 권력을 제한하는 데 있다. 헌정주의 정부의 전신은 절대주의 정부였다. 다시 말해, 단순히 왕 또는 어떤 집합적 통치기구가 어떤 외부적인 견제도 받지 않고 무엇을 할지를 결정했다. 가장 현명한 자(플라톤) 그리고 권력을 가장 효과적으로 조작(操作)할 수 있는 자(홉스)에게 이런 종류의 고삐 풀린 권위가 부여되는 체제를 옹호하는 이론은 오래 전부터 있었다.

그러나 헌정주의를 빼놓고는 권리를 생각하기가 어렵다. 플라톤은 권리라는 관점에서 사고하지 않았다. 홉스는 권리를 생각했지만, 논

---

276) Jean-Paul Sartre, *Anti-Semite and Jew* (New York : Grove Press, 1960).

중에서 자기가 사용한 논리 때문에 유일한 불가양의 권리인 *자기 자신의* 생명에 대한 권리만을 권리로 봤다. 홉스의 『리바이어던』에서 개인은 주권자에 대항해서 다른 개인의 권리를 방어하기 위해 [행동은 물론이고] 심지어 말로도 개입할 수 없다. 기실, "불문" 헌법을 가지고 있다고 일컬어지는 영국은 여기서 대단히 아슬아슬한 길을 걷고 있다. 과연 의미 있는 헌법을 가지고 있는 것인지, 아니면 다수당이 장악한 정부에게 원하는 대로 행할 권리를 주는 것인지 사이에서 아슬아슬한 곡예를 부리고 있는 것이다.277)

어쨌든 헌법 자체가 권리를 침해할 수도 있다. 노예제는 남북전쟁이 끝나기 전까지 미국 헌법의 명문 규정이었다. 제1조 제2절은 "대표자와 직접세는 이 연방에 포함되는 여러 주 사이에서 인구에 따라 배분된다. 인구의 수는 자유로운 사람들의 수에다, 3년의 기간 동안 용역 계약에 묶인 사람들을 포함하며 세금을 부과받지 않은 인디언을 제외하고, 나머지 모든 사람 [즉, 노예] 가운데 5분의 3을 합산해서 결정된다"고 정했다.278)

미국 헌법은 도망친 노예의 귀환을 명령했었다. 제4조 제2절은

---

277) 이는 국가안보가 주장되는 경우에 특히 그렇다. 전직 정보기관원이었던 피터 라이트의 책 『스파이캐처』(*Spycatcher*)가 이미 오스트레일리아에서는 출간된 다음이었음에도 영국에서 발행이 금지된 일, 그 책의 일부 내용을 기사화한 신문들을 기소하겠다고 한 협박, 그리고 아일랜드 공화군(IRA)을 통제하려는 시도와 연관된 허위 범죄 혐의, 투옥, 경찰력의 집행 등이 여기에 해당하는 사례들이다. 이러한 정부의 행태는 1980년대에 새로운 권리장전을 성문화하자는 운동을 불러일으켰다.

[278) 1787년 필리델피아의 제헌회의에서 노예제에 반대하는 주들은 자유인만을 인구에 포함하자고 주장한 반면에, 노예제를 지지하는 주들은 노예도 인구수에 넣자고 주장했다. 노예가 사실상 투표할 수 없는 시절이기 때문에 노예 인구만큼 노예의 주인들이 대표권을 더 많이 행사하기 위함이었다. 흥정 끝에 노예 인구는 5분의 3을 계산하기로 타협이 이뤄졌다. 이 문구는 수정헌법 13조(1865)와 14조(1868)에 의해 삭제되었다.]

"한 주에서 그 주의 법에 따라 용역 또는 노역하도록 묶인 사람은 다른 주로 탈출하더라도 용역이나 노역에서 해제되지 않고, 원래 용역과 노역을 받아야 할 측의 요구에 따라 송환되어야 한다"고 정했었다. 독립선언문에 "우리는 다음을 자명한 진리로 받아들인다. 모든 사람은 평등하게 창조된다. 모든 사람은 창조주로부터 일정한 불가양의 권리를 받는다. 그 권리에는 생명, 자유, 그리고 행복의 추구가 포함된다. 이러한 권리를 확보하기 위해 정부가 사람들 사이에 설립된다"고 적은 유명한 단어들이 있음에도 불구하고 그렇게 정했었다.

토머스 페인은 미국을 세운 유럽인들 중에서 예외적으로 여기에 모순이 있음을 직시했다. 독립선언문을 기초한 사람 중 하나인 토머스 제퍼슨만 해도, 실지로 아프리카인 및 그들의 후손인 노예들에게는 발전의 잠재력이 거의 없다고 믿었다. 그러나 인디언들은 자기네 제도와 문화를 포기하고 영미 지배자의 제도와 문화를 받아들인다는 **조건부로**, 새로 시작하는 민족국가에 중요한 공헌을 할 수 있을 정도로 본유적인 재능을 갖췄다고 제퍼슨은 믿었다.279) 이런 믿음이 여러 세대 동안 지속되었고, 심지어 오늘날에도 믿고 있는 사람이 있다는 것은 슬픈 일이다.

지배당한 사람들은 이것이 인권의 관점에서 어떤 의미를 가지는지를 독립선언문의 저자들보다 더 잘 이해했고, 목청을 높였다. 이 사람들의 발언을 되살리는 것이 우리에게 중요하다. 학문적인 언어로 맨날 그들을 위해 말하는 것보다 그들 스스로 자신을 위해 말하도록 해줘야 하는 것이다.

---

279) Thomas Jefferson, "Notes on Virginia", Philip A. Foner, ed., *Basic Writings of Thomas Jefferson* (Garden City, NY : Halcyon House, 1950), 51~181.

제퍼슨이 잠재력을 거의 인정하지 않았던 노예 중의 한 사람 프레데릭 더글러스는 자기 주인의 아내에게서 비밀리에 읽기와 쓰기를 배웠다. 노예 시절의 처지를 그는 나중에 이렇게 적었다.

지식의 은 나팔에 일단 눈을 뜨고 나니, 내 영혼은 영원한 각성 상태로 고양되었다. 자유! 측량할 수 없이 큰 모든 사람의 태생적 권리를 깨닫게 되자 내게는 모든 대상들이 이 위대한 권리의 주창자로 바뀌었다. 어떤 소리든 내게는 자유가 들렸고 어떤 대상에서든 나는 자유를 보았다. 모든 곳에 항상 편재(遍在)하면서, 자유는 나의 비참한 처지를 자각하도록 괴롭혔다. 자연의 미소가 더 아름답고 더 매력적일수록 내 처지는 더 끔찍하고 더 황량했다. 무엇을 봐도 그것이 보였고 무엇을 들어도 그것이 들렸다. 모든 별에서도 보였고, 모든 정적 가운데서도 미소가 보였고, 모든 바람 속에서 숨결이 느껴졌고, 모든 폭풍 안에서 움직이고 있었다고 말해도 과장이 아니다.280)

더글러스에게는 평등한 권리의 인정이 젊은이들에게 자연스러운 일이었고, 인종 간 불평등을 수용하도록 젊은이들을 자연에서 이탈시키기 위해서는 굉장한 사회화가 소요되는 일이었다.

노예제는 민감한 주제라서 메릴랜드의 성인들은 무척 조심스럽게 화제로 삼았지만, 나는 백인 소년들과 노예제에 관해 자주 그리고 아주 자유롭게 이야기를 나눴다. 때로 나는 길섶의 돌 위 또는 지하실 출입구 앞에 앉아 그들에게 말했다 : "너희들은 어른이 되면 자유로워질 텐데, 나도 너희처럼 자유로우면 좋겠다. 너희는 스물한 살이 되자마자 자유로워질 거잖아? 하지만 나는 평생 노예야. 내게도 너희처럼 자유로울 권리가 있지 않겠어?" 이런 단어들이 언제나 그들을 성가시게 만드는 것을 관찰할 수 있었다. 그리고 가끔 시들지 않고 타락하지 않은 자연으로부터 우러나와 노

---

280) Frederick Douglas, *My Bondage and My Freedom* (University of Illinois Press, 1987), 101.

예제를 신선하고 신랄하게 비난할 때에는, 적지 않은 만족감이 그 소년들로부터 배어나오는 것을 보았다.281)

아메리카 원주민들도 "타자들"이 세운 헌정주의 정부는 인권의 관점에서 볼 때 자신들에 대한 지배임을 이해했다. 얌파리카 코만치 부족의 파라—와—사멘("곰 열 마리")은 영미계의 국가에 관해 이렇게 말했다고 전해진다. "너희는 우리를 보호구역에 집어넣고 집을 지어주고 보건소를 만들어 준다고 한다. 나는 그런 것을 원하지 않는다. 나는 초원에서 태어났다. 거기는 바람이 자유롭게 불고, 아무것도 햇빛을 가리지 않는다. 나는 어떤 구획도 없이 삼라만상이 자유롭게 숨을 들이마시던 곳에서 태어났다. 나는 담벼락 사이가 아니라 거기서 죽고 싶다.282)

라옹탄 남작은283) 1683부터 1694년까지 캐나다의 휴런 족과 생활한 프랑스인인데, 프랑스에 혁명이나 인간과 시민의 권리 선언이 있기 훨씬 전에 휴런 족 한 사람이 이렇게 말했다고 인용했다. "우리는 자유로운 형제들로 한데 뭉쳤다. 각 사람은 모두 다른 사람과 마찬가지로 위대한 영주이다. 반면에 너희는 모두가 단 한 사람에게〔즉, 왕에게〕 속한 노예들이다. 나는 내 몸의 주인이다. 나는 나 자신의 처분에 따른다. 나는 내가 원하는 일을 한다. 나는 내 민족의 처음이자 끝이다 …… 오로지 위대한 영혼에만 순종한다."284)

---

281) Ibid., 99.

282) Dee Brown, *Bury My heart at Wounded Knee : An Indian History of the American West* (New York : Nantam Books, 1971), 236에서 재인용.

[283) 라옹탄 남작(Louis Armand, Baron de Lahontan, 1666~1716) : 프랑스 군인, 귀족, 해군으로 17세 때부터 신대륙에 파견되어 1694년까지 복무했다. 원주민들을 우호적으로 묘사한 기행문들을 남겼다.]

인권의 개념과 언어가 유럽인들에게만 허락된 영역이었다는 생각
이 흔하지만, 아프리카계 미국인들과 아메리카 원주민들에게도 그런
개념이 있었던 것은 틀림없다. 그들이 비록 인권이라는 단어를 정확
히 쓰기보다는 비슷한 단어들을 썼지만, 지배가 어떻게 인권을 침해
하는지를 그들이 이해했던 것도 분명하다. 실제로 아메리카 원주민
들의 사회/정치적 규범은 유럽의 근대국가에 비해 훨씬 평등주의적
이었고 개인에 대한 강제가 적었다고 피에르 클라스트르와 잭 웨더
퍼드는 공히 주장한다. 웨더퍼드는 아메리카 원주민들은 자유롭고
내면지향적인 "고귀한 야생인류"의 표본으로서, 그런 사람들을 거울
로 삼았을 때 —루소가 『인간 불평등 기원론』에서 그랬듯이— 유럽
문명 아래 "부자유한" 사람이 형편없이 비친다고 주장한다.285) 프
랑스 혁명과 미국 혁명에 공히 영향을 미쳤던 토머스 페인이 "노예
제 철폐를 주장했던 최초의 미국인"이었으며, 민주주의의 옹호자로
서 "사회가 어떻게 조직되어야 할지에 관해서 인디언들을 표본으로
삼았다"고 웨더퍼드는 지적한다.286)

노예제는 1865년에 의회를 통과하고 비준을 받은 수정헌법 제13
조에 의해서 실제로 불법화되었다. 계급이나 과거의 노예 상태 여부
에 상관없이 투표할 수 있는 인민의 권리는 1870년에 비준된 수정
헌법 제15조에 의해서 부여되었다 (그러나 테러와 인두세와 할아버
지 조문들 또는 문자해득 시험 등에 의해서 침해되는 일이 흔했다).

---

284) Pierre Clastres, *Society against the State : The Leader as Servant
    and the Humane Uses of Power among the Indians of the Americas*,
    trans. Robert Hurley (New York : Fawcett Columbine, 1988), 124.
285) Jack Weatherford, *How the Indians of the Americas Transformed
    the World* (New York : Fawcett Columbine, 1988), 124.
286) Ibid., 125.

그리고 여성의 투표권은 1920년에 비준된 수정헌법 제20조에 의해서 주어졌다. 그동안 미국에서 살아남은 애처로울 정도로 소수인 아메리카 원주민들은 이제 (대부분 지극히 가난한) 보호구역에 머물 것인지, 아니면 더 큰 도시 지역으로 섞여들어 자기네 문화 대부분을 포기할지에 관해 선택권을 가진다. "비생산적"인 토지를 취해도 된다고 결단한 로크주의적 방침에 따라 아메리카 원주민들에게 강제된 인권 침해야말로 헌법적 변경을 통해 역사적으로 복구하기가 가장 어려운 형태일 것이다.

이 중대한 예외를 빼고 보면 미국 헌법은 독립선언문과 크게 어긋나던 배타적인 문서에서 독립선언문과 부합하는 포용적인 문서로 수정되었다. 더욱이 투표권과 피선거권만 제외하면 대부분의 권리들은 시민과 비시민에게 다 같이 연장되었다. 수정헌법 제14조(1868)도 그렇다. 어떤 주도 시민들의 기본권을 축소할 수 없다고 선포한 다음, "어떤 주도 정당한 법적 절차 없이 *어떤 사람*에게서도 생명과 자유와 재산을 빼앗을 수 없으며, 해당 관할권 안에서 *어떤 사람*에게도 법의 평등한 보호를 부인할 수 없다"(강조는 저자의 첨가)고 선언한다. 이렇듯 적법 절차와 법의 평등한 보호에 관해 미국 헌법은 민족성에 상관없이 모든 사람에게 이러한 권리를 부여한다. 이것은 연방의 모든 주가 자신의 관할권 안에 있는 모든 사람에게 부여해야 하는 기본권이다. 여기에는 과거의 노예와 태어날 때부터의 자유인의 구별이 없고, 시민과 비시민의 구별도 없다. 그렇지만 이 글을 쓰고 있는 현재, 조지 W. 부시 행정부는 이러한 흐름에 역류하는 선례를 하나 만들려고 하고 있다. 체포된 외국의 군인들과 테러리스트 피의자를 특별 군사 재판정에서 재판하겠다는 제안이다. 이 재판정은 미국 시민을 재판하는 법정보다 증거에 관한 규칙이 훨씬 느슨

하고, 선고에 관한 내규가 전혀 없으며, 항소의 가능성이 방해를 받고, 유죄 판결을 받은 사람의 처벌 수위에 관해 대통령이 최종적인 결정을 내리게 되어 있는 등, 적법 절차 규정과 법의 평등한 보호 규정이 비시민들에 대해 심각하게 무시될 우려가 있다.287)

공산주의 정권들이 내파되기 전 동유럽에서 헌정주의라는 주제는 특히 흥미롭다. 독자들도 기억하겠지만, 마르크스는 프랑스의 「인간과 시민의 권리 선언」과 북아메리카 일부 국가들의 헌법에 담겨 있던 인권의 개념을 "해체"하려고 시도했다. 이런 권리들이 그 문서에서 함축하듯 보편적이지 못하고 단순히 부르주아의 권리일 뿐이라고 본 것이다. 그렇지만 마르크스의 가르침을 추종하는 사람들이 모두 이 때문에 헌정주의를 부인하거나 헌법적 문서를 통한 권리의 공식적 인정을 거부하는 것은 아니다.

오히려 정반대로, 혁명 이전의 러시아에서 나중에 소련의 엘리트로 등장할 인물들이 이러한 권리들을 공식적으로 인정하는 데 앞장섰다. 레닌은 1902년에 러시아 사회민주노동당의 강령 초안을 작성하면서 차르의 독재체제를 "민주적 헌법에 근거한 *공화국*"(강조는 저자의 첨가)으로 대체하자고 제안했다. 그리고 여기서 민주적 헌법이란 "개인의 신체와 시민들의 주거에 대한 불가침, 양심과 발언과 출판과 결사의 무제한적 자유, 노동조합을 조직하고 파업할 권리, 이동의 자유와 직업의 자유, 어떤 공무원에 대해서든지 먼저 그의 상

[287) 9·11 테러 직후 미국 의회는 군사력 사용을 허가하는 결의안을 통과시켰고, 이에 따라 조지 W. 부시는 2001년 11월에 "테러리즘과 전쟁에서 비시민의 억류, 처리, 재판에 관한 대통령 군사 명령"을 내렸다. 전쟁 포로 또는 테러리스트로 의심되는 비시민을 군대의 임시 재판정에서 재판한다는 규정을 담았다. 이 군사명령은 연방대법원에 의해 여러 번 견제를 받았지만, 미국 의회는 군대의 임시 재판정을 몇 가지 엄격한 제약이 첨가된 형태로 오히려 법제화했다.]

관에게 소청을 제기하지 않고도 고발할 수 있는 모든 시민의 권리"
등을 포함하는 온갖 권리를 보장할 수 있는 체제라는 의미였다.[288]

스탈린이 실제 또는 상상 속의 정적을 숙청하기 위해 사용한 물리
적인 테러가 최고조에 달한 시기에 작성된 1936년의 헌법은 모순을
담고 있다. 이 헌법은 한편에서 발언, 출판, 결사, 시위의 자유를 권
리로 존중한다. "인민 대중의 발안과 정치적 능동성을 개발하기 위
해", 국가의 통제 아래 놓이지 않은 대중 조직에 참여할 권리를 보
장하기까지 한다. 반면에 이 헌법은 "공산주의 사회를 건설하기 위
한 투쟁에서 노동자 인민의 전위이며, *정부 조직이든 비정부 조직이
든*(강조는 저자의 첨가), 노동자 인민으로 구성된 모든 조직을 주도
하는 중앙"이 공산당이라고 정의한다.[289]

이처럼 이 헌법은 "인민 대중의 발안과 정치적 능동성"을 개발하
겠다고 말하면서도, 국가 및 공공 영역과 시민사회의 구분을 지워버
리고, 만사를 유일 합법 정당의 지도 또는 독재 아래 맡긴다. 스탈린
과 그 동료들이 이런 문서를 작성했다는 것은 순전히 냉소적인 형식
주의를 자행했다는 뜻이다.

1977년에 작성되고 1988년에 개정된 헌법 역시 권리라는 주제를
다룰 때에는 똑같은 모순과 형식주의를 반복한다. 제1장 제9조는 이
렇게 진술한다.

---

288) V. I. Lenin, *Collected Works*, Vol. 6, *January 1902~August 1903*
     (Moscow : Foreign Languages Publishing House, 1961), 29~30.
289) Constitution of the USSR, 1936년 12월 5일 제정, 1965년 개정,
     Chapter X, "Fundamental Rights and Duties of Citizens", Amos J.
     Penslee, *Constitutions of Nations*, Vol. III, *Europe* (The Hague :
     Martinus Nijoff, 1968), 1005.

소비에트 사회의 정치체제를 발전시키기 위한 주된 방향은 사회주의적 민주주의의 확장이다. 다시 말해, 사회와 국가의 제반사의 관리에 시민들의 더 많은 참여, 국가 기관의 지속적인 향상, 공공 조직들의 활동 개선, 인민에 의한 통제체제 강화, 국가와 공공 생활의 기능에서 법률적 기반의 공고화, 개방성과 공개성 확충, 그리고 여론에 대한 상시적 반응이다.290)

이는 소련이 참여민주주의의 원리를 신봉한다는 진술이다. 이어서 소련 시민들에게 기본권들을 보장하는 수많은 조문들이 길게 열거된다. 그러나 이 헌법에는 다음과 같이 진술하는 제6조도 들어있다.

소비에트 사회를 주도하고 인도하는 힘, 그리고 정치체제와 모든 국가 조직과 공공 조직의 핵은 소련 공산당이다. 공산당은 인민을 위해 존재하면서 인민에게 봉사한다. 마르크스-레닌주의로 무장한 공산당은 사회 발전을 위한 전반적인 시각과 소련의 국내외 정책의 방향을 결정하고, 소비에트 인민의 건설적인 작업을 지시하며, 사회주의의 승리를 향한 인민의 투쟁을 계획하고, 체계적이며 이론적으로 뒷받침되는 성격을 부여한다.291)

소련의 헌법은 자체에서부터 일종의 정신분열증을 앓고 있다. 한편에서는 서양의 헌법에서 찾아볼 수 있는 정치적 권리를 모두 부여한다. 그러한 권리들의 정당성을 수용하는 것이다. 다른 한편에서는 유일 정당에 배타적인 정당성을 수여하면서 전체 인구 가운데 단지 적은 소수로만 구성되는 그 정당에 소련에서 이루어지는 공공 생활의 모든 국면에 대한 통제권을 준다. 이로써 이 헌법은 근대국가와 결부되는 두 가지 현상, 즉 헌정주의와 전체주의를 모두 반영한다.

---

290) Constitution of the Union of Soviet Socialist Republics, 1977년 10월 7일 채택, 1988년 12월 1일 개정, Vadim Meish, *The Soviet Union*, 4th edition (Englewood Cliffs, NJ : Prentice-Hall, 1990), 368.
291) Ibid.

헌정주의의 정수는 정부 권력에 대한 제한이기 때문에, 이와 같은 두 갈래의 경향은 오직 문서상으로만 공존할 수 있다. 정치적 현실에서는 공존할 수도 없고 공존한 적도 없다. 이런 시도 때문에 지불되어야 할 대가는 정치적/시민적 인권일 수밖에 없다. 그렇지만 소련이 무너진 후 그 자리에 대신 들어선 정권에 비해, 그리고 소련이 무너진 후에도 살아남아 있는 대다수 자유민주주의에 비해, 일부 경제적/사회적 권리들을 소련이 더욱 폭넓게 존중했다는 사실은 이 때문에 부정되어야 하는 것은 아니다. 그리고 자유민주주의 체제라고 해서 헌법에 있는 적법 절차와 법의 평등한 보호라는 공식적 보장이 실제로 모든 사람에 관하여 준수되고 있다는 뜻은 아니다.

제3절 폭력과 강제 : 근대 자유주의 국가에 관한 상충하는 견해

홉스와 로크에서 시작하는 고전적 자유주의 사상에서 국가의 주 기능은 보호의 기능이다. 국가는 외국과 국내의 위협으로부터 개인의 생명권과 재산권을 보호하기 위해 있다. 홉스가 가장 강력하게 주장했던 바와 같이, 이를 위해 국가는 충분한 강제 권력을 가져야 한다. 따라서 국가의 본질적 특성은 무력의 합법적 사용을 독점하는 데에 있다고 사회학자 막스 베버가 주장하게 되는 것이 놀라운 일은 아니다. "그것〔근대국가〕은 이처럼 영토적 기반을 갖춘 강제적인 조직이다. 나아가 오늘날, 무력의 사용은 국가가 허락하거나 지시하는 한도 안에서만 합법적이라고 간주된다. 무력의 사용을 독점한다는 근대국가의 주장은 강제적 관할권을 가지며 지속적으로 작동한다는 특성만큼이나 국가의 본질이다."292)

인권이 프랑스와 미국에서 혁명의 폭력으로부터 태어나, 그러한 역사적 현상들에 의해 신장도 되고 침해도 되었던 것처럼, 권리를 존중하는 (그리고 깊은 의미에서 보면 프랑스와 미국의 혁명에서 비롯된) 근대국가와 그 국가들이 줄곧 사용하는 무력 사이의 관계 역시 많은 문제를 안고 있다. 경위야 어떻든지 근대국가는 대규모 파괴 전쟁과 인종청소, 그리고 서양 중세의 풍습에 뒤지지 않는 잔학과 고문의 행위에 가담하였다. 자유주의에서 전체주의까지를 망라하여 국가들은 전시에 이처럼 야만적인 짓을 공공연히 행한다. 평시에도 독재 국가나 전체주의 국가의 내적 동학은 그러하다고 일반적으로 공인된다. 그러나 자유민주주의 국가의 정상적인 동학에서는 그만큼 공공연하게 인정되지는 않고 있다.

잉글랜드에서 선견지명이 있었던 활동가이자 저술가인 조세핀 버틀러는 1879년에 쓴 『경찰에 의한 정부』에서 이렇게 적고 있다. "잉글랜드 법의 첫 번째 원칙은 오늘날 어떻게 되었는가? 행정부와 그 공무원들이 법의 최고 원칙 중 일부를 항상적으로 위반하고 있다는 사실에 우리의 공적 인물들 가운데 가장 훌륭한 사람들마저 별로 깊은 인상을 받는 것 같지 않다."293) 그녀는 차티스트 집회를 무너뜨리면서 경찰이 자행한 야만성과 경찰서 유치장에 갇힌 수감자들에 대한 야만적 처사에 특히 분개했다.

---

292) Max Weber, *Economy and Society*, Vol. I (University of California Press, 1978), 56.
293) Josephine Butler, "The Police Question" 그리고 "Chartist Meetings and Police", Berenice A. Carroll and Hilda L. Smith, eds., *Women's Political and Social Thought : An Anthology* (Indiana University Press, 2001), 222.

잉글랜드 사회가 오늘에 비해 종족적으로 훨씬 동질적이었던 당시에, 잔학한 처사는 결정적으로 계급 편향적이었다. 경찰력은 대체로 마르크스가 말한 룸펜프롤레타리아로부터 충원되었고, 상류 계급은 노동조합과 정치 조직을 결성하려는 노동 계급 인민을 상대로 아주 불법적이고 잔혹한 형태의 기율을 강제하기 위해 경찰력을 사용했다. 정치적/경제적 엘리트가 조종하는 조직된 무장 권력을 상대로 속수무책이었던 룸펜프롤레타리아 계급의 다른 구성원들에 대해서도 경찰은 불법적이고 야만적인 무력을 행사했다. 그들과는 계급적 기원이 같았음에도 불구하고 그랬다. 이런 종류의 계급적 폭력은 19세기 말 미국에서 노동조직을 방지하기 위한 전쟁에서도 반복되었고, 1930년대까지 이어졌다. 미국에서는 파업을 무너뜨리기 위한 목적으로 특별히 전국적인 무장 조직이 창설되어 주지사들의 통제를 받게 되었다. 이것이 국민방위군의 기원이다. 그러나 경찰력도 계속 사용되었고, 핑커튼 용역294)과 같은 사설 경비업체들도 사용되었다. 국가는 사설 경비업체의 행동에까지 법의 재가를 연장해 준 것이다.

현대 자유민주주의 체제의 중상류 계급 시민들은 범죄로 피해를 입었거나, 자동차를 운전하다 과속했거나, 사고를 당해서 긴급구호가 필요할 때가 아니면 경찰과 접촉할 일이 없다. 따라서 인구 가운데 이러한 일부분에게는, 다시 말해 인구 가운데 과반수에게는, (베버가 언급한 국가의 강제력이 인간 신체로 형상화된 현현인) 경찰은 국가의 핵심적인 보호 기능을 실지로 제공하는 것처럼 비친다. 이런 사

---

[294] 핑커튼 용역(Pinkerton Government Services, Inc.) : 1850년 앨런 핑커튼이 설립한 사설 경비업체. 현재는 Securitas AB의 자회사로 통합되어 있다. 최전성기 때는 미국 전체의 상비군보다 많은 병력을 운영하여, 사설 군대로 발전할 위험을 우려한 오하이오 주 정부가 불법화할 정도였다.]

람들도 교통 위반 딱지를 떼는 경찰에게 화를 낼 수는 있지만, 이러한 화는 해당 경찰관 개인을 겨냥하는 것이 보통이다.295) 그 다음에는 더 큰 이데올로기가 스며들어 온다. 우리는 기본적으로 정의롭고 권리를 존중하는 정치경제 체제를 가지고 있으며, 경찰이 범죄자들과 정치적 테러리스트로부터 그것을 지킨다는 이데올로기이다. 냉전 시대 동안에는 "테러리스트"까지는 아닌 "불순분자"들로부터 경찰이 선량하고 점잖은 시민들을 지켜줬다. 미국에서는 존슨 시대의 "빈곤과의 전쟁"이 "범죄와의 전쟁"으로 탈바꿈했다. 특히 2001년 9월 11일의 사건 이후로는 "테러리즘과의 전쟁"이 무대의 중심을 차지하고 있다. 이런 식의 "전쟁"들은 각각, 점점 더 강력한 권력을 차지하는 국가의 경찰을 통해, 모든 사람에게 보호를 제공하는 정의롭고 착한 체제라는 이데올로기를 강화하고 있다.

다양한 학파의 지적인 성찰로 이뤄지는 학계의 추세는 자유주의 국가가 무력을 사용하는 실제 분량, 특히 기본적 인권을 침해하는 방식으로 사용하는 실제 분량을 축소하는 경향을 보인다. 시카고 대

---

295) 시카고에서 자라던 시절에 내가 경찰에 대해 가지고 있었던 견해는 달랐음을 밝혀야 할 것 같다. 우리 동네의 경찰은 부패로 악명이 높았다. 집을 비우고 휴가라도 갈 때면, 제발 경찰관들만은 그 사실을 모르기를 우리는 바랐었다. 그들이 강도 조직을 만들어서 경찰서 바깥에서 횡행하고 있었기 때문이다. 경찰이 범법 행위를 날조해서 운전자들, 특히 젊은 운전자들에게 뒤집어씌우는 일도 늘 있었다. 자동차를 운전할 때에는 운전면허증에 5달러짜리 지폐를 접어 지갑에 함께 넣고 다니는 시카고 사람이 많았다. 죄가 있건 없건, 경찰관에게 시비를 당하거나 법정에 가는 것보다 5달러를 내주는 것이 훨씬 덜 성가셨기 때문이다. 교통경찰 자선협회에 기부하고, 거기서 받은 스티커를 차에 붙이고 다니는 것이 교통경관에게 제지를 안 당하거나 덜 당하는 하나의 방법이었다. 내 아버지도 그렇게 했다. 그리하여 아버지는 언제나 불법 주차를 해도 되는 급부를 받았다. 사실을 말하자면, 합법적인 주차구역과 불법적인 주차구역 중에 선택할 수 있는 경우 아버지는 항상 불법적인 주차구역을 현저하게 선호하는 것으로 내게는 비쳤다. 경위야 어떻든 아버지와 사업동료들은 그 값을 지불했던 것이다.

학 정치학과에서 1930년대와 1940년대에 "권력 학파"의 일원이었던 해럴드 라스웰은 『정치 : 누가 무엇을 언제 어떻게 얻는가』에서 대중을 통제하기 위해 (라스웰의 "현실주의"에 따르면 이것은 모든 국가가 수행해야 할 기능이다) 엘리트는 점점 폭력의 사용에는 덜 의존하는 대신에 (돈과 재화와 지위를 분배하는) 배급제 및 (예컨대 이데올로기적 의례와 선전과 같은) 기호와 상징을 더 많이 사용하게 되는 것이 근대국가의 내면적 행태에서 나타나는 특징이라고 주장했다.296) 나아가 적어도 미국에서는, 미국 정치에 관한 교과서들은 국가 행태의 강제적/억압적 양상들을 무시하거나 축소한다. 중등/고등 교육 과정은 앨런 울프가 "민주주의의 솔기 부분"이라고297) 명명한 이와 같은 양상에 학생들을 노출시키지 않고 있는 것이다.

그런데 스스로 자신의 작품을 급진적이라고 자처하고 기성 질서를 전복하는 데 기여하기를 바라는 포스트모더니스트의 일부 저술에서도 국가의 폭력적 양상을 희석하는 경향이 나타난다. 이 점에서 가장 영향력이 큰 인물은 프랑스의 이론가 미셸 푸코다. 라스웰처럼, 푸코에게도 권력이 주관심사였다. 그의 책 『감시와 처벌』은 사회가 어떻게 그 인구를 "정상화"하는지, 다시 말해 근대 자유민주주의 사회들이 특정 유형의 행태를 어떻게 확보하고 그러한 행태들과 사

---

296) Harold Lasswell, *Politics : Who Gets What, When, and How* (New York : Peter Smith, 1950). [이극찬은 이 책을 『정치동태 분석』(일조각, 1960)과 『정치 : 누가 어떻게 무엇을 얻는가』(전망사, 1979)로 번역했다. 이 외에 윤하준 역, 『현대정치의 분석』(법문사, 1961)도 있다.]
297) Allan Wolfe, *The Seamy Side of Democracy* (New York : McKay, 1973). 미국의 국가가 보인 이와 같은 양상을 엄밀하게 역사적으로 고찰한 보고서는 Robert Justin Goldstein, *Political Repression in Modern America* (Cambridge, MA : Schenkman, 1977, 재출간 University of Illinois Press, 2000)를 보라.

유 과정을 어떻게 취급하고 있는지에 관한 책이다. 이 책에는 보다 심층적인 역사적 차원과 더욱 심오한 방법론적 접근이 들어 있다 (푸코는 솔직하게 말할 때는 이것을 "고고학"이라 부르고, 은근하게 말할 때에는 순수한 "서술"이라고 부른다).

푸코는 1757년에 왕을 살해하려다 실패한 다미앵에게 가해진 무시무시한 고문-사형을 서술하면서 이 책을 시작한다. 이 일에 관한 보고서를 그는 인용한다. "셔츠 한 장만 걸친 채, 2파운드 무게의 밀랍에 불을 붙인 횃불을 들고, 수레에 실려 그레브 궁으로 이송되었다. 거기에 세워질 사형대 위에서 그의 가슴과 팔과 허벅지와 장딴지에서 빨갛게 달궈진 부집게로 살점이 떼어질 것이고, 시해 행위를 저지를 때 사용한 칼을 쥔 오른 손은 유황으로 태워지고, 살점들이 찢어져 나간 부위에는 납 용액과 끓는 기름과 불타는 송진과 섞어서 녹인 밀랍과 유황이 부어질 것이다. 그러고 나면 그의 몸은 네 마리 말이 잡아당겨 네 갈래로 찢어지고, 그의 사지와 몸뚱이는 불로 연소되어 재로 변하며, 그 재는 바람에 날려갈 것이다."298)

고통스러운 사형집행 장면에 관한 논의를 푸코는 이 후에도 세 쪽이나 이어가고, 첫 번째 장의 나머지는 고문에 할애한다. 범죄 행위를 저지른 사람들의 육신에 대해 국가의 대표자들이 어떤 식으로 고문을 했는지, 주권의 살아있는 상징이었던 국왕을 살해하려 했던 자에게 특별히 가혹한 고문이 인구를 통제하기 위해 면밀하게 고안되었음을 보여주는 것이 푸코의 목적이다. 이 당시에 권력은 중앙에 있다. 권력은 주권자의 손, ("짐이 곧 국가"라는 식으로) 국가를 대

---

298) Michel Foucault, *Discipline and Punish : The Birth of the Prison*, trans. Alan Sheridan (New York : Vintage, 1979), 3. [번역본은 『감시와 처벌』(강원대학교 출판부, 1989)과 『감시와 처벌』(나남, 1994)이 있다.]

표하는 살아있는 법인격의 손 안에 있다.

이처럼 범죄자를 국가가 공개적으로 고문하고 처형하는 장면을 통해서 중앙집권화된 통제력이 두 가지의 계기에 의해 변화했다고 푸코는 지적한다. 첫째는 군주제의 붕괴 그리고 더욱 충만하게 발전한 자본주의 사회와 부르주아 계급의 도래 이후에 찾아 왔다. 여기서도 사회는 처벌에 의존하지만, 처벌은 더욱 엄격한 규칙에 따른다. 처벌은 더욱 표상적이며 상징적이다. 고문-사형의 구경꾼들에게 (홉스가 접근한 것처럼) 공포를 심기 위한 장면을 연출하는 것이 아니라, 공중의 마음속에 일정한 관념을 주입한다는 발상이다. 예를 들어, 더 많은 규제와 통제를 준수하는 잔혹한 법과 처벌의 체제에서 사유 재산에 관한 일정한 관념들이 종전의 체제에서보다 더 효과적으로 표상될 수 있었다. 이러한 변화의 마지막 단계는 현재의 시점에서 나타난다. 현재의 시점에서는 권력이 사회적/정치적 상호작용을 촉발하는 매개체에 지나지 않을 정도로 완전히 탈집중화되어 있다고 푸코는 주장한다. 여기서 권력은 모든 종류의 사회 제도, 교육과 의료와 사회복지와 심리 등등의 전문적인 모든 제도 안에서 벌어지는 감시를 통해 행사된다. 이렇게 탈집중화된 감시 (권력) 제도의 분산을 가리키기 위해 그는 "감옥 군도"(carceral archipelago)라는 용어를 사용하며, "감옥 군도는 이 기술을 교정시설에서 전체 사회로 전달한다"고 적는다.299) 그가 서술하는 모든 소재들은 프랑스 역사에서 취한 것이지만, "이 새로운 권력의 경제학, 즉 감옥 군도"를 푸코가 적어도 서양 전체에 대해 일반화하고 있는 것은 분명하다. 그 책을 이런 문장으로 매듭짓기 때문이다 : "근대 사회에서 정

---

299) Ibid., 298.

상화의 권력과 지식의 형성을 탐구하는 다양한 연구를 위한 역사적 배경으로 봉사할 것이 틀림없는 책 한 권을 이로써 마무리한다.”300)

푸코의 책은 궁금증을 자아낸다. 그가 어떤 문제를 보고 있는 것은 명백하지만 “강철 새장”으로 스스로 걸어 들어가고 있는 사회에 대해 베버가 발했던 것과 같은 노골적인 규범적 경고에 비견할 만한 것이 전혀 보이지 않는다. 만약 권력이 우리 모두의 삶을 구성하는 매개체에 지나지 않는다고 하면 무엇이 문제인지를 특정하기도 실로 어렵고, 그 문제를 권리와 같은 규범적이고 윤리적인 관념을 통해 바라보기도 어렵다. 하지만 푸코가 완강하게 고수하는 논점 하나는 주권이나 국가를 신체에 대해 권력을 행사하는 주요 주체로 보지 말라는 것이다. 우리 사회에 스며들어 배어 있는 몸과 마음의 관찰과 평가가 바로 권력이라는 말이다. 푸코는 마르크스와는 다른 이유에서 “권리”라는 단어를 가급적 피했겠지만, 그의 분석에 입각한다고 할 때 설사 “권리”의 문제라는 것이 있다고 해도, 우리는 그 문제의 근원을 국가 **말고** 다른 모든 곳에서 찾아야 할 것이다.301) 체제를 구성하는 것이 아니라, 중앙의 핵심도 없고 우리가 전통적으로 이해했던 인과관계도 없이 탈집중화된 “계기들”로 간주되는 사회의 이데올로기적이고 문화적인 메커니즘에 초점이 맞춰진다.302)

---

300) Ibid., 308.

301) 마르크스는 자본주의 사회에서 이해되는 방식의 권리의 개념을 거부했다. 그러나 자본주의의 궤도 안에서 (자기 생각에) 권리로는 달성할 수 없는 과업을 달성할 수 있도록 하나의 해방적 전망을 제시하려고 시도했다. 푸코는 해방적 전망을 전혀 제시하지 않으며, 자발적인 분출 이외의 어떤 다른 일에 가담한 사람들에게 그래 가지고는 감옥적인 권력 관계를 복사하고 끝날 뿐임을 증명하려는 의도를 가진 것으로 보인다. 이런 조건이라면, 권리의 개념이 무슨 쓸모가 있겠는가?

302) “사회 운동”이라는 개념과 관련하여 이러한 사고방식 일부에 대한 나의 비판

우리의 생활 경험과 우리의 지적 이해를 서로 어울리게 하기 위해 이런 식의 분석이 아주 합당하다고 여길 사람이 우리 중에 많을지 모른다. 그러나 이러한 진술에서 "우리"가 누구인가? 아프리카계 미국인 여성 저자인 조이 제임스는 푸코의 고고학을 비판한다.

아프리카와 아메리카의 유럽 식민지와 미국 식민지에서 원주민들에게 가해지는 형태로 고문이 계속되고 있다는 사실을 전혀 언급하지 않은 채, 공개된 장면으로서 "고문이 실종"되었다고 적음으로써, 결국 현대의 ("서양") 국가가 고문을 자행하지 않는다고 묘사하는 역사적 시각을 푸코는 직조하고 있다. 몸과 폭력에 관한 담론에 초점을 맞추면서도 몸과 폭력의 특정성을 지워버리기가 얼마나 쉬운지를 푸코의 글은 예증한다. 때때로 지배적인 인종의 일부로 현현하는 주권에 의해 주권의 이름으로 실행되는 폭력을 보지 못함으로써, 푸코는 재산을 가진 백인 남성의 몸을 보편화한다. 『감시와 처벌』의 내용 대부분은 인종과 성별에 근거한 처벌과 연계된 특정성을 전혀 가지지 못한 신체를 그리고 있다. 그 결과 국가의 억압을 존경할 만한 부르주아의 문화라는 가식으로 덧칠해서 은폐함으로써, 검은색과 갈색과 빨강색의 신체에 대한 인종주의적 폭력이 감춰진다.303)

두 가지 논점이 부각되어야 한다. 첫째, 잘못되거나 자의적인 체포, 정당화할 수 없거나 지나친 폭력, 고문, 증거의 날조, 체포에 관한 경찰의 허위 보고는 피해자가 누구인지에 관계없이 국가가 자행한 인권 침해이다. 그러나 이런 일들이 아무렇게나 일어나는 경우는

은 A. Belden Fields, "In Defense of Political Economic and Systemic Thought", Larry Grossberg and Carey Nelson, eds., *Marxism and the Interpretation of Culture* (University of Illinois Press, 1988), 141~156 을 보라.
303) Joy James, *Resisting State Violence* (University of Minnesota Press, 1996), 24~25.

없다. 이런 일들은 거의 언제나 사회적 위계를 따라 일어난다. 조세핀 버틀러의 시대에 피해자는 노동 계급의 인민, 특히 자신들의 계급적 이익을 방어하기 위해 정치적으로 조직하고자 시도했던 사람들이었다. 우리 시대에도 여전히 하층 계급 (예컨대, "이동주택 쓰레기"라든지 "그을린 목덜미"로 분류되는 사람들)304) 백인들은 정치권력으로 번역될 수 있는 직업적, 전문적, 조직적 연고들을 보유한 중상류 계급의 백인보다 그런 처우를 받게 될 확률이 더 높다. 그렇지만 서양에서 국가의 대리인들에 의해 인권 침해를 가장 자주, 어떤 다른 집단도 필적할 수 없도록 자주, 당하는 피해자들이 유색인이라는 점은 조이 제임스의 말이 옳다.

제4절 맺음말

국가의 결속 기능과 구별 기능은 공히 인권의 문제를 야기한다. 결속은 씨족들과 부족들이 드러내는 극단적인 특수주의를 극복하고, 일정 수준의 규모의 경제를 달성한다. 그러나 결속은 또한 위험한 쇼비니즘의 경향을 조장하기도 한다. 특수성이 점점 커져서 위험한 규모로까지 확대되면 나머지 세상에 대해 마치 보편적인 것처럼 제시되기에 이르는 것이다 (이렇게 제시된 이미지와 실제적 실천은 어긋날 수 있다). 인권에 관한 진실을 서양이 보유하고 있다고 주장할 때, 세계의 나머지 지역들이 서양을 바라보는 시각이 이와 같다. 결

[304) 각각, "trailer trash"와 "rednecks"를 비슷한 어감을 표현할 수 있는 한 국어로 번역했다.]

속은 또한 정치적으로 적실성을 가지는 사회적 공간을 사실상 모두
국가가 흡수해 버리는 사태로 연결될 수도 있다. 이것은 전체주의에
서 벌어지는 상황이다. 전체주의는 당/국가를 상대로 개인이든 집단
이든 권리를 주장하도록 허용하지 않는다.

자유주의 국가든 전체주의 국가든, 헌법 조문들은 적법 절차라든
지 법의 평등한 보호와 같은 기본적 인권에 대한 보호장치로 불충분
하다. 기실, 그러한 헌법 조문들은 양면에 날이 선 칼과 같다. 규범
적인 준거점으로서, 인권을 증진하려는 사람들이 자신의 입장을 더
욱 정당화하기 위해 인용할 수 있는 기준으로서, 헌법적 조문들의
존재는 중요하다. 그러나 헌법 조문들은 또한 하나의 이데올로기적
가면을 만들어서 사람들로 하여금 단순히 문서상으로 존재한다는 이
유만으로 실제로도 인권이 존중되고 있다고 착각하게 유도할 수도
있다. 그렇게 되면 문서들은 나름의 신화적 권력을 휘두르게 된다.
인권의 실천을 구현하고 확장하기 위한 투쟁은 헌법 조문 여부와 상
관없이 항상적인 투쟁이다.

제7장에서는 오늘날 가장 강력한 근대국가인 미국에 의해서 수행
되는 강제적이고 폭력적인 기능, 그리고 그것이 인권에 미치는 영향
을 더욱 자세히 살펴볼 것이다.

끝없는 전쟁과 미국의 인권 상황

제1절 개관

폭력적인 혁명의 과정에서 인권이 탄생했지만 전쟁 자체는 인권을 존중하는 데 결코 도움이 되지 않는다. 전쟁이란 "타자"로 지칭된 사람들의 신체에 대해 의도적인 폭력을 가한다는 뜻이다. 전쟁이란 상대방 사람들이 자신을 발전시키기 위해 필요한 자원을 의도적으로 파괴한다는 뜻이다. 그리고 전쟁이란 우리 편 대중의 마음속에서 상대방 사람들을 비인간화한다는 뜻이다. 이처럼 문자 그대로의 전쟁만이 인권에 위협이 되는 것이 아니라 비유적 전쟁, 즉 정치적 수사로 일컬어지는 전쟁 역시 인권을 위협한다. 제2차 세계대전 이래 미국은 (한국, 베트남, 도미니카 공화국, 그레나다, 레바논, 이라크, 아프가니스탄 등지에서, 그리고 중앙아메리카와 콜럼비아에서는 대리전의 형식으로) 문자 그대로의 전쟁을 여러 차례 빈번하게 치렀다. 그러나 비유적인 전쟁의 상태는 항상 계속되고 있다. 미국에서

1940년대부터 1960년대까지 소위 매카시즘이라 불렸던, 공산주의자 소탕 십자군 운동은 당시 미국이 벌이고 있던 "공산주의와의 전쟁"의 일환이었다. 1960년대에 린든 존슨은 "빈곤과의 전쟁"을 선포했다. 이는 전쟁이라는 수사어를 다소 건설적인 방향으로 사용한 것으로, 미국 사회의 밑바닥에 위치한 사람들의 사회적-경제적 인권을 향상하는 데 목표를 두었다. 그러나 이는 오래 가지 못했다. 로널드 레이건이 선거에서 승리한 1980년부터 그 뒤를 이은 행정부들은 빈곤을 인권의 문제로 인식하기보다는 개인적인 실패로 여겼다. 그리하여 전쟁이라는 수사어는 "범죄와의 전쟁", "마약과의 전쟁", "테러리즘과의 전쟁" 따위로, 문자 그대로 더욱 폭력적인 기획으로 회귀했다.

전쟁이라는 수사어는 대중의 의식에 대단히 강력하게 작용한다. 일단 그것이 공표되고 나면 대중의 불안감이 촉발되고, 정치인들이 거기에 정치적으로 투자한 다음에는 자신들도 빠져나오기가 아주 어렵다. 이는 모든 정당이 마찬가지다. 연방 사법부가 사형선고의 범위를 크게 확장한 반테러리즘 법에 선거의 해였던 1996년에 클린턴 대통령이 서명하고, 2000년 선거에서는 양대 정당의 대통령 후보들이 모두 사형제를 완강하게 옹호했던 것이 우연은 아닌 것이다. 그 선거에서 승리한 조지 W. 부시는 실제로 텍사스 주지사를 지내면서 거의 150명의 사형집행을 승인했는데, 40명의 사형집행을 승인해서 한 주의 연간 사형집행 건수에서 미국 역사상 최고기록을 세운 해인 2000년에 대통령에 당선되었다. 양대 정당이 범죄와 싸우는 진실한 전사임을 과시하기 위해 사용하는 상징적 지표로는 두 가지가 있는데, 하나가 사형이고 다른 하나는 혹독한 조건에 장기간 투옥하는 것이다. 따라서 이 전쟁을 치르는 데 단호하지 못하고 나약한 모습을 보였다가는 정치적으로 사망 선고를 받을까봐 두려워하게 되는 것이다.

그러나 이와 같은 수사의 와중에서 수사는 수사이기를 멈추고, 아프가니스탄에서 테러리즘과의 전쟁을 시작하기 훨씬 전에 이미 문자 그대로의 전쟁으로 탈바꿈했다. 게다가 미국 국경선 바깥으로도 번져 나갔다. 그리하여 미국은 콜럼비아의 내전에 점점 깊숙이 빠져들었다. 마약과 싸운다는 명목이었지만, 동시에 좌파 반군과도 싸운 것이다. 미국 내에서 벌어진 범죄와의 전쟁에서도 무장 점령, 기습 공격, 그리고 특정 소수 집단의 주거지에 검문소를 세우는 등의 행태가 가속화되었다.

지금까지는 아주 일반적인 관점에서 적었다. 이제부터는 경찰의 폭력, 사형집행, 감금, 그리고 마약소탕 전쟁 등을 더욱 세밀하게 살핌으로써, 미국 전체 그리고 각 주에서 폭력과 강제에 의한 중대한 인권 침해가 벌어지고 있음을 알리고자 한다.

제2절 경찰의 폭력

1994년에 미국 의회는 범죄통제법을 통과시켰다. 이 법에 따라서 미국 법무장관은 경찰관의 과도한 무력행사에 관한 자료들을 연구와 통계 목적으로 수집해야 한다. 그런데 이 글을 쓰고 있는 현재까지도, 거기에 필요한 예산이 의회에서 승인되지 않은 상태이다.305) 제

---

305) Amnesty International, *United States of America : Rights for All* (New York, 1998), 51.

한적인 학술 연구, 특정 도시들과 미국 전체의 경찰 행태에 관한 앰네스티 인터내셔널의 보고서, 감옥의 실태에 관한 휴먼 라이츠 워치306)의 자료, 〈뉴욕 타임즈〉를 비롯한 여러 언론 기관들의 보도에서 체계적으로 뽑아낸 정보들에 기초해서 보면, 경찰과 감금시설 공무원들이 유색인에 대해 저지르는 인권 침해의 빈도와 백인이 그런 처우를 받는 빈도 사이에는 엄청난 차이가 있는 것이 뚜렷하다.

푸코의 말투를 흉내 내서 말하면, 이에 관한 "고고학적" 자료들을 논급하면서 나는 단지 서술에만 그치도록 해보겠다. 여기에 제시하는 정보는 전부터 공개된 상태이지만 실제로 본 사람은 거의 없기 때문에, 설사 그 일부를 신문 지상에서 본 사람이라도 특이한 예외에 해당하는 개별적 사례로 치부했기가 쉽기 때문에, 나는 단지 사실만을 단조롭게 서술하겠다. 어쨌든 어떤 자료든지 (예컨대 연구를 위한 경우처럼) 주의 깊게 초점을 맞춰서 읽는 것과 일반적인 정보를 위해서 신문이나 잡지를 읽는 것 사이에는 차이가 크다. 따라서 경찰의 인권 침해 의혹에 관한 기사를 발행할 수 있도록 어떤 자유 민주주의 체제가 허락하고 있다는 사실만으로, 그 체제가 깨끗하다는 의미를 가지지는 않는다. 피해 당사자가 아닌 사람들은 그런 기사들을 읽으면서도, 경찰이 국가의 보호 기능을 집행하는 과정에서 일부 서로 상관없이 동떨어진 사태라든지, 슬프지만 불가피한 일 따위로 치부하기가 쉬운 것이다. 피해자들이 유색인임을 밝혀서 보도할수록, 또는 피해자들의 이름이나 사진을 통해 그 사실이 드러날수록 백인 중상류 계급 미디어 소비자들의 마음속에서는 이런 사람들

---

[306] 휴먼 라이츠 워치(Human Rights Watch) : 1978년에 설립되어 미국 뉴욕에 본부를 두고 활동하는 비정부기구.]

이 "범죄형"과 일치한다는 인종주의적 편견을 통해 경찰의 공격이 정당화되기가 쉽다. "무언가" 잘못이 있었으니까 그렇지, 아니라면 경찰이 그런 식으로 "반응하지" 않았으리라는 식이다. 또는 "이 사람들은" 항상 차별적으로 홀대 받는다고 "소리 지른다"는 식이다. 또는 "저런" 동네에서 경찰이 살아남으려면 "저 따위 인간들"을 다룰 때 "세게 나가야" 한다는 식이다.

그렇지만 주의 깊게 들여다보면 자유민주주의 국가에서 적어도 경찰관 일부의 행태는, 극단적인 침해는 아닐지언정, 인권 침해를 구성한다는 결론을 피하기 어렵다. 많은 경찰관들은 권리를 존중하고 있겠지만, 국가의 대리인들이 법을 존중하지 않고, 특정 범주의 인민에 대해 권리를 존중하지 않으며, 사회적 인정을 끔찍하고 폭력적인 방식으로 무시하는 행태가 오싹할 정도의 패턴을 이루고 있다.

구체적인 사례를 살펴보자. 제4장에서 나는 필라델피아 경찰이 저지른 인권 침해를 간략하게 언급했다. 필라델피아에서는 1988년부터 1991년까지 경찰이 심어 놓은 마약, 경찰의 허위 보고서, 공판정에서 위증, 등을 근거로 유죄 평결을 받은 사람이 수백 명에 달했다. 그들 대부분은 감옥에서 복역한 전력이 있었다. 이런 짓을 저지른 경찰은 아프리카계 미국인들이 사는 가난한 동네를 담당한 마약 단속반이었는데, 피해자들을 자주 구타하거나 금품을 강탈하고서도 모자라 거짓 증언을 통해 감옥에까지 보냈다. 정당한 사유 없이 총기를 발사한 사례도 일곱 건이 있었다. 수백 건의 유죄 판결이 뒤집어졌다. 2백 건의 민사소송을 처리하기 위해 시당국은 2천만 달러를 지불했다. 경찰관 몇 명은 실제로 감옥에 갔는데, 이는 가장 희귀한 경우에 해당한다. 여러 단체들로부터 소송 당하는 사태를 피하기 위해 시는 몇 가지 개혁에 착수했다. 그러나 이것은 무고한 사람들이 구타당하고, 총을 맞고, 강탈당하고, 거짓 증거 때문에 상당한 기간 동안 감옥살이를 한 다음이었다.[307]

이 사례, 그리고 다음에 살펴볼 사례들에서, 사람들은 자유를 부정당했고, 법 앞에서 평등한 대우를 받을 권리를 부정당했고, 직업을 가질 필요와 자녀 및 여타 권속을 부양할 필요와 같은 여러 가지 필요들을 전반적으로 부정당했고, 담론에 포함될 자격을 부정당했다. 어떤 사람에 대해 국가의 대리인이 위증을 할 때, 어떤 사람이 공판정에서 부유한 사람들이 누리는 수준에 한참 못 미치는 수준으로 대변될 때, 어떤 사람이 교육을 받지 못했을 때, 그런 사람의 삶을 이윽고 황폐하게 만들고 말 사법적 담론의 과정에 그 장본인이 포함되었다고 주장하기는 어렵다. 그러므로 담론에 포함될 자격을 부정당한 것 역시 다른 것들을 부정당한 것과 마찬가지로 인권 침해를 구성한다. 이것들은 모두 사회적 인정에 대한 전면적인 부정인 것이다.

뉴욕에서도 경찰의 폭력, 거짓 증거에 따른 체포, 공판정에서 경찰의 위증 등이 만연한 사례가 있다. 뉴욕 시가 경찰의 이와 같은 비행 때문에 지불한 배상액은 1995년 1,990만 달러에서 1997년 2,730만 달러로 증가했다.[308] 여기서도 똑같은 패턴이 확인된다. 시당국이 배상금을 지불하지만, 권리를 침해한 경찰관들은 거의 언제나 그대로 거리를 활보하며 더 많은 피해를 끼친다.[309] 그들이

---

307) Ibid., 23. *New York Times*, 1995년 11월 19일, 17.
308) Deborah Sontag and Dan Barry, "Using Settlement to Gauge Police Abuse", *New York Times*, 1997년 9월 17일, A1, 10. 아울러 Sarah Terry, "Experts Try to Pin Down Extent of Police Misconduct", *New York Times*, 1995년 11월 19일, A19를 보라.
309) Dan Barry and Deborah Sontag, "New York Dismisses Police, but Few for Brutality", *New York Times*, 1997년 10월 6일, A15.

끼치는 피해 역시 뇌손상에 의한 사망, 마비, 시력 상실 등이다.

로스앤젤레스 시는 1986년에서 1990년 사이에 피해 배상으로 2천만 달러를 지불했다. 1990년의 지불액은 경찰관 한 명당 1,300달러 꼴이었다. 앰네스티 인터내셔널은 로스앤젤레스 경찰국의 행태를 상세하게 분석한 결과, 경찰의 폭력 행사는 「세계 인권선언」 제5조 ("누구도 고문이나 잔인하고 비인간적인 형벌 또는 인격을 모독하는 형벌을 받으면 안 된다"), 「시민적, 정치적 권리에 관한 국제규약」 제7조 (「경제적, 사회적, 문화적 권리에 관한 규약」과는 달리 이것은 미국도 비준했기 때문에 준수하도록 법률적으로 도덕적으로 기속된다), 그리고 1979년에 유엔 총회에서 채택된 「사법공무원 행동 준칙」에 위배된다고 결론 내렸다. 「사법공무원 행동 준칙」은 제3조에서 "엄밀하게 필요할 때에만, 그때에도 직무 수행에 필요한 만큼만 무력이 사용될 수 있다"고 규정하고 있다.[310] 피해자들의 분포에는 19세기에 그랬던 것과 마찬가지로 패턴이 있다. 앰네스티 보고서는 이어서, "인종적 소수자, 특히 흑인과 라티노가 차별 대우를 받았고, 불균형적으로 학대의 피해자였음을 증거는 시사한다"고 말한다.[311] 이러한 학대를 은폐하기 위해 경찰은 피해자들에게 범죄 혐의를 덧씌우는 것이 보통이다.

다시 말하지만, 민간인에 대한 비행 때문에 경찰관들이 처벌을 받는 경우는 지극히 드물다. 실제로 폴 슈비니는 1995년 뉴욕과 로스앤젤레스 경찰국에 관한 비교 연구에서, 경찰국들은 민사소송의 타

---

310) Paul Chevigny, *Edge of the Knife : Police Violence in the Americas* (New York : The New Press, 1995), 101.
311) Amnesty International, *USA : Police Brutality in Los Angeles, California, United States of America* (London, 1992), 47.

당성 그리고 경찰 정책이 민사소송의 적용대상이라는 사실을 무시할 뿐만 아니라, 가장 폭력적인 경찰관들이 승진이라는 포상을 받으며 심지어 다른 경찰관들을 훈련시키는 교관으로 임명되기까지 한다는 사실을 밝혀냈다.312) 경찰관들 사이에 "침묵의 규칙"이 있는 한, 국가 기관원 가해자에 대한 반대편 증인으로는 피해자 본인들 (아직 살아 있다면) 말고는 없다는 의미를 가진다.313) 아이티 출신 이주민 애브너 루이마314)를 1997년에 경찰관들은 폭행하고, 대걸레 손잡이를 항문에 쑤셔 넣고, 다시 그것으로 입 안을 찔러서 이빨 몇 개가 부러지는 고문을 했는데, 이처럼 극단적인 경우에조차 현장에 있었던 뉴욕 시의 다른 경찰관 어느 누구도 제지하지도 않았고 보고하지도 않았다. 루이마가 병원으로 실려 가서, 내부 장기에 손상을 입은 사실이 드러난 다음에 병원의 건강관리사가 고문 사실을 처음으로 공개했다. 그러고 나서 공식적인 수사가 시작되자, 일부 경찰관이 입을 열어 경찰서에서 보고 들은 바를 말한 것이다.315)

---

312) Paul Chevigny, *Edge of the Knife*, 48, 51, 102, 110.

313) 앰네스티 인터내셔널은 "경찰 내부의 비행이나 범죄를 은폐하는 주요 가림막 가운데 하나는 '침묵의 규칙'이다. 독자적인 증인은 없는 것이 보통이고, 경찰관들은 비행을 보고하지 않거나 아니면 비행을 은폐하기 위해 허위 보고 또는 불완전한 보고를 빈번하게 행한다"고 적고 있다. (*United States of America : Rights for All*, 43). 침묵의 규칙을 깨뜨리고 바른 일을 하기로 나선 경찰관은 일자리와 친한 친구를 잃고 물리적 보복의 공포 속에 살게 될 수 있다. Alan Feuer, "Outcasts at the Blue Wall : Virtue is Cold Comfort for Police Who Inform on Peers", *New York Times*, 1998년 12월 30일, B1을 보라. 아울러 Chevigny, *Edge of the Knife*, 51, 80, 92에서도 "침묵의 규칙"이 언급된다.

[314) 애브너 루이마(Abner Louisma, 1966년 생) : 아이티 출신으로 1991년에 뉴욕으로 이주해서 상하수도 업체에서 경비로 일했다. 술집에서 벌어진 소동 근방에 있다가, 엉뚱하게 경찰관을 폭행한 혐의로 체포되어 고문을 받았다. 나중에 루이마는 뉴욕 시로부터 870만 달러의 손해배상을 받았다.]

315) Amnesty International, *United States of America : Rights for All,*

경찰관 사이에 "침묵의 법칙"이라는 것이 있다면, 검찰관들 사이에는 경찰이 혐의를 건 사람에 대해 유죄 판결을 이끌어 내려는 무비판적 열성과 경찰관들은 진실을 말하는 반면에 피의자들은 거짓말을 한다고 생각하는 선험적인 전제가 있다. 경찰관들이 직접 대면한 시민 또는 자동차로 추격한 시민에게 어떤 혐의를 걸 때 거짓말을 하는 것이 보통일 뿐만 아니라, 공식적인 연수 프로그램에서 "걸리지 않게 둘러대라"는 교육을 받고 있다는 사실을 슈비니는 지적하고 있다.316) 심지어 경찰의 행태를 고소한 민사소송에서 배상을 해야 할 때마저, 시 당국들은 잘못을 인정하지 않는 것이 보통이고 가해 경관들은 거의 언제나 의미 있는 처벌을 모면한다. 앰네스티 인터내셔널은, "경찰의 비행 때문에 상당한 배상금이 지불된 경우에도, 앰네스티 인터내셔널이 살펴본 사례들에서는 경찰관들이 형사 책임을 모면하는 것이 대부분이었다"고 적고 있다.317)

로드니 킹을 구타한 경찰관들이 법정에서 무죄로 방면된 데서 촉발된 로스앤젤레스의 폭동이 가라앉은 후, 1994년에 제정된 한 연

22; *New York Times*, 1998년 2월 28일, A1, 19. 이 사건이 발각난 후, 뉴욕 시장 줄리아니는 경찰과 관할구역 주민공동체 사이의 관계를 조사하기 위한 사찰반을 설치했다. 하지만 1998년 3월에 그는 사찰반의 권고 대부분을 거부했다. 범죄와 전투를 벌여야 하는 경찰의 역할을 사찰반이 충분히 고려하지 못했다는 이유에서였다. 체포 전에 폭행하고, 거짓 혐의로 체포하고, 경찰서에서 고문한 행위들은 모두 연방법에 의한 시민권 침해를 구성하기 때문에, 연방 정부가 개입하여 관련 경찰관들을 사법처리했다. 그러나 뉴욕 주의 법원들은 혐의들을 취하했다. 루이마에게 실제로 고문을 자행한 경찰관은 1999년 12월 연방법원에서 가석방의 여지가 있는 30년 감금형을 선고받았다.

316) Chevigny, *Edge of the Knife*, 80, 139. 경찰의 거짓말과 위증을 주제로 삼아 하버드 대학에서 열린 회의에 관한 보고는 *New York Times*, 1995년 11월 19일, A19를 보라.

317) Amnesty International, *United States of America : Rights for All*, 43.

방법은 주 단위 및 시군 단위에서 벌어지는 경찰의 인종차별적인 행태를 수사할 권한을 연방 법무부에 부여하고 있다. 로스앤젤레스 경찰을 4년 동안 수사하고 나서 2000년에 미국 법무부는 로스앤젤레스 시 당국으로 하여금 경찰국의 운영 방식과 훈련 방식을 바꾸겠다는 동의를 연방 법원 앞에서 밝히도록 만들었다.318) 법무부는 연방 법원으로 가서 유사한 경로를 밟겠다고 위협함으로써 뉴욕 시에도 경찰의 관행을 바꾸도록 압박했다. 미국의 도시 중에는 로스앤젤레스, 필라델피아, 뉴욕만 그런 것이 아니다. 미국 법무부는 펜실베이니아 주의 피츠버그 시, 오하이오 주의 스튜벤빌 시, 그리고 뉴저지 주 경찰에게서도 동의를 받았다.319) 그리고 시카고 시와 샌프란시스코 시는 잘못된 체포와 가혹행위로 말미암은 소송에서 각각 수백만 달러의 배상금을 지불했다. 사건 가운데에는 사망한 경우도 있고, 개인의 신체에 대한 중대하고 영구적인 손상을 가한 경우도 있었다.320)

이런 일은 자유민주주의라고 자처하는 나라 중에서 미국에만 국한된 일이 아니다. 영국에서는 1997년에 흑인들에 대한 경찰의 공격(심각하고 영구적인 부상을 입힌 경우도 있었다), 불법 체포, 악의적인 기소 때문에 런던 광역시와 웨스트 미들랜즈 광역시가 거액을 지불했다. 경찰은 공격하고 체포하면서 인종주의적 욕설을 내뱉기도 했다. 국제적으로 늘 그렇듯이, 런던의 경찰관들은 처벌받지 않았다.321) 그러나 국제적인 관심과 비난을 받게 된 것은 런던 광역경

---

318) *New York Times*, 2000년 9월 21일, A14.
319) Ibid.
320) *New York Times*, 1995년 11월 19일, A19.
321) "Polics Pay Out for Assaults on Black People", *Searchlight*, 1997년

찰국의 작위가 아니라 부작위였다.[322] 버스를 기다리고 있던 18세 흑인 남성 스티븐 로렌스가 백인들에 의해 살해당한 1997년의 사건에서 경찰이 피의자들을 철저하게 수사하지 못했음을 자인한 일이 직접적인 촉매가 되었다. 나중에 이뤄진 공식 조사보고서는 "런던 경찰은 '제도화된 악랄한 인종주의'에 사로잡혀서 살인 사건을 수사하지 못했고 피의자를 기소하지 못했다"고 결론 내렸다.[323]

앰네스티 인터내셔널은 1995년과 1997년에 발행한 보고서에서 독일 경찰이 외국인들을 잔혹하게 공격해서 뼈가 부러질 때까지 구타했다고 고발한다. 1997년의 고발은 "인종적인 동기에서 유발된 것으로 보이는 경찰에 의한 가혹행위의 명백한 패턴"이 있었다고 진술한다. 1995년에 폭행당한 피해자는 주로 베트남인들이었고, 1997년에는 주로 터키인들이었다.[324]

경찰이 저지르는 차별적인 폭행이나 강압이 모두 악질 경관 때문에 비롯되는 것은 아니다. 개중에는 처음부터 차별적인 의도에서 고안된 정책 또는 차별적으로 적용되도록 체제 전반에 걸쳐서 해석되는 정책에 따라 자행되는 것들도 있다. 길거리 또는 도로변에서 경찰이 보이는 행태들은 상관들로부터 위임을 받은 것이 보통이고, 도시 행정을 책임지는 시장을 비롯한 민간인 공직자들, 그리고 미국의 경우에는 시군과 주의 판사들에 의해서 나중에라도 용인되는 것이

10월호, 9.

322) 이 사건이 많은 관심을 받게 된 주된 이유는 Richard Norton-Taylor에 의해 연극 "The Color of Justice"로 만들어져 런던에서 상연되었기 때문이다. 이 연극은 비평가들로부터 대찬사를 받았다. *New York Times*, 1999년 2월 22일, A3.

323) *Champaign-Urbana News-Gazette*, 1999년 2월 21일, B8에서 재인용. 아울러, *New York Times*, 1999년 2월 22일, 3을 보라.

324) BBC News, 1997년 7월 3일의 보도.

326

보통이다.

예를 들어, 범죄 통계는 1997년부터 1998까지 민간인이 저지른 폭력 범죄의 감소를 보여주고 (앞에서 언급했듯이 경찰관들의 불법적인 폭력 행위에 관한 전국 통계는 아직 없다) 있는데도, 미국의 여러 시 경찰국들은 "공세적 방범"이라 불리는 방침을 포괄적으로 채택하기 시작했다. 이런 방침은 오늘날 미국의 여러 주에서 널리 시행되고 있다. 여기에는 고속도로의 (주 경찰의 관할권에 속하는) 일정한 구간에서, 또는 시내의 일정한 지역에서, 특별한 위반 행위가 없어도, 또는 희미하기 짝이 없는 의심만으로도, 흑인 운전자를 정지시키고 자동차를 수색하라는 지침이 포함되어 있다. 이와 같은 정지명령은 소수 인종 주거 지역에서, 그리고 백인 거주지라고 해도 지나가는 흑인 운전자를 경찰이 수상하게 보면 실시된다. 그리하여 미국어에는 DWB라는 새로운 표현이 새로 하나 첨가되었다. 이 문구는 "흑인인 상태에서 운전한 죄(Driving While Black)"라는 뜻이다.[325]

이것은 아주 심각한 일이다. 방해받지 않고 이동할 자유의 박탈이기 때문에도 심각하고, 소수 인민에 대한 선고 형량을 늘이는 효과로 이어지기 때문에도 심각하다. 판사들이 지켜야 하는 양형 지침들은 대부분 더욱 엄한 선고의 이유로 특정 범죄의 성격과 함께 과거의 범법 기록을 고려하도록 정하고 있다. 여기에는 교통법규 위반도 포함되지만, 자동차를 수색한 결과 발견된 물품 때문에 선고받은 전과라면 확실히 가중 처벌의 사유가 된다. 어떤 경우에는 "삼진 아웃

---

[325] 운전자에 대한 정지명령과 인종 사이의 관계에 대해서는, *New York Times*, 1999년 4월 9일, A21, 그리고 1999년 4월 14일, A24를 보라.

제"도 있다. 만일 소수 인민이 불균형적으로 자주 자동차를 수색당하게 되면, 백인들보다 불법 물품 소지죄로 걸릴 확률이 논리적으로 당연히 높아질 수밖에 없다. 따라서 감옥에서 더 오래 지내야 할 확률도 높아지는 것이다.

더구나 시카고에서는 차에 타고 있지 않아도 경찰의 차별적 관심을 받을 수 있었다. 1999년에 연방 법원에 제소당해 패하기 전, 시카고 시는 시내 거리에 모인 사람들 가운데 한 명 이상이 조직폭력배라고 의심할 이유가 있으면 해산을 명령할 수 있는 권한을 경찰에게 부여하는 정책을 채택했다. 자기 동네에서 이웃 사람들과 집 바깥에서 같이 있을 수 있는 권리를 근거로 경찰관의 해산 명령에 불응하거나 해산 명령의 정당성을 따져 물었다가는 ("공무집행방해죄"로) 체포되고 기소되어 감금될 수 있었다.

어떤 의미에서 이는 영국에서 소위 의심법326) 아래 1970년대와 1980년대에 행해지던 관행과 닮았다. 루이스 쿠시니크는 이렇게 묘사한다 : "의심법은 기실 1824년의 방랑자법의 일부분이다. 이 조항에 따르면 경찰관 두 사람의 눈에 의심스럽게 보이는 행동을 했다는 것만으로 어떤 다른 증거도 필요 없이 재판까지 받게 될 수 있다. 독자적 증인의 증언이 요청되는 경우는 거의 없다. 이것은 주로 아프리카계나 카리브계 남성을 겨냥해서 사용된다. 예를 들어, 1977년

---

[326] 의심법(Sus Law) : 의심스러운 사람(Suspected person)에 대한 법이라는 점에서 의심법(Sus Law)이라는 속칭으로 불렸다. 의심스러운 사람을 경관이 정지시키고 수색하고 마침내 체포까지 할 수 있도록 허용한 경찰청의 방침을 가리킨다. 1824년의 방랑자법(Vagrancy Act)을 법률적 근거로 삼았는데, 방랑자법은 나폴레옹 전쟁 이후 돌아온 제대 병사들이 일자리가 없어서 걸인 수가 급증하자, 이를 통제하기 위해 길거리에서 자거나 방랑하거나 구걸하는 것을 범죄로 정한 법이었다.]

에 아프리카계와 카리브계 남성 인구의 합은 런던 전체 인구에서 단지 2.8%에 불과했는데, 의심법에 따라 체포된 사람 가운데서는 44%를 차지했다."327) 그러나 차이점도 있다. 미국에서 공세적 방범과 특공대는 인종적으로 분리된 게토 지역들을 통제하기 위해 주로 사용된다. 이에 비해 가난한 백인과 가난한 흑인이 같은 동네에서 섞여 사는 경향이 있는 영국에서는, 자기들이 "속하지" 않는 것이 명백한 부자 백인 지역에서 배회하는 아프리카계와 카리브계를 겨냥해서 의심법이 활용된다.

미국 경찰의 행태에 관해 한 가지 덧붙여야 할 점은 방금 언급했던 중무장 준군사 조직인 경찰특공대이다. 군대와 얼마나 비슷한지를 과시하는 상징으로 검은색 제복 또는 위장복을 입고, 길거리에서 전쟁이라도 벌이듯이 또는 주거지를 폭력적으로 쳐들어가는 등의 방식으로 그들은 사람들과 대적한다. 그들은 자동소총을 뽑아 든 상태로 쳐들어가 저항하지 않는 사람을 물리적으로 제압하고, 저항하는 사람에게는 총을 쏜다. 이와 같은 전시 특공대의 전술은 과거에 주로 인질 상황에서 사용되었는데, 지금은 우범지역에서 일상적으로 활용되고 있다.328) 티모시 에건은 특공대가 확산된 데에는 두 가지

---

327) Louis Kushnick, *Race, Class and Struggle : Essays on Racism and Inequality in Britain, the U. S. and Western Europe* (London : Rivers Oram Press, 1998), 117.
328) 내가 살고 있는 곳의 바로 옆 도시인 일리노이 주 샴페인 시에서, 경찰 특공대원 하나가 여든 한 살 먹은 아프리카계 미국인 할머니의 멱살을 잡아 들어 올렸다가, 땅바닥에 내팽개쳤다. 노인은 육체적으로 심리적으로 상해를 입었다. 그 일이 있기 몇 주 전에는, 거의 순전히 아프리카계 미국인들만 사는 동네에서, 주택개발 사업이 중단되어 짓다 만 채로 남아 있는 한 아파트를 표적으로 삼아 경찰의 기습공격 연습이 행해졌다. 검은 제복과 가죽 장화를 착용한 특공대원들이 아파트로 쳐들어가는 장면을 찍어서 방송하도록, 경찰은 지역 TV 방송국들을 초대했다.

이유가 있다고 주장한다. 하나는 미국 정부가 남아도는 군사 장비를 경찰이 달라고만 하면 내주고 있다는 것이다. 기관총에서 장갑차까지에 이른다. 다른 하나는 그렇게 하는 것이 경찰 측에게 이문이 된다는 것이다. 미국 의회가 "마약과의 전쟁"을 벌이는 와중에 통과시킨 몰수관련 법들 덕분에 경찰은 현금, 총기, 차량, 선박 등의 자산을 몰수하여 자기네 예산을 늘리거나 추가적인 장비를 구입하는 데 쓸 수 있게 되었다. 원래 소유주가 나중에 유죄 판결을 받지 않는 경우 현금이나 물품들을 돌려줘야 한다고 정한 주도 몇몇 있지만, 대다수 주에서는 체포된 사람이 유죄 판결을 받든 안 받든 상관없이 경찰은 압수한 것을 계속 가질 수 있다.[329] 군대화된 특공대, 또는 제복이나 사복을 입은 보통 경찰관들이더라도, 공세적 방범 활동에 나서고 있을 때 현장에서 저항하는 것은 문자 그대로 자살 행위이다.

저항할 것까지도 없이, 중무장한 경찰의 신경을 건드리거나 짜증이 나게끔 움직이기만 해도, 경찰의 막강한 화력을 자극하게 된다. 1999년 2월 아마두 디알로의 비극적 피살이 한 예이다. 그는 기니 출신의 이주자로서 무장이라고는 없는 행상이었을 뿐인데, 자신의 아파트 문 앞에서 뉴욕 경찰국 소속 네 명의 백인 경관으로부터 발사된 41발의 속사 탄환의 과녁이 되었다 (그중 19발이 그의 몸을 관통했다).[330] 경찰관은 "전쟁 중"이고, 직무 수행중인 경관은 적으

---

329) *New York Times*, 1999년 3월 1일, A1, 16.
330) 1999년에 뉴욕의 인구에서 백인은 43.4%였지만 경찰관 중에서는 67.4%가 백인이었다. 그리하여 미국의 대도시 가운데 경찰력이 인종적으로 가장 왜곡된 세 곳 중 하나로 들어갔다. 경감만을 보면 총 449명 중 94%가 백인이었다. *New York Times*, 1999년 3월 8일, A14.

로 가득 찬 "적군의 영토" 안에 위치한다고 가정된다. 그 직무에 투입된 경찰관들이 모두 주민들과는 "반대되는" 인종일 때 특히 이런 식의 가정이 자리를 잡는다. 엉뚱한 사람에 대한 자의적인 정지, 수색, 체포, 구타, 살해, 증거 심기, 허위 경찰 조서, 경관에 의한 법정 위증 등은 설사 불규칙적으로 자행되거나 개인적인 원한을 풀기 위해 이뤄지더라도 인권 침해를 구성한다. 불규칙적이거나 개인적인 분풀이의 경우라면 개인(들)의 인권에 대한 침해가 될 것이다. 반면에 특정한 공동체에 사는 특정 집단의 인민을 겨냥해서 저런 짓들이 자행된다면, 인민이 국가로부터 평등한 권리와 보호를 향유하면서 자신의 공동체에서 살 집단적 권리에 대한 침해를 구성한다. 국가는 소수자 시민들의 공동체들을 국가 폭력에 노출되는 잠재적 피해자로 만들지 않으면서 범죄로부터 보호할 길을 찾아야 한다. 전쟁의 수사는 그러한 공동체들을 경찰을 위한 전쟁터, 잠재적으로 적군인 "타자들"로 가득 찬 지대, 내부의 "쓰레기들"331)로 가득 찬 지대로 바라보는 정신 상태를 자아낸다.

제3절 국내에서 벌어지는 국가 폭력의 궁극적 행위
: 사형집행

신체에 대해 가장 극단적이고 가장 회복하기가 불가능한 방식으로 가해지는 형벌은 죽임이다. 산업화된 주요 나라들 가운데 사형제

___

[331) 원문에서 사용된 단어는 gooks이다. 이는 보통 동양인을 폄하하는 인종주의적 욕설이지만, 이 경우에는 동양인에만 국한하지 않기 때문에 이렇게 옮겼다.]

를 시행하고 있는 마지막 나라가 미국이다. 앰네스티 인터내셔널은 1998년에 경찰의 가혹행위, 감옥의 환경, 그리고 망명 신청자의 처우로까지 시선을 넓혔는데, 그때까지 미국에서 앰네스티 인터내셔널의 인권 활동은 주로 사형제 폐지에 바쳐졌다. 미국의 처벌 풍토에서는 사형을 선고할 수 있는 죄목을 늘리고 (오클라호마 시의 연방 정부 청사 폭파 사건 이후 클린턴 대통령이 제안하고 의회가 통과시킨 연방법에 의해 많은 죄목이 첨가되었다), 사형 선고를 받은 사람의 항소권을 제한해야 한다는 압력이 완강하다.

2000년 7월 20일 현재, 연방 죄수 가운데 집행을 기다리는 사형수는 19명인데, 그 가운데 13명이 아프리카계 미국인이고, 한 명은 라티노, "기타"가 한 명, 그리고 백인은 4명이다. 따라서 79%가 백인이 아니다.[332] 같은 해에 미국 법무부는 연방 검사가 사형을 구형한 사건들을 검토한 결과, 그때까지 5년 동안에 그러한 피고인의 75%가 소수 집단에 속했음을 밝혀냈다. 그들 중 50%는 흑인이었다.[333]

연방 법원에서보다 주 법원에서 더 많은 사람들이 사형 선고를 받는다. 그중에서 텍사스가 최고 기록을 가지고 있다. 미국 연방 대법원이 사형제의 부활을 허가한 1976년부터 2002년 1월 31일까지, 758명이 실제로 사형을 당했고 훨씬 많은 수가 사형집행 또는 항소심을 기다리고 있다.[334] 연방 법원과 주 법원에서 사형 선고를 받

---

332) Death Penalty Information Center, *The Federal Death Penalty System : A Statistical Survey (1988~2000)*, 3쪽 (http://www.deathpenaltyinfo.org/fedrpt.html).
333) *New York Times*, 2000년 9월 12일, 18.
334) Death Penalty Information Center, *Race of Defendents Executed Since 1976*, 2002, 1. 사형 집행이 가장 많은 주는 텍사스, 버지니아, 플로리

은 사람을 합해서 보면, 42%가 흑인인데 미국 전체 인구에서 흑인의 비율은 12%밖에 안 된다.335) 더구나 1990년 미국 감사원 보고서는, "검토해 본 연구의 82%에서 사형에 해당하는 살인죄로 기소되거나 사형 선고를 받는 데에 피해자의 인종이 영향을 미치는 것으로 나타났다. 다시 말해, 흑인을 살해한 경우보다 백인을 살해한 경우에 사형 선고의 확률이 높았다"336)고 말한다. 그 후로 아무것도 바뀌지 않았다. 2002년 1월까지 사형 선고의 81%는 백인이 살해된 경우였다.337)

계급적 편향도 있다. 아프리카계 미국인들이 가난한 비율은 백인에 비해 훨씬 높기 때문에, 이는 인종과 어느 정도 겹친다. 사형집행을 당하는 사람은 거의 언제나 재정적 자원이 없어서, 부유한 시민들이 받는 종류의 법률적 방어의 능력이 없는 사람들이다. 제프리 리먼은, "국선 변호인들은 월급 받는 법률가로서, 사설 형사 변호인에 비해 업무 부담이 훨씬 무겁다. 그리고 법원이 선임하는 사설 변호인들은 정상적인 의뢰인에게 청구하는 수임료보다 훨씬 낮은 수임료를 받는다. 그렇기 때문에 가난한 피고를 변호하기 위해 많은 시간을 바칠 수도 없고 그럴 동기도 없다"고 쓴다.338) 사형집행을 기다리는 사형수들의 여러 사례들을 연구한 다음에 스티븐 게팅거는,

---

다, 미주리의 순서이다. *New York Times*, 1999년 1월 29일, A10.
335) Amnesty International, *United States of America : Rights for All*, 109.
336) Ibid., 111에서 재인용.
337) Death Penalty Information Center, *Race of Defendents Executed Since 1976*, 2002, 1.
338) Jeffrey H. Reiman, *The Rich Get Richer and the Poor Get Prison : Ideology, Class, and Criminal Justice*, 2nd edition (New York : John Wiley and Sons, 1984), 92.

"사형집행을 기다리는 사람들에서 현저하게 나타나는 한 가지 특징은 불충분한 변론"이라고 결론 내렸다.[339] 스티븐 브라이트도 「가난한 사람의 변론」을 다룬 논문에서 같은 결론에 도달했다. 여기서 그는 사형 선고가 자주 내려지는 분야에서는 변호사들이 무능하고 보수를 충분히 받지 못하는 것이 특징적인 상궤라고 주장한다.[340] 텍사스 주는 사형에 관한 기록들을 경신하고 있는데, 국선 변호인에게 지급하는 금액이 꼴찌에서 세 번째이다. 주 정부에서는 한 푼도 제공하지 않고, 시군 정부에게 맡겨 두고 있다. 뿐만 아니라 텍사스는 많은 인구를 보유한 주 가운데, 주 안의 주요 도시에 국선 변호인의 조직된 체계를 갖추지 않고 있는 유일한 주이다. 판사들이 이들에게 수임료를 지급하는데, 사건당 50달러에서 350달러로 낮게 책정되어 있다. 따라서 변호사가 해당 사건에 많은 시간을 들이지 못하게 유도한다. 텍사스 의회의 상원과 하원은 1999년에 국선 변호인을 위한 주의 기금을 마련하고, 국선 변호인에게 기대되는 표준을 끌어 올리는 법안을 만장일치로 통과시켰다. 그러나 당시 주지사로 있던 조지 W. 부시가 거부권을 행사했다.[341]

이는 법 앞에서 진정한 평등을 방해한다. 그리고 이런 경우에 성급한 변론 또는 단지 준비가 소홀한 변론의 대가는 사람의 생명이다. 불충분한 변론 때문이든 경찰과 검찰이 부정직한 때문이든, 사형

---

339) Stephen Gettinger, *Sentenced to Die : The People, the Crimes, and the Controversy* (New York : Macmillan, 1979), 261. Jeffrey H. Reiman, *The Rich Get Richer and the Poor Get Prison.* 93에서 재인용.
340) Stephen B. Bright, "Counsel for the Poor : The Death Sentence Not for the Worst Crime but for the Worst Lawyer", Hugo Bedau, ed., *The Death Penalty in America : Current Controversies* (Oxford University Press, 1997), 275~318.
341) *New York Times*, 2000년 12월 20일, A17.

장에서 죽임을 당하는 사람 가운데 무고한 사람들이 일정 비율 있다는 점을 우리는 분명히 안다. 그러나 그 비율이 얼마나 되는지는 모른다. 내가 사는 일리노이 주의 경우, 노스웨스턴 대학교 언론학 대학의 데이비드 프로테스(David Protess) 교수는 그 학교 법과대학 산하 <부당한 선고 센터>와 협력하여 일하면서 탐사 취재 과목의 수강 학생들에게 수상한 사형 선고의 사례들을 조사하도록 시켰다. 그와 학생들이 흘린 땀은 3년 사이에 사형수 다섯 명의 목숨을 살리는 결실로 이어졌다. 이 글을 쓰고 있는 현재, 가장 최근의 사례는 앤서니 포터 씨의 경우이다. 이 사람은 아프리카계 미국인으로서 아이큐가 51밖에 안 된다. 사형은 고사하고, 그보다 훨씬 가벼운 형벌을 따지는 재판정에서도 자신을 변호할 능력이 의심스러운 것이다.[342] 이들은 사법 외적인 순수한 학문적 동기에서 개입하게 된 것이지만, 이들의 개입이 없었더라면 그 다섯 사람은 국가에 의해 부당하게 살해당했을 것이 틀림없다. 전체적으로 일리노이 주가 사형제를 부활한 1977년 이후 사형 선고를 받은 사람들 가운데 절반 이상에게 (2000년 1월 현재 24명 중 13명에게) 내려진 판결이 나중에 번복되었다. 그들 대다수는 사형집행을 기다리면서 여러 해를 보냈다. 일리노이 주는 사람을 죽이는 광란의 목록에서 선두가 아니다. 일리노이 주에서, 그리고 텍사스, 버지니아, 플로리다, 미주리처럼 사형집행건수가 많은 주에서, 사형을 당한 사람들 가운데 무고한 사람이 실제로 얼마나 되는지는 상상만 할 수 있을 따름이다.[343]

　미국에서는 연방 대법원이 2002년 6월에 (앳킨스 대 버지니아 사

---

342) *New York Times*, 1999년 1월 5일, A14.
343) Amnesty International, *United States of America : Rights for All*, 100.

건, 00-8452) 금지하기 전까지 정신 지체자들에게 사형이 집행되었
다. 미성년일 때 범죄를 저지른 사람들에게도 (「시민적, 정치적 권
리에 관한 국제 규약」 제6조 제5절을 명백히 위반하면서) 사형이
집행되었다.344) 「시민적, 정치적 권리에 관한 규약」에 서명하면서
미국 정부는 이 규약의 조문들이 미국 법보다 우선하지 않는다는 유
보조건을 명시했다. 유엔 인권위원회는 그런 유보조건은 규약의 목
적과 부합하지 않기 때문에 무효라고 판시했다. 이것은 미국이 인권
에 관한 국제적 합의의 바깥에 위치하는 하나의 사례일 뿐이다. 아
울러 조약 준수의 의무와 크게 어긋나게 외국인들이 자기네 나라 영
사를 만날 권리에 관해 정보를 제공받지 못한 상태에서 체포되고,
사형을 다루는 재판을 받고 있다. 이 권리는 1963년의 「영사 관계
에 관한 비엔나 협약」에서 부여된 것으로서, 미국이 자국의 시민을
보호하기 위해 공세적으로 밀어붙였던 협약이므로 법률적으로 구속
을 받아야 하는 것이다.

그렇지만 미국은 인권에 관한 서양의 합의 바깥에 위치한다. 그리
고 인종적으로나 종족적으로 차별적인 방식으로 시행되거나 않거나
에 상관없이, 사형제 자체가 인권을 침해한다는 전 세계적으로 점증
하는 합의에 반대한다. 1970년에 사형제를 폐지한 나라는 30개에
미치지 못했지만, 2000년에 이르러는 110국이 폐지했다.345) 기실,
인권에 대한 나의 전체론적 접근이 인민의 잠재력 발현을 돕는 데에
부여하는 중요성을 감안하고 생각하면, 사형을 인권 침해로 여기는
나라들이 옳다는 결론이 나온다. 살인을 저지른 개인은 동료 인간에

---

344) Ibid., 114.
345) 앰네스티 인터내셔널 의장 폴 호프만(Paul Hoffman)이 AP에 제공한 자료.
    Champaign-Urbana News-Gazette, 2000년 12월 19일, 7에 보도.

게 끔찍한 짓을 자행했다. 이 행위를 국가가 무시할 수는 없다. 국가는 이에 관해 세 가지 일을 해야 한다고 나는 주장하고 싶다. 가해자를 처벌해야 한다. 가해자가 또 다른 피해를 입히지 못하도록 공동체를 보호해야 한다. 그리고 앞의 두 사항과 관계가 있는 세 번째 사항으로, 국가는 가해자에게 내재하는 선한 편의 잠재력들이 발현되도록 도와줘야 한다. 그러한 도움은 감옥이나 정신병원 안에서 이뤄질 수도 있다. 이에 비해 사형은 모든 향상의 가능성, 자기가 가진 선한 편의 잠재력을 발현할 기회 대신에 사회에 무언가 긍정적인 것을 제공할 수 있는 가능성의 싹을 잘라 버린다. 사형은 개선적인 정의보다는 폭력적인 복수를 제공하는 것이다. 그리고 두말할 나위도 없이, 사형은 사형당한 사람이 경찰과 사법 기구의 무고한 피해자였음이 나중에 드러나더라도 치유할 길이 없는 유일한 형벌이다.

다른 사람을 해친 사람들의 잠재력을 긍정적으로 발현시키는 데 관심을 기울이고, 부당한 선고로 판명되었을 때 치유할 수 있는 가능성을 열어 놓는 정의가 건설적 처벌의 정의이다. 그리고 건설적 처벌의 정의야말로 내가 생각하는 인권의 개념에 부합하는 유일한 형태의 정의이다. 인종과 계급의 불균형이 문제를 복잡하게 만든다. 여기에 개인적 권리뿐만 아니라 집단적 권리라는 차원도 첨가된다. 그렇지만 설령 사형이 한 사회 안에서 불규칙적으로 분포한다고 해도, 그리고 심지어 설령 선고 받은 사람들이 모두 유죄라고 해도, 사형은 여전히 위에 거론한 이유들 때문에 인권 침해인 것이다. 그런데 만약 범죄의 문제를 "전쟁"의 관점에서 바라보게 되면, 적을 죽이는 것이 목표가 아니겠는가? 그러므로 "범죄와의 전쟁"이라는 비유의 종착점은 문자 그대로 사형이 되는 것이다.

제4절 선고, 형기, 배심원 선정, 정치적 권리의 불평등

전쟁이라고 해서 항상 적을 죽이는 것은 아니다. 때로는 적을 나포해서 포로수용소에 넣기도 한다. "범죄와의 전쟁"은 이미 존재하는 감옥의 인구밀도를 높였고, 감옥의 수를 늘렸다. 원하지 않는 사람들을 잡아다가 이러한 시설에 가두는 과정에서도 국가 폭력은 명백히 나타나고 있다. 감옥의 인구 분포는 미국 전체 인구 분포를 대표하지 않는다. 사형에서 그랬듯이 여기에도 계급적 편향이 있다. 리먼은 『부자는 더 부유해지고, 빈자는 감옥에 간다』에서 1970년대와 1980년대의 계급 편향을 풍부한 증거로 밝혀냈다. "유사한 범죄로 기소되고 유사한 전과를 가진 개인들에 관한 여러 연구를 보면, 가난한 피고인이 부유한 피고인보다 유죄 선고를 받을 확률이 더 높다"고 리먼은 적고 있다.346) 뿐만 아니라 폭력이 사용되지 않는 범죄에 국한해서 보더라도 가난한 사람들은 예컨대 절도나 좀도둑 같은 범죄를 저지르는 경향이 있는데 비해, 부유한 사람들은 횡령, 사기, 조세 포탈과 같은 범죄를 저지르는 경향이 있는데, 절도범은 횡령범에 비해 실형을 살 확률이 높고 형기도 대개 길다.347)

그렇지만 최근 미국에서 감옥의 인구 분포를 일그러뜨리는 가장 두드러진 요인은 인종과 관계가 있다. 미국 법무부 산하 교정연구소에서 자금을 대고 랜드연구소가 행한 1983년의 조사에서는 부과된 선고의 형태 및 실제로 복역한 형기의 길이에서 공히 통계적으로 유의미한 인종 간 편차가 발견되었다.348) 같은 조사에서 범죄를 왜

---

346) Jeffrey H. Reiman, *The Rich Get Richer and the Poor Get Prison*, 90.

347) Ibid., 99~100.

저질렀느냐는 질문에 실직해서, 일자리를 찾을 수 없어서, 집세와 식량과 생계를 위해 돈이 필요했다는 이유들이 응답한 수감자들에게 가장 흔한 것이었지만, 아프리카계 미국인들에게 특히 절실한 사유들이었다.349)

1997년에 연방과 주의 교도소에 수감된 사람 가운데 아프리카계 미국인의 비율은 49%였다. 1995년에 20세에서 29세 사이 아프리카계 미국인 중 3분의 1이 유치장이나 감옥에 있거나 집행유예 중이거나 가석방 중이었다.350) 유색인에게서 높게 나타나는 중범죄와 옥살이의 비율은 정치적 권리의 행사에 대해 심각한 함의를 지닌다. 1997년에 아프리카계 미국인 남성 중 14%는 그러한 유죄 선고 때문에 투표권을 갖지 못했다.351) 미국에서는 배심원의 선정도 투표인 명단에서 추출될 때가 있기 때문에, 투표권을 가지지 못했다는 것은 배심원 후보에서도 누락된다는 뜻이다.

알렉시 드 토크빌은 19세기에 미국을 방문하고서 민주주의의 특색 두 가지에 강렬한 인상을 받았다. 지역마다 독특한 뉴잉글랜드의 마을회의가 그 하나였다. 그리고 배심원 재판이 모든 곳에서 이뤄진다는 것이 두 번째였다. 전문적 법률가가 참석하지 않은 한 어떤 동료 시민의 운명에 관해 배심원들이 토론하도록 허용되지 않는 프랑스와 달리, 미국의 형사 피고인에게는 법률을 전공하지 않고 자신과 같은 비전문가들에 의해서 유무죄가 판가름될 권리가 있다. 그런데

---

348) Joan Petersilia, *Racial Disparities in the Criminal Justice System* (Santa Monica, CA : Rand, 1983), vii.
349) Ibid., 74~75.
350) David L. Evans, "Lost Behind Prison Bars", *Newsweek*, 1998년 9월 7일, 20.
351) CNN News, 1997년 1월 30일 보도.

과연 그런가?

남북전쟁 이전에 아프리카계 미국인을 배심원으로 허용한 곳은 매사추세츠 주뿐이었다.352) 1986년까지 연방 대법원은 배심원 선정에서 검찰 측의 인종차별적인 거부권을 허용했다.353) 1965년 <스웨인 대 앨라배마> 사건에서는 아주 노골적으로 그랬다.354) 이는 아프리카계 미국인 한 사람이 전원 백인으로만 구성된 배심원단에 의해 유죄 평결과 사형 선고를 받은 사건이다 (결국 사형이 집행되었다). 배심원 후보 명단에는 아프리카계 미국인들이 소수 들어있었지만 그들은 모두 배척당했다. 연방 대법원은 후보 명단에 있던 아프리카계 미국인들을 배제한 것은 "소송 전략"의 일환으로서 용납할 수 있다고 판시했다.355) 1986년 <배트슨 대 켄터키 (476 U.S. 79)> 사건에서 대법원은 다시 이 주제를 다루면서, 어떤 사실 심리에서든지, 만약 검사의 특정한 행태나 언설을 근거로 피고인이 명분 있는 항의를 하고, 어떤 배심원 후보를 탈락시키기 위해 검사가 제시하는 비인종적 사유가 타당하지 않다고 판사를 설득할 수 있다면, 그런 경우 판사는 검사의 거부권을 받아들이지 않을 수 있다고 결정했다.

현재 연방 대법원장인 윌리엄 렌퀴스트356)가 종래의 스웨인 판례

---

352) Randall Kennedy, *Race, Crime, and Law* (New York : Pantheon Books, 1997), 169.

[353] 미국의 배심재판에서 배심원의 선정은 전체 가능한 후보의 명단에서 검사와 변호인이 거부하는 사람을 빼 나가는 방식으로 이루어진다.]

354) Swain vs. Alabama (380 U.S. 202), 225, 1965.

355) Ibid., 195.

[356] 렌퀴스트(William Rehnquist, 1924~2005) : 닉슨에 의해 1972년 연방 대법관으로 임명되고, 레이건에 의해 1986년 9월 26일에 대법원장이 되었다. 필즈가 이 책을 쓸 때에 대법원장이었다. 1986년 4월 30일에 판결이 나온 배

340

를 지지하면서 이 판결에서 소수 의견을 낸 것이 흥미롭다.[357] 그
렇지만 배트슨 판결에 의해서 규제가 약간 더 엄격해졌지만, 여전히
검사들의 행태는 문제라고 랜덜 케네디는 주장한다. 배트슨 판결 이
후 7년 반 동안 (1986년 4월 30일부터 1993년 12월 31일까지) 연
방과 주의 모든 법원의 판결 보고서들을 검토한 조사를 그는 인용한
다. 이에 따르면, 피고인들이 배심원 선정에서 인종차별적인 거부가
행해진다고 항의한 사례 가운데 판사가 검사에게 배트슨 판결을 위
반했다고 판시한 경우는 10%를 조금 넘을 뿐이다.[358] 아울러 그는
중요한 사실 하나를 덧붙여 인용한다. 검사들이 거부권을 행사할 때
제시하는 기준들을 백인 배심원들에게는 적용하지 않는다는 사실로
써 검사들의 명분이 거짓임이 쉽게 증명되는데, 바로 이와 같은 거
짓말 역시 심각한 문제라는 것이다.[359] 주정부는 가령 고등학교 졸
업장과 같은 기준을 (백인들보다 아프리카계 미국인 사이에 고졸자
비율이 낮다) 배심원 자격에 첨가할 수 있다. 아프리카계 미국인들
은 유권자 등록률도 낮다.[360] 여기에 더해서, 전과 (동료들로 구성

트슨 사건 때는 버거(Warren Burger, 1907~1995)가 대법원장이었다. 2005
년에 사망하자, 조지 W. 부시가 존 로버츠를 후임 대법원장에 임명했다. 렌퀴
스트 대법원은 미국 역사상 대표적인 보수 대법원이었다.]

357) 렌퀴스트의 논리는, 어떤 집단 출신의 어떤 개인이라도 인종차별적인 거부로
말미암아 배심원으로 선정되지 못할 수가 있기 때문에 이런 부담은 백인에게도
마찬가지라는 것이었다. Ibid., 207~208.

358) 푸에르토리코의 민족주의자인 내 친구 하나가 1999년 3월에 연방 법원에서
유죄 평결을 받았다. 배심원 후보 명단에서 라티노 남성과 여성은 모두 검사
측의 거부 때문에 배제되고 구성된 배심원단에 의한 평결이었다.

359) Randall Kennedy, *Race, Crime, and Law* (New York : Pantheon
Books, 1997), 208~209.

[360) 미국의 (노스다코타 주 제외) 유권자 명부는 관공서에서 파악한 주민을 자
동적으로 올려 작성하지 않고 유권자 개인이 (주정부 청사, 운전면허시험장, 학
교, 도서관 등에) 출두하거나 우편을 통해 등록해야 한다.]

되지 않은 배심원단에서 유죄 평결을 받았다고 하면 여기에는 순환 효과가 아마도 있을 것이다) 때문에 배심원 후보 명단에서 배제되고, 다시 인종적인 동기에서 검사에 의해 배심원에서 배척된다고 하면, 아프리카계 미국인 개인 한 사람 한 사람에 대해 그리고 아프리카계 미국인 전체로 이루어진 집단에 대해 인권이 심각하게 침해되는 것을 누구나 볼 수 있을 것이다. 소수 집단 출신 판사 또한 상대적으로 적기 때문에 이 문제는 가중된다.

공판 체계에서 아프리카계 미국인들의 권위 있는 목소리가 배제되고, 또 그 때문에 아프리카계 미국인 피고들은 유죄 판결을 받는 비율이 높아지는 현상은 사회적 인정의 박탈이라는 점에서도 아주 심각하다. 많은 아프리카계 미국인들이 중범죄에 유죄 선고를 받고 실형을 복역한 전력이 있다는 이유로 투표에서 배제된다는 것은 대의민주주의에서 상호결정과 자기결정이라는 주요 정치 과정에서 배제된다는 말이 된다. 이는 정치적/시민적 인권의 심각한 박탈에 해당한다.

제5절 감금

비비엔 스턴은 이렇게 썼다 : "투옥은 인권 침해와 관련해서 초점을 맞춰야 할 주요 관심사이다. 한 부류의 인간들이 다른 부류의 인간들에 의해서 통제를 받으면서 음식, 신체 기능의 수행, 외부 세계와 접촉할 통로, 작업, 운동 등을 위해 그들에게 의존한다. 감옥의 높은 담벼락 안에서 누군가 죽더라도 은폐는 용이하고, 질문을 제기하기는 어렵다."361)

미국에서 감금은 연방 교도소, 주 교도소, 그리고 시군의 유치장 등 세 층위가 있는데, 이 모든 층위에서 인권의 박탈이 광범위하게 자행되고 있다. 1991년 현재, 연방 정부는 최대 38,584명을 수용할 수 있도록 설계된 67개 감금 시설을 운영하고 있다. 그러나 실제로는 수용한도를 59% 초과하여 61,325명을 가두고 있다.362) 연방 범죄, 특히 마약 관련 범죄가 증가하면서 감옥의 인구는 1995년에 100,250명으로 늘어났다.363)

속박 상태에 있는 사람들을 이렇게 많이 모아 두게 되니까, 감옥 인구 사이에 긴장이 고조되었다. 그리하여 수감자들 사이에서 그리고 수감자와 간수 사이에서 폭력의 빈도가 높아졌다. 1960년대와 1970년대에 연방 교도소는 주나 시군의 감옥에 비해 인간적이고 안전한 시설이라는 평판을 받았다. 그런데 1980년대에 연방 정부는 규칙을 위반하거나 폭력적인 죄수를 겨냥한다는 명목으로, 극단적으로 혹독한 조건을 신설하기로 결정했다. 일리노이 주 매리언 시에 만들어진 남성용 감옥과 켄터키 주 렉싱턴 시에 "철통경비대"라는 이름으로 만들어진 여성용 감옥이 그렇게 해서 처음 생겼다.

<브루시노 대 칼슨 재심 사건 (854 F. 2nd, 1988)>에서 제7 연방항소법원은, 다른 과밀 교도소에서 매리언 교도소로 이송된 수감자들의 폭력적인 본성을 이유로 수감자들이 제기한 소원을 기각하면서도 그곳의 환경이 "더럽고 끔찍하다"고 묘사했다. 법원의 묘사는

---

361) Vivien Stern, *A Sin Against the Future : Imprisonment in the World* (Boston : Northeastern University, 1998), 11.
362) Human Rights Watch, *Prison Conditions in the United States* (New York, 1991), 71.
363) Vivien Stern, *A Sin Against the Future : Imprisonment in the World* (Boston : Northeastern University, 1998), 39.

다음과 같다.

상시적 감금의 결과 매리언 교도소의 수감자 각자는 잠깐 바람을 쐴 때 (일주일에 7시간에서 11시간 정도), 샤워할 때, 양호실에 갈 때, 법률 도서관에 갈 때, 등을 제외하고는 항상 독방에 갇혀 있다. (아래 나오듯이, 일부 수감자는 독방 바깥에서 시간을 좀 더 가진다.) 바람을 쐰다는 것은 폐쇄된 작은 공간에서 걷는다는 뜻이다 —때로는 단지 독방들 사이의 복도를 걷는 데 그치기도 한다. 수감자들은 창살 사이로 들이밀어진 쟁반에 담긴 음식을 독방 안에서 먹는다. 독방은 현대적이고 제법 널찍해서 텔레비전, 침대, 화장실, 세면대가 갖춰져 있다. 하지만 다른 가구는 전혀 없고, 수감자가 독방 바깥으로 나올 때에는 손목에 수갑이 채워지고 그 위에 다시 차꼬를 씌워 잠금장치를 손댈 수 없게 만든다. 다리에 족쇄가 채워질 수도 있다. 수감자들끼리는 대화가 금지되고, 종교적 활동도 집단적으로는 할 수 없다. 독방에서 음식물을 집어 던지거나 여타 다른 방식으로 나쁜 짓을 저지르면 날개를 편 독수리 모양으로 침대에 묶여서, 몇 시간 동안 고정될 때가 많다. 밖에 나갔다가 돌아온 수감자에 대해서는 자주 (특별 감시 대상에게는 항상) 직장 검사가 행해진다. 의료진이 장갑 낀 손가락을 수감자의 직장에 넣어 동그랗게 휘저으면서 칼 따위 흉기 또는 반입 금지 품목을 숨기고 있지 않은지 검사하는 것이다.[364]

수감자들의 변호인들과 인터뷰한 영국의 한 학자는, 교도소 내 처벌용 특실에 갇힌 적이 있는 수감자 가운데 일부는 심리적으로 혼란을 겪어 자신의 배설물을 먹기까지 한다고 알렸다.[365] 1990년대 중

---

364) Human Rights Watch, *Prison Conditions in the United States* (New York, 1991), 75~76에서 재인용.

365) 맨체스터 대학 미국학 연구소의 교수이자, 런던에 있는 인종관계연구소의 부소장인 루이스 쿠시니크가 나와 대화 중에 한 말이다. 독방 감금이 수감자에게 미치는 효과를 전문적으로 연구하는 하버드 대학 정신과 의사 스튜어트 그래시언(Stuart Grassian)은 1999년 12월에 연방 정부에 의해서 독방에 감금되고, 반복적으로 발가벗김과 수색과 감시를 당하는 수감자는 심리적으로 퇴영되어 자신을 방어할 의지력조차 부족해질 수가 있다는 보고서를 제출했다. *New*

반에 이런 시설이 콜로라도 주 플로렌스 시에 하나 더 생겼다. 이것
은 먼저 지어진 매리언 교도소보다 건축학적으로나 기술적으로나 더
욱 정교한 형태를 지향하면서 설계되었다.

사람들을 매리언이나 플로렌스로 보내는 결정은 연방교정국의 관
리들이 내린다. 이런 시설들이 존재하는 명분은 반항적이거나 품행
이 나쁜 수감자를 벌주고, 그럼으로써 여타 수감자들을 제지하려는
데 있지만, 실제로는 정치적인 동기에서 나온 범법 행위로 유죄 판
결을 받은 사람들이 곧바로 그런 곳에 보내지고 있다. 아메리카 원
주민 활동가 레너드 펠티어366)와 푸에르토리코 민족주의자들 여러
명이 그러한 예이다. 정치범이 없다고 미국은 잡아떼지만, 이런 사람
들에게 이렇게 극단적인 처벌을 가하는 까닭은 그들이 저지른 행위
의 정치적 성격 때문인 것이 틀림없다.367)

미국의 감옥 행정은 주의 층위에서도 강경해졌다. 실제로 1990년
대 말, 많은 주들이 매리언과 플로렌스의 연방 교도소를 본떠 교도
소들을 신설했다. 그러나 연방의 "초강력" 모델을 특별히 본뜨지 않
은 "정상적" 주 교도소에서조차 수감자들에 대해 심각한 가혹행위가
벌어진다. 학대가 가장 심한 곳은 아마도 조지아 주일 것이다. 〈뉴
욕타임스〉의 보도에 따르면, "수갑 찬 일부를 포함하여 바닥에 눕혀
진 죄수들을 벽에 피가 튀어 박힐 때까지, 주먹으로 때리고 발로 차

York Times, 1999년 12월 15일, 25.

366) 아메리카 원주민 운동 그리고 흑표범당(Black Panther Party)을 국가가 어
떻게 대우하고 억압했는지에 관해서는, Ward Church and Jim Vander Wall,
*Agents of Repression : the FBI's Secret Wars Against the Black
Panther Party and the American Indian Movement* (Boston : South
End Press, 1990)를 보라.

367) 매리언 교도소에 갇힌 정치범들의 개별적인 이름은 Human Rights Watch,
Prison Conditions in the United States (New York, 1991), 77을 보라.

고 구둣발로 짓밟는 광경을" 조지아 주 교정행정국장인 웨인 가너가 구경했다고 "폭도진압반의 레이 매크오터 교위(矯衛)가 오늘 연방 법원의 공판정외 증언에서 말했다."368) 가너 국장의 최고위 참모가 몸소 "저항하지 않는 수감자 한 명을 머리끄덩이를 잡아 바닥을 훑으며 끌고 다님"으로써, 수감자들에 대한 간수들의 공격에 불을 붙였다.369) 국장의 참모가 수감자 한 명을 학대하는 광경을 본 후에 광란의 구타극을 벌인 간수들은 수감자에 대한 폭행을 기념하기 위해 열린 그날 저녁의 닭요리 만찬에서 국장에게 박수를 받았다. 미국 <남부 인권 센터>가 애틀랜타의 연방 법원에 수감자들을 대신해 소송을 제기했고, 거기서 증언한 교위는 그 기념잔치를 이렇게 묘사했다 : "모두들 서로를 향해 하이파이브를 하고, 악수를 하고, 서로 등을 두드리고 축하하면서, 얼마나 세게 짓밟았는지 허풍을 떨어댔다."370)

이것은 우리가 생생한 현장 묘사를 확보한 하나의 사례일 뿐이다. 그러나 앰네스티 인터내셔널과 휴먼 라이츠 워치에 따르면, 구타나 신체에 영구적 손상을 입힐 정도로 속박 기구를 고통스럽게 사용하는 등의 신체적 가혹 행위는 주 교도소에서 광범위하다.371) 1989년 말 41개 주의 교도소 수감자들을 대상으로 배포된 설문조사에서, 열 명 중 일곱 명 꼴로 간수들이 수감자를 폭행하는 광경을 목격했다고

---

368) Rick Bragg, "Prison Chief Encouraged Brutality, Witnesses Report", *New York Times*, 1997년 7월 1일, A12.

369) Ibid.

370) Ibid.

371) Amnesty International, *USA : Police Brutality in Los Angeles* (London, 1992), 55~72 ; Human Rights Watch, *Prison Conditions in the United States* (New York, 1991), 52~53.

응답했다. 그 일곱 명 가운데 40%는 그런 광경을 늘 봤다고 했다.372)

그렇지만 구타라든지 고통스러운 속박 기구의 사용만이 신체에 대해 가해지는 전부는 아니다. 매리언과 플로렌스의 연방 시설에서도 그렇듯이, 수감자를 더욱 순종적으로 만들기 위해 격리시키는 관행도 있다. 뉴저지 주의 교도소 중 한 곳에서는 아프리카계 미국인들이 "5 퍼센트"라 불리는 집단을 결성했다. 이 집단의 목적은 영혼적이라고, 다시 말해 수감자들에게 더 큰 자존감과 자신감을 불어넣기 위해서라고 단원들은 주장한다. 반면에 교도소에서 기강을 책임지는 교도관은 이들을 하나의 "광신교"라고 부른다. 이 교도소에서는 7가지 항목을 점검하는 벌점 제도를 시행하는데, 그 가운데 두 항목 이상에서 걸리면 독방으로 간다. "5 퍼센트" 집단에 단순히 가입만 해도, 그 집단에서 읽는 문헌을 가지고만 있어도, 그 집단에 관해 글을 써도, 그 집단의 단원과 얘기만 나눠도 걸린다. 어떤 명시적인 행동을 취하지 않더라도 아주 작은 독방에 유폐되어, 운동을 위해 잠시 나올 시간도 허용되지 않을 수가 있다.373)

---

372) Mark Hamm et al., *The Myth of Humane Imprisonment : A Critical Analysis of Severe Discipline in Maximum Security Prisons, 1945~1990*, Prison Discipline Study (Sacramento, CA, 1991). Human Rights Watch, *Prison Conditions in the United States* (New York, 1991), 52에서 재인용. 이 보다 먼저 나온 책, Robert J. Minton ed., *Inside : Prison American Style* (New York : Random House, 1971)을 보면, 잔혹한 감옥의 사정과 그로 인한 심리적 정신적 효과가 상세히 나온다. 예컨대 캘리포니아의 솔대드 감옥에서는 12건의 자살 사건이 있었다(133~136). 1966년 미국 연방 지구법원의 한 판사는 솔대드 교도소에서 "구덩이"에 갇힌 수감자에게는 빛, 통풍, 심지어 온기마저 차단되고 물과 비누, 칫솔과 치약, 의복, 배설물의 밀봉과 처리도 모두 차단된다고 확정했다(131~132).
373) 수감자들 및 교도소 당국자들을 상대로 한 NPR(National Public Radio)의 인터뷰, 1999년 3월 4일.

시군의 층위에서는, 수감자들을 어떻게 대우할지가 선거로 뽑히는 경찰서장에게 대략 맡겨져 있다. 경찰서장은 투표자들로부터 직접 위임을 받기 때문에 해당 지역의 여타 민간인 공직자들에게 해명해야 할 필요가 없다. 일부 경찰서장은, 특히 남부와 남서부에서, 죄수들을 한 줄의 쇠사슬로 엮어 땡볕 아래 여러 시간 노역을 시키는 옛날의 관행을 되살려내기도 했다. 무더위 속에서 족쇄를 차고 중노동하는 벌을 주고, 죄수복을 입고 사슬에 엮인 모습을 일반 공중에게 보이도록 함으로써 창피를 준다는 취지이다. 젊은이들에게 법을 어기면 어떻게 되는지를 가르치려는 효과도 의중에 들어 있다. 이런 조건에서 노동하기를 거부한 죄수 중에는, 식민지 시대의 형틀처럼 고통스러운 고정 자세로 공개된 장소에서 꽁꽁 묶인 채 땡볕 아래 방치되는 경우도 있다.

이 분야에서도 현대식 기술이 도입되었다. 수감자들을 쇠사슬로 엮는 처사에 앨라배마의 〈남부 빈민법 센터〉를 비롯한 개인과 단체들이 항의를 제기했다. 검색창에 스턴테크(Stun Tech, Inc.)라고 쳐서 들어가 보라. 클리블랜드에 소재한 이 회사는 "기절 띠"라는 것을 발명했는데, 〈뉴욕타임스〉의 묘사는 다음과 같다.

> 최대 100m 거리에서 교도관이 단추를 누르면 8초 동안 5만 볼트의 전류가 터져 나와, 도망치려는 수감자를 최대 10분 동안 기절시킨다. 기절한 사람은 방광과 장기에 대한 통제력도 상실한다. "이 장비는 신체의 신경 근육 체계를 무력화한다"고 이 회사 사장 데니스 카우프만은 말했다. "정상적인 사람은 1초에 손을 한 번 오므렸다 편다. 이 장비는 1초에 손을 스무 번 수축시킨다. 근육을 닳게 만드는 것이다."[374]

---

374) Peter Kilborn, "Stun Belts Offer Prisons Chainless Chain Gangs", *New York Times*, 1997년 3월 11일, 11.

이와 같은 "잔인하고 비인간적이며 모욕적인" 물건을 사용하지 못하게 금지해 달라고 앰네스티 인터내셔널이 요구하자, 카우프만 씨는 이 장비가 수감자들에게 워낙 강한 타격을 주기 때문에, 3만 회 착용된 중에서 아주 드물게 (14회) 격발되었을 뿐이라고 응수했다.375) 때로는 공판정에서 형사 피고인의 행태를 통제하기 위해 이 장비가 사용되기도 한다. 판사의 명령을 위반할까봐, 또는 승인되지 않은 언어가 폭발할까봐 대비하는 것이다.

플로리다, 애리조나, 뉴멕시코, 아이다호, 워싱턴 등의 주에서 파출소장이나 경찰서장이 유치장 수감자들을 날씨와 상관없이 바깥에 설치된 텐트에서 살도록 강요한 사례들이 있다. 죄수들에게 수준 이하의 (예컨대 군대의 잉여 식량 같은) 음식을 먹이자는 둥, 음식을 먹을 때마다 그리고 의사를 만날 때마다 요금을 물리자는 움직임도 있었다.376)

감옥의 수감자들에 대한 학대는 서부나 남부에서만 있는 일이 아니다. "세련된" 뉴욕 주 낫소 군의 감옥에서도 학대는 일어난다. 교통위반으로 90일 금고형을 선고받고 복역하던 토머스 피주토가 간수들에게 맞아 죽은 1999년, 이 감옥은 공공적 주목의 대상이 되었다. 마약 중독을 치료하기 위한 메타돈 요법을 요구하면서 너무 큰 소리를 지른 것이 잘못이었다. 간수들은 그를 구타하고 나서, 부상이 사고 때문이라는 각서에 서명하게 만들었다. 하지만 그는 그 부상에서 회복하지 못했다. 그 감옥에서 간수들이 수감자들을 오랫동안 구

---

375) Ibid.
376) Bill Bergstrom, "Crime Does Not Pay, but in Florida, Criminals Do", Associated Press article in *Champaign-Urbana News-Gazette*, 1999년 8월 25일, B1.

타해 왔다는 것이 그 후에 밝혀졌다.

피주토 씨가 맞아 죽기 5년 전에는, 같은 감옥에서 토머스 도노반 주니어라는 정신지체자가 간수들에게 구타당했다. 그의 아버지는 부유한 은행가였는데, 구타당한 아들에게 감옥 안으로 의료진을 보내려고 시도했지만 실패했다. 그래서 그는 법정에 억울함을 호소했다. 아주 다른 지위에 있는 세 사람이 이 사건에 관해 논평한 말들을 보면 사태를 어느 정도 짐작할 수 있다.

프랭크 퀴글리는 지방검사장으로서 구타 사건 이후 간수들을 기소하지 않기로 결정한 인물이다. 그는 자신의 역할을 인정한다. "그 간수에 관해 기소하면 '안 된다고 말한 것은 나다. 내가 그랬다.' 그 사건에 관해 말하면서 눈에 눈물이 가득한 채, 자기가 그랬다는 말을 반복한다. 도노반 주니어가 자신의 부상에 관한 진술에서 약간 횡설수설했고, 그의 장애 때문에 법정의 반대 신문을 견뎌낼 수 없었으리라고 말하면서 퀴글리 씨는 자신의 결정을 변호한다."377)

구타당한 젊은이의 아버지 토머스 도노반 시니어는 피주토 씨의 구타 살해와 그 후의 조사에 관해 묻자 이렇게 말했다. "나는 극우 보수파, 사형집행이나 '다 교수형에 처하라'는 식으로 주장하는 사람이 결코 아니다 …… 나는 은행가고 공화당원이며 경찰관들을 믿는 성향이었다. 소수 인종 사람들이 경찰의 가혹 행위에 관해 불평하는 소리를 들을 때, 나는 에누리해서 듣는 편이었다. 이제는 어떤 말도 에누리하지 않는다. 다시는 배심원단에 들어가 봉사할 수 없을 것이다."378)

---

377) *New York Times*, 1999년 2월 1일, A23에서 재인용.
378) Ibid.

매튜 머래스킨은 낫소 군 법률구조협회 회장이다. 의뢰인이 감옥의 간수들에게 구타를 당했을 때 협회의 법률가들이 상황을 어떻게 처리하는지를 말해 준다.

일단 그들과 모여 앉아 〔공식적으로 소원을 제기했다면-저자의 첨가〕 앞으로 무슨 일이 벌어질지를 그들에게 말한다. 수감자가 먼저 간수를 폭행했다는 식으로 가해 혐의가 오히려 당신에게 씌워질 수도 있다. 그렇게 되고 나면 당신의 말과 교도관의 말이 다투는 형국이 된다. 간수 폭행은 또 하나의 중범죄 행위이다. 그리고 당신은 플리바rps에서도, 협조하지 않는다든지 소원을 접수했다는 이유로 불이익을 받을 수 있다. 게다가 이미 구타까지 행해진 다음이다. 감옥 안에서 무슨 협박이나 보복이 더 있을지 모른다.379)

미국에는 형무소에 대한 외부적인 감찰이 정규적으로는 거의 이루어지지 않는다. 연방과 주의 교도소장들은 자기 영토 안에서 왕처럼 행세한다. 군의 경찰서장은 더욱 그러하다. 국가를 대리하는 동료 전사들인 경찰과 같이 교도관들은 최전방에서 아주 어려운 사명을 수행하는 것으로 비쳐진다. 그렇지만 교도관들은 경찰보다 더 공중의 시선에서 차단되어 있기 때문에, 훨씬 더 자기들 맘대로 사람들을 취급한다. 이 때문에 미국은 서유럽과는 다르게, 아파르트헤이트와 공산주의가 무너지기 전 남아프리카나 동유럽의 특징이었고 오늘날에도 산업화되지 않은 나라들의 감옥 체제를 특징짓는 혹독한 감옥 체제 쪽으로 다가간다. 푸코가 생각했던 바와는 달리 이러한 감옥 체제의 주목적은 단순히 정상화하는 데 있지도 않고 단순히 관찰하는 데 있지도 않다. 수감자들의 잠재력 가운데 더 선한 요소들을

---

379) *New York Times*, 1999년 2월 18일, A25.

발전시키기 위해 고안된 체제도 아니다. 오히려 범죄와의 전쟁에서 체포된 적군의 정신과 신체에 공히 최대한의 불편과 고통을 강요하기 위한 하나의 지배 체제이다. 체포된 적군은 불균형적으로 유색인들이고, 고통 그리고 심지어 죽음까지를 강요하는 국가의 대리인들은 통상적으로 백인이다. 여기서 사용되는 기술은 사형집행이나 쇠사슬로 엮기처럼 조야할 수도 있고, 기절 띠처럼 복잡할 수도 있다. 이 체제는 인권을 고려하기 위한 어떤 외부적 견제에도 크게 저항한다. 투표를 하는 공중의 물리적인 안전이 위험할 수 있다는 명분을 내걸 때, 그리고 자기들 손아귀 안에 놓인 사람들이 인종적으로 계급적으로 편향되어 있을 때 특히 강하게 저항한다.380)

지독한 처벌이 시행되지 않는 때가 언제인지에 주목해도 흥미롭다. 시민들을 학대하여 법을 위반한 경찰관들에 대해서는 시행되는 경우가 희귀하다. 경찰관에게 폭행당했거나 살해당한 개인들과 가족들에게 시정부가 배상금을 지불하는 경우에조차, 그와 같은 권리 침해 때문에 경찰관이 재판을 받는 일은 극히 드물다. 그런 경찰관들이라도 경찰에 남아 곤봉과 권총을 차고 다른 시민들을 폭행할 때가 많다. 뉴욕 시의 재정국장 앨런 헤베시가 경찰에 대한 배상 요구를 해결하기 위해 지불한 금액은 1996년에 2,730만 달러였다. 뉴욕에서 경찰의 폭행에 대한 배상 요구는 지난 10년 동안 세 배로 뛰었고, 대부분의 경우에 "모종의 비행을 인정"한 결과로 합의가 이루어

---

380) *New York Times*, 1996년 9월 20일자, A20면에는, 두 여인이 쇠사슬로 엮여 있고 세 번째 여인은 디리만이 보이는 사진이 실렸다. 얼굴이 보이는 두 여인은 아프리카계 미국인과 라티노였다. 뉴욕타임스에 따르면 이는 여성들을 쇠사슬로 엮은 최초의 사례인데, 이를 시행한 경찰서장은 "내 유치장에서는 차별 같은 것이 없다"고 말했다고 한다. "내" 유치장이라는 표현에 주목하라. 이 사람들이 수감자에 대해 전면적인 통제권을 가지고 있음을 시사한다.

졌다고 헤베시 씨는 말했다. 그러면서도 그는, "합의되었다는 이유로 경찰국이 시민을 상대로 한 경찰의 일반적인 행태나 경찰관 개인들을 수사하는 것은 아니다. 전적으로 완전히 관계가 없는 일"이라고 말했다.[381] 미국과 다른 나라들의 광역도시에서 늘 그렇듯이, 뉴욕시에서도 정치인들은 비위를 맞추느라 경찰에게 무조건적인 지지를 보내기 때문에 대규모의 인권 침해 사례들이 대체로 은폐되는 결과를 빚는다. 금전적 합의라는 것은 피해자 또는 유가족을 침묵시키기 위한 피묻은 돈이다. (로스앤젤레스 경찰에게 폭행당한 아프리카계 미국인 로드니 킹의 사례처럼) 비디오 카메라가 있었다든지, 아니면 (브루클린 유치장에서 고문당하고 성폭행당했던 아이티 출신 흑인 애브너 루이마의 사례처럼) 범죄 행위가 의료진에 의해서 언론에 새 나간 희귀한 경우에만, 국가의 공무원들에 의해 자행된 인권의 침해가 공중에게 알려질 수 있다.

제6절 마약과 전쟁하는 국가의 정신분열증

"마약과의 전쟁"은 수사어로서의 전쟁과 미국의 공개적이거나 은밀한 해외 군사 활동으로 이루어지는 실제 전쟁이 교차하는 흥미로운 사례를 제공한다. 여기서도 다시 미국 내의 유색 인민은 불균형적으로 적군이라 지목되었다.

"마약과의 전쟁"에 미국 행정부가 몰두한 역사는 레이건 대통령과

---

381) Deborah Sontag and Dan Barry, "Using Settlements to Gauge Police Abuse", *New York Times*, 1997년 9월 17일, A1, 19.

그 부인에게까지 거슬러 올라가는데, 이 전쟁의 일환으로 가루 코카인에 비해 크랙382) 코카인을 판매하거나 사용할 때 훨씬 무거운 벌칙이 부과되고 있다. 과거 마약 단속 총책을 지낸 배리 매캐프리에 따르면, "크랙 코카인 50 내지 150그램으로 선고 받은 형기의 중간 값은 10년형인데 비해, 같은 양의 가루 코카인에 대해서는 1년 6개월이다."383) 뿐만 아니라 초범에 대해서도 반드시 연방 범죄로 처벌받는 것은 규제 물질 가운데 크랙 코카인이 유일하다. 가루 코카인에 대해서는 그런 규정이 없다.

차이가 한 가지 더 있다. 가루 코카인은 중류와 상류 계급 백인, 전문직 종사자, 예술인들이 주로 선택하는 마약인데 비해 크랙 코카인으로 유죄 판결을 받는 사람의 90%는 아프리카계 미국인들이다.384) 부당한 사형 선고에 관해서도 그랬듯이, 경찰의 불법적인 행태 때문에 감금된 아프리카계 미국인이 정확히 몇 명인지는 아무도 모른다. 드러난 사례만을 알 수 있기 때문이다. 그렇지만 우리가 아는 것이 몹시 못돼먹은 빙산의 일각임은 분명하다. 대다수 백인 마약사범과 흑인 마약사범에게 부과되는 처벌의 근본적인 격차를 여기에 더해 보라. 미국의 빈민가와 감옥이 왜 아프리카계 미국인들의 신체를 물리적으로 통제하는 복합체를 이루게 되는지 그 이유의 대

[382) 크랙 코카인 : 작은 덩어리 형태의 코카인을 말한다. 가루 코카인은 주로 코로 흡입하는 데 비해 크랙 코카인은 기화시켜서 입으로 흡입한다. 가루 코카인보다 효과가 훨씬 강력하다.]

383) Barry R. McCaffrey, "Cocaine : Will Congress Act?" *Crisis* (전국 유색인 향상 협회[NAACP]의 기관지), 1998년 9월호, 18. 클린턴 행정부는 이 격차를 없애지는 않되 축소하자고 권고했지만 받아들여지지 않았다. 클린턴 행정부도 크랙이 가루보다 중독성이 더 강할 수 있다는 이유에서 약간의 격차는 옹호했다.

384) Ibid.

부분이 여기에 있다.

산업화된 나라들 가운데서 전체 인구에 대한 수감자의 비율은 미국이 최고 기록을 보유한다. 미국은 1996년에 10만 명당 615명을 감금했다. 프랑스 91명, 잉글랜드와 웨일즈 120명, 덴마크 65명, 독일 85명, 그리스 55명, 이탈리아 85명, 브라질 95.5명, 인도 23명, 그리고 일본 36명이었다.[385] (연방과 주를 합한) 미국 감옥의 전체 인구는 1980년 501,886명에서 1995년 1,585,401명으로 늘었다.[386] 미국 감옥 인구가 이처럼 늘어나는 데 "마약과의 전쟁"이 미친 영향을 아무리 크게 잡아도 과장이 아니다. 1985년부터 1995년까지 10년 동안 마약 범죄 때문에 주 교도소에 갇힌 죄수의 수는 478% 증가했다. 같은 기간 폭력 범죄는 86%, 재산에 대한 범죄는 69%, 공공질서 위반 범죄는 187%, 그리고 기타 범주의 범죄는 마이너스 6% 증가했다.[387]

그렇지만 국가는 마약에 관해서는 정신이 두 갈래로 나뉜다. 한편에서는 "마약과의 전쟁"을 수행한다. 다른 한편에서는 "공산주의와의 전쟁"을 수행하느라 미국으로의 마약 반입을 용납하는 것도 모자라 촉진하기까지 하고 있다.

마약 거래에 국가의 대리인들이 연루되는 일은 새로운 소식도 아니고 코카인에서 비롯된 일도 아니다. 기실, 마약 거래에 편의를 제공하는 것은 서양의 민주주의 국가 중에 미국만의 일도 아니다. "X 작전"이라고 명명된 작전에서 프랑스 정보 당국은 제2차 세계대전

---

385) Vivien Stern, *A Sin Against the Future : Imprisonment in the World* (Boston : Northeastern University, 1998), 31~32.
386) Ibid., 61.
387) Ibid., 62.

이후 인도차이나 반도를 계속 보유하려고 한 프랑스의 노력을 지지한 대가로 라오스의 세 부족과 마약 두목들 그리고 베트남의 군벌 폭력조직 빈쉬엔388)과 결탁했다. 프랑스 국가의 대리인들은 코르시카의 범죄 조직들과 결탁하여 그들의 마약이 마르세유로 반입되도록 편의를 봐줬다. 그 마약은 거기서 전 세계로 퍼져 나갔다.389) 이렇게 해서 마르세유는 전 세계 헤로인 거래의 주요 거점이 되었던 것이다.

이보다도 약간 먼저인 1940년대부터 미국의 정보 당국은 버마의 아편 생산자와 거래업자들의 상업 활동에 편의를 제공했다. 공산당이 중국을 차지하기 못하도록 막기 위해 장개석의 국민당이 노력하는 와중에 버마의 아편업자들과 협력 관계를 맺었기 때문이다.390) 이처럼 냉전의 초기 단계에서부터 프랑스와 미국의 정보 당국은 강중독성 마약의 국제 거래에 편의를 제공했다. 미국 정보 당국은 동남아시아에서 공산당을 상대로 한 싸움을 프랑스로부터 물려받은 뒤로 똑같은 행보를 반복했다. 그리고 아프가니스탄에서 소련에 반대하는 세력들을 앞장세우기 위해서도 이런 술책을 사용했다.

이러한 술책이 사용된 것으로 공개된 최근의 사례는 니카라과에서 산디니스타 정부를 상대로 했던 전쟁이다. 이 일은 미국 내에서 마약 사용이 폭증하는 데 가장 큰 영향을 미쳤다. 볼랜드 법 때문에

---

[388] 빈쉬엔(Binh Xuyen) : 베트남 군대에서 떨어져 나와 범죄 행각을 벌인 폭력조직. 1955년 미국의 지원을 받은 고딘디엠의 정규군에게 패퇴했다.]
389) Alfred W. McCoy, *The Politics of Heroin : CIA Complicity in the Global Drug Trade* (Brooklyn, NY : Lawrence Hill Books, 1991), 131~160. 이 책에는 학문적인 연구 문헌, 여러 관련국 정부의 보고서, 그리고 국제기구의 보고서들을 망라한 중요한 목록이 들어있다.
390) Ibid., 162~178.

당시 미국은 콘트라 반군에게 2년 동안 군사 지원을 할 수 없도록 금지되어 있었다. 콘트라 반군의 게릴라 전쟁은 겉으로는 산디니스타 정부에 대항하는 것처럼 보였지만 실상은 민간인들을 상대하고 있었다(그 전쟁 때문에 살해된 약 4만 명의 인민은 대부분 민간인이었다). 따라서 미국이라는 국가를 대리한 자들이 은밀하게 제공한 원조는 볼랜드 법이 발효 중인 한 그 자체가 법률 위반이었다. 이는 또한 이란-콘트라 스캔들로도 이어졌다. 콘트라 반군의 경우는 (비록 미국이라는 자유주의 국가와 아르헨티나라는 독재 국가에 의해 조직되고 훈련 받고 재정 지원을 받았지만) 국가 이외의 집단이 인권을 침해한 흥미로운 사례에 해당한다. 그들이 쓰러뜨리고자 했던 정부보다 훨씬 커다란 인권 침해를 저질렀던 사례이다.[391]

콘트라 반군 가운데 일부는 마약상이기도 했다. 콘트라의 공급 루트는 온두라스와 코스타리카를 경유했기 때문에, 이 두 나라의 마약상들과도 협력했다. 미국에서 군수 물자를 싣고 떠난 비행기가 마약

---

[391] 콘트라 반군의 인권 침해에 관해서는 Amnesty Internation, *Nicaragua : The Human Rights Record*, 1986, 32~36 ; Americas Watch, *Compliance with the Human Rights Provisions of the Central American Peace Plan August 1987~August 1988*, 8 ; Dieter Eich and Carlos Rincon, *Contras* (Hamburg : Konkret Literatur Verlag, 1984) ; Reed Brody, *Contra Terror in Nicaragua : Report of a Fact-Finding Mission September 1984~January 1985* (Boston : South End Press, 1985) ; Christopher Dickey, *With the Contras* (New York : Simon and Schuster, 1985) ; 그리고 콘트라 반군 지도자였던 에드가 차모로(Edgar Chamorro)가 1986년 1월 9일자 뉴욕타임스에 보낸 편지에 나오는 증언을 보라. 중앙아메리카 지역 전체에서 미국 정부가 저지른 인권 침해의 기록은 내가 쓴 "Menschenrechtsverletzungen in Zentralamerika und die Rolle der USA" ("The U.S. Role in Human Rights Violations in Central America"), Komitee fur Grundrechte und Demokratie, *Jahrbuck '88/89* (Berlin, 1990)을 보라. 이 논문의 영어본을 원하는 사람은 내게 연락하기 바란다.

을 싣고 돌아와서 미국의 군비행장에 내려놓았던 것이다. 이를 뒷받침하는 자료들은 굉장히 많고 또 설득력이 있다.392) 이 자료들은 마약 거래와 연관된 정부들을 무너뜨리거나 폭동을 진압하려고 미국이 시도한 모든 곳에서 CIA가 주요 행위자였음을 보여준다. 그러나 CIA만이 아니다. 미국 상원의 조사에 따르면 행정부에서 외교 정책을 관장하는 또 다른 부서, 즉 국무성도 연루되어 있음이 밝혀졌다. 상원의 <테러리즘, 마약 및 국제 작전에 관한 소위원회>가 1988년 12월에 펴낸 보고서는 "콘트라 반군에 대한 인도주의적 원조를 명목으로 의회가 승인한 자금을 국무성이 마약 거래상에게 지불"하는 식으로 콘트라의 마약 거래와 연루되었다고 진술한다. "연방 사법 당국에 의해 마약 거래상들이 탄핵을 받은 뒤에 지불되기도 했고, 수사가 진행되고 있는 와중에 지불되기도 했다"는 것이다.393)

---

392) [이 각주는 문헌 목록이기 때문에 다 번역하지 않고 일부만 옮긴다. 관심 있는 독자는 원서를 참조하든지 역자에게 연락하기 바란다.] 중요한 학문적 자료로는 McCoy, *The Politics of Heroin* ; Peter Dale Scott and Jonathan Marshall, *Cocaine Politics: Drugs, Armies, and the CIA* (University of California Press, 1991) ; Peter Dale Scott, "Honduras, the Contra Support Networks, and Cocaine : How the U.S. Government Has Augmented America's Drug Crisis", Alfred W. McCoy and Alan A. Block, eds., *War on Drugs: Studies in the Failure of U.S. Narcotics Policy* (Boulder CO : Westview Press, 1992). 언론인들의 보고서로는 Leslie Cockburn, *Out of Control : The Story of the Reagan Administration's Secret War in Nacaragua, the Illegal Arms Pipeline, and the Contra Drug Connection* (New York : Atlantic Monthly Press, 1987) ; Alexander Cockburn and Jeffrey St. Clair, *Whiteout : The CIA, Drugs, and the Press* (London : Verso, 1998); Gary Webb, *Dark Alliance : The CIA, the Contras, and the Crack Cocaine Explosion* (New York : Seven Stories Press, 1998).

393) Report of the U. S. Senate Subcommittee on Terrorism, Narcotics, and International Operations (흔히 케리 위원회라 불린다), *Drugs, Law Enforcement, and Foreign Policy*, December 1988 (100th Congress, 2nd session), 36쪽, 주 26.

그러므로 로널드 레이건이 임기 첫해의 말미에 행정명령을 발했다는 것은 소름끼치는 일이라고밖에 할 수 없다. 자기가 콘트라 반군을 창설하기 시작하던 바로 그때에, "중앙정보국(CIA)을 비롯한 연방의 모든 정보 기구를 마약과의 전쟁에 징발하고, 마약을 규제하는 민간기관들을 지도하도록 명령하는"394) 행정명령을 동시에 내린 것이다. CIA가 아시아에서 활동한 전력에 비추어보면, 마약 거래 및 미국으로의 마약 반입이 중앙아메리카에서도 CIA의 업무에 포함된 것이 이상하지 않다. "마약과의 전쟁"을 위해서는 억압적인 무력이 더욱 커져야 하고 감옥도 더 많아져야 하기 때문에 (레이건과 그의 보수파 추종자들이 축소해야 한다고 그렇게 부르짖었던) 미국이라는 국가의 권력이 국경선의 안과 밖에서 공히 증강되고 있었던 것이다.

노리에가 사건도 이 대목에서 관심을 끈다. 레이건의 후계자이자 CIA 국장 출신인 조지 부시 1세는 파나마의 장군 마누엘 노리에가를 체포하기 위해 주권 국가인 파나마를 침공하라고 명령했다. 노리에가는 연방 법원에서 유죄 판결을 받고 미국 감옥에 수감되었는데, 그에 대한 마약 관계 혐의들이 진실이라면, 그가 산디니스타에 대항하면서 CIA의 "자원" 중 하나로 복무한 혐의 역시 진실이 아닐 수 없다. 그는 산디니스타에 대해 전보다 긍정적인 입장으로 전향한 다음에야 체포된 것이다. 이는 미국이 마약을 가지고 정치 게임을 벌인 명백한 사례이다. 산디니스타 정부를 상대로 전쟁을 벌이고, 니카라과 인민으로 하여금 북아메리카에 위치한 국가를 "아저씨라 부르도록"(레이건의 표현이다) 강제하는 목적이 미국 내의 마약 중독 문

---

394) Eva Bertram et al., *Drug War Politics : The Price of Denial* (University of California Press, 1996), 112.

제 및 그로 인한 삶의 황폐화보다 더 중요했던 것이 분명하다.

각주 391번과 392번에 제시했듯이, 이를 뒷받침하는 문건들은 풍부하게 많다. 탐사 언론인들과 학자들이 찾아낸 결실들, 그리고 의회의 공식적인 위원회가 작성한 보고서이다. 여기에 덧붙여 코스타리카 의회의 위원회가 펴낸 보고서도 있다. 이에 따르면 미국의 정보기관들이 마약을 코스타리카로 반입하고 거기서 반출한 것이 확인된다. 이미 자체로 불법이었던 콘트라 반군 지원 프로그램의 일환으로서 추가적으로 미국의 법률 및 코스타리카의 법률과 주권을 침해한 것이다.395) 다큐멘터리 제작자 바바라 트렌트가 1998년에 만든 비디오, 〈은폐 : 이란-콘트라 사건의 이면〉(*COVER-UP : Behind the Iran-Contra Affair*)에도 증거가 나온다. 코스타리카에서 마약을 싣고 미국의 군사 기지로 수송했다는 사실을 인정하는 조종사들의 증언이 영상으로 찍혀 있다.

여기서 두 가지 사항이 아주 흥미롭다. 니카라과에서 콘트라 반군이 활동하던 동안에 마약 거래에 관해 굉장히 많은 정보가 널려 있었다. 실제로 당시에는 심지어 주류에 속하는 신문이 뉴스로 보도하기까지 했다. 그러나 주류 텔레비전에서는 거의 보도하지 않았는데, 싫든 좋든, 우리네 현대의 자유민주주의 나라에서 인민 대다수는 텔레비전을 통해 뉴스에 접한다. 게다가 〈뉴욕타임스〉나 〈워싱턴포스트〉 같은 신문이 뉴스 기사를 몇 개 싣기는 했지만, 사설에서는 별로 다루지 않았다. 실상을 말하자면, 1996년 8월에 게리 웹396)이

---

395) Asamblea Legislativa, *Segundo Informe de la Comission sobre el Narcotrafico* (San Jose, Costa Rica : Editorial Universidad Estatal a Distancia, 1989).
[396] 게리 웹(Gary Webb, 1955~2004) : 이 기사는 나중에 책으로 나왔다

콘트라 관련 마약과 로스앤젤레스 갱단들의 코카인 판매 사이의 관계를 파헤치는 연재물을 〈세너제이 머큐리 뉴스〉에 기고했을 때, 주류 신문사들은 그 때문에 〈새너제이 머큐리 뉴스〉를 혹독하게 비난했다. 〈뉴욕타임스〉는 「뒷받침할 증거도 별로 없이 CIA의 마약 연루설이 횡행한다」 는 제목 아래 기다란 기사를 내보냈다.397) 이와 같은 언론계 내부의 압박에 시달려 〈새너제이 머큐리 뉴스〉의 편집장은 공개적으로 사과했다. 웹이 사실 관계에서 어떤 오류를 범했는지, 아니면 이런저런 언론계의 관행을 꼼꼼하게 지키지 않았는지 나는 모른다. 그러나 설령 그랬다손 치더라도, 신문들이라면 그런 점들을 지적하거나 또는 더 나은 정보를 가지고 교정하는 한편, 국가 기관들의 행태와 그 때문에 미국의 각종 공동체에 미치는 파장을 포착하는 방향으로 비판적 에너지를 기울였어야 했다. 그러기는커녕 국가를 대신해서 언론계 자체의 구성원을 억압하는 기능을 수행한 것이다.

서양 자유민주주의 나라 언론의 한 가지 특징은 정부에 대해 비판적이라는 점이다. 그러나 여기에는 엄격한 한계가 있다. 〈뉴욕타임스〉의 제호 왼쪽에 있는 네모 상자에는 "보도하기에 적합한 모든 뉴스"라는 슬로건이 붙어있는데, 언론계 종사자 한 명이 이 한계를 벗어나게 되면 자유주의 언론의 자기 검열이 시작된다. 우리가 지금 다루고 있는 사례에서 주류 언론은 자기네 일을 자기들끼리 결정하

(*Dark Alliance*, Seven Stories, 1998). 이 때문에 많은 비난을 받았고, 〈새너제이 머큐리 뉴스〉마저 그에게 등을 돌림으로써 언론인으로 출세할 길이 막혔다. 2004년에 총상으로 사망했는데, 자살로 판명되었다.]
397) *New York Times*, "With Little Evidence to Back It, Tale of CIA Drug Link Has a Life of Its Own", 1996년 10월 21일, A1, 10.

고 죽임과 고문에서 자유로울 니카라과 인민의 인권, 자기네 영토가 어떻게 사용되어야 할지를 결정하고 이에 관해 국가 행위자들에게 책임을 물을 코스타리카 인민의 인권, 자신들의 공동체가 마약 및 마약 관련 폭력 때문에 황폐화되지 않도록 그리고 사람들이 불균형적으로 감금되지 않도록 지킬 북아메리카 인민, 특히 유색인들의 인권, 그리고 국가로 하여금 자체의 법률을 존중하도록 시킬 미국 인민 전체의 인권을 무시하고 묻어버리는 길을 선택했다.

제7절 맺음말

동유럽 공산주의의 종말은 실로 정치적 인권의 증진이었지만, 그 때문에 서방 세계의 우리들은 하나의 오만한 믿음으로 이끌릴 수 있다. 우리 사회에서는 인권의 문제가 이미 모두 해소되었고, 종전에 제3세계라 불렸고 지금은 남방국이라고도 종종 불리는 "후진국"들로 하여금 북아메리카와 서유럽의 향도를 따라 인권을 존중하게끔 만드는 문제만 남았다는 믿음이다. 이 사람들은 서양의 제국주의와 식민주의를 경험한 지역에 사는 유색 인민들로서, 보통 서양에 관한 정보에 노출되어 있기 때문에 사회적 인정이 거기 사는 모두에게 평등하게 부여되지 않고 있다는 사실을 잘 알고 있다.

20세기의 마지막 20년 동안 서유럽 각국에서 유색인 이민자들에 대한 거부감이 늘어나고, 미국에서 마약과 범죄를 겨냥한 "전쟁들"이 격화되면서 경찰과 행형의 영역에서 단순히 개인차로만 환원될 수는 없는 격차들이 전보다 명백해졌다. 푸코의 주장과는 달리, 서양 사회에서 백인 중상류 계급에 속하는 "우리들" 집단은 대체로 면제를 받는 종류의 국가 폭력을 특정 집단은 당해야만 하는 것이다.

"저들" 집단의 형편은 "우리들" 집단에게는 대개 보이지 않는다. 이 때문에 두 갈래의 반응이 촉발된다. 하나는 체계적인 패턴이 없다고 부인하는 것이다. 이 지점에서 자유주의 이데올로기는 체제 안에서 간헐적으로 발생하는 실수나 예외 이상은 아무것도 믿을 수 없는 일로 간주한다. 다른 하나는 패턴까지는 인정하지만, 그것을 그냥 수용하든지 아니면 자체로 완화될 수 있다고 받아들이는 것이다. 그리하여 미국변호사협회가 1998년 8월 천 명의 성인을 상대로 전화 조사를 시행했더니, 47퍼센트는 법원이 "모든 인종/종족 집단을 똑같이 대우하지" 않는다고 말하면서도, 80퍼센트는 "문제가 없는 것은 아니지만 미국 사법체제는 여전히 세계에서 가장 좋다"고 응답했다.398) 문제 자체를 부인하든지, 차별은 있지만 체제는 타당하다고 믿든지, 이와 같은 두 갈래의 반응은 공히 평등, 자유, 기본적 필요, 그리고 (법원, 입법부, 주류 언론의 편집진 등) 정책결정 기구의 담론에 접근할 통로를 부정당하고 있는 사람들을 "우리들" 집단과 동등한 존재로 바라보는 사회적 인정을 철회하는 셈과 같다. 실제로 미국에는 경제적/사회적 인권이라는 발상을 (그리고 이러한 인권을 다룬 1966년의 국제 규약의 비준을) 거부하는 태도와 범죄로 기소되어 유죄 선고를 받은 사람들에 대한 처우 사이에 연관이 있다. 범죄의 가장 근본적인 원인, 즉 사회적/경제적 권리의 박탈과 분리되는 한, 범죄는 구제불능으로 사악한 개인들에 대한 전쟁이라는 관점에서 다루어질 것이다. 그들은 국가와 사회의 적이기 때문에 죽여야

---

398) *New York Times*, 1999년 2월 24일, A12. 다른 나라의 사법체제에 관해 얼마나 알고 있는지는 설문에 포함되지 않았던 것으로 보인다.

하든지, 아니면 극단적으로 오랜 기간 동안 가둬놔야 한다고 생각하게 되는 것이다.

이렇게 보면 1960년대 린든 존슨이 벌였던 빈곤과의 전쟁이 1980년대의 범죄 및 마약과의 전쟁으로 전이된 과정 자체가 하나의 아이러니이다. 전자는 성공했는지 여부는 차치하고 경제적/사회적 권리라는 문제를 다루기 위한 시도였던 데 비해, 후자는 경제적/사회적 박탈을 순전히 실패한 개인의 문제로 바라보는 공식적 이데올로기와 동일한 문법에 해당했던 것이다. 이 문제를 이렇게 바라보면 완화될 여지도 없고 자선을 제공할 근거도 없어진다. 국가의 기능은 국가 내부의 적들을 상대로 한 전면전에서 모든 강제력과 폭력적 역량을 사용하는 데 있을 뿐이다. 범죄 및 마약과의 전쟁과 연관되는 질문은 특정한 삶의 조건이 어떻게 범죄에 영향을 미치느냐고 하는 질적인 것이 아니라 양적인 질문만이 제기된다. 범죄율은 얼마나 높거나 낮은가? 얼마나 많은 행동들을 범죄로 처벌해야 하는가? 얼마나 많은 범죄를 사형으로 다스려야 하는가? 유죄 판결을 받은 사람들에게 (특히 하층 계급형 범죄에 대해) 얼마나 긴 형기를 선고해야 하는가? 그들을 수용하기 위해 감옥은 얼마나 많이 지어야 하는가? 나머지 사람들에게 교훈을 주기 위해 그 가운데 몇 사람을 처형해야 하는가? 우리 지역에 신설되는 감옥 덕분에 일자리가 몇 개나 생기는가? 민영 교도소 사업에 뛰어들면 이윤이 얼마나 나올까? 이와 같은 식으로 인민의 공동체 전체가 정치적이거나 경제적인 이득을 지향하는 방향으로 도구화된다. 이러한 도구화야말로 사회적 불인정의 무한 제곱인 것이다.

제4장에서 나는 국가 이외의 집단들도 인민의 인권을 침해할 수 있다고 주장했다. 공동체들을 무력화하고 겁박하는 마약 갱단들도

그런 경우에 해당한다. 문제의 핵심은 현대의 다종족/다인종 국가들이 우리가 이상적으로 기대하는 수준의 보호 기능과 개혁 기능을 수행할 수 있느냐, 그리고 그러한 국가의 기능들이 인권에 대한 존중과 부합할 것이냐 아니면 사회 안에서 이미 가장 강력한 권력을 보유하고 있는 일부에게만 사회적 인정을 계속해서 국한시킬 것이냐는 것이다. 우리 가운데 특정한 일부의 신체에만 국가가 계속해서 폭력을 사용하는 현상에서 시선을 다른 곳으로 유도한 것은 푸코의 오류였다고 한다면, 정상화 제도들을 위해 일탈자들이 필요하다고 선포한 것은 푸코가 아마 옳았을 것이다. 정상화 제도들에는 우리 나머지를 다스릴 권력을 유지하기 위해서 본보기가 필요한 것이다.

슈비니는 『칼날 : 미국의 경찰』에서 아주 날카로운 문단을 통해 때때로 한계를 넘어간 적이 있는 "우리들" 집단의 구성원들을 정상화하고 훈육하기 위해서 국가가 어떻게 "타자"의 신체에 대한 폭력을 불러일으킬 수 있는지 생생한 현장의 사례를 제시한다. 이 이야기에서 "구경꾼"은 자기가 목격한 장면에서 경찰의 행태가 부당했다고 생각하며, 경찰을 비판하는 발언을 하고 체포되었다. 그렇지만 그 구경꾼은 틀림없이 경찰을 화나게 했음에도 불구하고, 사회적 인정이 안전하게 철회될 수 있는 "타자"는 아니었다.

> 뉴욕 시민들, 이 준법주의적인 존재들이 체포 장면 또는 소환장의 집행 장면에서 경찰을 격렬하게 비난하는 일은 드물지 않다. 경찰이 욕을 먹는 일은 자주 있고, 어떤 때에는 욕한 사람을 공무집행방해죄로 체포하기도 한다. 체포된 사람은 유치장에 갇히고, 모욕적인 말을 들어야 하고, 범죄인부절차399)까지 몇 시간 동안 기다리는 등, "체제의 절차를 거쳐 가야"

---

[399] 범죄인부절차(arraignment) : 영미식 보통법 체계에서 피고인이 기소된 사

한다. 이런 사례들 가운데 최악에 해당하는 하나의 사례로, 1989년에 한 구경꾼이 체포되어 유치장에서 기가 죽어 지내고 있었다. 그를 비롯한 수감자들이 전화를 쓸 수 없도록 한 조치에 항의하자 경찰이 구타로 대응했다. 구타라고 하면 그 구경꾼이 맞았으리라고 다들 예상했겠지만, 그 사람 대신에 흑인 부랑자가 재수 없이 걸려서 다른 사람들이 보는 가운데 구타당했다. 다른 사람들 모두를 조용히 있으라고 위협하기 위함이었다. 이런 식으로 인격을 능욕함으로써 경찰은, 현장에 있었던 한 사람이 사용한 표현을 빌리면, "자유주의자들에게 입을 닥치라고" 가르치고 싶어 했다.400)

경찰에게는 그 흑인 부랑자가 필요했다. 현대의 권력체제에 일탈자들이 필요하고, 따라서 체제가 일탈자들을 재생산한다고 했던 푸코의 지적과 같다. 경찰은 "우리들" 공동체의 구성원들을 잠시 감옥에 가두고 말로 모욕함으로써 정상화하고 진정시킬 수 있다고 생각했다. 그런데 경찰은 동시에 베버가 지적한 국가의 본질적 성격, 즉 폭력을 과시해야만 했다. 바로 이 대목에서 일탈자들과 마약 중독자들이 아주 편리하게 등장한다. 국가와 그 대리인들은 누구를 상대로 폭력을 행사할 것인지에 관해 아주 조심해야 한다. 사회 안의 어떤 일부분에서부터 사회적 인정을 처음 철회할 것인지를 선별하는 것이다. 그 다음에는 국가에 의해 그리고 사적 주체들에 의해 폭력이 마치 자연스러운 양 행사된다. 그렇지만 오로지 국가만이 폭력의 행사가 정당했고 합법적이었음을 주장할 수 있다. 따라서 국가의 직위를 차지하거나 유지하려는 사람들은 폭력이 실은 우리 모두의 권리, 우

실을 (그리고 검사측이 제시하는 형량을) 인정하는지 여부를 묻는 절차. 피고인이 범죄를 인정하면 공판 없이 선고가 내려지고, 인정하지 않으면 배심원이 사실 여부를 판정하는 공판이 열린다.]
400) Paul Chevigny, *Edge of the Knife : Police Violence in the Americas* (New York : The New Press, 1995), 64.

리의 인권을 보호하기 위해 행사되었다고 주장할 수 있다.

이렇게 보면 "일탈자들"을 재생산할 이유 두 가지가 추가된 셈이다. 이윤과 일자리이다. 미국의 연방 국가와 주 정부들은 사적 기업가들에게도 이런 행동의 일부를 떼어 주기로 결정했다. 민영 교도소 사업은 미국에서 가장 빠르게 성장하는 분야의 하나로서, 1984년에 한 개 또는 두 개였던 것이 1999년 4월에는 163개로 늘어났다.[401] 이 산업이 나름의 몫을 챙길 수 있으려면 일탈자들과 범죄자들이 필요한 것이 틀림없다.[402] 자기 이름을 걸고 폭력을 합법적으로 사용할 수 있는 한때 독점했던 권리를 국가는 이러한 민간업자들에게 양도한다. 사실상 모든 일을 민영화한다는 편집증에 사로잡힌 미국의 자본주의 국가와 각 주들은 막스 베버가 국가의 본질적이고 독특한 특징이라고 생각했던 바로 그 기능, 즉 무력과 폭력의 합법적 사용이라는 기능을 이윤을 추구하는 기업가와 벤처 사업가들에게 실제로 넘겨버렸다. 그럼에도 이 배후의 논리를 무찌르기는 쉽지 않다. 외부의 "타자들"에 대한 전쟁이 민간 사업자들과 주식회사에 합법적인 이윤을 가져다 준다고 하면, 내부의 "타자들"을 상대로 한 "범죄와

---

401) *New York Times*, 1999년 4월 15일, A1. 민영 교도소를 더욱 포괄적으로 다룬 문헌으로는, Eric Schlosser, "The Prison-Industrial Complex", *The Atlantic Monthly*, Vol. 202, No. 6, December 1998, 51~77을 보라.

402) 지역의 각 공동체들도 범죄자를 생산하는 일에 아주 큰 관심을 기울이고 있다. 내가 살고 있는 일리노이 주에서는 1978년에서 1997년 사이에 "교정" 시설 16개가 신설되었다. 시와 읍들이 이런 시설들에서 생기는 일자리를 서로 차지하기 위해 절박한 경쟁을 벌이는 바람에 그렇게 된 것이다. 그 사이에 16,125명의 수감자가 증가했고, 그들을 수용하기 위해 5억 7,600만 달러가 지출되었다. 더 많은 감옥을 건설하기 위한 예산으로 1997년 7월 현재 2억 3,100만 달러 이상이 할당되어 있다. The Associated Press, "Illinois Prisons Opened Since 1978", *Champaign-Urbana News-Gazette*, 1997년 7월 20일, B7. 학생 일인당 교육 예산에서 50개 주 가운데 48등, 꼴찌에 가까운 주에서 일어나고 있는 일이다.

의 전쟁"이 "우리들" 가운데 이윤을 추구하는 사람들에게 이익이 되지 말아야 할 까닭이 무엇인가? 더구나 현재 경제적인 "세계화"가 우리 앞에 있듯이, "교도소 산업"에서 미국에 본부를 둔 주식회사들은 감옥을 짓고 관리하는 계약을 해외에서 따내고 있다. 이는 형벌을 덜 가혹하게 시행하고 있는 국가들로 하여금 "범죄와의 전쟁"이라는 광기에 동참하고 감금의 비율을 높이도록 이끄는 유인이 될 수 있다. 어쨌거나 이런 흐름에는 정치적인 이권뿐만 아니라 금전적인 이윤도 있기 때문이다.

정치 엘리트에게는 고용의 관점에서 실질적으로 그리고 상징적으로 보상이 뒤따른다. 첫째, 교도소를 건설하고 유지하고 감시하는 데 필요한 일자리들이 급증한다. 여타 고용의 기회가 별로 없는 소도시나 소읍에서는 자기 지역 안에 교도소를 유치하기 위해 열띤 경쟁을 벌인다. 대체로 소수 인종에 속하는 수감자 인구를 가두기 위해 대체로 백인들로 이루어진 공동체들끼리 서로 경쟁하는 경우가 무척 많다. 교육 정도가 가장 낮은 소수자 인구 가운데 높은 비율을 오랜 기간 동안 가둬놓음으로써 정치 엘리트가 받을 수 있는 두 번째 이득은 그들이 자유의 몸일 때에 비해 실업률이 훨씬 낮다고 주장할 수가 있게 된다는 점이다. 감금 비율이 더 낮은 나라의 실업률과 미국의 실업률을 비교할 때, 이 사실은 거의 완벽하게 도외시된다. "빈곤과의 전쟁"이 오래 전에 뒷전으로 밀려난 상태에서 이와 같은 현실은 경제가 실상보다 더 "효율적"인 것처럼 보이게 만들고, 범죄를 상대로 "전쟁"을 벌이는 동시에 인위적으로 낮은 실업률을 유지하고 있는 정치 엘리트들을 더 돋보이도록 포장해 주는 사이에 소수자들과 가난한 사람들에게 피해가 가중되는 것이다. 이를 알고 하든지 모르고 하든지, 이것은 여전히 대규모의 인권 침해를 구성한다.

미래의 인권을 위하여

지금까지 나는 하나의 어려운 과제를 의욕적으로 시도했다. 인권의 개념을 위해 보편주의적 이상주의로까지는 올라가지 않으면서도 일정한 가치를 지향하는 근거를 제공하려 한 것이다. 나는 역사와 맥락에 민감하게 접촉하는 근거, 지배를 극복하고 인권의 명분을 제창하기 위해 시도되었던 투쟁의 역사로부터 우리의 현실과 직결되는 가치를 추출해낸 근거를 마련해 보려고 시도했다. 그러나 상대주의에 빠지지는 않는 근거이다. 상대주의는 인권의 개념과 양립할 수 없을 뿐만 아니라, 인권을 기껏해야 정치적/경제적 기성 체제에 대항하는 권력 투쟁에 활용하는 전략적이고 전술적인 장치 따위로 격하시키고 말 것이다.

인권의 개념이 서양의 전통에서 발전해 나온 역사를 서술하면서, 나는 비서양의 전통에도 그와 비슷한 발상들이 있었다고 인정했고 줄루 족의 문화에서 경구 하나를 인용했다. 그 다음에는 인권의 근거를 탐색해 들어간 현대의 이론적인 저술 몇 가지를 분석했다. 나는 자유나 평등이나 존엄과 같은 어떤 단일한 가치 위에 인권의 근거를 찾고 싶어 하는 충동이 자주 나타난다는 견해도 표명했다. 인권은 상호결정과 자기결정의 잠재력을 가진 인간이 지배에 맞서는 투쟁으로 이해되어야 한다는 주장을 일련의 명제들의 형태로 제시했다. 지배 그리고 거기에 맞서는 투쟁은 공히 사회관계라는 망 안에서 일어나는 실천들이다. 지배에 저항하는 사람들은 다른 사람들로부터 인정을 구하고 있다. 자신들이 처해 있는 역사적으로 특정한 관계들이 기실 지배를 구성한다는 점, 그리고 그러한 관계들이 그들에게서 인간으로서 잠재력을 구현할 능력을 박탈한다는 점을 인정해 달라고 소구하는 것이다.

이런 점에서 나는 인권이라는 것이 실은 일군의 사회적 실천이라고 본 잭 도넬리에게 동의한다. 인권을 신이 부여했는지 여부에 관해서는 아는 척하고 싶지 않다. 나는 그러한 신앙의 토대 위에서 인권을 지향하는 사람들을 존경하고, 실제로 지지하며 그들과 협력한다. 하지만 이 책에서 내게 중요한 사항은 우리네 사회의 장기간에 걸친 동태 바로 그 안에 인권이 스며들어 배어 있다는 점이다. 이 점 때문에 인권은 내게 분석적으로나 도덕적으로 흥미를 끈다. 자유, 평등, 연대 등의 가치들은 모두 다른 사람들과 맺는 관계라는 맥락 안에서만 의미를 가진다는 점에서 사회적 가치들이다. 이런 가치들이 항구적인 문건에 적혀서 항구적인 정치적 형태를 갖추게 된 것은 아마도 프랑스 혁명과 그때 나온 「인간과 시민의 권리 선언」이 최초일 것이다. 이 가치들은 인권을 인정하라는 주장들 가운데 타당한 것과 그렇지 못한 것을 분별하는 기준을 제공한다. 지배를 고발하는 부정적 담론들과 상호결정과 자기결정의 권리를 제창하는 적극적 담론들을 평가하면서 이 세 가지 가치 가운데 하나라도 중요성을 간과

하게 된다면, 인권에 관한 사유와 담론에서 길을 잃게 될 것이다.

나는 또한 인권의 보유자가 누구이며 인권의 침해자가 누구인지를 명시해 보려고 했다. 처음에 생각할 적에는 권리-보유자에 세 형태가 있다고 보았다. 개인의 권리, 집단의 권리, 개인의 권리이자 집단의 권리, 그리고 모든 사람의 권리 등으로 분류한 것이다. 이 방향으로 작업을 진행하는 동안에 여러 가지 논평들을 받아보고 나서, 집단의 권리와 개인의 권리는 분리된 범주로 대립하는 것으로 볼 수없고, 집단의 권리와 개인의 권리가 복합체를 이룬다고 생각해야 한다는 결론에 도달했다. 종전의 내 입장은 너무나 이분법적이었고 복잡성을 많이 결여하고 있었다. 집단의 권리가 침해될 때에는, 언제나그 집단 안에 속하는 개인들의 권리도 동시에 침해되는 것이다. 그렇지만 잭 도넬리 같은 사람이 주장하듯, 집단적 인권은 없다고 보는 입장에는 나는 반대한다.

이것은 특히 미국에서 인권에 관한 이론적 문헌에 등장하는 주요쟁점 가운데 하나이다. 경제적/사회적 인권이라는 것도 있을 수 있는지, 그리고 만약 있다면 그런 인권과 정치적/시민적 인권 사이의순위는 어떻게 되는지, 아니면 인권이라는 것이 기실 정치적/시민적이기만 하다고 보아야 할 시점인지도 주요 쟁점 가운데 하나이다.내가 주창하는 입장은 정치적/시민적 인권과 경제적/사회적 인권은순위로 나눌 수 없게 상호 연관되어 있다는 것이다. 이런 인권들 사이에서 우선순위를 정하는 짓이 얼마나 위험한지는 20세기에 스스로 판명되었다. 공산주의적 전체주의는 경제적/연대적 권리를 위해정치적/시민적 권리를 희생시켰고, 자유주의 및 신자유주의적 자본주의는 평등과 연대를 자유와 부합할 수 없는 가치라고 희생시킨 것이다.

나는 「인간과 인민의 권리에 관한 아프리카 헌장」 전문에 개진
된 입장, 즉 "경제적/사회적/문화적 권리의 충족이 시민적 권리의 향
유를 보장한다"는 입장도 거부한다. 전체론적 인권이라는 나의 사고
방식은 이러한 가치 각각의 동등한 타당성을 인정하자는 요구이다.
따라서 나는 이 가치들 사이에서 균형을 달성하는 공공 정책을 촉구
하게 된다. 이런 관점에서 보면 지나치게 개인주의적이고 사익추구
적인 신자유주의와 공산주의적 전체주의는 마찬가지로 극단적인 급
진주의가 된다. 이것들은 (각각의 옹호자들이 보듯이) 균형과 절제라
는 아리스토텔레스적인 의미의 "평균"이 아니라, 인권을 위한 평등
주의적/연대주의적 필수조건들의 수용을 거부하고, 그 때문에 인간
이 실제로 기겁할 정도로 고통받고 있음을 인정하지 않는다는 부정
적인 의미로 "비열하다."403)

국가 역시 인권을 위해서는 하나의 문젯거리다. 앞에서도 지적했
듯이, 근대국가와 인권은 함께 태어났다. 근대국가는 인권을 보호하
기로 되어 있었다. 그런데 방금 전에 논의했듯이 인권적인 가치들
사이에서 몇 개만 선별적으로 선택하려는 근대국가의 성향 때문에,
그리고 국가가 대내적으로나 대외적으로 폭력의 행사와 결부된다는
점 때문에, 근대국가는 인권을 침해하는 주요 행위자가 되었다. 구속
력을 가지는 인권 문서에 서명하고 비준한 주체가 국가이고, 유엔
총회의 인권 선언에 대표자를 보내 투표한 주체도 국가이고, 각 정
권을 서로 정당화하거나 정당화를 철회할 때 인권 담론을 사용하는
주체도 국가라는 점에서 이것은 아주 심각한 문제다.

----

[403] 여기서 "평균"과 "비열하다"고 옮긴 영어 단어는 공히 "mean"이다. 저자가
　　따옴표를 붙인 이유는 전혀 다른 의미를 같은 형태의 단어로 표현한다는 점을
　　나타내기 위한 것이다.]

국가는 대외적 폭력을 행사할 때, 상대를 인간이 아닌 것으로 규정하는 경향을 드러낸다. 국가는 내부적 폭력을 행사할 때, 내부의 "타자"들을 겨냥하는 경향을 보인다. 이 "타자"들은 실상 인종적/문화적 소수이며, 경제적으로 하층 계급인 것이 보통이다. 따라서 이들을 겨냥한 폭력은 집단적 권리와 개인적 권리를 동시에 침해하게 된다. 폭력과 강제를 합법적으로 이용하는 주체라는 점에서 국가의 본질을 찾은 베버의 견해를 우리는 뛰어 넘어야 한다. 베버의 견해는 자유주의적/신자유주의적 보호주의 국가관에 너무나 들어맞고, 국가 폭력으로 누가 그리고 무엇이 보호되느냐는 질문을 회피하기 때문이다. 이는 곧 영향력이 높아 가는 프리드리히 폰 하이에크를 따라, 사유재산의 권리를 넘어 인간의 경제적/사회적 권리를 신장해야 할 국가의 중요한 역할을 부인하는 태도로 이어진다.

그러므로 우리가 이제 갓 진입한 새 천 년이 인권 신장의 천 년이 되려면, 인권에 포함되는 모든 항목이 필수적임을 진심으로 받아들여야 하고, 동시에 인권을 지탱할 정치 형태와 경제 형태를 이해하고 그 실현을 위해 투쟁해야 한다. 본질적으로 폭력적인 국가 대신에, 인민 사이에 자유와 평등과 연대를 유지하기 위해서는 선거 때 단순히 투표만 하는 것으로는 태부족이며, 정치적 민주주의와 경제적 민주주의가 동전의 양면임을 이해하는 민주정치의 형태를 양육해야 할 것이다. 평등과 연대의 가치를 구현하는 경제적 형태, 특히 상호결정과 자기결정의 능동적 과정 안에서 연대가 실현되는 경제적 형태가 필요할 것이다. 나는 그러한 형태들과 과정들이 어떤 모습을 띠게 될지 대략적인 얼개를 앞에서 제시했다.

내가 소원의 목록에 이런 내용을 집어넣는 것만으로 실현될 리는 물론 없다. 지배당하는 살아있는 인민 그리고 직접 지배를 당하고 있지는 않지만 지배당하는 사람들의 고통과 요구를 인정하는 사람들의 구체적인 투쟁에 의해서만 이런 일들은 실현된다.

역사의 진행은 직선적이지 않다. 우리에게는 옛날일수록 가장 잔혹했으리라고 생각하는 경향이 있다. 그러나 지배와 인종청소의 가장 끔찍한 사례 몇 개는 20세기에 일어났다. 우리가 인권의 의미에 관해 심각하게, 그리고 문화의 경계를 넘어 자기 비판적으로 생각하고 쓰고 말하지 않는다면, 만약 우리가 자유와 평등과 연대라고 하는 똑같이 중요한 가치들을 신장하기 위해 다른 사람들과 연합해서 행동해야 할 사명을 인정하지 않는다면, 그러한 가치들을 지탱할 형태와 제도를 확립하는 데 우리가 실패한다면 —만약 우리가 이런 과업에서 실패한다면, 새 천 년은 우리가 지나온 천 년보다 더 나빠질 수도 있다.

노동자의 권리가 침해된 미국의 사례
─스테일리 직장폐쇄와 노동자 대체

제5장에서 나는 20세기 마지막 20년 동안 미국에서 노동자들의 권리가 얼마나 열악해졌는지를 보여주는 사례로 이 부록을 언급했다. 내가 사는 곳에서 자동차로 불과 한 시간 거리에 있는 일리노이 주 디케이터 시에서 일어난 일인데, 국제 자본이라는 새로운 권력이 들어왔을 때 얼마나 황량한 결과가 빚어지는지, 그리고 국제 자본에 고용된 인민의 권력이 상대적으로 얼마나 약한지를 가까이서 목격할 수 있었다. 디케이터 시에는 옥수수에서 당분을 추출하는 스테일리라는 이름의 거대한 산업 복합체가 있다. 이 회사는 오랫동안 디케이터 시와 주변의 소읍 및 농촌지역 주민 약 천 명을 고용하는 지역 기반 기업체였다. 스테일리는 1988년에 유럽(런던)에 본부를 두고 50개 이상의 나라에서[404] 영업하는 최대 초국적 제당주식회사 테이트 앤드 라일에게 매각되었다.

옥수수 처리 공정은 위험한 작업이다. 공정 중에 발생하는 전분 먼지에 인화성과 폭발성이 잠재되어 있으며, 1990년 노동자 제임스 빌스의

---

404) 스테일리의 자체 홍보 자료, Lisa Mirable, ed., *The International Directory of Company Histories*, Vol. II (Chicago : St. James Press, 1990), 580.

목숨을 앗아간 적이 있는 산화프로필렌과 같은 유독성 화학 물질들이 사용되기 때문이다. 테이트 앤드 라일이 매수하기 전에도 안전사고는 있었지만, 노동자들은 경영진이 안전을 진심으로 염려하고 있다고 느낀 것으로 보인다. 지역 노조위원장을 8년 동안 맡았던 빌 스트롤은 당시의 상황을 이렇게 자리매김한다. "과거에도 무시무시한 이야기들은 많았지만, 그 문제들을 우리는 해결했지요. 상당한 수준의 노사협력이 있었어요. 우리가 제작한 안전 매뉴얼은 모범적이라고 여겨졌어요. 테이트 앤드 라일이 회사를 인수한 뒤로 이게 무너졌죠. 안전에 대한 경영진의 태도가 크게 바뀐 겁니다."405)

제임스 빌스의 사망은 산업안전건강국(OSHA)으로 하여금 그 공장의 전반적인 안전 조건을 조사하도록 만들었다. 그 결과 위반 사항이 298건 발견되고 스테일리는 160만 달러의 벌금을 부과받았다. 이 회사는 "의도적으로 전류가 통하는 부위로부터 피고용자들을 보호하지 않았고, 승인 받지 않은 전기 도구 및 스파크 발생 도구를 사용하기 때문에 폭발 위험이 잠재하는 곳에 〔공장의 여러 건물에서 여러 차례의 폭발이 실제로 있었다 -저자의 첨가〕 노동자들을 노출시켰고, 보호 장치 없는 회전 굴대 및 동력 전달 장치에 노동자들을 노출시켰고, 낙하사고에서 노동자들을 충분히 보호하지 않았다"고 산업안전건강국은 주장했다.406) 산업안전건강국의 조사 결과 이외에 노동자들은 테이트 앤드 라일이 사전 허가 없이도 소각과 용접을 허용하고, 사람들을 아무 경험도 없는 작업에 배치하고, 비슷한 조건에서 일해본 경험이 없는 하청업자들을

---

405) 스트롤의 언표는 AIW Local 837(산업노동자 동맹 837지구)가 발행한, *Deadly Corn : Workers Speak Out on Health, Safety, and Environmental Problems at the A. E. Staley Manufacturing Company*에 인쇄되어 있다. 이 책자는 2882 North Dineen St., Decatur, IL 62526으로 편지를 쓰면 얻을 수 있다.
406) Ibid.

활용하면서 안전 교육도 시키지 않고, 잔업 근무를 강요하는 등 공장의
환경을 크게 바꿔버렸다고 고발한다.

　테이트 앤드 라일은 산업안전건강국의 조사 이후에 건강과 안전 상황
이 개선되었다고 주장했다. 노동자 일부는 이를 반박하면서, 회사가 실
상을 개선하는 데보다 대외 홍보에 치중했다고 주장했다. 건강과 안전
에 관해 노동자들이 제기하는 소청은 계속되었다. 소청을 제기한 어떤
노동자는 자기가 야간 작업조에 배당된 것은 연공서열에 맞지 않고, 매
주 주말에 일하도록 강요당했으며, 몇 차례나 정직 처분을 받았고, 소청
을 또 제기하면 해고하겠다는 협박을 받았다고 말했다.

　1993년 여름, 테이트 앤드 라일은 노동력에 대해 일종의 유연한 통
제로 전환하기로 결정했다. 주간, 야간, 주말 근무 등에 관한 불만을 무
의미하게 만들게 될 조치였다. 한 주는 사흘 연속 다음 주는 나흘 연속,
주간조와 야간조를 번갈아가면서 하루에 12시간씩 일한다는 계약서에
서명하라고 노동자들에게 요구했다.407) 작업 시간을 연장하는 노동자에
게는 잔업 수당이 지급되고, 연장 근무는 하루 16시간까지 할 수 있도
록 했다. 19세기 말부터 노동계가 투쟁을 통해 쟁취한 하루 8시간 노동
제는 묵살되고, 이 계약에서 노동자들이 얻은 8시간의 보장은 오로지
근무일 사이에 최소한 8시간의 휴식뿐이었다. 미국에서 1990년대 초반
및 중반, 일부 주식회사들은 노동자들의 분열 그리고 노동조합의 파괴
또는 약화를 노리면서 노동자들을 파업에 나서도록 몰아붙였다. 테이트

---

407) 라일과 합병하기 전인 1878년, 헨리 테이트가 런던의 테임스 강변에 두 번
　　째 제당 공장을 열면서 250명의 종업원들로 하여금 하루 12시간을 일하게 했
　　다. 일주일에 60시간을 일해야 했다. 하지만 이 회사의 자체 홍보 책자인, *The
　　International Directory of Company Histories*를 보면 테이트 사장이 종업
　　원들에게 그토록 오래 노동을 시켰다는 사실은 공표하기도 쑥스러울 정도로 이
　　상한 일로 치부된다. 그런 사고방식이 백년도 더 지나 초국적화된 후신에 의해
　　서 디케이터 시로 돌아온 셈이다.

앤드 라일이 파업을 강요한 다음 노동조합을 분쇄하려는 계산을 했는지, 아니면 노동자들이 그런 계약을 실제로 받아들이리라고 생각했던 것인지는 확실치 않다. 노동자들은 계약에 서명도 거부했지만, 그렇다고 파업에 나서지도 않았다.

대신에 노동자들은 "규칙대로 일하기"로 결정했다. 그 가운데 한 명인 마이크 그리핀의 표현을 빌리면 "우리는 기계처럼 일했다."[408] 어차피 노동자들이 기계처럼 취급받아야 한다면, 기계처럼 행동할 수밖에 없었다는 말이다. 노동자들은 연대를 위한 모임을 공장에서 열고, 경영진이 왜 12시간 노동제를 시행할 수밖에 없었는지 설명하기 위해 소집한 회의를 방해했다. 경영진이 발언하고 있을 때 노동자 일부는 일어서서 등을 돌렸다. 노동자들이 이보다 더 나아갔다고 스테일리 측은 주장한다. 필요 이상의 물과 생산물을 하수구로 흘려보내는 등 태업을 감행했다는 것이다. 노동자들은 이를 부인했지만, 전국노사관계 위원회는 회사의 주장을 신빙할 만하다고 보았다.

6월 27일 회사는 직장폐쇄에 들어가 노동자 760명을 내쫓았다. 항공관제사 파업에서 레이건 대통령이 세운 본보기를 따라, 회사는 미국 내 다른 지역들의 신문에 광고를 내고, 내쫓은 노동자들의 작업을 대신할 대체노동자들을 고용했다. 노동자 일부는 "길 위의 전사"가 되어 미국과 캐나다, 심지어 유럽까지 돌아다니면서 자신들이 어떤 일을 겪었는지 공표하고, 다른 노동자들에게도 그런 일을 당할 수 있음을 경고했다. 그들은 인간의 존엄성 그리고 인권을 가리키는 어휘로 말했다. 이는 그들의 직관에 따른 일이었다. 제5장에서 논의된 국제 규약이나 유럽 사회헌장, 또는 프로토콜 등을 그들은 읽은 적이 없었다. 그토록 오랜 노동 시간과 교대 작업은 인간의 신체와 정신의 건강을 해칠 뿐만 아니라

---

408) 1997년 7월 10일의 인터뷰.

(노동자 가운데에는 40대 후반에서 50대에 속하는 남성과 여성이 많았기 때문에, 이들에게는 생리적인 충격이 더욱 심했다), 가족과 교회와 각종 친목회 등, 그들 개인의 삶과 그들이 속한 공동체의 삶에 중요한 사회적 관계망에 대해서도 급격한 충격이 미치리라는 점을 그들은 지적했다. 한 번 작업에 들어갈 때 일하는 시간이 길어지게 되면, 일하지 않는 시간이 장기적으로 어떤 영향을 받을지 예측할 수가 없고, 그런 식의 교대 근무를 하다 보면 지쳐서 녹초가 될 것이다. 그런 상태로 퇴근해서 귀가한다면, 운전 중 사고 위험도 높아질 것이다.

노동자들은 디케이터 시에서 토론회를 개최하면서 다른 노동조합, 비조합원, 다른 나라의 노동조합 운동가들을 불러 모아 지지를 구했다. 가두행진과 시위도 조직했다. 지지자들이 모여 공장으로 들어가는 트럭의 진입로를 봉쇄했다. 지지자들은 쫓겨난 노동자의 배우자와 다른 도시에서 온 노동조합원들이 대부분이었는데, 성직자들과 정치 운동가들도 있었다. 주 당국은 이들이 회사의 사유재산권을 침해하고 있다고 간주했다. 경찰이 출동해서 진입로를 가로막고 농성하는 사람들에게 최루탄을 쏘았다. 여러 명이 체포되기도 했다. 쫓겨난 노동자 중에 댄 레인이라는 사람은 거의 두 달 동안 단식투쟁을 벌인 결과 건강이 크게 상했다. 직장폐쇄와 이에 대한 전투적인 저항은 약 2년 반을 끌고 나서 1996년 1월에야 끝이 났다.

노동자들에게는 회사의 조건을 수용하라는 엄청난 압력이 쏟아졌다. 초국적 기업은 12시간 노동이라고 하는 핵심 사항에 관해 도무지 양보할 생각이 없었다. <사무노동자 산업동맹>(UPIU)과 같은 전국 수준의 노동조합 지도부는 공장이 완전히 문을 닫을까봐 두려워서 지역의 조합에 12시간 노동제를 받아들이라고 압박했다. <미국 노동총연맹-산업별회의>(AFL-CIO)에 노동자들이 도움을 청했더니, UPIU 지도부에서 개입을 요청하기 전에는 자기들이 할 수 있는 일이 별로 없다는 답이 돌아왔다. 지역공동체는 분열되었다. 일부는 쫓겨난 노동자들을 지지했지만, 이런 갈등이 공동체를 너무 분열시킨다든지, 미국의 모든 산업이 어려운 시기에 직장이 있는 것만도 감지덕지할 일이라고 주장하는 사람들도 많았다. 시의 평의회는 대기업의 경영직 또는 관리직에 있는 사람들로 채워졌다. 그 기업들 사이를 연결하는 고리마저 있었다. 세계 최대의 식재료 처리 업체이자 양대 정당에 공히 막대한 자금을 기부하는 아처 대니얼스 미들랜드(ADM)는 테이트 앤드 라일에 상당한 지분을 소유했다. 일리노이 주를 기반으로 한 강력한 보험회사 스테이트 팜도 지분을 가지고 있었다. 스테일리 공장에서 약 1.5km 거리에 있는 ADM의 공장까지 직통으로 연결하는 컨베이어 벨트도 있었다. 디케이터 시에는 일본 자본이 소유한 초국적 기업으로 브리지스톤-파이어스톤 타이어 공장이 있었는데, 이 공장도 12시간 노동제를 강요했다. 여기서도 파업이 있었지만, 오래 가지는 못했다. 스테일리에서 쫓겨난 노동자들이 당하는 모습을 보고, 그렇게까지 오래 투쟁하기 전에 미리 굴복한 것이다.

　작업 조건을 받아들이라는 압박은 다른 곳으로부터도 왔다. 이 사태로 인한 부정적인 외부 효과들이 노동자들 그리고 그들의 공동체에 스며든 것이다. 지역의 채권자들에게 상환해야 할 주택담보 대출금이 있었다. 노동자들의 신체적/정신적 건강이 위태로워지는 바로 그 시점에서 건강보험 혜택이 사라질 수 있었다. 배우자들은 대체로 열렬한 지지를 보냈지만, 그들에게도 엄청난 압박이 가해졌고, 많은 부부가 이혼해야만 했다. 409)

　지역 노동조합의 협상위원회가 12시간 노동제를 포함한 회사의 협상안을 거부하고 조합원들에게 회부하지 않기로 결정하자, <사무노동자

---

409) Stephen Franklin, *Three Strikes* (New York : The Guilford Press, 2001), 181.

산업동맹>(UPIU)의 전국 의장이 이를 무효화하고 조합원들의 투표를
강제했다. 회사 측의 계약안이 286 대 226으로 1996년 12월 22일에
수용되었다. 지역 노동조합에는 보다 순종적인 집행부가 당선되어 있었
고, 이는 저항을 약화시키고자 애를 썼던 UPIU 지도부에게 흡족한 결
과였지만, 아직 그 신임 집행부는 직무를 시작하기 전이었다. 지역 노동
조합 집행부가 아무도 계약에 서명하지 않았기 때문에, 전국 조합의 간
부들이 서명했다.

약간의 표차로 계약이 수락되었지만, 회사로 복귀하기로 결심하고 실
제로 회사에서 받아들인 노동자는 약 180명에 불과했다. 그 가운데서도
30명은 복귀 직후에 회사를 떠났다. 일부는 2년 반 동안의 저항에도 불
구하고 테이트 앤드 라일이 미동도 하지 않는 것을 목격했기 때문에 복
귀했다. 그들은 소득이 절실하게 필요했고, 무슨 조건이라도 일자리를
받아들였을 것이다. 일부는 조건을 받아들이기로 투표는 했지만, 오래
일할 생각은 없었다. 이 사람들은 은퇴할 나이가 가까웠는데, 25년 내
지 30년을 일하고 나서도 연금을 받지 못하는 사태만은 견딜 수가 없었
다. 회사가 8천 달러의 퇴직금을 제시하기도 했다. 단, 계약 조건을 먼
저 수락한 다음에 퇴직금이 지급되었다. 잔혹한 선택을 강요받은 결과
일부가 굴복하는 와중에, 굴복하기를 거부한 사람들 편에서는 "배신자"
를 겨냥한 증오와 반목이 증폭되었다.

국제적인 주식회사의 권력에 맞서 싸운 전투 자체는 패배로 끝났다.
그러나 쫓겨났던 노동자들 일부는 장기적인 전략을 개발할 수 있었다.
"길 위의 전사"로 나선 사람들 중에서 특히 전의에 불타는 사람들은 미
국에 전국 수준의 노동당을 설립하려는 시도에 간여했다. 이들은 미국
및 다른 나라에서 이와 같은 기업의 권력에 맞서 싸우는 집단들과 정보
를 교환하고 서로 지원하는 네트워크를 만들었다. 영국, 프랑스, 멕시코,
브라질, 슬로베니아, 방글라데시 등지의 노동조합원들과 의회의 의원들

과 이들 길 위의 전사들은 노동투쟁을 위한 자금을 조성하기 위해 협력하고, 상호 교차 방문하면서 연대감을 표현하고 있다. 이들은 <전쟁 지대>(*The War Zone*)라는 제목의 간행물을 발간하고, 인터넷을 통한 왕성한 소통을 하고 있다. 디케이터 시 평의회의 구성을 바꿔서, 도시 안의 주식회사들을 위한 공식 회합 장소 내지 입법 기관에 그치지 않게 만드는 방향으로 노력하는 노동자들도 있다. 어쨌든 많은 노동자들에게는 쓰라린 원한이 남아 있고, 12시간 노동제와 거의 전면적인 노동 유연성을 둘러싼 전투는 패배로 끝났다. 적어도 당분간은 그렇다. 그렇지만 기본적인 인권이 박탈당했다는 느낌은 지속된다. 이 때문에 소외감, 냉소주의, 무력감에 빠지는 사람들도 있지만, 지역과 전국과 국제적인 수준에서 행동으로 이어가는 사람들도 있다. 그러나 계속 투쟁하고 있는 사람들도 심리적인 손실의 흔적이 여전히 보인다.

스테일리의 경영진과 노동자 사이의 투쟁은 자유와 평등과 연대를 위한 동시 투쟁이라는 관점에서 비춰볼 수 있다. 공장의 바닥과 길거리에서 항거할 자유, 가족 및 공동체와 온전한 삶을 영위할 자유를 위한 투쟁이었고, 자신이 노동할 조건을 결정할 때 어느 정도 평등한 권력을 위한 투쟁이었으며, 시 평의회와 같은 정부 기관 및 미디어의 보도에서 공히 노동자들이 집단적으로 노동력과 관련해서 그리고 공동체와 관련해서 자신들의 명분을 고취할 수 있도록 담론의 포용성을 위한 투쟁이기도 했던 것이다. 자기들이 표명한 요구들이 생산수단을 소유한 세력의 순수한 권력이나 노동자들의 권리 주장이 정당하든 않든 국가를 대리해서 재산권을 강제하는 경찰의 손에서 처리되지 않기를 노동자들은 바랐다. 그리고 그들은 모든 면에서 졌다. 스테일리는 자기네 공장에 취직한 대가로 노동자들은 상품의 역할을 받아들여야 한다는 사실을, 그와 정반대의 선언을 한 국제노동기구를 아랑곳하지 않고 증명했다.

9·11: 인권에 대한 공격[410]

세상 사람들은 아직도 믿지 못하는 상태이다. 아이들은 이것이 현실인지 영화인지 부모에게 묻는다. 우리는 모두 일종의 초현실적인 안개 속을 헤매면서, 지금 단지 나쁜 꿈을 꾸고 있을 뿐이 아닌지 서로에게 물어본다. 그리고 내일 아침에 꿈에서 깨면, 머리 위에 비행기들이 날아다니고, 교사들은 정상적으로 진도를 나가고, 미디어에서는 세금 환급, 사회 보장, 처방약 등에 관해 논의가 이어지는 정상으로 돌아갈 수 있기를 바란다.

그렇지만 생각할 수 없었던 일이 현실이다. 군사적으로나 경제적으로 세계에서 가장 강력한 나라에서 살고 있다는 미국인들의 안전이 각자의 발밑에서 쓸려나가 버렸다. 미국의 인민은 제2차 세계대전 이래 느껴본 적 없는 두려움을 느낀다. 너무 많은 사람들의 죽음에 슬픔을 느낀다. 초등학교 2학년 교사인 내 사촌의 제자가 표현한 대로, 너무 많은 "엄마들, 아빠들, 형제들, 자매들"이 죽었다. 자기네 명분이 그토록 악랄한 살육 행위마저 정당화한다고 생각한 테러리스트들의 믿음 때문에 너무

---

410) 서문에서 밝혔듯이, 이 기사는 9월 11일부터 약 열흘이 지났을 때 작성되었고 〈퍼블릭 아이〉(Public i) 2002년 10월호에 실렸다. 〈퍼블릭 아이〉(http://publici.ucimc. org)는 어바나–샴페인 독립 미디어센터에서 발행하는 월간 신문이다.

많은 목숨과 너무 많은 미래의 잠재적 행복 및 성취가 스러지고 말았다. 어떤 사람의 마음속에서는 슬픔과 공포보다 분노가 앞서기도 하고, 어쩌면 슬픔과 공포를 분노로 이기기도 한다. 이런 짓이 미국의 시민들과 미국의 재산에 자행되었다는 사실에 많은 사람들이 화를 낸다. 미국의 자존심은 손상되었고, 누가 테러의 배후인지에 관해 결정적인 증거가 전혀 없더라도 미국의 국기를 높이 날리면서 대규모 군사 작전으로 보복하자는 요구도 있었다.

이 모든 반응들은 이해할 수 있다. 우리 중에 더 이상 여기 없는 이들, 사랑하는 사람을 잃고 상실감에 아파하는 유족들의 가장 깊은 서러움을 우리가 어떻게 공유하지 않을 수 있는가? 영리하면서 동시에 명분을 위해 기꺼이 죽을 각오가 서 있는 사람들 덕택에 절대적으로 안전할 수는 없다는 사실을 전에는 모르다가 이제야 새로이 알게 되었는데, 어떻게 불안을 느끼지 않겠는가? 그리고 정치적 목적을 위해 다른 사람들의 생명, 특히 민간인들의 생명을 그런 식으로 냉혹하게 다루는 행위에 분노하는 정서 역시 우리는 확실히 이해할 수 있다.

왜 인권의 문제인가?

여기서 관건은 "우리"라고 말할 때 그 뜻이 무엇이냐는 것이다. 흥분한 반응은 집단적인 애국주의로 흘러, 미국이 광범위한 군사 공격으로 대응해야 한다는 요구로 이어질 때가 많다. 이 와중에 이러한 테러리즘의 진정한 의미를 볼 수 없게 된다. 이런 테러리즘은 인권을 공격하는 행위이며, 바로 그 점에서 모든 인류의 권리에 대한 침해이다. 인권을 상향식 관점, 즉 인권 침해의 피해자의 시각에서 바라보면 이 점이 분명히 보일 것이다. 피해자들이 자신의 삶과 잠재력을 가능한 최대한으로 발전시킬 권리를 인정받지 못한 것이기 때문이다. 정치적/경제적 지배가 이를 가로 막는다. 하지만 이 권리의 인정을 가로 막는 가장 즉각적인 방식은 생명의 종결이다. 특히, 테러리즘이나 인종청소처럼 정치적 동기를 위해 집단이 벌이는 행동 때문에 인명이 종결된다면 더욱 그렇다. 이렇게 보면, 모욕당하고 침해당한 당사자로서 "우리"는 미국 시민인 "우리" 가운데 일부가 아니라, 인류 전체인 "우리" 가운데 일부이다. 이러한 각도에서 바라보기가 힘들면, 단순히 피해자의 입장에서 바라보라. 피해자 중에는 미국 시민이 아닌 사람들도 있었다. 공중납치 당한 비행기, 그리고 뉴욕의 쌍둥이 빌딩 소재 사무실들에는 여러 나라에서 온 사람들이 있었다. 실제로 부시 행정부가 전 세계 수많은 나라의 정부에 호소한 근거가 바로, 이것이 단지 미국에 관한 문제가 아니라 민족성과 상관없이 모든 인류의 문제라는 점이었다.

권리를 파괴하지 않고 보호하려면

이 문제를 인권의 문제로 보게 되면 일정한 결론이 나온다. 이런 행위를 저지른 자들을 정의의 법정에 세우고, 테러리즘을 일반적으로 제거하기 위한 시도를 하면서 시민권과 인권을 무너뜨리는 메커니즘을 사용하면 안 된다는 결론도 그 중 하나이다. 권리라는 가치와 안전이라는 가치 사이에 긴장을 해소하기 어려울 때가 많다. 그렇지만 우리가 권리와 민주주의에 매진한다고 말하려면, 권리를 확보하기 위해 권리를 침범하게 되는 일이 없도록 만전을 기해야 한다. 그렇지 못한다면 도대체 우리는 무엇을 왜 보호하려는 것이겠는가? 이견을 관인하지 못하고, 일부 시민들이 박해를 받고도 모자라 감금까지 당하는 병영국가의 형태로 빠져 들기는 너무나 쉽다. 그런 병영국가에서는 정치적 집단에 지원을 보내고 기여할 우리의 권리가, 어느 집단을 테러리스트 집단이라고 부르기로 법무장관이 자기 맘대로 정하기만 하면, 쉽사리 묵살당할 것이다. 정부가 우리의 전화 통화나 이메일을 감시하고, 심지어 음향 탐지 장치를 가지고 우리네 가정에까지 침투하는 등, 사생활이 뒷전으로 밀려나게 될 것이다.

미국 역사에서 우리는, (민주주의 수호를 명분으로 내걸고 싸웠던) 제1차 세계대전 때 간첩반란법,[411] 제2차 세계대전 때에는 일본계 미국인들의 감금과 같은 가혹한 경험을 겪었다. 1960년대와 1970년대에는 연방수사국(FBI)의 국내 방첩(COINTEL) 프로그램에 따라서 시민권 운동과 반전 운동 내부에 첩자를 심어 운동을 무력화하려는 시도가 행해지기도 했다.[412] 정치체의 건강을 위한 포용적이고 비판적인 관심으로 이해되는 애국주의는 긍정적인 사항이다. 그렇지만 애국주의는 불관인적이고 배제적인 방식으로 이해될 때가 많다. 이런 방식에서는 어떤 차이나 반대도 불충과 비슷하다고 간주된다. 테러리스트들의 행위와 그들에 대한 우리의 반응을 모두 인권이라는 프레임에서 이해하게 되면, 우리네 정부로 하여금 과거의 억압적인 실책을 반복하지 않고 우리 안에 섞여 있는 소수자를 보호할 의무를 느끼도록 만드는 데 도움이 될 것이다. 9·11 테러의 경우에 소수자란 우리 안에 속한 이슬람 인민이며, 이

---

[411] 1917년의 간첩법(Espionage Act)과 1918년의 반란법(Sedition Act)을 가리킨다. 표현의 자유를 억압하는 위헌적인 법이라는 논란을 불러 반란법은 1920년에 폐지되었지만, 간첩법은 여전히 살아있다.]

412) COINTEL 프로그램이래 자행된 위헌적이고 권리침해적인 FBI의 행태가 공개된 이후, 이 기관을 규제하기 위한 안전장치들이 설치되었다. 그런 안전장치들을 조지 W. 부시 대통령은 테러와의 "전쟁"을 위해 다시 제거했다. 그러나 안전장치들이 설치되었다고 한 바로 그 기간에도 FBI는 시민권과 인권을 침해하고 있었다. 2002년 6월 11일, 캘리포니아 주 오클랜드 시의 한 연방재판에서 배심원단은 FBI가 1980년대 말에서 1990년대 초 사이에 오클랜드 경찰의 협조 아래 환경운동가 두 사람의 범죄 혐의를 날조해서 뒤집어 씌웠다고 밝혔다. 이 사건의 원고인 주디 베리와 대럴 처니는 미국 수정헌법 제1조와 제4조의 권리를 침해당한 배상으로 440만 달러를 받도록 판결이 내려졌다(대럴 처니는 법률 구조가 이루어지기 전에 사망했다).

미 여러 도시에서 이들은 공격을 당하고 있다.

인권의 관점에서 이런 사태를 이해하는 프레임은 해외에 대해 우리가 어떻게 반응해야 하는지에 관해서도 여러 가지 함의를 가진다. 첫째, 다른 나라의 무고한 인민 다수를 죽이거나 상해하는 군사적인 방식으로 반응하면 안 된다. 그들을 단순히 감수해야 할 "부수적" 피해라고 간주하는 것은 용납할 수 없다. 그런 피해를 일으킨 자는 정의의 심판을 받아야 한다. 더구나 이것은 자존심에 상처를 입은 미국인들이 복수 대상을 찾는 종류의 애국적 욕구에 관한 문제가 아니다. 테러리스트들은 모든 인류를 공격했다. 복수가 아니라 정의가 필요하며, 정의를 위해서는 가능한 한 평화적인 국제 공조를 통해 그들을 체포해야 한다. 마지막으로, 그들이 저지른 만행이 모든 인류를 겨냥한 것이며, 정의를 확보하고 더 이상의 테러리즘이 일어날 필요가 없도록 만드는 데 모든 인류가 관심을 기울여야 한다는 취지에 부합하게 체포된 테러리스트들은 능력을 갖춘 법률가들로 이루어진 국제 법정에서 재판을 받아야 한다.

본보기를 세우려면

테러리즘에 책임을 져야 할 자들을 체포하고 그들을 법정에 세우는 일이 국제적인 사안이라고 할 때, 미국으로서도 나름대로 할 일이 있다. 미국의 외교 정책을 지금까지보다 훨씬 인권이라는 국제적 표준에 맞추는 일이다. 미국이 국내 정책에서 권리를 침해한 경우들은 이미 앞에서 언급한바 있다. 그러나 아직 미국의 인민과 정부는 20세기 미국의 정책을 비판적인 시각에서 고찰할 필요가 있다. 그러한 비판적 고찰은 우리의 시민적 삶과 해외에서 우리의 도덕적 위상을 질적으로 높여줄 것이기 때문에, 그와 같은 자기점검은 애국주의라는 단어에 담길 수 있는 가장 긍정적인 의미와 통한다.

  인권을 준거로 삼아 이 사태를 바라볼 때, 여러 분야에서 미국의 과거 정책들을 재검토할 필요가 있다. 기업체와 개인들의 사유재산권 너머, 형평과 사회복지를 중시하는 관점에서 경제적/사회적 인권이 있다는 국제적 합의에 동의를 거부하고 있는 미국의 정책이 재검토되어야 할 하나이다. 지미 카터 대통령이 서명했지만 상원 외교위원회에서 잠자고 있는 1966년의 「경제적, 사회적, 문화적 권리에 관한 국제 규약」을 상원이 비준한다면 중대한 걸음 하나를 떼는 셈이 될 것이다. 이 밖에 구체적인 조치로는, 가난한 나라들의 상환할 가망이 없는 부채를 탕감해 주고, 세계은행과 국제통화기금(IMF)이 구조조정 정책과 민영화 정책을 중단하는 것 등이다. 이런 정책들은 1966년 규약에 명문화된 경제적 권리들과 합치되지 않는다.

  바람직한 변화의 두 번째로, 다른 민족의 인권 현황들을 판단할 때 미국이 더욱 공명정대해져야 한다. 이 점과 관련해서는 중동이 미국의 실패를 보여주는 본보기이다. 이스라엘은 역사상 가장 전율스러운 인권 침해의 피해자들을 위해 반유태주의에서 벗어날 수 있는 안식처로 마련되었고, 미국의 대외 원조를 받는 주요 수혜국이다. 팔레스타인 집단들 일부가 통학 버스를 공격해서 아동을 살해하는 등, 이스라엘 내 민간인들을 겨냥해서 벌인 테러리즘에는 미국 정부가 비난을 서슴지 않는다. 그러나 팔레스타인인 죄수들을 고문한다든지 (이것은 이스라엘 법정에서 최근에야 비로소 불법화되었다), 돌멩이를 던지는 수준의 시위대 또는 팔레스타인 경찰을 상대로 살육 무기를 사용한다든지, 팔레스타인 정치 지도자들을 암살한다든지, 집단적 처벌의 의미로 또는 이스라엘 정착지를 확보하기 위해서 팔레스타인 주거 지역을 폭격하는 등, 이스라엘이 권리를 학대하는 경우가 닥치면 미국은 딴청을 부리거나 아니면 기껏해야 우정 어린 훈계에 그칠 뿐이다. 미국이 이스라엘 군부에 자금을 제공하고 있다는 사실이 이스라엘의 인권 학대를 제지해야 할 의무를 미국에 부과한다. 우리는 이 끔찍한 갈등 상황에서 양쪽 당사자들에 의한 인권 침해를 공히 기꺼이 단죄하고, 그에 따라 우리의 정책을 조정할 때까지 중동에서 존경을 받을 수 없다.

권리를 존중하던 민주 정부들을 전복시키고, 어떤 반대도 나올 수 없도록 공포 분위기를 조성하고 고문하고 살해한 정권을 그 자리에 세운 미국 정부의 자취들을 비판적으로 검토할 필요야말로 어쩌면 가장 중요한 일이다. 이런 사례들은 1953년 이란, 1954년 과테말라, 1973년 칠레 등지에서 있었다. 뉴욕과 워싱턴에서 벌어진 테러리즘 이후에 미국의 정책결정자들이 사용할 수 있는 가능한 수단 중에 암살도 있다는 이야기가 미디어를 통해 공공연히 흘러나온다. 이런 이야기를 하기 위해서는, 당시에는 콩고라 불렸고 미국의 지원을 등에 업은 독재자 모부투 치하에서는 자이레라 불렸던 나라의 파트리스 루뭄바, 그리고 칠레에서 아옌데 대통령에게 충성했던 르네 슈나이더 장군 등, 외국의 지도자를 암살하는 데 미국이 과거에 수행했던 역할을 되돌아 봐야 한다. 아울러 미주 군사학교413)에서 살인 기술을 훈련받은 엘살바도르의 장교단이라든지, 산디니스타에 반대한다는 명분으로 실제로는 대부분 민간인들에게 피해를 끼친 니카라과의 콘트라 반군을 우리가 만들고 훈련하고 지원하는 등, 미국 정부가 테러리스트 세력을 양성한 역사도 검토할 필요가 있다.

이런 정책에 직접 개입했던 인물들을 부시 행정부가 다시 기용하고 있다는 사실은 참으로 기막힌 일이다. 레이건 행정부에서 국무성 부차

---

[413] 서반구 안보 협력 기구(WHINSEC : Western Hemisphere Institute for Security Cooperation)를 가리킨다. 미국 국방성 산하 기구로서, 미주기구(OAS) 헌장의 민주적 원리에 따라 서반구 여러 나라에서 온 사람들을 교육하고 훈련시키는 목적으로 창설되었다. 미주 군사학교(School of the Americas)는 속칭이다.]

관보를 지낸 엘리엇 에이브럼스와 존 네그로폰테 등이 그런 사람이다. 에이브럼스는 의회에서 미국의 정책에 관해 거짓말을 해서 법원에 의해 유죄 판결을 받았다. 네그로폰테는 콘트라 반군이 훈련받던 시절에 온두라스 대사를 지냈는데, 콘트라 세력이 니카라과인들을 상대로 저지른 잔학 행위 및 온두라스 군대가 자국민을 상대로 저지른 잔학 행위에 책임을 공유하는 인물이다. 네그로폰테 대사가 지켜보는 가운데 미국에서 훈련받고 미국의 돈을 지원받은 온두라스 군대는 정부와 군부의 정책에 비판적이었던 인권 운동가들을 비롯한 사람들을 살해했다.

네그로폰테를 유엔 주재 미국 대사로 임명하는 안을 상원 외교위원회가 승인한 일은 특히나 걱정스럽다. 표결이 9월 13일에 이루어져 아주 쉽게 (14대 3으로) 통과된 것은 오로지 뉴욕에서 있은 테러리스트의 공격 이후에 부시 대통령이 원하는 것이면 모두 하기로 상원이 열성을 보이고 있기 때문이다. 〈뉴욕타임스〉에 따르면, 네그로폰테의 임명을 지지하는 공화당 상원의원들은 민주당 의원들에게 이렇게 말했다고 한다 : "미국이 이제 과거사는 과거에 묻어버릴 때가 되었다"(*New York Times*, 2001년 9월 14일, B3).

마지막으로, 미국 정부 자체가 최근에 민간인 직원들이 일하고 있는 건물을 파괴 대상으로 겨냥해서 공격한 적도 있다. 베오그라드에서 중국 대사관을 공격한 것은 실수였던 것으로 보이지만, 비로 그때 함께 공격했던 건물은 의도된 과녁이었다. 그 건물은 베오그라드의 텔레비전 방송국으로서 언론인들과 기술 요원들이 사망했다. 참으로 나쁜 선례가 아닐 수 없다.

결론적 성찰

네그로폰테의 인사청문회에서 공화당 상원의원들이 말했듯이, 테러리즘과 여타 인권 침해의 사례들을 과거에 묻어버릴 때라는 것은 결코 있을 수 없다. 비국가 집단에 의해 자행된 테러에 관해 말하든지, 아니면 국가 정책의 일환으로 자행된 테러에 관해 말하든지, 우리가 테러에 관해 말한다는 것은 곧 인권 침해에 관해 말한다는 것이다. 거기에는 어떤 변명도 있을 수 없고, 망각도 있을 수 없으며, 과거에 묻는다는 것도 있을 수 없고, 공소시효도 있을 수 없다. 그와 같은 인권의 침해자들은 체포할 수만 있다면 바로 정의의 심판대 위에 세워야 한다. 칠레의 피노체트 장군이든, 미국을 며칠 전에 타격한 테러리스트들이든, 또는 미국 정부의 직위를 과거나 현재에 차지한 자들이든 상관이 없다. 이와 같은 비국가 인권 침해자들을 체계적으로 정의의 심판대 위에 세울 수 있도록 국제형사재판소를 창설하기 위한 다른 민족들의 노력을 미국은 다시 국제적인 일당백의 용사가 되어 방해하고 있는데, 이를 중지해야 한다.

인권에 가담한다고 하면서 일관적이지 못하다면 인권에 전혀 가담하지 않은 것과 같다.

스웨인 대 앨라배마 (1965) 335
스탈린, 요시프 298, 299
스탠턴, 엘리자베스 163
스테일리 직장폐쇄 371
스턴, 비비엔 338
스트롤, 빌 371
시민권 30, 43, 44, 53, 54, 63, 66,
70, 102, 135, 168, 180, 284, 382,
383
시민적 불복종 112, 137
시민적, 정치적 권리에 관한 국제 규약
(1966) 211, 241, 317, 331
시카고 경찰 6, 323
신자유주의 86, 147, 187, 273,
367~369
신체의 자유 49, 180, 188, 190, 191
식민주의 72, 73, 155, 162, 177, 358
실업 24, 259
"싸우는 말투" 225

(ㅇ)
아동 매춘 234
아동권리협약 85
아리스토텔레스 24, 30, 33, 147, 192,
193, 195~197
아메리카 원주민 77, 97, 152, 205,
220, 229, 294~296, 340
에이브럼스, 엘리엇 387
아처 대니얼스 미들랜드(ADM) 376
아퀴나스, 토머스 25
아파르트헤이드 347
아프가니스탄 21, 152, 282, 312, 313,
352
아프리카계 미국인 72, 114, 115, 152,
189, 198, 205, 219, 228, 236, 246,
248, 295, 308, 316, 327, 330, 334,
335~337, 343, 350
아프리카 헌장 178, 256
안보 → 안전을 보라
안전 29, 40, 43, 46, 47, 52, 58, 67,
98, 99, 119~121, 123, 125, 126,

180, 205, 224, 226, 227, 244, 347,
372, 373, 380~382
알제리 214
알튀세, 루이 41
연대 55, 83, 103, 104, 120, 130,
132, 152, 164, 169, 170, 171, 181,
185, 186, 257, 260, 261, 270, 284,
287, 366, 367, 369, 370, 374, 378
애국주의 283, 287, 381, 383, 385
앳킨스 대 버지니아(2002) 331
언론의 자유 → 표현의 자유를 보라
에건, 티모시 325
엔론 179, 251, 268
엘살바도르 90, 158, 230, 285, 286,
287, 387
엥겔스, 프리드리히 76, 120
여성 47, 49, 51, 56, 79, 80, 92, 152,
155~159, 162, 172, 192~197, 200,
219, 233, 234, 237, 238, 243, 252,
288, 289, 296, 375
여성에 대한 모든 형태의 차별을 철폐하
기 위한 협약(1979) 83
여성 할례 237
여자 그리고 여성 시민의 권리 선언 195
역사적 유물론 64, 68
연방수사국 (FBI) 383
영, 아이리스 219
영국 권리장전(1689) 48
영사 관계에 관한 비엔나 협약(1963)
332
영양실조 182, 244
온두라스 353, 387
올브라이트, 매들린 78
외국인 노동자 289
요한 바오로 2세 91
울프, 앨런 305
웅거, 로베르토 88
월린, 셸던 200
월스턴크래프트 , 메리 44, 51, 56,
163, 195
윈스탠리, 제라드 16, 25~27, 89, 100,

106~108, 110, 116~122, 125, 126, 129, 134, 140, 161, 162, 164, 166, 169, 172, 174, 176, 180, 181, 185~188, 190, 206, 207, 224, 260~262, 264, 266, 270, 281, 282, 289, 292, 293, 298, 316, 323, 359, 364, 366, 367, 369, 370, 378
자유권 33, 66, 125, 136, 258
자유노동발전기구 231
자유시장 경제 37
자유주의 20, 30, 31, 63, 70, 71, 86, 101~104, 111, 112, 114, 115, 147, 150, 165, 172, 173, 187, 206, 207, 209, 223, 252, 273, 274, 283, 301, 304, 310, 352, 357, 358, 367, 368, 369
잠재력 → 인간의 잠재력을 보라
장애 146, 346
재산권 24, 25, 33~41, 47, 60, 70, 102, 155, 223, 258, 301, 379
적극적 자유 176
적법 절차 189, 190, 273, 297, 300, 310
전미학생연합(USNSA) 231
전쟁 20, 24, 80, 198, 214, 216, 230, 285, 287, 288, 301, 302, 312~314, 325~327, 333, 347, 349, 352, 355, 359, 363
전체주의 17, 31, 73, 74, 76, 77, 80, 213, 256, 281, 282, 300, 301, 310, 367, 368
정복 26, 155, 277
정의 14, 15, 22, 37, 46, 90, 104, 148, 218, 245, 279, 304, 332, 333, 382, 384, 388
정치적 권리 33, 37, 42, 75, 90, 102, 115, 122, 123, 131, 155, 177, 178, 219, 222, 223, 226, 243, 281, 283, 333
제1차 세계대전 77, 79, 383
제이, 피터 265

제2차 세계대전 17, 51, 80, 98, 177, 259, 278, 282, 285, 288, 312, 380, 383
제임스, 조이 308, 310
제퍼슨, 토머스 292, 293
존슨, 린든 257, 304, 312, 359
존엄 84, 100, 104, 119, 167, 365
종교 24, 26, 28, 32, 61, 68, 89~93, 132, 148, 171, 191, 194, 204, 206, 209, 210, 211, 215, 225, 228, 290
주식회사 223, 262, 265, 274, 363, 373, 378
주체 18, 19, 101, 105, 109, 127, 129, 134, 150, 151, 164, 167, 169, 171, 185, 228, 229, 239, 242, 243, 250, 261, 269, 272, 308, 362, 368
줄리아니, 루돌프 319
중국 80, 281, 352, 388
중동 200, 237, 247, 278, 385, 386
중앙정보국(CIA) 231, 354
지능검사 197
집약 310

(ㅊ)

초국적기업 21, 251, 259
초월적 진리 95
칠레 9, 230, 259, 386, 388

(ㅋ)

카터, 지미 86, 174, 385
칸트, 이마누엘 17, 45, 46, 106, 110, 119, 120, 136, 150
캐나다 119, 205, 206, 213, 214, 285, 286, 289, 295, 374
케네디, 랜덜 336
케리 위원회 보고서 354
코프, 데이비드 218, 219
콘트라 반군 (니카라과) 91, 352, 353~356, 387
콜럼비아 312, 313
쿠바 204, 259, 281, 286